डॉ. अम्बेडकर और दलित चेतना

डॉ. अम्बेडकर और दलित चेतना

डॉ. अम्बेडकर और दलित चेतना

सौरभ उपाध्याय

इशिका पब्लिशिंग हाउस
जयपुर दिल्ली

इशिका पब्लिशिंग हाउस

ए -25, "गणेश सदन", गली न. 4, आदर्श बस्ती,
बी.एल. हाउस के पास, टोंक फाटक,
जयपुर-302018 (राजस्थान) भारत
फोन : 0141-2761280, Mob. 9887532741
Email: ishikapublishinghouse@yahoo.in

दिल्ली कार्यालय : 102, प्रथम मंजिल, 'सत्यम हाउस'
4324/3, अंसारी रोड़, दरियागंज, नई दिल्ली - 110 002
फोन : 011-45652440

ISBN: 9788189471514

टाइपसेटिंग : बी.एस. कम्प्यूटर्स, जयपुर

मुद्रक : थॉमसन प्रेस, नई दिल्ली

प्रस्तावना

डॉ. अम्बेडकर विलक्षण प्रतिभा के धनी थे। उन्होंने दलित अधिकारों के लिए अत्यधिक संघर्ष किये जिसके फलस्वरूप वे दलितों के निर्विवाद नेता बन गए। दलितों के प्रतिनिधि के रूप में उन्होंने लन्दन में आयोजित सभी 'गोलमेज सम्मेलनों' में भाग लिया। 'प्रथम गोलमेज सम्मेलन' में उन्होंने दलितों के प्रतिनिधि के रूप में यह प्रस्ताव रखा कि अंग्रेजों को भारत के लिये किसी भी स्वतन्त्र संवैधानिक व्यवस्था को स्वीकार करने से पूर्व दलितों के हितों को ध्यान में रखना चाहिए तथा पृथक् समुदाय के रूप में उनकी माँगों के बारे में निर्णय लेना चाहिए। दूसरी गोलमेज सम्मेलन में उन्होंने 'पृथक् निर्वाचन क्षेत्र' का प्रस्ताव रखा तथा भारत में रहने वाले सभी समुदायों को उनकी संख्या के आधार पर सत्ता में भागीदारी सुनिश्चित करने का सुझाव दिया। गाँधी जी ने अम्बेडकर के पृथक् निर्वाचन क्षेत्र के सुझाव का विरोध किया। सन् 1932 में रेम्जे मैकडोनेल्ड द्वारा पृथक् निर्वाचन क्षेत्र की घोषणा डॉ. अम्बेडकर की जीत थी। परन्तु पृथक् निर्वाचन क्षेत्र की ब्रिटिश सरकार की घोषणा पर महात्मा गाँधी द्वारा आमरण अनशन के निर्णय से गम्भीर स्थिति पैदा गयी। डॉ. अम्बेडकर ने गाँधीजी के जीवन को बचाने तथा राष्ट्र के विभिन्न टुकड़ों में विभाजन को रोकने के लिये 'पृथक् निर्वाचन क्षेत्र' के विचार को त्याग दिया। सन् 1942 में उन्हें वायसराय की कार्यकारिणी का सदस्य नियुक्त किया गया। इसी वर्ष उन्होंने दलित वर्ग में अपने नेतृत्व को सुदृढ़ करने के लिये 'आल इण्डिया डिप्रैरड क्लारोज काफ्रेंस' की स्थापना की।

15 अगस्त, 1947 को भारत की स्वाधीनता की घोषणा हुई तथा डॉ. अम्बेडकर प. जवाहरलाल नेहरू की अन्तरिम सरकार में विधि मन्त्री बने। विधि

मन्त्री के रूप में उन्हें संविधान का प्रारूप तैयार करने की जिम्मेदारी सौंपी गयी। स्वतन्त्र भारत के लिये संविधान-निर्माण का गुरुतर कार्य उन्होंने अपने कंधों पर लिया। लगभग ढाई वर्ष के अथक परिश्रम के पश्चात् संविधान का प्रारूप तैयार करने तथा संविधान सभा द्वारा उसे पारित कराने में सफल हुए। राष्ट्र उनके इस योगदान के लिये हमेशा कृतज्ञ रहेगा। संविधान-निर्माण में उनकी भूमिका के कारण उन्हें आधुनिक मनु (Modern Manu) कहा जाता है। इन्होंने हिन्दू जाति व्यवस्था में खामियों के कारण इसे खत्म करने के लिए सैद्धान्तिक तथा व्यावहारिक स्तर पर प्रयास किये। हालाँकि उनके समय में दलित लोगों में चेतना की कमी थी तथा हिन्दू समाज अत्यन्त रूढ़िवादी था, जातिगत भावनाओं के अन्तर्गत जकड़ा हुआ था, अतः उनके प्रयासों के अधिक आशाजनक परिणाम नहीं निकल पाये।

डॉ. भीमराव ने दलितों तथा अछूतों में स्वाभिमान जागृत किया और उन्हें अपने अधिकारों के लिये संघर्ष करने का रास्ता दिखलाया। बाद में संविधान के निर्माण के समय समानता के अधिकार के अन्तर्गत अस्पृश्यता (छुआछूत) का किसी भी रूप में पालन करने को गैर-कानूनी तथा दण्डनीय बना दिया गया। आज दलित वर्ग अपने अधिकारों के प्रति अधिक जागरूक है तथा 'सामाजिक न्याय' का मुद्दा चुनावी ब्रह्मास्त्र का रूप ले चुका है। यह दलित चेतना का ही प्रभाव है कि सभी राजनीतिक दल सामाजिक न्याय के प्रति अपनी आस्था व्यक्त करते हैं। आज डॉ. अम्बेडकर नहीं हैं परन्तु लगभग सभी राजनीतिक दल, दलित नेता तथा दलित संगठन डॉ. अम्बेडकर के प्रति कृतज्ञता व्यक्त करते हैं तथा उनके आदर्शों पर चलने की शपथ लेते हैं।

सौरभ उपाध्याय

अनुक्रमणिका

1

डॉ. अम्बेडकर : जीवन वृत्त

डॉ. भीमराव अम्बेडकर का जन्म 14 अप्रैल 1891 को महाराष्ट्र के महू नामक ग्राम में हुआ था। उनके पिता का नाम रामजी जकपाल तथा माता जी का नाम भीमाबाई था। पिता 'आर्मी एजुकेशन सर्विस' में प्रधानाध्यापक थे। डॉ. अम्बेडकर अपने माता-पिता की चौदहवीं संतान थे।

भीमराव की प्रारंभिक शिक्षा सतारा तथा ऐलिफिस्टन उच्च विद्यालय (बम्बई) में पूरी हुई। उच्चविद्यालय में वे द्वितीय भाषा के रूप में संस्कृत का अध्ययन करना चाहते थे लेकिन निम्न वर्ग में जन्म लेने के कारण उन्हें इसकी अनुमति नहीं मिली परिणामस्वरूप द्वितीय भाषा के रूप में फारसी का अध्ययन करना पड़ा। संस्कृत का अध्ययन उन्होंने बाद में किया। सन् 1907 में उन्होंने ऐलिफिस्टन स्कूल से हाई स्कूल की परीक्षा पास की जो उस समय किसी भी अछूत दलित जाति से सम्बन्धित विद्यार्थी के लिये असाधारण उपलब्धि थी।

उच्च शिक्षा के लिये विदेश यात्रा—हाईस्कूल पास करने के बाद उनके पिता की आर्थिक स्थिति खराब हो गयी। अतः उन्हें महाराजा बड़ौदा द्वारा 250 माहवार की छात्रवृत्ति स्वीकृत की गयी। इस छात्रवृत्ति से उन्होंने ऐलिफिस्टन कालिज से बी. ए. की डिग्री प्राप्त की। बी. ए. करने के पश्चात् बड़ौदा महाराज ने उन्हें अपनी सेना में लेफ्टीनेन्ट नियुक्त कर लिया। परन्तु भीमराव की इच्छा आगे पढ़ने की थी। अतः महाराज बड़ौदा के खर्चे पर वे उच्च शिक्षा के लिये अमेरिका गए। कोलम्बिया विश्वविद्यालय से उन्होंने एम. ए. तथा पी. एच. डी. डिग्रियाँ प्राप्त कीं। उनके शोध का विषय था—'भारत का राष्ट्रीय लाभांश'—एक ऐतिहासिक एवं विश्लेषण अध्ययन'। कोलम्बिया विश्वविद्यालय में उन्हें जो सामाजिक

समानता का वातावरण मिला, इससे उनके आत्मविश्वास में वृद्धि हुई तथा भविष्य में दलितों के अधिकारों के लिये संघर्ष की प्रेरणा मिली। इसके पश्चात् उन्होंने 'लन्दन स्कूल आफ इकानामिक्स' से डी. एस. सी. डिग्री प्राप्त की। उनकी डी. एस. सी. की डिगी के शोध-पत्र का विषय था—'रुपये की समस्या'। उनके शोध-पत्र को देश-विदेश में काफी सराहा गया। इसी के साथ उन्होंने इंग्लैण्ड से बैरिस्टर की डिग्री प्राप्त की। ब्रिटेन में संसदीय प्रणाली, स्वाधीनता एवं ब्रिटिश उदारवाद का उन्होंने गहन अध्ययन किया जिससे वे काफी प्रभावित हुए।

डॉ. अम्बेडकर की भारत वापसी—इंगलैण्ड में अपनी शिक्षा पूरी करने के पश्चात् भीमराव भारत लौटे। सन् 1923 में उन्होंने बम्बई में अपनी वकालत आरम्भ की। साथ ही उन्होंने 'मूक नायक' तथा 'बहिष्कृत भारत' नामक दो पत्रिकाओं का प्रकाशन आरम्भ किया। सन् 1927 में वे बम्बई विधान परिषद् के सदस्य मनोनीत किए गए। इसी समय उन्होंने बम्बई में सिद्धार्थ कालिज की स्थापना की तथा औरंगाबाद में मिलिकन्द कालिज का पुनरुद्धार किया।

डॉ. भीमराव का सार्वजनिक जीवन—बाल्यावस्था में भीमराव को भेदभाव तथा छुआछूत का सामना करना पड़ा था जिसके कारण उनके मन में हिन्दू सामाजिक व्यवस्था के खिलाफ बहुत असंतोष था। विदेश से सर्वोच्चतम डिग्रियाँ लेकर वापिस लौटने के बाद भी सवर्णों का उनके प्रति व्यवहार नहीं बदला। महाराजा बड़ौदा की सेवा में जब उन्हें सैनिक सचिव की नियुक्ति मिली तो रियासत के कर्मचारी उनके हाथ का छुआ पानी तक नहीं पीते थे। सवर्णों के इस व्यवहार ने भीमराव को हिन्दू सामाजिक व्यवस्था के विरुद्ध कर दिया। उन्होंने अपने सजातीय अछूतों को समान अधिकार दिलाने के लिये आन्दोलनों का नेतृत्व किया। 1927 में उन्हें बम्बई विधान परिषद् के सदस्य के रूप में मनोनीत किया गया। उन्होंने बम्बई विधान परिषद् के 140 स्थानों में 22 स्थान अनुसूचित जाति के लिये आरक्षित करने की माँग की।

डॉ. अम्बेडकर विलक्षण प्रतिभा के धनी थे। उन्होंने दलित अधिकारों के लिए अत्यधिक संघर्ष किये जिसके फलस्वरुप वे दलितों के निर्विवाद नेता बन गए। दलितों के प्रतिनिधि के रूप में उन्होंने लन्दन में आयोजित सभी 'गोलमेज सम्मेलनों' में भाग लिया। 'प्रथम गोलमेज सम्मेलन' में उन्होंने दलितों के प्रतिनिधि के रूप में यह प्रस्ताव रखा कि अंग्रेजों को भारत के लिये किसी भी स्वतन्त्र संवैधानिक व्यवस्था को स्वीकार करने से पूर्व दलितों के हितों को ध्यान में रखना चाहिए तथा पृथक् समुदाय के रूप में उनकी माँगों के बारे में निर्णय लेना चाहिए।

दूसरी गोलमेज सम्मेलन में उन्होंने 'पृथक् निर्वाचन क्षेत्र' का प्रस्ताव रखा तथा भारत में रहने वाले सभी समुदायों को उनकी संख्या के आधार पर सत्ता में भागीदारी सुनिश्चित करने का सुझाव दिया। गाँधी जी ने अम्बेडकर के पृथक् निर्वाचन क्षेत्र के सुझाव का विरोध किया। सन् 1932 में रेम्जे मैकडोनेल्ड द्वारा पृथक् निर्वाचन क्षेत्र की घोषणा डॉ. अम्बेडकर की जीत थी। परन्तु पृथक् निर्वाचन क्षेत्र की ब्रिटिश सरकार की घोषणा पर महात्मा गाँधी द्वारा आमरण अनशन के निर्णय से गम्भीर स्थिनि पैदा गयी। डॉ. अम्बेडकर ने गाँधीजी के जीवन को बचाने तथा राष्ट्र के विभिन्न टुकड़ों में विभाजन को रोकने के लिये 'पृथक् निर्वाचन क्षेत्र' के विचार को त्याग दिया। सन् 1942 में उन्हें वायसराय की कार्यकारिणी का सदस्य नियुक्त किया गया। इसी वर्ष उन्होंने दलित वर्ग में अपने नेतृत्व को सुदृढ़ करने के लिये 'आल इण्डिया डिप्रैस्ड क्लासेज कान्फ्रेंन्स' की स्थापना की।

स्वाधीन भारत के प्रथम विधि मन्त्री के रूप में भारतीय संविधान का प्रारूप-निर्माण—इस दौर में भारतीय राजनीतिक स्वरूप तीव्र गति से बदल रहा था। इस समय भारत में राजनीतिक स्थिति में तेजी से परिवर्तन हो रहा था। द्वितीय विश्वयुद्ध की समाप्ति के पश्चात् भारत की स्वाधीनता की माँग में और तेजी आयी। अन्त में 15 अगस्त, 1947 को भारत की स्वाधीनता की घोषणा हुई तथा डॉ. अम्बेडकर प. जवाहरलाल नेहरू की अन्तरिम सरकार में विधि मन्त्री बने। विधि मन्त्री के रूप में उन्हें संविधान का प्रारूप तैयार करने की जिम्मेदारी सौंपी गयी। स्वतन्त्र भारत के लिये संविधान-निर्माण का गुरुतर कार्य उन्होंने अपने कंधों पर लिया। लगभग ढाई वर्ष के अथक परिश्रम के पश्चात् संविधान का प्रारूप तैयार करने तथा संविधान सभा द्वारा उसे पारित कराने में सफल हुए। राष्ट्र उनके इस योगदान के लिये हमेशा कृतज्ञ रहेगा संविधान-निर्माता में उनकी भूमिका के कारण उन्हें आधुनिक मनु (Modern Manu) कहा जाता है। हिन्दू कोड बिल पर नेहरू जी के साथ मतभेद के कारण 29 सितम्बर, 1951 को उन्होंने केन्द्रीय मंत्रिमण्डल से त्यागपत्र दे दिया। इसके पश्चात् वे केन्द्र सरकार के कटु आलोचक हो गए। सन् 1952 के लोकसभा चुनावों में उन्होंने प्रजा समाजवादी दल के साथ मिलकर भाग लिया परन्तु हार गए। मार्च 1952 में वे राज्य सभा के लिये निर्वासित हुए। 1954 में वे पुनः लोकसभा के लिये उपचुनाव में 'दलित महासंघ' के उम्मीदवार के रूप में खड़े हुए परन्तु हार गए।

बौद्ध धर्म का वरण—डॉ. अम्बेडकर बहुत नजदीक से हिन्दू सामाजिक व्यवस्था में भेदभाव तथा छुआछूत का सामना किया था जिससे उनके मन में हिन्दू

धर्म के प्रति बैर की भावना पैदा हो गयी थी। उनका मानना था कि हिन्दू धर्म में दया, सहिष्णुता तथा समानता आदि के लिये कोई स्थान नहीं है। इसीलिए उन्होंने बौद्ध धर्म को अपनाने का निर्णय किया। अम्बेडकर का बौद्ध धर्म को अपनाने का निर्णय उनकी राष्ट्रवादी भावना तथा भारतीयता का प्रतीक था, अन्यथा वे ईसाई अथवा इस्लाम धर्म को अपना सकते थे। बौद्ध धर्म को वे प्राचीन भारतीय संस्कृति की एक धारा मानते थे जिसका आधार मानव समानता था। 14 अक्तूबर 1956 को दशहरा के दिन नागपूर में उन्होंने अपने हजारों अनुयायियों के साथ बौद्ध धर्म को अपना लिया। इसी वर्ष काठमांडू (नेपाल) में विश्व बौद्ध सम्मेलन में उन्हें 'नव युद्ध' की उपाधि से विभूषित किया गया। 6 दिसम्बर, 1956 को 66 वर्ष की आयु में उनका निधन हुआ। उनकी इच्छानुसार बौद्ध धर्म के अनुसार उनका दाह संस्कार किया गया। इस अवसर पर 1 लाख से अधिक लोगों ने बौद्ध धर्म में दीक्षा ली। इनकी मृत्यु पर पं. नेहरू ने अपनी प्रतिक्रिया व्यक्त करते हुए कहा था, ''उन्हें हिन्दू समाज के दमनकारी स्वरूप के विरुद्ध विद्रोह के प्रतीक के रूप में याद किया जायेगा सन् 1990 में केन्द्र सरकार ने उन्हें भारत-रत्न के अलंकरण से विभूषित किया तथा 1990-91 में उनकी जन्म शताब्दी 'सामाजिक न्याय वर्ष' के रूप में मनायी गयी।

डॉ. अम्बेडकर प्रमुख रचनाएँ—उनकी प्रमुख रचनाएँ निम्न प्रकार थीं—

(i) रुपये की समस्या—इसका जन्म तथा हल (1923)

(ii) ब्रिटिश भारत में प्रान्तीय वित्त व्यवस्था का विकास (1925)

(iii) जाति का विनाश (1938)

(iv) कांग्रेस तथा गाँधी जी ने अछूतों के लिये क्या किया ? (1945)

(v) राज्य एवं अल्पसंख्यक (1942)

(vi) अछूत—वे कौन हैं तथा क्यों अछूत बनें ? (1948)

डॉ. अम्बेडकर द्वारा जाति-व्यवस्था को खत्म करने का प्रयास—इन्होंने हिन्दू जाति व्यवस्था में खामियों के कारण इसे खत्म करने के लिए सैद्धान्तिक तथा व्यावहारिक स्तर पर प्रयास किये। हालाँकि उनके समय में दलित लोगों में चेतना की कमी थी तथा हिन्दू समाज अत्यन्त रूढ़िवादी था, जातिगत भावनाओं के अन्तर्गत जकड़ा हुआ था, अतः उनके प्रयासों के अधिक आशाजनक परिणाम नहीं निकल पाये। सैद्धान्तिक स्तर पर उन्होंने भारतीय जाति-व्यवस्था का विरोध करते हुए इसे शोषक, असमानता पर आधारित तथा भाई-चारे की भावना की विरोधी करार दिया। भारतीय जाति-व्यवस्था को समर्थन हिन्दू शास्त्रों एवं धर्मान्ग्रथों से

मिलता है। इसलिए उन्होंने हिन्दू धर्मशास्त्रों तथा मनुस्मृति का भी विरोध किया। उन्होंने जाति-भेद को हिन्दू समाज के लिये घातक बताते हुए कहा, ''जाति भेद ने हिन्दू वंश का नाश किया है तथा हिन्दू समाज को ऐसे अन्धकार में धकेल दिया है जहाँ कि यह अशक्त हो गया है।

डॉ. भीमराव का मानना था कि जाति व्यवस्था को खत्म करके ही समाजवाद तथा लोकतंत्र की स्थापना भारत में हो सकती है। उन्होंने अपने अनुयायियों को ब्राह्मणवाद पर आधारित जाति-व्यवस्था के विरोध के लिये प्रेरित किया। जाति-व्यवस्था को समाप्त करने के लिये डॉ. अम्बेडकर ने 'अन्तर्जातीय विवाहों' की वकालत की। 'छुआछूत की समस्या' को उन्होंने हिन्दू जाति-व्यवस्था की देन बताया। गाँधीजी द्वारा सम्पादित 'हरिजन' के प्रथम अंक को अपना संदेश भेजते हुए उन्होंने लिखा, ''अछूत जाति-व्यवस्था की ही उपजात है। जब तक जातियाँ रहेंगी तब तक अछूत रहेंगे तथा उनकी मुक्ति व्यवस्था को समाप्त करके ही सम्भव है।''

डॉ. अम्बेडकर ने जाति-व्यवस्था पर सैद्धान्तिक प्रहार करने के साथ-साथ दलितों को उनके न्यायपूर्ण अधिकार दिलाने के लिये भी आन्दोलनों का नेतृत्व किया। 20 मार्च, 1927 को कोलाबा (बम्बई) जिले के महार गाँव में तालाब के पानी के प्रयोग में लाने के लिये 500 अछूतों के जत्थे का नेतृत्व किया। उन्होंने तालाब का पानी पीकर आन्दोलन की शुरुआत की। बाद में इस तालाब को सार्वजनिजक तालाब घोषित कर दिया गया। 2 मार्च 1930 को उन्होंने अछूतों के मन्दिर में प्रवेश के अधिकार के लिये आन्दोलन किया। इससे पूर्व अछूतों को मन्दिर में जाने की इजाजत नहीं थी। डॉ. अम्बेडकर के आन्दोलन के बाद से अक्टूबर 1935 से ही अछूतों को मन्दिर में प्रवेश की इजाजत मिली।

डॉ. भीमराव ने दलितों तथा अछूतों में स्वाभिमान जागृत किया और उन्हें अपने अधिकारों के लिये संघर्ष करने का रास्ता दिखलाया। बाद में संविधान के निर्माण के समय समानता के अधिकार के अन्तर्गत अस्पृश्यता (छुआछूत) का किसी भी रूप में पालन करने को गैर-कानूनी तथा दण्डनीय बना दिया गया। आज दलित वर्ग अपने अधिकारों के प्रति अधिक जागरूक हैं तथा 'सामाजिक न्याय' का मुद्दा चुनावी ब्रह्मास्त्र का रूप ले चुका है। यह दलित चेतना का ही प्रभाव है कि सभी राजनीतिक दल सामाजिक न्याय के प्रति अपनी आस्था व्यक्त करते हैं। आज डॉ. अम्बेडकर नहीं हैं परन्तु लगभग सभी राजनीतिक दल, दलित नेता तथा दलित संगठन डॉ. अम्बेडकर के प्रति कृतज्ञता व्यक्त करते हैं तथा उनके आदर्शों पर चलने की शपथ लेते हैं।

आधुनिक मनु के रूप में डॉ. अम्बेडकर–यदि बाबासाहेब भीमराव अम्बेडकर वर्तमान समय में जीवित होते तो शायद वे आधुनिक मनु से अपनी तुलना को नापसंद करते। भारतीय इतिहास में मनु तथा उनके द्वारा लिखित पुस्तक मनुस्मृति की जितनी कटु आलोचना डॉ. अम्बेडकर ने की, शायद किसी दूसरे व्यक्ति ने नहीं की। भारतीय वर्ण-व्यवस्था का प्रतिपादन सर्वप्रथम मनु ने ही किया तथा चतुष्ट्य आश्रम की अवधारणा भी उन्हीं की देन है। हिन्दू सामाजिक व्यवस्था को नियंत्रित करने के लिये नियमों की व्यापक रूप से व्यवस्था सर्वप्रथम मनु द्वारा ही की गयी। बाद में अन्य विद्वानों द्वारा इसमें समय-समय पर संशोधन किया गया।

डॉ. अम्बेडकर को 'आधुनिक मनु' की पदवी भारतीय संविधान के लिये उनके योगदान के कारण दी गयी है। स्वतन्त्र भारत के लिये संविधान निर्माण का कार्य एक प्रकार से अग्नि-परीक्षा थी जिसमें डॉ. अम्बेडकर खरे उतरे। संविधान के अन्तर्गत विभिन्न विरोधी विचारों में सामन्जस्य बिठाते हुए उन्हें 'संहिताबद्ध' करना सामान्य व्यक्ति के बस की बात नहीं थी। इसके लिये असाधारण प्रतिभा तथा अध्यवसाय की जरूरत थी। विश्व की विभिन्न संवैधानिक व्यवस्थाओं का अध्ययन करने के पश्चात् भारतीय नागरिकों की मूल अधिकारों को प्राप्त करने की आकांक्षा, भारत जैसे विशाल देश के लिये जिसकी अधिकांश जनसंख्या अशिक्षित थी, लोकतंत्र की शासन-प्रणाली के रूप में अपनाने का निर्णय समाज के सबसे कमजोर वर्ग के लिये सामाजिक-आर्थिक न्याय की गारंटी तथा राज्यों की स्वायत्तता की माँग, राष्ट्रीय एकता तथा अल्पसंख्यकों की सुरक्षा आदि ऐसे परस्पर विरोधी मुद्दे थे जिनमें सामन्जस्य बिठाना अत्यन्त कठिन कार्य था। डॉ. अम्बेडकर के योगदान का मूल्यांकन करते हुए पट्टाभि सीतारमैय्या ने डॉ. अम्बेडकर के योगदान का मूल्यांकन करते हुए संविधान सभा में कहा था, "मैं डॉ. अम्बेडकर को यह बताना चाहूँगा कि उन्होंने इस शानदार तथा विस्मयकारी कार्य (संविधान-निर्माण) के लिये अपनी अपराजेय बुद्धि का किस प्रकार प्रयोग किया–सभी बड़े-छोटे विवादों को सम्मोहक, अदम्य तथा अजीवित रहते हुए निपटाया। साथ ही परिणामों की परवाह किए बिना जो उन्होंने ठीक समझा, उसका निष्ठापूर्वक समर्थन किया।"

डॉ. भीमराव ने भारत के संविधान के विभिन्न अध्यायों अनुच्छेदों तथा धाराओं का चयन किया और उसे शृंखलाबद्ध तरीके से पेश किया जो असाधारण समता का कार्य थां इसके पश्चात् संविधान सभा द्वारा संविधान के विभिन्न प्रावधानों पर बहस तथा उसकी स्वीकृति प्राप्त करना भी अपने आप में एक कठिन कार्य था। संविधान सभा में विभिन्न हितों का प्रतिनिधित्व करने वाले तथा कानूनी

योग्यता रखने वाले लोग थे। इसीलिए लम्बी बहसें हुईं परन्तु अम्बेडकर के कानूनी ज्ञान, तर्कशक्ति तथा सूझबूझ के आगे सभी को झुकना पड़ा। संविधान सभा में संविधान के प्रारूप के किसी भी प्रावधान के विरूद्ध तर्कों का उत्तर देने के लिये डॉ. अम्बेडकर जब भी खड़े हुए, उन्होंने विरोधियों द्वारा उठाई गई आपत्तियों तथा संदेहों का बड़े ही सहज तरीके से न केवल निवारण किया वरन् अपने अकाट्य तर्कों के बल पर उन्हें निरुत्तर भी कर दिया।

संविधान सभा के सदस्यों द्वारा भारतीय संविधान में 'मूल अधिकारों' तथा 'नीति निर्देशक तत्वों' से सम्बन्धित प्रावधानों के बारे में संदेह प्रकट किया गया तो डॉ. अम्बेडकर ने इन शंकाओं को निर्मूल साबित करते हुए इन प्रावधानों के पक्ष में जबर्दस्त तथा अकाट्य तर्क प्रस्तुत किए तथा संविधान सभा द्वारा इन्हें स्वीकृत करा लिया। डॉ. अम्बेडकर ने निर्देशन तथा उनके नेतृत्व में भारतीय संविधान के प्रारूप के अन्तर्गत ऐसे बहुत से प्रावधानों को सम्मिलित किया गया जो देश में सामाजिक, राजनीतिक तथा आर्थिक न्याय की स्थापना के लिये आवश्यक थे। समाज के दलित वर्ग के लिये विशेष सुविधाएं प्रदान करने से सम्बन्धित प्रावधान भी उन्हीं की देन है। इस प्रकार हमारी वर्तमान संवैधानिक व्यवस्था के निर्माण में डॉ. अम्बेडकर के योगदान के कारण उन्हें आधुनिक मनु के नाम से सम्बोधित किया जाना उचित ही है। डॉ. पायली के शब्दों में, "वास्तव में वे आधुनिक मनु थे तथा उन्हें भारतीय संविधान का जनक अथवा मुख्य शिल्पी कहा जाना उचित होगा"

डॉ. अम्बेडकर द्वारा अलग निर्वाचन क्षेत्र की माँग—समाज के निम्न वर्ग तथा उपेक्षित समूह डॉ. अम्बेडकर को अपना उद्धारकर्ता मानते थे वहीं कुछ अनेक आलोचक उन्हें पृथक्तावादी की संज्ञा देते हैं। इसके पीछे प्रमुख कारण उनके द्वारा दलितों के लिये उठाई गयी पृथक् निर्वाचन के क्षेत्र की माँग थी। मुस्लिमों के लिये अलग प्रतिनिधित्व की माँग को ब्रिटिश सरकार द्वारा स्वीकार कर लेने के पश्चात् डॉ. अम्बेडकर ने भी अछूतों के लिये अलग प्रतिनिधित्व की माँग उठाई। उन्होंने कहा कि दलितों के लिये उनकी जनसंख्या के अनुपात में निर्वाचन क्षेत्र आरक्षित किये जायें। इन निर्वाचन क्षेत्रों में केवल दलित उम्मीदवार खड़े हों तथा उनका चुनाव भी केवल दलित मतों के द्वारा ही होना चाहिए। परन्तु अम्बेडकर की इस माँग को ब्रिटिश सरकार द्वारा अस्वीकृत कर दिया गया।

डॉ. अम्बेडकर जब बम्बई विधान परिषद् के सदस्य मनोनीत हुए तो उन्होंने पुनः पृथक् निर्वाचन क्षेत्र की माँग को उठाया तथा बम्बई विधान परिषद् की 140

सीटों में कम से कम 22 सीटें दलित वर्ग के लिये आरक्षित करने की माँग की। उन्होंने सरकार द्वारा एक अथवा दो दलित प्रतिनिधियों को मनोनीत करने की प्रचलित प्रथा को समर्पित करके दलित चुनाव क्षेत्रों के आरक्षण का सुझाव रखा। सन् 1928 में नेहरू समिति की रिपोर्ट में विधानमण्डलों में दलित प्रतिनिधियों के लिये विशेष प्रावधान न होने के कारण उन्होंने इस रिपोर्ट की आलोचना की।

गोलमेज सम्मेलन में दलित प्रतिनिधि के रूप में डॉ. अम्बेडकर–भारत की संवैधानिक गुत्थी सुलझाने के लिये ब्रिटिश प्रधानमंत्री रेम्जे मैकडोनेल्ड ने 1930 में लन्दन में गोलमेज सम्मेलन आयोजित किया जिसमें भारत के विभिन्न वर्गों के प्रतिनिधि बुलाये गये। डॉ. अम्बेडकर ने इस सम्मेलन में दलित प्रतिनिधि के रूप में भाग लिया। उन्होंने सम्मेलन में सुझाव रखा कि दलितों अथवा अछूतों को किसी भी रूप में हिन्दू न माना जाये। उन्होंने सम्मेलन में बोलते हुए कि भारत में अछूतों का हिन्दुओं से अलग वर्ग है तथा उनके साथ गुलामों जैसा व्यवहार होता है। उन्होंने ब्रिटिश सरकार को सुझाव दिया कि दलित वर्ग को चुनावी दृष्टि से अलग समुदाय के रूप में मान्यता दी जाये। सवर्ण हिन्दूओं द्वारा उन्हें हिन्दू बताने के पीछे षड्यन्त्र है जिससे कि उनके अधिकारों को हड़पा जा सके। उन्होंने गोलमेज सम्मेलन में चेतावनी देते हुए कहा कि, "जब तक दलितों की माँगों को नहीं माना जायेगा, वे भारत के लिये किसी स्वशासी संवैधानिक व्यवस्था को सहमति नहीं देंगे।"

सन् 1932 में जब द्वितीय गोलमेज सम्मेलन आयोजित हुआ तो इसमें भी डॉ. अम्बेडकर दलित प्रतिनिधि के रूप में शामिल हुए। उन्होंने सम्मेलन में कहा कि सत्ता में सभी वर्गों को उनकी जनसंख्या के अनुपात में हिस्सेदारी मिलनी चाहिए। 17 अगस्त 1932 को ब्रिटिश प्रधानमंत्री मैकडोनेल्ड ने 'साम्प्रदायिक अवार्ड' की घोषणा की जिसके अन्तर्गत दलितों को अल्पसंख्यक समुदाय के रूप में मान्यता दी गयी। उनके लिये पृथक् निर्वाचन-क्षेत्रों की व्यवस्था की गयी। यही नहीं उन्हें सामान्य निर्वाचन क्षेत्रों से भी लड़ने का अधिकार दिया गया तथा इस व्यवस्था को 20 वर्ष के लिये निश्चित किया गया। 20 वर्ष की अवधि के पश्चात् दलितों के लिये सीटों का आरक्षण तथा पृथक् निर्वाचन क्षेत्रों की व्यवस्था स्वयंमेव ही समाप्त हो जानी थी। इस प्रकार 'साम्प्रदायिक अवार्ड' के अन्तर्गत दलितों को पृथक् समुदाय के रूप में मान्यता डॉ. अम्बेडकर की जीत थी। परन्तु डॉ. अम्बेडकर के आलोचकों ने कहा दलितों के लिये उनकी पृथक् समुदाय के रूप में

मान्यता तथा उनके लिये पृथक् निर्वाचन क्षेत्रों की माँग उनकी पृथक्तावादी मनोवृत्ति की परिचायक थी।

डॉ. अम्बेडकर एक राष्ट्रवादी तथा सामाजिक मानवतावादी के रूप में–डॉ. अम्बेडकर के विचारों का निष्पक्ष मूल्यांकन करते समय तात्कालिक परिस्थितियों तथा सामाजिक वातावरण को ध्यान में रखा जाना अत्यन्त आवश्यक है। डॉ. अम्बेडकर को अपने जीवन में कदम-कदम पर हिन्दू सामाजिक-व्यवस्था के हाथों अपमानित होना पड़ा। बचपन तथा यौवनावस्था में तो वे इसका शिकार हुए ही, विदेश से सर्वोच्चता डिग्रियाँ प्राप्त करने के बाद भी उन्हें अपमान के कडुए घूँट पीने पड़े। इससे उनके मन में यह धारणा बैठ गयी कि हिन्दू सामाजिक-व्यवस्था का आधार जन्म है, योग्यता नहीं। इसीलिए वे इस व्यवस्था के आलोचक ही गए। उन्होंने दलितों को संगठित करके उनको न्यायोचित अधिकार दिलाने के लिये संघर्ष किया। दलितों के लिये पृथक् निर्वाचन क्षेत्र की माँग तथा आरक्षण की व्यवस्था का उद्देश्य इस वर्ग के लोगों में आत्मसम्मान का भाव जागृत करना तथा उन्हें स्वावलम्बी बनाना था। उन्होंने पृथक् निर्वाचन क्षेत्र के उद्देश्य को स्पष्ट करते हुए कहा, "जब हम पृथक् निर्वाचन क्षेत्रों की माँग करते हैं तो हमारा उद्देश्य हिन्दू समाज को नुकसान पहुँचाना नहीं है। वरन् हमारा उद्देश्य हमारे भाग्य निर्माण को प्रभावित करने वाले मसलों में सवर्ण हिन्दूओं की मर्जी पर हमारी पूर्ण निर्भरता को समाप्त करना है।" डॉ. अम्बेडकर के गाँधी जी से पृथक् निर्वाचन क्षेत्रों के मुद्दे पर मतभेद हो गए थे तथा वे गाँधी जी के आलोचक हो गए। परन्तु जब राष्ट्र की एकता का सवाल आया तो डॉ. अम्बेडकर ने अपने सिद्धान्तों के साथ समझौता करना अच्छा समझा तथा पूना समझौते के अन्तर्गत पृथक् निर्वाचन क्षेत्रों की माँग को छोड़ दिया। लेकिन सवर्ण हिन्दुओं के प्रति उनकी विचारधारा पूर्ववत् ही रही।

डॉ. भीमराव समतावादी तथा मानव मूल्यों पर आधारित सामाजिक व्यवस्था के पक्षधर थे। समाज के प्रत्येक सदस्य को सामाजिक, आर्थिक, राजनीतिक तथा धार्मिक स्वतन्त्रता प्राप्त हो। प्रत्येक व्यक्ति आर्थिक रूप से सुरक्षित महसूस करे। मनुष्य द्वारा मनुष्य का शोषण न हो। डॉ. अम्बेडकर बहुमत की निरंकुशता तथा अत्याचार के भारी विरोधी थे। उन्होंने किसी नयी राजनीतिक विचारधारा का तो प्रतिपादन नहीं किया परन्तु समानता, स्वतन्त्रता, न्याय तथा मानवीय भाईचारे की भावना उनके विचार दर्शन के आधार थे। इसलिए बाबासाहेब को मानवतावादी या समतावादी कहना सार्थक होगा

2

आरंभिक जीवन और शिक्षा

भीमराव अम्बेडकर का जब जन्म हुआ उस समय भारत पर ब्रिटिश सरकार का शासन था। इनका जन्म 14 अप्रैल 1891 ई. में महाराष्ट्र के मऊ नामक जगह पर हुआ था। इनके पिता का नाम रामजी कपाल था जो 'आर्मी एजुकेशन सर्विस' में प्रधानाध्यापक थे तथा वे महाराष्ट्र की अहार जाति से सम्बन्ध रखते थे। उनकी माता का नाम भीमाबाई था। भीमाबाई अब तक तेरह बच्चों को जन्म दे चुकी थीं।, परन्तु चार बच्चों को छोड़कर सभी को देहान्त हो चुका था। तब भीमराव अम्बेडकर पाँचवें बालक कें रूप में जन्मे थे। महाराष्ट्रीय परम्परा के अनुसार श्रीमती भीमाबाई और सूबेजार मेजर रामजी राव मालोजी अम्बेडकर के घर में पैदा होने वाले चौदहवें पुत्र-रत्न से कबीले में खुशियाँ ही-खुशियाँ गूँज उठी थीं—और इन खुशियों का सिललिला लगभग एक सप्ताह तक चला; क्योंकि रामजी राव के बहुत-से बच्चे जन्म लेने के बाद मृत्यु को प्राप्त हो गये थे। इसलिये भीमराव अम्बेडकर के जन्म पर खूब खुशियाँ मनाई गयीं। उनके केवल दो भाई व दो बहनें मन्जुला और तुलसी थीं। ये सब इनसे बड़े थे। भीमराव इनकी सबसे छोटी सन्तान थी।

महार स्वामी ने महाराष्ट्रीयन परम्परा के अनुसार इस बालक का नाम भीम सकपाल रखा। ये अपने बचपन में काफी सुन्दर थे, शायद महारों में इनके बराबर कोई सुन्दर बालक नहीं जन्मा था।

पड़ोसियों ने भीम सकपाल के जन्म पर रामजी राव श्रीमती भीमाबाई को बधाई दी। पड़ोसियों ने भीम सकपाल की बढ़-चढ़ कर प्रशंसा करते हुए कहा—"इसका माथा बता रहा है कि यह बहुत योग्य पुत्र होगा यह बच्चा बहुत होनहार होगा जगत में अपना नाम रोशन करेगा इसका भविष्य बड़ा उज्ज्वल होगा, ये आपका नाम रोशन

कर देगा'' अपने पुत्र की प्रशंसा सुन-सुन कर रामजी राव व श्रीमती भीमाबाई की खुशी का ठिकाना न था। वे बार-बार मन्द-मन्द मुस्करा रहे थे और भविष्य के नये-नये सपने संजो रहे थे।

19वीं सदी का अन्त चल रहा था। मिलिट्री में सूबेदार के पद पर होने के बावजूद भी इन दिनों रामजी राव की आर्थिक स्थिति ठीक नहीं थी, क्योंकि उन्हें वेतन कम मिलता था। लेकिन सस्ते का जमाना होने के कारण गृहस्थी का खर्चा-पानी उनकी पत्नी ठीक ढंग से चला लेती थी।

रामजी राव 15 वर्ष तक सेना में सूबेदार पद पर योगदान देने के बाद अवकाश प्राप्त हो गये। नौकरी से रिटायर होने पर रामजी राव घर आने के पश्चात् सोचने पर मजबूर हो गये कि अब क्या काम किया जाय? कहीं भी कोई आशा दिखाई नहीं दे रही थी, घर की गाड़ी चलाना भी आवश्यक था। रामजी राव को चारों ओर अन्धकार-ही-अन्धकार दिखाई दे रहा था। भीमाबाई भी इस समय घर के खर्चे-पानी की वजह से बेहद परेशान थीं। उनकी समझ में नहीं आ रहा था कि अब घर का खर्चा-पानी कैसे चलेगा? यही सोच-सोच वह आधी हो रही थीं।

रामजी राव जब सोच-सोचकर परेशान हो गये और कुछ भी समझ में न आया तो उन्होंने अपने मऊ गाँव को छोड़ने की योजना बनायी और वहाँ से सतारा जाकर रहने लगे क्योंकि वहाँ रहकर उन्हें काफी परेशानी का सामन करना पड़ रहा था इसीलिये उन्होंने सतारा में रहने की योजना बनायी। सतारा में आकर रामजी राव दिन भर नौकरी के लिए इधर-उध भटकते रहे परन्तु नौकरी कहीं न मिली। नौकरी न मिलने के कारण उनको निराशा ने आ घेरा। वे चिन्तित हो उठे कि शायद नौकरी न मिले। अगर नौकरी नहीं मिली तो उनके परिवार का क्या होगा? सभी लोग भूखों मर जायेंगे।

रातारा में आये हुए लगभग एक माह हो चुका था परन्तु उनके पास एक भी पैसा न था। जो कुछ साथ लाये थे वो भी खत्म हो चुका था। एक दिन वे अपनी पत्नी से बोले—''क्या हम लोग मऊ गाँव ही लौट चलें?''

''क्यों क्या हुआ, यहाँ आपको कोई आपत्ति है?'' उनकी पत्नी ने चिंतित स्वर में पूछा।

''मुझे लगता है कि यहाँ कोई नौकरी नहीं मिलेगी।'' उनका स्वर निराशा से परिपूर्ण था।

इस पर उनकी पत्नी ने बड़ी विनम्रातापूर्व जवाब दिया—''हिम्मत हारने से काम नहीं चलेगा आदमी को कोशिश-पर-कोशिश करनी चाहिए। कामयाबी जरूर

मिलेगी। मन छोटा मत करो। भगवान पर भरोसा रखो। आपकी नौकरी जरूर लगेगी, भगवान कभी-कभी परीक्षा भी लेता है।'' इस तरह भीमाबाई ने पति को बहुत समझाया। रामजी राव में साहस भर दिया। अगर इन्सान कोशिश करे तो उसके लिए कोई काम मुश्किल नहीं है। बस उसे बराबर अपनी कोशिश जारी रखनी चाहिये। इस प्रकार भगवान भी मदद करता है।

यह सत्य भी है। यदि मनुष्य दृढ़ निश्चय कर लेता है तो उसे मन्जिल अवश्य मिलती है।

रामजी राव एक दिन एक कम्पनी में गये। कम्पनी के मालिक ने रामजी राव से आने का कारण पूछा, तो उन्होंने बताया कि उन्हें नौकरी की तलाश है, वे उसी की खोज में भटक रहे हैं। उन्होंने अपना सारा हाल सुनाया।

रामजी राव का हाल सुनने पर मालिक को उन पर तरस आ गया, वह व्यक्ति दयालु था। उसने रामजी राव से कहा—''तुम मिलिट्री में सूबेदार थे। तुम्हें पचास रुपये वेतन मिलता था। उतना तो मैं नहीं दे पाऊँगा''

''तो फिर कितना दे सकते हैं?'' उन्होंने उत्सुकता भरे स्वर में पूछा।

''मैं चालीस रुपये तक दे सकता हूँ। देख लो, सोच लो अगर तुम्हारा काम चल सकता है तो मेरे यहाँ स्टोरकीपर की जगह खाली है। मैं तुम्हें नौकरी दे दूँगा''

रामजी राव ने नौकरी करने के लिए हाँ कर दी। इस मुसीबत के समय उन्हें चालीस रुपये भी बहुत लग रहे थे।

भीमाबाई ने यह बात सुनी, तो खुशी का ठिकाना न रहा। वह ईश्वर को धन्यवाद देते हुए कहने लगीं—''भगवान सबका भला करता है। वह गरीबों की सुनता है। उसने हमारी भी सुन ली, मैंने आपसे पहले ही कहा था कि वह जरूर हमारी परीक्षा ले रहा है।''

किसी तरह भीमाबाई घर की गाड़ी चला रही थीं। वह एक-एक दिन गिन-गिनकर काटतीं। मन में हमेशा यही सोचा करती थीं, कब महीना पूरा होगा और कब वेतन मिलेगा क्योंकि चालीस रुपये में पूरे महीने गुजारा करना उन्हें बहुत मुश्किल पड़ता था। इस तरह रामजी राव गाँव की दुनिया को छोड़कर अब सतारा शहर की दुनिया में आ गये और अब यहीं आकर बस गये थे।

इस समय तक भीम सकपाल पाँच वर्ष का हो गया था, तो माँ को उसे पाठशाला भेजने की चिन्ता होने लगी। वह पति से रोज कहती, तो यही उत्तर मिलता—''मैं सोचता हूँ....अब लड़के को स्कूल भेजना चाहिये लेकिन मेरे सामने दो परेशनियां हैं—पहली तो ये कि हम जाति से महार हैं, स्कूल में लड़के का दाखिला

बड़ी मुश्किल से होगा इस दक्षिण भारत में छुआछूत को बहुत माना जाता है। अछूतों को लोग तालाब व कुएँ से पानी तक नहीं भरते देते। उनसे नफरत करते हैं।''

''मुझे इसकी बहुत फिक्र हो रही है, आप कुछ भी करके इसका दाखिला कराइये'' भीमाबाई बोलीं। फिर रामजी राव पुनः बोले–''दूसरी समस्या ये कि-सकपाल के दाखिले में रुपया भी खर्च होगा''

सकपाल की माँ ने कहा–''कुछ भी हो तुम सूबेदार थे और ऐसा कैसे हो सकता है कि तुम्हारा बेटा बिना पढ़ा ही रह जाये, सब लोग क्या कहेंगे, तुम कुछ भी करके इसका दाखिला जरूर करवा दो।''

जब रामजी राव सकपाल को लेकर जिस पाठशाला में जाते और अपने को महार बताते तो तभी उसका दाखिला लेने को मास्टर मना कर देते, कहते–स्कूल में अछूतों के बालकों को दाखिला नहीं दिया जाता। यहाँ सभी बच्चे उच्च श्रेणी के हैं। कई दिनों तक लगातार वे सकपाल को लेकर जाते और निराश होकर लौट आते, परन्तु उनकी पत्नी निराश होने वाली नहीं थीं। वह अत्यन्त साहसी महिला थीं। वह अपने पति को समझातीं और कहतीं–''दूसरे स्कूलों में जाओ। किसी न किसी को तो दया आ ही जायेगी और वह लड़के को दाखिला दे देगा हमारा बेटा अनपढ़ नहीं रहेगा, हम उसे कुछ भी करके पढ़ायेंगे, आगे बढ़ायेंगे।''

रामजी राव तंग आ गये थे। अपन कम्पनी से उन्हें छुट्टी रोज-रोज नहीं दे सकता। तुम्हारे जाने से मुझे परेशानी होती है, इसलिये मैं रोज-रोज का यह झंझट नहीं पाल सकता।'' लेकिन खुशामद करके वे मालिक से छुट्टी ले लेते। उन्हें सकराम का दाखिला कराने की लगन लगी थी। एक दिन वे ऐसे स्कूल में पहुँचे जहाँ का हैडमास्टर दयालु था। रामजी राव की कहानी सुनने पर कहने लगा– ''मैं दाखिला तो कर लूँगा, लेकिन तुम महार हो, अछूत हो, सब लड़कों के साथ तुम्हार लड़का नहीं बैठ सकता।''

रामजी राव ने पूछा–''यदि मेरा लड़का दूर लड़कों के साथ नहीं बैठेगा, तो वह पढ़ेगा कैसे? ये आप कैसी बातें कर रहे हैं मास्टरजी! मैं तो बड़ी उम्मीदें लेक आपके पास आया था।''

''एक तरीका है इसका।'' हैडमास्टर ने कहा।

''क्या?'' उन्होंने उत्सुकता से पूछा।

''तुम्हारा लड़का अपने घर से एक टाट लेकर आया करेगा। और जहाँ दरवाजे के बाहर लड़के जूते उतारते हैं वहाँ बिछाकर बैठ जाया करेगा इसे यह भी समझा देना कि किसी को न छुए। क्योंकि यह महार है।''

"समझा दूँगा हैडमास्टर साहब! सकपाल का दाखिला कर लीजिये... आपकी बड़ी कृपा होगी। मैं आपका उपकार कभी नहीं भूलूँगा, आपने मुझ पर बड़ी दया की जो मेरे बेटे का दाखिला कर लिया।"

भीमराव का नाम स्कूल में लिख लिया गया। वे रोज समय से पढ़ने जाते और अपन टाट दरवाजे के बाहर बिछाकर बैठ जाते। सभी लड़के अपनी-अपनी कुर्सियों पर बैठते।

लड़के हँसी उड़ाते। वे आपस में कहते, भीमराव महार है महार। यहाँ पढ़ने आया है, यह अछूत है, इस छू मत लेना-वरना हम लोग अपवित्र हो जायेंगे।

भीमराव अभी मात्र पाँच वर्ष के ही थे, लेकिन अच्छी तरह जानते थे कि लड़के उनका अपमान करते हैं। मगर वे किसी को जवाब नहीं देते। बस स्वयं मन लगाकर पढ़ते। वे पढ़ाई में तेज चलने लगे और इसी कारण वे सभी अध्यापकों के प्रिय बन गये। सभी अध्यापक उनसे अपार स्नेह करते और हर बात अच्छी तरह समझाते।

बाल्यकाल की घटनाओं का प्रभाव अमिट होता है। उनका प्रभाव बालक पर सदा ही रहता है। बालक भीमराव जब छः साल के हुए—एक बार अपने बड़े भाई के साथ बैलगाड़ी से किसी अन्य गाँव को जा रहे थे। गाड़ीवान को इनके विषय में कुछ ज्ञान नहीं था कौन महार है, कौन क्षत्रिय है अथवा कौन ब्राह्मण है-यह किसी के माथे पर लिखा भी नहीं होता। देखने में सभी मानव एकसमान हैं। बातों ही बातों में उन्होंने गाड़ी वाले को बता दिया कि हम महार हैं बस फिर क्या था, गाड़ी वाले ने उन दोनों भाइयों को अपमानित करके अपनी गाड़ी से उतार दिया। बेचारे दोनों भाई पैदल ही दूसरे गाँव की ओर चल पड़े। रास्ते की थकान और अपमान—इन दोनों की गहन छाप बालक भीमराव के मन-मस्तिष्क पर बैठ गई। थके-मान्दे दोनों बालक घर आकर पिता से लिपटकर रो पड़े। चलते-चलते उनके पैरों में छाले पड़ गये थे। भूख और थकान से उनकी बुरी हालत थी। इस बात की जानकारी जब भीमराव के माता-पिता को हुई तो उन्हें बहुत आघात हुआ। दोनों की आँखों से आँसू छलक पड़े। उन्होंने अपने दोनों बेटों को गले से लगा लिया और कहा—"बेटा! यह दुनिया वही करती है, जिसे परमात्मा करने की आज्ञा नहीं देता। चिन्ता मत करो। बड़े होकर खूब पढ़ना-लिखना। इसके पश्चात् अपने अपमान का बदला उन्हें अच्छे कामों को दिखाकर लेना। जब यह दुनिया वाले तुम्हारे सामने ही अपना सर झुकायेंगे।"

बालकों की समझ में अच्छे कामों का अर्थ तो समझ नहीं आया, मगर हाँ वे इतना जरूर समझ गये कि पढ़ना-लिखना अच्छी बात है। अब भीमराव पाँचवीं कक्षा में आ गये। उनकी गणित बहुत अच्छा थी, उन्हें हमेशा पूरे नम्बर मिलते थे। वे सभी

विषय ध्यान लगाकर पढ़ते। पढ़ाई में जरा भी लापरवाही नहीं दिखाते। स्कूल में जाकर वे एक मिनट के लिए भी नहीं खेलते थे, बल्कि हर समय किताब पर ही उनकी दृष्टि रहती। प्रधानाचार्य उनसे बहुत खुश रहते। वे दूसरे मास्टरों से कहते कि यह भीमराव अछूत है, लेकिन पढ़ने में बहुत अच्छा है। ऐसा लगता है कि यह खूब पढ़ेगा और पढ़-लिखकर योग्य बनेगा

रामजी राव और भीमाबाई भी बहुत खुश थे। दोनों भविष्य के सुन्दर-सुन्दर सपने देखते। वे आपस में एक-दूसरे से कहते कि—हमारा भीम खूब पढ़ेगा उसका पढ़ाई में मन लग रहा है। वह बहुत होनहार है। एक दिन वह बहुत नाम कमायेगा

रामजी राव की पत्नी को एक दिन अचानक ही ज्वर आ गया और काफी दिन तक उतरा नहीं। कई दिनों तक तो दवा भी नहीं दी गयी। सोचा जा रहा था कि यूँ ही ठीक हो जाये। क्योंकि उस समय अछूतों को देखने भी कोई वैद्य नहीं आते थे। मगर बुखार अपने-आप नहीं उतरा तो पड़ोसियों को चिन्ता होने लगी, अगर भीमाबाई को दवा न दी गयी, तो वह मृत्यु को प्राप्त हो जायेगी। वह बहुत ज्यादा कमजोर हो गयी थीं। दिन-प्रतिदिन उनकी हालत गिरती ही जा रही थी। पड़ोसी दुःखी होकर वैद्य को बुलाने गये लेकिन वैद्य ने आने को मना कर दिया और कहने लगा—"मैं अछूतों के घर नहीं जाता—और सभी लोग निराश होकर वापस लौट आते। कोई भी वैद्य आने को तैयार नहीं था। न ही उनका इलाज करता।"

बहुत कठिनाइयों के बाद एक बूढ़े वैद्य को दया आ गयी। वह रामजी राव के साथ उनके घर आ गया।

वैद्य ने भीमाबाई को दवा दी लेकिन उससे कुछ लाभ नहीं हुआ। उनकी बीमारी बढ़ती ही चली गयी। दिन-प्रतिदिन उनकी दुर्बलता भी बढ़ती जा रही थी, बीमारी से सूखकर काँटा हो गयी थीं। करीब एक माह तक भीमाबाई पलंग पर रहीं। तबियत दिन-पर-दिन बढ़ती गयी और एक दिन वह इस संसार को छोड़कर चल बसीं।

भीमराव के सर से माँ का साया उठ गया था। रामजी राव पर तो जैसे दुःखों का पहाड़ टूट पड़ा। वे कलेजा पकड़कर ही रह जाते। उनको पत्नी की कमी नाकाबिले बर्दाश्त हो रही थी।

वे सोचने लगे—मैं घर का काम करूँगा या नौकरी करूँगा ये दोनों ही काम मेरे लिए कठिन हैं। दोनों काम एक साथ नहीं हो सकते। वह बड़ी दुविधा में फँस गये थे। मगर मजबूरी में करना पड़ा—सवेरे वे नौकरी पर जाते, जब लौटते तो रात हो जाती। वे रात को खाना बनाते, तभी सब बच्चे खाते। थोड़ा-सा वे सवेरे के लिए रख देते। भीमराव उसे खाकर पढ़ने चले जाते।

माता की मौत के बाद भीमराव बहुत उदास रहने लगा एवं कभी-कभी रोने लगता। रोता देख रामजी राव उन्हें छाती से लगा लेते। समझाते—"सन्तोष करो बेटा, तुम्हारी माता अब लौटकर नहीं आयेंगी। मन पढ़ाई में लगाओ, वही काम आयेगी तुम्हारे। इस प्रकार रोने-धोने से क्या होगा, जो होना था, वो हो चुका है।"

भीमराव घर से थोड़ा-सा बासी खाना खाकर जाते तो उन्हें दोपहर में भी भूख लगती तो वह बिलखकर रह जाते। एक दिन पिता से बताने पर पिता ने कहा—"आधी छुट्टी में रोटी खाने घर आ जाया करो। मैं तुम्हारे लिये रोटियाँ सेंककर रख जाया करूँगा यहाँ आलमारी से निकालकर खा लिया करना।"

भीमराव आधी छुट्टी में घर आने लगे। जब वे घर से लौटते तो देर हो जाती। शिक्षक उन पर बिगड़ते। उन्हें हैडमास्टर की भी डाँटें खानी पड़तीं। लेकिन वे भी क्या कर सकते थे, बचपन में भूख भी कुछ ज्यादा ही लगती है—और भीमराव से भूख बर्दाश्त नहीं होती थी। कई दिनों तक इसी तरह चलता रहा। एक दिन हैडमास्टर ने उन्हें बहुत ही डाँटा और कहा—"तुम भविष्य में अगर यही करोगे, तो स्कूल से तुम्हारा नाम काट दिया जायेगा फिर आराम से अपने घर बैठना, स्कूल आने की कोई जरूरत नहीं पड़ेगी।"

भीमराव यह सुनकर सहम गये। उन्होंने निश्चय कर लिया कि आधी छुट्टी में अब वे घर नहीं जायेंगे। वे भूखे रहकर ही पढ़ने लगे। सारा दिन भूख को बर्दाश्त करना बच्चे के लिए काफी मुश्किल काम होता है।

परिवार की आर्थिक स्थिति ठीक नहीं थी, और सर में माँ का साया भी उठा गया था। भीमराव बहुत दुःखी रहते। उन्हें भूखे रह-रहकर पढ़ाई करनी पड़ती। क्योंकि वे पढ़-लिखकर कुछ बनना चाहते थे इसलिये ऐसी स्थिति में भी ध्यानपूर्वक पढ़ रहे थे। कभी-कभी तो उन्हें भूख के मारे चक्कर भी आ जाता था, मगर वह किसी से कुछ नहीं कहते थे, कोई शिकायत नहीं करते थे, क्योंकि उन्हें डर था कि अगर वे स्कूल से घर खाना खाने गए तो उनका नाम स्कूल से काट दिया जायेगा और वे पढ़ाई नहीं कर पाएँगे।

स्कूल का प्रधानाध्यापक ब्राह्मण जाति का था। उन्हें बालक भीमराव पर तरस आ गया। जब भीमराव पूरे दिन भूखे रहकर पढ़ते तो हैडमास्टर का दिल पसीज जाता, उससे देखा नहीं जाता, वह भीमराव को रोटियाँ बनाकर खाने के लिए दूर से ही फेंक देते और दाल-सब्जी दोने में रख देते। भीमराव को वह पीने के लिए अपने ही मटके का पानी देते। इस प्रकार भीमराव की भूख की समस्या का समाधान तो हो चुका था। भीमराव को अछूत होते हुए भी हैडमास्टर बहुत ही प्यार करते थे। अब भीमराव

ने आधी छुट्टी में घर जाना बन्द कर दिया। हैडमास्टर उनको खाने के लिए भोजन देते और बड़े ही स्नेह व प्यार से खिलाते। भीमराव को लगता जैसे हैडमास्टर उनके पिता हों और उनका लालन-पालन कर रहे हों।

ये सब देखते हुए कक्षा के दूसरे छात्र भीमराव से जलने लगे। वे लोग आपस में कानाफूसी करते हुए एक-दूसरे से कहते—''हमारे हैडमास्टर का भी दिमाग खराब हो गया है—एक महार को प्यार करते हैं जिसके लोटे का पानी कोई भी नहीं पीता, उसे वे अपने मटके का पानी देते हैं। इनका शायद दिमाग खराब हो गया है। लगता है यह सबका धर्म भ्रष्ट करवाकर ही छोड़ेंगे।''

भीमराव छात्रों की आपस की बातें सुनकर अनसुना कर देते थे। वे धर्म व समाज को नहीं मानते थे। उन पर तो केवल पढ़ाई का भूत सवार था। उन्हें बस यही लगन थी कि किसी तरह प्राइमरी स्कूल की शिक्षा पूरी हो जाये तो किसी हाईस्कूल की इण्टर कॉलिज में दाखिला लेकर आगे की शिक्षा शुरू करूँ। यही कारण था कि भीमराव उनकी बातें अपने कानों से सुनते और सुनकर उन्हें भूल जाते। जो आँखों से देखते उसे भी भुलाने की कोशिश करते, उनका यही सिद्धान्त था और उस पर वे पूर तरह अडिग थे, कि इधर-उधर कहीं भटक न जायें। उनके दिमाग में सिर्फ एक ही बात हर समय घूमती रहती कि पढ़-लिखकर बड़ा आदमी बनना है।

भीमराव के परिवार की आर्थिक स्थिति अच्छी नहीं थी। भीमराव के सामने अपनी व अपने परिवार दोनों की समस्या खड़ी थी। वे रोज देखते कि पिता को कितना कष्ट सहना पड़ता है। माता की कमी भी उन्हें दुःखी कर देती, मगर वे हमेशा खामोश रहते-किसी से कुछ नहीं कहते, उनकी यही आदत बन गयी। वह सारे दुःख अपने मन-ही-मन में समेट लेते, पिता पर जाहिर नहीं होने देते, क्योंकि उन्हें दुःखी देखकर पिता भी दुःखी हो जाते थे।

भीमराव के पिता की नौकरी समाप्त हो गयी जिससे उनके परिवार के समक्ष भुखमरी की समस्या पैदा हो गयी। रामजी राव भी अब घर पर ही आकर बैठ गये। अब तो उन्हें और भी तंगी का सामना करना पड़ गया। परन्तु उन्होंने साहस न छोड़ा। वे काफी कमजोर व बूढ़े हो गये थे लेकिन वे रोज दूसरी नौकरी की तलाश में निकल जाते। इधर-उधर भटकते लेकिन उन्हें कहीं नौकरी नहीं मिलती। मगर उन्होंने उम्मीद का साथ नहीं छोड़ा। वह हर दिन नई नौकरी की तलाश में निकल जाते और शाम को घर में वापस आते।

इस समय तक भीमराव ने प्राइमरी पाठशाला की पढ़ाई प्रथम श्रेणी में पूरी कर ली थी। यह पढ़ाई उन्होंने बड़े परिश्रम और लगन के साथ पूरी की थी। अब भीमराव

को नये स्कूल में दाखिला लेना था, परन्तु दाखिले के लिये रुपयों की जरूरत थी। उनके पास एक भी पैसा नहीं था, इस बात से उनके पिता बहुत दुःखी थे। उनकी समझ में नहीं आ रहा था कि भीमराव का दाखिला कैसे कराया जाये? उसके लिए रामजी राव प्रयास करने लगे। उनको रात-दिन बस एक ही चिन्ता लगी थी कि उसका एडमिशन हो जाये।

भीमराव की दाखिला के लिए रामजी राव ने सोचा, सेठजी से कुछ रुपया ब्याज पर ले लिया जाये। यही सोचकर वे सेठ की कोठी पर गये और सेठ से रुपये माँगे। लेकिन वहाँ जाकर भी कोई फायदा नहीं हुआ, उन्हें वहाँ से भी निराश का मुख देखना पड़ा। सेठजी ने रुपये देने से साफ इन्कार कर दिया। सेठजी ने कहा–''मैं सोने या चाँदी की जेवर गिरवी रखकर ही रुपया देता हूँ। जेवर ले आओ, उसे गिरवी रख जाओ और रुपया ले जाओ।''

रामजी राव ने अपनी परिस्थिति के बारे में सेठ को बताया मगर सेठ जरा भी नहीं पसीजा। अब रामजी राव परेशान हो गये और घर वापस आये। घर में सोने-चाँदी की तो कोई चीज नहीं थी। पीतल की एक बड़ी-सी परात घर में थी, उसी परात को लेकर रामजी राव सेठ के घर पुनः वापस गये और विनयी स्वर में कहते लगे–''सेठजी मेरे पास कोई भी इसके अलावा मेरे पास और कुछ भी नहीं है''

सेठजी ने उस परात को उलट-पलट कर ध्यानपूर्वक देखा और रामजी राव से बोले–

''ठीक है, मैं अभी तुम्हें पचास रुपये देता हूँ, लेकिन एक बात है।''

''क्या?'' उन्होंने आश्चर्य से पूछा।

''अगर तुमने एक साल के भीतर यह परात नहीं छुड़ाई तो यह मेरी हो जायेगी।'' उसने अपनी शर्त बतायी।

''कैसे?'' वह हैरानी से उसका चेहरा देख रहे थे–''ये क्या कह रहे हैं सेठजी! मेरी समझ में कुछ नहीं आ रहा है?''

''भाई, इसका ब्याज और रुपया एक साल के अन्दर नहीं दे पाए तो परात हमारी हो जायेगी।'' उन्होंने समझाया।

रामजी राव बोले–''सेठजी, समझ गया। अब मुझे समझाने की आवश्यकता नहीं है। मुझे आपकी शर्त मंजूर है।''

''समझ गये न अच्छी तरह?'' सेठ ने फिर पूछा।

''हाँ, अच्छी तरह समझ गया।'' रामजी राव ने सहमति जताई।

''तो फिर यही लिखकर मुझे दे दो और रुपया ले जाओ।'' सेठ जी ने प्रस्ताव रखा।

"बहुत अच्छा।" उन्होंने नम्रतापूर्वक कहा।

रामजी राव ने लिखकर दे दिया और रामजी राव रुपया लेकर घर आ गये।

दूसरे दिन भीमराव का दाखिला एलफिस्टन हाईस्कूल में हो गया। भीमराव इसी में पढ़ने लगे। प्राइमरी स्कूल के हैडमास्टर ने उनके नाम के साथ अम्बेडकर जोड़ दिया था, इसलिये अब उन्हें अम्बेडकर कहा जाने लगा अब वे स्वयं भी अपना नाम भीमराव अम्बेडकर लिखने लगे थे।

अब भीमराव अम्बेडकर पढ़ाई में तल्लीनता के साथ लग गये। वे हमेशा पढ़ाई में ही व्यस्त रहते। कभी भी समय बर्बाद नहीं करते। न ही वे किसी के घर जाते न किसी को अपने घर बुलाते। वे हमेशा समय का सदुपयोग करते थे, अपना समय कभी भी बेकार नहीं जाने देते थे। वे अपना ज्यादातर समय पढ़ाई में ही व्यतीत करते थे।

एक दिन भूगोल का घंटा चल गया था। अध्यापक कुर्सी पर बैठे थें। उन्होंने भीमराव अम्बेडकर को बुलाया और कहा–"भीमराव, श्यामपट्ट पर जाओ और भारत का मानचित्र बनाओ।"

भीमराव ने सुना तो वे श्यामपट्ट की ओर जाने लगे। लड़कों का खाना श्यामपट्ट के पास रखा था। भीमराव अम्बेडकर को श्यामपट की ओर जाते हुए देखकर लड़के सब-के-सब जोर से चिल्लाये–"भीमराव महार है। यह श्यामपट की तरफ जा रहा है, यह अछूत है, हम सबका खाना वहाँ रखा है, यह छू लेगा, उसे अपवित्र कर देगा, हम लोग फिर क्या खायेंगे? यह तो अछूत है, इसका वहाँ जाना ठीक नहीं है, इसे जाने से रोकना होगा"

हिम्मत करते हुए एक लड़का सामने आ खड़ा हुआ। वह अकड़कर कहने लगा–"भीमराव, रुक जाओ, तुम महार हो, हमार भोजन छू लोगे। हम पहले अपना भोजन हटा लें। उसके बाद श्यामपट्ट पर जाओ। तुम्हारे वहाँ जाने से खाना अपवित्र हो जायेगा"

भीमराव रुक गये। लड़कों ने अपना खाना हटा लिया। उसके बाद भीमराव अम्बेडकर श्यामपट्ट पर गये और भारत का मानचित्र बनाया।

मन-ही-मन भीमराव को बहुत दुःख हुआ कि हम महार हैं, इसलिये उन्हें प्रत्येक जगह अपमानित होना पड़ता है।

एक दिन प्रारम्भिक शिक्षा समाप्त करने के पश्चात् भीमराव ने अपने पिता से कहा था– "पिताजी! अब मैं दीदी के पास बम्बई (मुम्बई) जाकर रहूँगा"

"कयों बेटा! क्या बात है, ये अचानक तुम्हें बम्बई (मुम्बई) जाने की क्या सूझी?" उन्होंने प्रेमपूर्वक पूछा।

फिर रामजी राव ने अपने पुत्र को ओर आश्चर्य से देखा, वे समझ नहीं पा रहे थे कि बच्चा क्या कहना चाह रहा है?

भीमराव ने अपने लाल-लाल होंठों पर फूल खिलाकर सहज भाव से कहा—"मैंने सुना है कि बम्बई में ऊँच-नीच का भेदभाव नहीं है। शहर में सभी लोग मिल-जुलकर रहते हैं, एक साथ खाते-पीते हैं, उठते-बैठते हैं—इसलिये मैं वहाँ जाना चाहता हूँ।"

रामजी राव समझ गये कि भीमराव के मस्तिष्क में गाड़ीवान की बातें अभी तक जमी हुई हैं। उन्होंने बम्बई भेज दिया। वह सोच रहे थे वहाँ जाकर अम्बेडकर इन अपमान की बातों को भूल जायेगा

बम्बई की चहल-पहल और रौनक देखकर भीमराव को बड़ी खुशी हुई। उसके मन में कमल का फूल खिल उठा। यहाँ सब लोग एक-से दिखाई देते हैं। गाँव की भाँति छोटे मन के लोग यहाँ नहीं होंगे, परन्तु बालक भीमराव का सपना एकदम टूट गया। जब वह रेस्टोरेंट में चाय पीने के लिए घुसा, तो चाय वाले ने पूछ लिया—

"तुम लोग कौन ठाकुर हो बेटे?" चाय वाले ने बड़े नम्र स्वर में उसकी ओर देखते हुए पूछा।

भीमराव ने उसे जब अपनी जाति बतायी तो चायवाले ने शीघ्र दुकान से उतार जाने को कह दिया। अभी वह पूरी बात समझ भी नहीं पाये थे कि उसने आकर जोर से धक्का मारा जिससे भीमराव कीचड़ में गिर गया। दुकानदार ने जोरदार ने जोरदार ठहाका लगाया। भीमराव को लगा जैसे चाय वाले ने उसको थप्पड़ मारा हो। वह मन-ही-मन क्रुद्ध हो उठा, लेकिन वह चाय वाले का क्या बिगाड़ सकता था। खून का घूँट पीकर वह अपने घर वापस चल पड़ा। लेकिन उन्हें बहुत ज्यादा अपना अपमान महसूस हो रहा था, निराश होकर वह घर आ गये।

भीमराव के जीवन में अनेक ऐसी घटनाएँ घटित हुईं जिससे उनका उच्च शिक्षा प्राप्त करने का संकल्प दृढ़ होता चला गया। चाय की दुकान की भाँति एक बार नाई ने भी उसको अपनी दुकान से धकेल दिया था—इन बातों से उनके हृदय पर कैसा आघात लगा होगा, इसक अनुमान लगाना सहज सम्भव नहीं। इस अपमान को वही महसूस कर सकते हैं, जिन्हें ऐसे अपमान को सहना पड़ा है।

अब वे स्कूल में ध्यान लगाकर पढ़ने लगे। अपने अपमान को सहते गये और सन्तोष करके रह गये और सोचने लगे—उन्हें शिक्षा प्राप्त करनी है। आदमी जब कोई नेक काम करने के लिए चलता है तो उसमें परेशानियाँ आती हैं। अपने उद्देश्य

को मुझे पूरा करना है। मैं किसी भी कुछ नहीं कहूँगा—यह बात उनके मन में अच्छी तरह से घर कर चुकी थी।

स्कूल का हैडमास्टर भी दयालु था। एक दिन भीमराव से उसने पूछा—"ओ भीम तू तो महार है। पढ़-लिखकर तू क्या करेगा?"

भीमराव ने उत्तर दिया—"छुआछूत को दूर करूँगा, पढ़कर वकील बनूँगा और अछूतों के लिये नया कानून बनाऊँगा, जो सरकार को मानना पड़ेगा इस प्रकार मेरे द्वारा गरीबों और अछूतों का उद्धार होगा"

प्राधानाध्यापक भीमराव का मुँह देखने लगे। लड़का महत्वाकांक्षी है, उनकी समझ में आ गया। भीमराव से उन्हें स्नेह था, वे जानते थे कि लड़का होनहार है और कुछ बनकर रहेगा, कुछ करके दिखायेगा लोग सच ही कहते हैं कि हीरा कोयले से ही निकलता है और कीचड़ में ही कमल खिलते हैं।

हैडमास्टर की दृष्टि में उस दिन से भीमराव का स्थान ऊँचा हो गया। भीमराव का वो अधिक-से-अधिक ध्यान रखते। उनसे ज्यादा स्नेह रखते और उनकी हर बात का भी ध्यान रखते। जब हाईस्कूल का परिणाम घोषित हुआ तो भीमराव ने हाईस्कूल प्रथम श्रेणी में पास कर ली थी।

अम्बेडकर की उच्च शिक्षा

भीमराव ने हाईस्कूल की परीक्षा प्रथम श्रेणी से पास किया। घर में खुशियाँ मनाई गयीं, पर भीमराव को एक नई चिन्ता ने आ घेरा था कि आखिर अब आगे पढ़ाई कैसे होगी? क्योंकि उनकी आर्थिक स्थिति बहुत ज्यादा खराब थी और एडमिशन में पैसा भी काफी लगता।

भीमराव ने संकल्प कर लिया था कि वे बड़ी-से-बड़ी पढ़ाई करके, खुद को, कुल को और जाति को ऊपर उठायेंगे। भीमराव आगे कॉलेज में दाखिला लेना चाहते थे परन्तु पैसा नहीं था तभी उनको अपने एक अभिन्न मित्र की याद आयी, वह जाति का ईसाई था और उसका नाम कैलुस्कर था। वह हमेशा भीमराव को उदास देखता था। एक बार उसने भीमराव से उसकी उदासी का कारण पूछ ही लिया। तब भीमराव ने उसे अपनी बात बतायी—उन्होंने बताया कि वे आगे पढ़ना चाहते हैं लेकिन घर में पैसा नहीं है, कॉलिज में दाखिला कैसे लूँ? और उनको पढ़ना भी जरूर है, क्योंकि जो उन्होंने सपना देखा है वह अधूरा ही रह जायेगा

इस पर कैलुस्कर ने बताया—"महाराज गायकवाड़ बहुत ही दयालु पुरुष हैं उनके दरवाजे पर जो भी पहुँचा है, कभी खाली हाथ नहीं लौटा। वे उसकी धन से

अवश्य सहायता करते हैं। तुम भी उनके पास जाकर अपनी स्थिति बताओं, वे तुम्हारी भी सहायता कर देंगे। एक बार आजमा लेने में कौन-सा हर्ज है, हो सकता है कि तुम्हारा काम हो जाये।''

बड़ौदा नरेश की कोठी बम्बई में ही थी। भीमराव ने दोनों हाथ जोड़कर, सिर झुकाकर उनको प्रमाण किया।

''युवक तुम कौन हो और कहाँ से आये हो?'' महाराज उन्हें देखकर काफी हद तक प्रभावित हुए थे।

''राजा साहब, मैं एक गरीब विद्यार्थी हूँ। फर्स्ट डिवीजन में हाईस्कूल पास किया है और कॉलेज में दाखिला लेना चाहता हूँ। घर की आर्थिक स्थिति ठीक नहीं है। पिता बहुत गरीब हैं। ऐसी स्थिति में दूसरे कॉलिज में एडमिशन के लिए काफी पैसे की जरूरत पड़ेगी, अगर आप.... ।''

बड़ौदा नरेश चालीस वर्ष की उम्र पार कर चुके थे। दुनिया का उन्हें तजुर्बा था। वे आदमी को देखते ही उसकी असलियत पहचान जाते थे। कुछ देर तक वे मौन रहे। भीमराव से फिर उनके घर का हाल पूछने लगे।

फिर भीमराव ने अपने घर के विषय में विस्तार से बताया। इससे बड़ौदा नरेश को उनसे सहानुभूति हुई और उन्होंने मन-ही-मन फैसला किया कि इस लड़के की सहायता करनी चाहिये।

राजा साहब बोले—''भीमराव, मैं तुमसे बहुत खुश हूँ। तुम महार हो तो क्या, तुम एक योग्य विद्यार्थी हो। मैं दुनिया और समाज को नहीं जानता। मैं तुम्हारी धन से सहायता करूँगा कॉलिज में तुम दाखिला ले लो और दिल लगाकर अपनी पढ़ाई पूरी करो।''

भीमराव ने दोनों हाथ बाँधकर महाराज को प्रणाम किया। तभी बड़ौदा नरेश पुनः बोले—''पच्चीस रुपये महीने की छात्रवृत्ति तुम्हें खजाने से मिलेगी और हर महीने मिलती रहेगी—जब तक तुम पढ़ोगे।''

भीमराव अब जमीन पर झुक गये। राजा साहब को उन्होंने फिर से प्रणाम किया और उनके मुँह से श्रद्धाभरा स्वर निकल गया—''महाराज गायकवाड़ की जय हो। बड़ौदा नरेश की जय हो। बड़ौदा नरेश की जय हो। ईश्वर करे, यह गद्दी हमेशा आबाद रहे। लोग आपकी हमेशा जय-जयकार करते रहें और आपका सम्मान भी इसी प्रकार बना रहे।''

चलते समय बड़ौदा नरेश ने भीमराव को सौ रुपये दिलवाये और स्नेहपूर्वक कहा—''ये रुपये तुम्हारे दाखिले और किताबों के लिए हैं। पच्चीस रुपये तुम्हें एक

महीने बाद छात्रवृत्ति के मिल जायेंगे। जाओ, मेरी शुभकामनाएँ तुम्हारे साथ हैं, ईश्वर तुम्हारा कल्याण करें।"

बड़ौदा नरेश ने उन्हें आशीर्वाद दिया कि तुम कुछ करके दिखाओ और ईश्वर तुम्हें कामयाबी दें और हमेशा गरीबी और दलितों का उद्धार करो।

जो आशीर्वाद बड़ौदा नरेश ने उन्हें दिया था, उसे पूरा कर दिखाने के लिये भीमराव चल पड़े। अब उनका सिर्फ एक ही लक्ष्य था—ज्यादा-से-ज्यादा तालीम हासिल करना।

अब भीमराव ने कॉलिज में दाखिला ले लिया और वे फर्स्टईयर में पढ़ने लगे। दाखिला लेने में उन्हें कोई परेशानी नहीं आयी थी और महाराज के दिये सौ रुपये भी उनके पास थे।

भीमराव को वहाँ कॉलिज में दाखिला लिये दूरारा ही दिन हुआ था। वहाँ एक बाग था, जहाँ आम के अनेक वृक्ष थे। प्रायः भीमराव वहाँ खाली घण्टे में बैठ जाया करते थे। वहाँ बैठकर उन्हें बड़ी शान्ति मिलती थी, कभी-कभी बैठकर स्टडी भी किया करते थे। एक बार आम के बाग में कोयल की 'कुहू-कुहू' मन में संगीत घोल रही थी। कौन था ऐसा जो मीठी-मीठी हवा, भीनी-भीनी सुगन्ध और पपीहे की पुकार में डूब न जाता। भीमराव ने गर्दन उठाकर ऊपर की ओर देखा। कोयल उड़ गयी और पपीहा बैठा रहा। जल्दी से भीमराव ने जेब में से लड्डुओं की थैली निकाली और चुपके-चुपके खाने लगा ऐसा जाने उसके मन में क्या डर था कि जो उसे छिपकर कलेवा लेना पड़ रहा था। तभी घण्टी बजी। कॉलिज के एक कक्ष से कुछ लड़के निकले और सीधे भीमराव के सामने जाकर खड़े हो गये। भीमराव उन्हें देखकर सकपका गया। उसने लड्डुओं वाली थैली पीठ के पीछे छिपा ली। उन्हें डर था कि कहीं ये लड्डू देखकर यह लड़के उनके हाथ से थैली न छीन लें, और हुआ भी यही।

भीमराव से चम्पत ने मजाक ही मजाक में लड्डु की थैली छीन लिया और बोला—"ओह! ये लड्डू चोरी-चोरी खाये जाये रहे हैं।" भीमराव ने सिर नीचे झुका लिया, क्योंकि वह अछूत थे और उनको खाने के लिए नहीं कह सकते थे, उनकी समझ में नहीं आ रहा था कि वह क्या करें।

चम्पत ने सारे लड्डू आपस में बाँट दिये। भीमराव ने दो बार कुछ कहना चाहा लेकिन शब्द मुँह से न निकल सके। वह चाहकर भी कुछ न कह सके, क्योंकि उनके अल्फाज उनका साथ नहीं दे रहे थे और फिर उन्हें अपने अपमान का भी डर था।

चम्पत ने भीमराव की ठोड़ी पर दो अंगुलियाँ रखीं। ठोडी को ऊपर उठाकर बोला—

"क्यों दोस्त नाराज हो गये क्या?"

"नहीं, यह बात नहीं है दोस्त!' भीमराव के मन में कुछ अजीब-सी हलचल हो रही थी। वह कुछ और ही कहना चाहता था। बड़ी मुश्किल से उसने अपना मुँह खोला—"बाह यह है कि ये लड्डू मेरी माँ ने बनाये थे।" उन्होंने बहाना बनाया।

"तभी हम सोच रहे थे, इन लड्डुओं में ममताभरी मिठास क्यों है?" सभी लड़के एक साथ बोले।

भीमराव ने गम्भीर भाव से कहा— "शायद तुम लोग नहीं जानते कि मैं अछूत हूँ।" कहकर उन्होंने अपना सर झुका लिया। अब उन्हें पूरा अन्देशा था कि सभी लड़के उनका अपमान करेंगे।

"अब क्यों मसखरी कर रहा है?" शील बोला—"अछूत वह होता है जिसके शरीर पर मक्खियाँ भिनभिनाती हैं। तू तो हम सबकी तरह सूटेड-बूटेड है। चल उठ, क्लास का समय हो गया है।"

भीमराव ने सब लड़कों को वहीं रोककर कहा—"दोस्तो! मैं वास्तव में अछूत जाति का हूँ। मेरी माँ अशिक्षित है। बेचारी ने रूखी-सूखी रोटियाँ इकट्ठी करके, उसमें तेल और गुड़ डालकर इन लड्डुओं को बनाकर मुझे दिया है। इनकी सूरत अच्छी दिखाई दे, इसलिये इनमें चने और मूँगफली भी डाली हैं। माँ की भेंट तुम लोगों के सामने इसलिए नहीं खाता कि कहीं तुम मेरा राज न जान जाओ कि हम इतने पतित हैं। अब जब तुमने लड्डू खा ही लिया है तो मुझे सब कुछ कहना ही पड़ा। अब मैं तुम लोगों से यह बात नहीं छिपा सकता था।"

भीमराव की बातों को सुनने के पश्चात् चम्पत ने कहा—"भीमराव! तू अपना मन छोटा क्यों करता है? ऊँच-नीच, छोटा-बड़ा, छूत-अछूत ईश्वर के बनाये हुए नहीं हैं। इन कुविचारों को हमने अपने स्वार्थ के लिये बनाया है। तू तो हमारी कक्षा का मेधावी छात्र है। याद रख आज के बाद तेरे मुँह से ऐसे शब्द कभी नहीं निकलने चाहिए। तू भी हमारी तरह यहाँ का स्टूडेंट है, हमारा अच्छा दोस्त है, हम सब तुझको बहुत चाहते हैं, तुझसे बहुत स्नेह रखते हैं।"

भीमराव ने चम्पत को भीगी आँखों से देखा। उसके भीतर किसी ने कहा—"तू महार कबीले का व्यक्ति है तो क्या हुआ, महाराष्ट्र का यह महार परिवार किसी दिन ऊँचा परिवार बन सकता है। तू शूद्र नहीं है, शूद्र वह होता है जिसके विचार छोटे होते हैं। लेकिन तेरे विचार तो बहुत ऊँचे है, तेरी कल्पनाएँ बहुत बड़ी हैं।"

इस समय तक भीमराव के पिता रामजी राव भी बम्बई आ गये थे। क्योंकि सतारा की नौकरी कब की छूट गयी थी। वे बेकार बैठे थे। उनके पास कोई काम

नहीं था। खर्च और पैसे की समस्या हमेशा सामने बनी रहती थी। एक दिन पिता के मुख पर चिन्ता की उठाती हुई रेखाओं को देखते हुए भीमराव ने पिता से पूछा—"पिताजी, आप इतने दुःखी क्यों हो? क्या बात है आप मुझे बताइये, मैं भी तो आपका पुत्र हूँ इसलिये मुझे यह जानने का अधिकार है।"

रामजी राव कुछ देर शान्त रहने के पश्चात् बोले—"बेटा, कमाई एक पैसे की भी नहीं है और खर्चा बराबर हो रहा है, आखिर ऐसे कब तक चलेगा मैं इतना कमजोर और बूढ़ा हो गया हूँ अब पहले जैसी ताकत मेरे में नहीं रही है। मैं अब तुमको कमाकर नहीं खिला सकता, अब मेरी बूढ़ी हड्डियों में जान भी नहीं है।"

भीमराव ने कुछ सोचकर पिताजी से कहा—"मैं अब कॉलेज जाना बन्द कर दूँगा पिताजी।"

"क्यों?" वह घबरा गये और बोले—"क्या बात है बेटा! तुम कॉलिज क्यों नहीं जाना चाहते हो मुझे बताओं"

"मैं नौकरी करूँगा"

"नौकरी।"

"हाँ नौकरी।" उन्होंने कहा।"

"नौकरी कहाँ मिलेगी तुम्हें?"

"फौज में"

"क्या!"

"हाँ पिताजी।"

"मिलिट्री में नौकरी करोगे?"

"पिताजी आप भी तो मिलिट्री में सूबेदार थे।"

"क्या तुम्हें सेना की नौकरी मिल जायेगी?"

"क्यों नहीं!"

"मगर कैसे?" उन्होंने आश्चर्यचकित होकर पूछा, वह बड़ी गौर से उनका चेहरा देख रहे थे।

"बी॰ए॰ मैं कर चुका हूँ। एम॰ए॰ प्राइवेट कर लूँगा बी॰ए॰ मैंने 1913 ई॰ में प्रथम श्रेणी में पास कर लिया है। इसलिये मैं जानता हूँ कि मुझे नौकरी गिल जायेगी।"

"तो जाओ....मेरा आशीर्वाद तुम्हारे साथ है।"

भीमराव ने पिताजी के चरण स्पर्श किये और वहाँ से चल दिये। सीधे वे सेना के भर्ती दफ्तर में आ गये।

उनसे पूछा—"तुम क्या चाहते हो?"

भीमराव ने इस पर बताया, वे मिलिट्री में नौकरी करना चाहते हैं, इसलिये आये हैं। क्या उन्हें मिलिट्री में नौकरी मिल सकती है?

जब उन्होंने अपनी योग्यता के बारे में बताया कि वे बी.ए. प्रथम श्रेणी में पास हैं, तो उनकी परीक्षा ली गयी। सभी प्रश्नों के उत्तर उन्होंने शीघ्र दे दिये। वे उस परीक्षा में पास हो गये। उन्हें लेफ्टीनेन्ट का पद दे दिया गया और कि बड़ौदा रियासत में उन्हें भेजा जायेगा वह वही बड़ौदा राज्य था, जिसकी कृपा से वह बी.ए. की परीक्षा उत्तीर्ण कर पाये थे। यहीं वह महाराज रहते थे जिन्होंने इनकी छात्रवृत्ति बाँधी थी।

घर में खुशियाँ मनायी गयीं। रामजी राव को भी बहुत खुशी हुई।

भीमराव अब बड़ौदा रियासत में सेवा देने लगे। रात-दिन वह मेहनत और लगन के साथ अपने काम मे जुटे रहते और सोचते कि गरीबों व दलितों का उद्धार कैसे हो?

उसके बाद रोज रामजी राव के पास माँग ने वाले आते। वे कहते—'तुम्हारा बेटा अब नौकरी करने लगा है, उसकी शादी कर डालिये।"

कहा जाता है कि जब भीमराव पढ़ रहे थे तभी इनकी मंगनी पक्की हो गयी थी लेकिन विवाह करने के लिए भीमराव ने इन्कार कर दिया था। इसलिये मगनी टूट गयी थी। क्योंकि भीमराव अभी शादी के बंधन में नहीं बंधना चाहते थे, इस प्रकार इनकी तरक्की में बाधा उत्पन्न हो सकती थी।

भीमराव की सोलह वर्ष की उम्र में अप्रैल, 1906 ई. में श्री भीखू बालंगकर की पुत्री सौभाग्यकांक्षिणी से ही विवाह हो गया।

उस आयु में कौन किशोर विवाह के असली महत्व को समझता है, अनेक अल्पज्ञ किशोर अपना आवश्यक कार्य भूलकर नवपरिणीता के मोहजाल में फँस जाया करते हैं; किन्तु भीमराव अम्बेडकर अपने मार्ग से जरा भी विचलित न हुए। उन्होंने पिताजी आज्ञा का पालन करते हुए विवाह करना आवश्यक समझा तो वह किया, परन्तु इसके साथ ही उन्होंने उच्च शिक्षा प्राप्त करना भी अति आवश्यक समझा। वह अपने लक्ष्य पर दृढ़तापूर्वक अड़े हुए थे।

भीमराव की धर्मपत्नी रामाबाई विनम्र स्वभाव की थी। उसे पाकर भीमराव अम्बेडकर फूले नहीं समाये। उनकी दृष्टि में वह एके योग्य पत्नी थीं। एक किसी भी काम में अम्बेडकर को नहीं टोकती थीं, न ही उनसे किसी बात को कोई शिकायत करती थीं।

रामाबाई को भी अपने पति पर गर्व था। वे शिक्षित थे। ग्रेजुएट। और फौज

में लेफ्टीनेन्ट के पद पर नियुक्त थे। इसके साथ-साथ अपनी पत्नी का पूरा ख्याल भी रखते थे।

भीमराव शादी के बाद नौकरी पर चले गये और पत्नी रामाबाई ससुराल में रहने लगीं। उन्हें भीमराव से कोई शिकायत नहीं थी। वह तो बस उनकी खुशी में खुश रहने वाली स्त्री थीं।

भीमराव के पिता रामजी राव एक दिन अचानक बीमार पड़ गये। कुछ दिनों तक तो किसी ने गौर नहीं किया, लेकिन बीमारी दिन-प्रतिदिन बढ़ती ही जा रही थी।

रामजी राव की तबियत वैदिक इलाज के बाद भी ठीक नहीं हुई। बीमारी बढ़ती ही जा रही थी। वे चारपाई से लग गये थे।

जब रामजी राव की हालत बहुत खराब हो गयी तो उन्होंने भीमराव अम्बेडकर को तार भेजा कि तार मिलने ही घर चले आओ, पिताजी की हालत अच्छी नहीं है। किसी भी डॉक्टर, वैद्य की दवा से उन्हें फायदा नहीं पहुँच रहा है।

भीमराव ने तार-अपने बड़े अफसर को दिखाया और विनम्र स्वर में कहा—''साहब, मुझे छुट्टी चाहिये। मेरे पिताजी सख्त बीमार हैं, इसलिये ये तार आया है। मेरा जाना वहाँ बहुत जरूरी है। अगर आप छुट्टी देंगे तो बड़ी कृपा होगी।''

अफसर ने बताया—''लेकिन अभी तुम्हें छुट्टी नहीं मिलेगी।''

भीमराव ने विनम्रता से पूछा—''क्यों?''

''तुम्हारी नौकरी को अभी एक साल भी नहीं हुआ है। तुम न जाने इसी बीच में कितनी छुट्टियाँ ले चुके हो। अब छुट्टी नहीं मिलेगी। घर के लिये पत्र लिख दो कि तुम वहाँ नहीं आ सकते, क्योंकि तुम्हारी छुट्टी कैंसिल कर दी गयी है।''

''पत्र!'' भीमराव ने विनम्रतापूर्वक कहा।

''हाँ।''

''मैं पत्र नहीं लिखूँगा''

''क्यों?''

''मेरे पिता बीमार हैं। वे बूढ़े हैं। मैं उन्हें देखने जाऊँगा न जाने उनकी कैसी हालत है?'' वह बोले।

''और मैंने कह दिया है कि छुट्टी नहीं मिलेगी।'' अफसर का लहजा सख्त था—''जाओ जाकर काम देखों।''

''तो आप छुट्टी नहीं देंगे?'' भीमराव का स्वर उग्र हो उठा।

''नहीं।''

"तो मैं अभी त्याग पत्र देता हूँ।"

"यह तुम्हारी मर्जी।"

"ऐसी नौकरी मुझे नहीं चाहिये। अपने पिता को देखने में जरूर जाऊँगा नौकरी तो फिर भी मिल जायेगी।" उन्होंने दृढतापूर्वक कहा।

भीमराव ने यह कहकर त्याग पत्र लिख दिया। अपने हथियार और वर्दी सामने रख दी। उसी समय उनका इस्तीफा मन्जूर कर लिया गया। वे घर के लिए रवाना हो गये। इस समय सिर्फ उन्हें अपने पिताजी की ही चिन्ता थी, नौकरी की चिन्ता उन्हें तनिक भी नहीं थी।

रामजी राव ने अपने पुत्र को पास बुलाया और सिर पर हाथ फेर दिया और सहानुभूतिभरी दृष्टि से उन्हें निहारने लगे।

अभी तक रामजी राव का इलाज वैद्य द्वारा चल रहा था पर उससे कोई फायदा नहीं हो रहा था। इसलिये भीमराव अम्बेडकर एक डॉक्टर को ले आये। डॉक्टर ने भीमराव के पिता की बीमारी चैक की। खाने के लिए दवा दी और इन्जेक्शन लगाया। फिर उसके बाद वह कुछ जरूरी हिदायतें व तसल्ली देकर चला गया।

रामजी राव का बहुत दिनों तक डॉक्टर से इलाज चला लेकिन कुछ लाभ नहीं हुआ और अंतत उनकी मौत हो गयी। भीमराव के सिर पर दुःखों का पहाड़ टूट पड़ा। उन्हें पिता की मृत्यु का बहुत दुःख हुआ। लगभग एक महीने तक वे दुःखी मन से घर में बैठे रहे। आज उनके सर से पिता का साया भी उठ चुका था और वह अनाथ रह गये थे।

भीमराव अत्यन्त दुःखी थे। नौकरी भी छूट गयी थी और पढ़ाई भी पूरी नहीं हुई थी। पेट पालने के लिये भी कुछ-न-कुछ करना जरूरी था, क्योंकि वह अकेले नहीं थे, उनके साथ उनकी पत्नी की जिम्मेदारी भी उनसे जुड़ी थी आखिर पेट भरने का प्रबन्ध तो करना ही था। ऐसी स्थिति में उन्हें अपने मित्र कैलुस्कर की याद आयी। वे अपने मित्र कैलुस्कर से जाकर मिले। कैलुस्कर ने भीमराव की परेशानियाँ सुनकर, इस बार भी अच्छा सुझाव रखते हुए बताया—"बड़ौदा नरेश ने एक योजना बनायी है। योग्य छात्रों को वे बुला रहे हैं। पढ़ने के लिए अपने खर्चे से अमेरिका भेजेंगे। वहाँ जाकर छात्र ऊँची शिक्षा प्राप्त करेंगे। बड़ौदा नरेश हर महीने उन छात्रों को छात्रवृत्ति देंगे, जो अमेरिका भेजी जायेगी। तुम भी उनके पास जाओ और अपनी समस्या बताओ। मुझे विश्वास है वे तुम्हारी अवश्य ही सहायता करेंगे। पहले भी तुम जाकर उन्हें आजमा चुके हो।"

कलुस्कर की बातें सुनने के बाद भीमराव महाराजा गायकवाड़ की कोठी पर

गये और कोठी में पहुँचते ही नरेश को प्रणाम किया। महाराज ने भीमराव को पहचान लिया। वे प्रसन्न होकर बोले—"भीमराव ठीक तो हो? कैसे आये हो?"

"महाराजा दया है आपकी।" उन्होंने कहा।

इसके बाद भीमराव ने महाराजा गायकवाड़ को अपनी व्यथा बताना प्रारंभ किया—बी॰ए॰के बाद में फौज में लेप्टीनेंट हो गया था। पिता को देखने आने की वजह से नौकरी से त्यागपत्र दे दिया। पिताजी की मृत्यु हो गयी। अब बहुत दुःखी व परेशान हूँ। नौकरी नहीं रही। पिताजी नहीं रहे और पढ़ाई भी पूरी न हो सकी। फिर पत्नी की जिम्मेदारी भी अब उन्हीं के ऊपर आ गयी है, पेट भरने का कोई तो साधन हो।

भीमराव ने महाराजा से कहा—"मैंने सुना है आप उच्च शिक्षा के लिए कुछ छात्रों को अमेरिका भेजना चाहते हैं। तो मैं भी उन छात्रों में सम्मिलित होना चाह रहा हूँ। इसलिये सेवा में हाजिर हुआ हूँ। महाराजा की सहायता चाहता हूँ। अगर आप इस समय मेरी मदद कर दें तो मैं आपका यह उपकार कभी नहीं भुला सकता।"

भीमराव की बातों को तल्लीनता से सुनने के बाद महाराजा गायकवाड़ ने प्यार से कहा—"तुम अपना प्रार्थना-पत्र दे दो। साथ ही फॉर्म भी भर दो। अच्छी शिक्षा पाने के लिये मैं तुम्हें अमेरिका भेजूँगा तुम अमेरिका में पढ़ोगे और हर महीने तुम्हें छात्रवृत्ति मिलेगी-जो इतनी होगी, जिससे तुम्हारी पढ़ाई सरलतापूर्वक होती रहे।"

किन्तु महाराजा ने भीमराव के सामने पढ़ने के लिए एक शर्त यह रखी कि वहाँ से उत्तीर्ण होने के बाद आकर दस वर्ष तक बड़ौदा राज्य की सेवा करनी होगी। अगर तुम्हें हमारी शर्त मंजूर हो तो बताओ, केवल इसी शर्त पर तुम्हें वहाँ पढ़ने भेजा जा सकता है।

भीमराव ने प्रार्थना-पत्र दे दिया। शिक्षा मन्त्री के सामने शपथ ग्रहण कर प्रतिज्ञा-पत्र पर हस्ताक्षर कर दिये। उन्हें भला इस बात से क्यों इन्कार हो सकता था, और वह नरेश की काफी इज्जत करते थे।

प्रतिज्ञा-पत्र इस बात का था कि शिक्षा प्राप्त करके अमेरिका से लौटने के बाद दस वर्ष तक रियासत बड़ौदा की सेवा करेंगे।

भीमराव अम्बेडकर घर आये और जल्दी-जल्दी अमेरिका जाने की तैयारी करने लगे। 4 जून, 1913 ई॰ को जलपोत द्वारा भीमराव बम्बई (मुम्बई) से अमेरिका के लिए रवाना हो गये। उनके सामने सिर्फ एक ही लक्ष्य था। कि अमेरिका जाकर अपनी पढ़ाई पूरी करें।

घर में खुशियाँ मनायी गयीं—और यह मंगल कामना की जाने लगी कि

भीमराव सफल होकर अमेरिका से लौटें। वे वकालत पढ़कर बैरिस्टर बनकर आकर बम्बई में अपनी वकालत चलायें। इस प्रकार अछूतों और दलितों का उद्धार हो सकता है।

भीमराव की पत्नी रामाबाई को सबसे अधिक खुशी हुई कि उनका पति अमेरिका पढ़ने के लिए गया है वहाँ से कामयाब होकर वापस आयेगा और फिर हमारे घर की निर्धनता दूर हो जायेगी। हम भी दूसरे लोगों की तरह धनवान बन जायेंगे और सम्मान के हकदार भी।

इधर भीमराव अम्बेडकर अमेरिका आ गये।

भीमराव अम्बेडकर ने जुलाई 1913 ई. में कोलम्बिया विश्वविद्यालय में राजनीति शास्त्र में प्रवेश ले लिया। पढ़ाई शुरू हो गयी। वे मन लगाकर पढ़ने लगे। वे पॉलिटिकल साइंस पढ़ते। मैरिल फिलॉसफी पढ़ते, सोशियोलॉजी और इकोनॉमिक्स भी पढ़ते। रात-दिन बड़ी मेहनत और लगन के साथ उन्होंने स्टडी करना आरम्भ कर दिया।

उन्होंने सोचा था कि रुपये की समस्या पर थिसिस लिखेंगे। इस पर डॉक्टरेट लेंगे। इसके बाद कानून पढ़ेंगे और बैरिसटिर बनेंगे।

अमेरिका में छुआछूत नहीं था जिससे भीमराव को यहाँ पर स्वर्ग सा महसूस हो रहा था। यहाँ सभी को समान दृष्टि से देखा जाता था। न कोई अछूत था न कोई ब्राह्मण। कोई भी इस बात को नहीं जानता था।

भीमराव ने अपने अमेरिका साथियों से पूछा—''यहाँ कोई भारतीय है या नहीं?''

इस पर सहपाठियों ने बताया—''बहुत-से भारतीय छात्र इस विश्वविद्यालय में पढ़ते हैं।''

भीमराव का परिचय कई भारतीय विद्यार्थियों से कराया गया। वे उनसे मिलकर बहुत खुश हुये। भीमराव ने वहाँ एक कमरा ले रखा था। वे सुबह जल्दी उठकर पढ़ते और रात को भी देर तक पढ़ते। वे दोपहर का खाना सभी के साथ बैठकर मेस में खाया करते। खाना साथ-साथ खाकर उन्हें बड़ी खुशी होती और सोचते, काश हमारे देश में भी छुआछूत व भेदभाव न होता। सभी लोग एकसमान होते, सभी के साथ एकजैसा बर्ताव किया जाता तो कितना अच्छा होता!

जब भीमराव रात देर तक पढ़ते तो यह देखकर उनके साथियों को आश्चर्य होता और वे कह देते कि ज्यादा पढ़ने से दिमाग कमजोर हो जाता है, इसलिये थोड़ा

कम पढ़ा करो, थोड़ी-बहुत देर आराम भी किया करो और कुछ समय दोस्तों के साथ गुजारा करो।

इस पर भीमराव हँसकर उत्तर देते—"यदि पढ़ाई में मन नहीं लगाऊँगा तो भारत से अमेरिका आने की सारी मेहनत बेकार चली जायेगी। मेरा आने का मकसद सिर्फ पढ़ाई करना है।"

भीमराव सभी छात्रों का चहेता था। वे आपस में कहते कि भीमराव कितना मेहनती लड़का है, हमेशा पढ़ता रहता है, पढ़ाई से कभी नहीं ऊबता। एक-न-एक दिन यह बहुत बड़ा आदमी बनेगा, बहुत नाम कमायेगा, सभी लोग उसको सम्मान की दृष्टि से देखेंगे।

विश्वविद्यालय में ही भीमराव अम्बेडकर की भेंट नवल भटेना से हो गयी। नवल भटेना भी भारतीय छात्र था और पढ़ाई में भी बहुत अच्छा था। बातों-ही-बातों में दोनों का परिचय हो गया और बातचीत का सिलसिला आरम्भ हो गया।

नवल भटेना बम्बई (मुम्बई) का रहने वाला था। पढ़ाई में होशियार था, इसलिये प्रोफेसर उससे सदा खुश रहते थे, उसकी प्रशंसा भी करते थे।

नवल भटेना भीमराव से मिलकर खुश हुआ और उसने भीमराव से कहा—"तुम मेरे कमरे में आओ, हम दोनों साथ-साथ पढ़ेंगे और एक-दूसरे की सहायता भी करेंगे।"

अम्बेडकर ने नवल भटेना से कहा—"अमेरिका में आकर मैंने एक नया पाठ पढ़ा है। यहाँ सब लोग मेल-मिलाप से रहते हैं, आपस में कोई भेदभाव नहीं है, कोई जाति-पाँति का बोलबाला नहीं है।"

इस पर नवल भटेना ने कहा—"अमेरिका उन्नतिशील राष्ट्र है। यहाँ एक ही जाति है, जिसे अमेरिकन कहा जाता है। यहाँ सबको एक तरह से जीने का अधिकार है। कोई आदमी छोटा-बड़ा नहीं है, कोई यहाँ जाति-पाँति को नहीं मानता।"

भीमराव अधिकांश समय नवल भटेना के साथ मिलकर अध्ययन में व्यस्त रहते थे। उनका कोई साथी या मित्र उन्हें कभी चलचित्र देखने जाने के लिए कहता तो वे बहाना बना देते फिर कभी-कभी यह भी कह देते, मैं यहाँ अमेरिका में चलचित्र देखने नहीं आया। मैं यहाँ पढ़ने आया हूँ। जिस उद्देश्य की पूर्ति करने के लिए मैंने अपनी मातृभूमि छोड़ी है उसी लक्ष्य को पूरा करना है। यदि ऐसा न हुआ तो इससे बढ़कर मेरा दुर्भाग्य क्या होगा? ऐसा सुनकर साथी लोग उनका मुँह ताकते रह जाते। उनकी समझ में नहीं आता था कि अम्बेडकर क्या बनना चाहता है?

आखिर वह दिन भी आ गया। जब भीमराव अम्बेडकर को डॉक्टर ऑफ

फिलॉसफी की उपाधि मिल गयी थी। छात्रों ने भीमराव की दावत की व उपहार भी दिये। सभी लोग उनकी इस उन्नति से बेहद प्रसन्न थे और प्रसन्न हृदय से बधाई दे रहे थे।

अब दोस्तों ने पूछा—"आगे क्या करने का विचार है?" इस पर भीमराव उत्तर देते-"मैं डॉक्टरेट की उपाधि चाहता हूँ।

भीमराव ने निश्चय किया कि लन्दन जाकर थिसिस लिखेंगे। वहीं रहकर कानून पढ़ेंगे। बैरिस्टर बनकर भारत आयेंगे। फिर उनका भारत में कितना सम्मान होगा, सभी लोग उनकी प्रशंसा करेंगे।

अम्बेडकर हर विषय की नई-नई पुस्तकें बराबर खरीदते रहते थे इसलिये एक लाइब्रेरी से उनकी साख बन गयी थी। उनके दोस्तों ने सलाह दी कि ये पुस्तकें भी अपने साथ ले जायें। वे लन्दन में आकर रहने लगे। रियासत बड़ौदा को लिख दिया कि उनकी मासिक छात्रवृत्ति अब लंदन भेजी जाये।

लंदन में भारतीयों के साथ भेदभाव होता था तथा उन्हें उचित सम्मान नहीं दिया जाता था। हिन्दुस्तानी लोगों के लिये कहा जाता था कि वे लोग तो अंग्रेजों के गुलाम थे। अम्बेडकर इसको अपना और अपने देश का अपमान समझते थे, परन्तु उनको यहाँ पढ़ाई पूरी करनी थी। इसलिये मौन रहते और उनकी बातों को नजरअन्दाज कर देते। कभी-कभी उनकी बात सुनकर आगे चल दिया करते थे।

एक दिन भीमराव अम्बेडकर सड़क पर जा रहे थे, तभी एक सी.आई.डी. इन्स्पेक्टर ने उन्हें रोक लिया और अपने सिपाहियों को आदेश दिया कि—"यह इण्डियन है, इसकी तलाशी लो।" भीमराव की तलाशी ली गयी। जब कुछ भी वस्तु सन्तोषजनक न मिली तो उनको छोड़ दिया गया। भीमराव खामोशी के साथ लौट आये।

भीमराव को अकस्मात् एक दिन बड़ौदा रियासत का पत्र मिला जिसमें लिखा था, भीमराव तुम्हें जो छात्रवृत्ति भेजी जाती थी उसका समय अब समाप्त हो गया है इसलिये तुम पढ़ाई बन्द करके फौरन वापस लौट जाओ। रियासत बड़ौदा ने पत्र में यह भी लिखा था कि—तुमने जो प्रतिज्ञा-पत्र पर हस्ताक्षर किये थे, उनके अनुसार तुम्हें भारत आकर रियासत बड़ौदा की दस साल तक सेवा करनी है, इसलिये तुरन्त अपनी पढ़ाई को छोड़कर यहाँ पहुँच जाओ।

भीमराव ने काफी आत्ममंथन करने के बाद भारत आने का निर्णय किया। पढ़ाई बन्द हो रही थी इस बात का बहुत दुःख था मगर कर्त्तव्य सबसे पहले था।

क्योंकि बड़ौदा नरेश की शर्त को वह भूले नहीं थे, उन्हें अच्छी प्रकार अपना एग्रीमेंट याद था।

भीमराव ने सोचा, दस साल तक बड़ौदा रियासत की सेवा करेंगे बाद में लंदन जायेंगे, वहाँ जाकर वकालत पढ़ेंगे और रुपये की समस्या पर थीसिस लिखेंगे।

अम्बेडकर ने अपनी सारी किताबें जलपोत के द्वारा बम्बई के लिए भेज दीं। किताबों का बीमा भी करा लिया जिससे वे सुरक्षित पहुँच सकें। फिर उन्होंने वहाँ से अगना बोरिया-बिस्तर बाँध लिया और भारत के लिये रवाना हो गये।

अम्बेडकर जब बम्बई पहुँचे तो उन्हें खुशी नहीं हुई, परन्तु उसकी पत्नी खुश हो गयीं। परिवार के सभी लोग खुश हुए। सभी लोग उनके आने की खुशी मना रहे थे।

भीमराव को लंदन से घर आये सिर्फ दो दिन ही हुए थे, और वे बड़ौदा जाने की तैयारी कर रहे थे-तभी उन्हें समाचार मिला कि वे जो पुस्तकें उन्होंने जहाज में भेजी थीं वो जहाज डूब गया है। अम्बेडकर को बहुत दुःख हुआ और उनकी पत्नी रोने लगीं। उनके रोने की आवाज सुनकर पड़ोस की औरतें भी आ गयीं। उन्होंने रामाबाई को सहानुभूतिपूर्वक चुप कराया। काफी देर तक बैठी सान्त्वना देती रहीं।

अब भीमराव के पास बड़ौदा जाने के लिए रुपये चाहिएँ, वेतन एक महीने बाद मिलेगा, तब तक खर्च कैसे चलेगा?"

इतना सुनकर रामाबाई ने अपने गले से सोने का हार उतारकर देते हुए कहा-"इस हार को गिरवी रख दो, तुम्हारा काम चल जायेगा और घर का भी खर्चा चलता रहेगा जब इकट्ठे हो जायेंगे तो छुड़ा लेना। यह चीजें इसीलिये होती हैं। ताकि परेशानी में काम आ सकें?"

अम्बेडकर अपनी पत्नी के सोने का हार लेना अस्वीकार कर दिया। उन्होंने रामाबाई से कहा—"मैं वो मर्द नहीं हूँ जो औरतों का जेवर बेचूँ या गिरवी रखूँ। इस काम से मेरे मान-सम्मान व खुद्दारी को ठेस लगती है। मैं तुम्हारा हार नहीं लेकर जाता।"

"आखिर इसमें हर्ज ही क्या है?"

"हर्ज बहुत बड़ा है।"

"क्या हर्ज है मुझे बताइये?" रामाबाई बेचैनी भरे स्वर में बोलीं—"आखिर मैं आपकी पत्नी हूँ। परेशानी के समय आपकी सहायता करना मेरा कर्त्तव्य है।"

"मैं अधर्म करूँगा, पाप कमाऊँगा मुझे भगवान पर भरोसा है मेरी मदद वो

ही करेंगे। लेकिन भगवान के लिये यह अपना हार अपने गले में ही रहने दो, मैं इसे नहीं लूँगा''

अभी वो दोनों बातें कर ही रहे थे कि तभी बाहर से पोस्टमैन ने आवाज दी। भीमराव ने जाकर पूछा तो डाकिये ने बताया मनीऑर्डर आया है। थॉमस बुक कम्पनी ने दो हजार रुपये मनीऑर्डर भेजा है। आप हस्ताक्षर करके यह मनीऑर्डर ले लीजिये।

मनीऑर्डर के साथ एक पत्र भी था जिसमें लिखा था–''तुम्हारी पुस्तकें जिस जहाज में आ रही थीं वह जहाज डूब गया है लेकिन उन पुस्तकों का बीमा था, इसलिए मुहावजा तुम्हें भेजा जा रहा है-ये दो हजार रुपये मुआवजे की रकम है।''

अम्बेडकर की खुशी का ठिकाना न रहा। भीमराव ने रुपये लाकर पत्नी के हाथ पर रख दिये और कहा, इसमें से पाँच सौ रुपये मैं अपने साथ बड़ौदा ले जाऊँगा पन्द्रह सौ रुपये में तुम घर का खर्च चलाना।

अम्बेडकर ने आने वाले दिन ही राजा को सूचना भेज दी थी कि वे अमुक तिथि में बड़ौदा आ रहे हैं। इसलिये उन्हें जल्दी-से-जल्दी बड़ौदा के लिये रवाना होना पड़ा।

महाराजा गायकवाड़ भीमराव से प्रसन्न थे। उन्होंने अपने कर्मचारियों को आज्ञा दी कि-''डॉक्टर भीमराव अम्बेडकर बम्बई से बड़ौदा आ रहे हैं। उनका स्वागत करने के लिए सब स्टेशन पर पहुँचो और फूल-मालायें पहनाकर हर्ष ध्वनि करते हुए उन्हें यहाँ लाओ। वे बहुत योग्य आदमी हैं।''

इस पर सभी अधिकारियों और कर्मचारियों ने आपस में सलाह की कि–''हम लोग ऊँची जाति के होकर एक महार का स्वागत करें–ये हमारा अपमान है। हम अछूतों को महत्व नहीं देते। हम सब लोग ऊँची जात के हैं फिर हम उसे लेने क्यों जायें!''

अंत में सभी कर्मचारियों व अधिकारियों ने निर्णय लिया कि अम्बेडकर को स्टेशन पर लेने के लिए हममें से कोई नहीं जायेगा हम राजा की यह आज्ञा नहीं मानेंगे, चाहे हमें इसके लिए दण्डित ही क्यों न होना पड़े।

डॉ. अम्बेडकर स्टेशन पर उतरकर पैदल ही बड़ौदा नरेश की महल की ओर चल दिये।

उनमें श्रद्धा उमड़ पड़ी थी और वे सोच रहे थे कि महाराज गायकवाड़ के दर्शन करके वे अपने को धन्य समझेंगे। आखिर उन्हीं की दया से वह यहाँ तक पहुँचे हैं।

भीमराव अम्बेडकर जैसे ही महाराजा के पास पहुँचे, उन्होंने दोनों हाथ जोड़कर और सिर झुकाकर महाराजा को प्रणाम किया।

"आयुष्मान हों भीम! कहो अच्छे तो हो? तुम्हारी पढ़ाई कैसी रही? कहीं कोई दिक्कत तो नहीं आयी?"

"सब आपकी दया और आशीर्वाद है।" भीमराव ने सम्मान के साथ नम्र स्वर में कहा।

"कहो अमेरिका कैसा लगा? वहाँ जाकर तुम्हारा दिल लग गया था या अपने देश की याद आ रही थी?"

"वह मेरा देश तो नहीं है पर अच्छा है।"

"और लन्दन?"

"लन्दन हमें अपना गुलाम समझता है इसलिये उसमें और अमेरिका में अन्तर है। अमेरिका में कोई भेदभाव नहीं है, वहाँ की हुकूमत भारतीय लोगों को सम्मान की दृष्टि से देखती है।"

महाराजा गायकवाड़ ने भीमराव से कहा—"तुम अपने रहने का प्रबन्ध किसी जगह कर लो, क्योंकि अब तुम्हें दस साल तक बड़ौदा में ही रहना है, रिसासत की सेवा करनी है। तुम रिसायत की सेवा करोगे और मैं तुम्हारा विशेष ध्यान रखूँगा अगर तुम्हें किसी चीज की आवश्यकता हो तो मुझे फौरन बता देना।"

अम्बेडकर को बड़ौदा रियासत में सैन्य सचिव के पद नियुक्त किया गया। तब उनका वेतन दो हजार रुपये मासिक था। उस जमाने में इतना वेतन पाकर भीमराव गद्‌गद्‌ हो गये, उनकी खुशी का कोई ठिकाना नहीं था।

भीमराव की सेवा-भाव से पूरी रियासत प्रसन्न थी। लोग यही कहते कि जब से यह नया सैन्य-सचिव आया है, तब से हम बहुत सुखी हैं, परन्तु साथ ही उन्हे ये भी कहा जाता था कि भीमराव इन्सान होने से पहले महार हैं। वह अछूत हैं—इसलिये हम उनके साथ काम नहीं कर सकते।

भीमराव सैन्य-सचिव की कुर्सी पर जाकर बैठते। उन्हें ऊँचे-से-ऊँचे अधिकार प्राप्त थे, परन्तु जो चपरासी फाइल देने आता तो वह दूर से ही फेंककर चला जाता और अगर चपरासी फाइल लेने आता तो उसे दूर से ही माँगता। एक चपरासी का ऐसा बर्ताव देखकर उन्हें काफी दुःख पहुँचा था।

भीमराव सोचते थे कि महार होने के नाते उनका तिरस्कार हो रहा है। दिन यूँ ही बीतते चले जा रहे थे और भीमराव इन बातों पर ध्यान नहीं देते थे, क्योंकि तिरस्कार सहने की आदत तो उन्हें बचपन से ही पड़ चुकी थी, इसलिगे उन्होंने इस बात को गम्भीरता से नहीं लिया।

एक दिन अम्बेडकर ने एक चपरासी से कहा—"एक गिलास ठण्डा पानी

पिलाओ चपरासी! बड़े जोर से प्यास लगी है, प्यास के मारे मेरा गला सूखा जा रहा है।''

''सर पानी?'' उसने पूछा।

''हाँ पानी।''

''मगर यहाँ कोई पानी पिलाने वाला नहीं है।''

''ये क्या कह रहे हो तुम?'' उन्हें एकाएक गुस्सा आ गया था लेकिन वह अपने गुस्से पर काबू पाये रहे।

''हाँ सर! यहाँ पानी कौन पिलायेगा'' उसने कहा।

''तो क्या यहाँ पानी पिलाने का कोई प्रबन्ध नहीं है?''

''प्रबन्ध तो है सर!'' चपरासी ने हिचहिचाते हुए बताया। उसकी समझ में नहीं आ रहा था कि अम्बेडकर को कैसे बताये कि वह महार को पानी नहीं पिला सकता।

''मुझे पानी चाहिये।''

''मगर आपको पानी नहीं मिलेगा''

''क्यों?'' अम्बेडकर ने हैरानी से उसकी ओर देखा-''ये क्या कह रहे हो तुम, क्यों पानी नहीं मिलेगा?''

''इसलिये कि आप अछूत हैं और मैं अछूत को पानी नहीं पिला सकता। इस प्रकार मेरा पानी नहीं मिलेगा?''

''इसलिये कि आप अछूत हैं और मैं अछूत को पानी नहीं पिला सकता। इस प्रकार मेरा धर्म भ्रष्ट हो सकता है।''

''क्या!'', वह आश्चर्यपूर्वक उसका मूँह ताकते रह गये और इस अपमान के घूँट को सहन कर गये।

''हाँ बाबूजी! शूद्रों को पानी पिलाने के लिए हमारे दफ्तर में कोई प्रबन्ध नहीं है।'' उसने बताया।

''मैं शूद्र हूँ''।

''क्षमा कीजिये बाबूजी, आप शूद्र हैं।''

''तो क्या मैं इन्सान नहीं हूँ? शूद्र इंसान नहीं होते ? उन्हें भी तो भगवान ने अपने हाथों से बनाया है।''

''आप इन्सान हैं, लेकिन छोटी जाति के-और हम लोग आपसे बड़ी, जात के हैं सर, इसलिये क्षमा करना, मैं आपको पानी नहीं पिला सकता।''

''यह छोटी जाति क्या होती है?''

"जैसे आप महार हैं ना, तो आपको न कोई छुयेगा और न आपको कोई पानी पिलायेगा" चपरासी ने कहा।

"तो क्या मैं इस्तीफा दे दूँ?"

"यह आपकी मर्जी।" चपरासी ने नम्रतापूर्वक कहा और लापरवाही जताते हुए वहाँ से चला गया।

चपरासी की बातें सुनकर भीमराव स्तध हो गये। उन्हें ऐसा लगने लगा जैसे यहाँ वे किसी जंगल से पकड़कर लाये गये हैं और इन्सान नहीं हैं। उन्हें वहाँ एक-एक पल रहना मुश्किल लग रहा था। उनका दिल चाह रहा था कि फौरन यह स्थान छोड़ दें।

अम्बेडकर को ताना दिया जाता था कि तुम महार हो महार! भीमराव मेस में खाना खाने जाते तो कोई उन्हें अपने पास नहीं बैठने देता। सब यही कहते तुम महार हो, हमसे दूर रहो, हमारे साथ बैठने की कोशिश मत करना।

रियासत की प्रजा में हलचल मची थी—लोग एक-दूसरे से कहते—"राजा साहब ने भी अँधेर मचा रखी है, एक महार को सेना के ऊँचे पद पर बैठा दिया। क्या यह उनकी समझदारी है? हम लोगों का तो यहाँ नौकरी करना भी दूभर हो रहा है। समझ में नहीं आता क्या करें?"

भीमराव ने सराय में एक कमरा किराये पर ले लिया। वहीं अपना सामान रख लिया।

वहाँ कुछ दिनों तक लोगों को पता नहीं चल सका कि भीमराव महार हैं। जब पता चला कि भीमराव महार हैं तो सभी लोग उन्हें पीटने को तैयार हो गये। उन्होंने उनको बहुत उल्टा-सीधा कहा और काफी अपमान भी किया। भीमराव को यहाँ भी बहुत अपमान सहना पड़ा।

लोगों का कहना था कि—"जब तुम महार हो, तो हमारी सराय में क्यों आये? तुमने हमें अछूत कर डाला। फौरन यहाँ से चले जाओ वरना हड्डी-पसली तोड़ दी जायेगी। शर्म नहीं आती, हमारा धर्म भ्रष्ट करने यहाँ आ गये हो।"

भीमराव ने सराय खाली कर दी। उन्होंने दुःखी होकर बड़ौदा नरेश को पत्र लिखा—

"प्रतिज्ञा-पत्र के अनुसार मैं दस साल तक रियासत बड़ौदा की सेवा करना चाहता हूँ, मगर मेरे रहने का कोई भी प्रबन्ध नहीं हो रह है। जहाँ भी जाता हूँ लोग दुत्कार कर भगा देते हैं और कहने लगते हैं कि तुम अछूत हो, तुम महार हो। दफ्तर का यह हाल है कि चपरासी मुझे नहीं छूते। वे दूर से फाइल फेंककर भाग जाते हैं।

उनसे पानी पिलाने को कहो तो जवाब देते हैं कि यहाँ कोई भी पानी पिलाने वाला नहीं है, अपना पानी साथ लाया करो। इस तरह मैं यहाँ कैसे रहूँगा और रियासत की सेवा किस तरह करूँगा? आपसे निवेदन है कि मेरी बात को समझने की कोशिश करें और कोई-न-कोई निर्णय अवश्य लें।''

महाराजा गायकवाड़ ने जब भीमराव का पत्र पढ़ा तो उनका मन विचलित हो उठा। वह भीमराव का मुँह देखने लगे और कुछ देर सोचकर बोले–

''तुम रियासत के दीवान के पास जाओ, वे तुम्हारे रहने की व्यवस्था कर देंगे और चपरासियों को भी समझा देंगे। फिर वो तुम्हारा अपमान नहीं करेंगे और तुम वहाँ आराम से रहोगे।''

भीमराव दीवान के पास गये और अपनी पूरी कहानी सुना दी। तब वे बोले–''तुम्हारी समस्या बहुत जटिल है भीमराव! सबसे बड़ी समस्या तो ये है कि तुम महार हो और ऐसी स्थिति में यहाँ के लोगों को समझाना काफी मुश्किल है।''

''आप मेरी सहायता कीजिये।''

''मैं सबको नाराज करके तुम्हारी सहायता नहीं कर सकता हूँ।''

अम्बेडकर ने परिस्थिति से बाध्य होकर वहीं पर त्यागपत्र लिखा और रियासत के दीवान को दिया और कहा–''इस त्याग पत्र को ले जाकर बड़ौदा नरेश को दे देना।''

अब भीमराव ने बम्बई जाने का विचार किया। उन्होंने सोचा जैसा परिवार के लोग कहेंगे वैसा करूँगा यहाँ मैं और ज्यादा दिन तक नहीं ठहर सकता। कदम-कदम पर लोग मेरा अपमान करते हैं।

डॉ. अम्बेडकर बम्बई आकर अपनी धर्म पत्नी रामाबाई को सभी बातें विस्तार से बतायी। घर में खलबली मच गयी कि भीमराव की नौकरी छूट गयी है। ऐसी हालत में घर का खर्च कैसे चलेगा?

अब भीमराव को कुछ समझ में नहीं आ रहा था उनको सभी तरफ अन्धेरा नजर आ रहा था, लेकिन वे तनिक भी विचलित नहीं हुए। अपने भविष्य की योजना बनाने लगे। तभी उन्हें अपने मित्र कैलुस्कर की याद आयी। वह भीमराव का अच्छा मित्र था। भीमराव उसी के पास गये। मुसीबत के दिनों में वह कई बार उनके काम आया था।

अम्बेडकर ने कैलुस्कर को सभी बातें बतायी तो उन्होंने भीमराव के कन्धे पर हाथ रख दिया और हिम्मत बंधाते हुए कहा–''दोस्त, निराश होने की कोई जरूरत

नहीं है। तुम्हें ठोकर-पर-ठोकर लग रही हैं, इसका मतलब यह है कि तुम्हारे अच्छे दिन आने वाले हैं। मैंने आज अखबार में पढ़ा है।''

''क्या?''

''बम्बई कॉलिज में एक प्रोफेसर की जगह खाली है।''

''अच्छा! ये तो बहुत अच्छी खबर है, अगर ये नौकरी मुझे मिल जाये तो बहुत ही अच्छा रहेगा''

''वहाँ के लिये प्रार्थना-पत्र दे दो। इसके अलावा एक काम और करना पड़ेगा तुम्हें।''

''वह क्या?''

''प्रार्थना-पत्र देने के साथ ही प्रिंसिपल से भी मिल लो। यह तुम्हारे लिये बहुत अच्छा रहेगा''

भीमराव अम्बेडकर कैलुस्कर की ओर देखने लगे। उनके चेहरे पर घबराहट के भाव थे।

तभी कैलुस्कर के मुँह से फिर निकल गया—''घबराते क्यों हो? मैं तुम्हारे साथ चलूँगा, मुझे यकीन है वह जगह तुम्हें जरूर मिल जायेगी। पद भी अच्छा है और पद के हिसाब से तुम्हें पैसा भी अच्छा मिलेगा इस प्रकार तुम्हारी परेशानी भी दूर हो जायेगी।''

भीमराव और कैलुस्कर दूसरे दिन बम्बई कॉलिज गये। भीमराव ने प्रार्थना-पत्र दिया। भाग्य उनका साथ दे रहा था। उसी दिन इंटरव्यू हो गया। वे इंटरव्यू में पास हो गये और उन्हें प्रोफेसर की नौकरी मिल गयी।

कैलुस्कर को बहुत खुशी हुई। कैलुस्कर ने भीमराव को बधाई दी।

डॉक्टर भीमराव अम्बेडकर बम्बई कॉलिज में अर्थशास्त्र और राजनीतिशास्त्र के प्रोफेसर नियुक्त किये गये थे। नौकरी पाने के बाद उन्हें थोड़ी राहत मिल गयी।

दूसरे दिन से वे पढ़ाने लगे। छात्र उनकी पढ़ाई से बहुत खुश हुए। उनके पढ़ाने का ढंग अच्छा था। सभी विद्यार्थी ध्यानपूर्वक उनकी बात सुनते और उनका बड़ा सम्मान भी करते थे।

एक दिन भीमराव ने मिट्टी के घड़े में रखा पानी गिलास भरकर ले लिया और उसे पीने लगे, तभी एक गुजराती प्रोफेसर ने आकर उन्हें रोक दिया।

वह लाल-पीला होकर कहने लगा—''तुम महार हो, तुम्हें मिट्टी का घड़ा नहीं छूना चाहिये था। जब अछूत हो तो माँग लेते।''

भीमराव निःशब्द वहीं खड़े थे। इतने में और भी प्रोफेसर वहाँ आ गये। वे सब

अम्बेडकर पर बिगड़ने लगे और घड़े को उठाकर फोड़ दिया गया। अम्बेडकर वहीं खड़े अपमान की मार को सहते रहे और उनकी बातें सुनते रहे।

अम्बेडकर से कहा—"आगे से अपने पीने के लिये पानी साथ लेकर आना, घड़ा छूने की जरूरत नहीं है और माँगने पर भी चपरासी पानी नहीं देगा"

अम्बेडकर ने प्रोफेसरों से इसके लिए माँफी माँगी और वचन दिया कि—"आज से मैं घड़ा नहीं छुऊँगा, अपने साथ पानी लाऊँगा" यह कहकर वे घर आ गये। मगर उन्हें अपने अपमान का बहुत दुःख था।

भीमराव अम्बेडकर की पत्नी रामाबाई गर्भवती थीं। उनके प्रसव का समय निकट आ गया था। पीड़ा अधिक होने पर उन्हें अस्पताल ले जाया गया, अस्पताल में उन्होंने शिशु को जन्म दिया। इस तरह भीमराव अम्बेडकर अब पिता बन गये। पुत्र का नाम यशवंतराय रखा गया।

अम्बेडकर अपनी हालत से संतुष्ट नहीं थे। वे सोचने लगे—यह नौकरी छोड़ देंगे। लंदन जायेंगे और वहाँ जाकर पढ़ेंगे। कानून की अधूरी छोड़ी हुई पढ़ाई पूरी करेंगे और अपने सपने को साकार करेंगे, जो उन्होंने बहुत पहले देखा था, अछूतों और दलितों की सहायता का।"

अम्बेडकर को दस हजार रुपये की आवश्यकता थी लेकिन उनके पास सिर्फ पाँच हजार रुपया था। ऐसी स्थिति में पाँच हजार का प्रबन्ध करना उनके लिये काफी मुश्किल काम था। वह बड़ी दुविधा में फँसे थे।

भीमराव की समझ में नहीं आ रहा था कि रुपये का प्रबन्ध कैसे करें? किससे जाकर माँगें, ऐसे आड़े समय में कौन उनके काम आ सकता है? उनकी किसी से माँगने की हिम्मत भी नहीं पड़ रही थी।

भीमराव से एक दिन कैलुस्कर ने उदासी का कारण पूछा तो उन्होंने मन की बात बता दी। तभी अम्बेडकर का साथी नवल भटेना भी वहाँ आ गया। उसने भीमराव की परिस्थिति को समझा और हँसकर बोला—"जो तुम्हारे पास घर में पाँच हजार रुपया है, वह भाभी को दे दो मुझसे दस हजार रुपये ले लो और लंदन चले जाओ और वहाँ जाकर सबसे पहले अपनी पढ़ाई पूरी करो, यहाँ की चिन्ता बिल्कुल मत करना, हम लोग भाभी का ख्याल रखेंगे।"

इस पर भीमराव ने जवाब दिया—"मैं तुम्हारा यह रुपया समय आने पर लौटा दूँगा भटेना! तुमने मेरा बहुत साथ दिया है। मैं तुम्हारा अहसान जिन्दगी भर नहीं भूलूँगा। कभी समय पड़ा तो अपने प्राण देकर भी तुम्हारे इस अहसान को उतारने की कोशिश करूँगा"

इस तरह लंदन जाने की बात पक्की हो गयी।

दूसरे दिन नवल भटेना आये और उन्होंने भीमराव को खुशखबरी सुनाई कि—"कोल्हापुर के राजा ने तुम्हारे लिये पाँच हजार रुपये का चैक भेजा है।" यह सुनकर भीमराव अम्बेडकर बहुत खुश हुए, उन्होंने तुरन्त ही अपने जाने की पूरी तैयार कर ली।

सन् 1920 के जुलाई माह में वह लंदन के लिये रवाना हो गये।

सितम्बर, सन् 1920 में वह लंदन 'स्कूल ऑफ इकोनॉमिक्स एण्ड पॉलीटिकल साइन्स' में अपना अधूरा काम पूरा करने में लग गये। 'डी.एस.सी.' की डिग्री प्राप्त करने की इच्छा हुई।

भीमराव प्रातः छः बजे से सायं पाँच बजे तक लंदन म्यूजियम में रहते थे। वह बड़ी मेहनत और लगन के साथ अपनी पढ़ाई पूरी करने में जुट गये, रात-दिन वह स्टडी में लगे रहते।

एक अंग्रेज महिला के सेमी बोर्डिंग हाऊस में वह पेईंग गेस्ट के रूप में थे। वहाँ वे केवल रहने का किराया देते थे, खाना बाहर करते थे—वह भी कन्जूसी से। आना-जाना पैदल होता था, साथ ही वह 'इण्डिया ऑफिसर्स लाइब्रेरी', 'लंदन यूनिवर्सिटी लाइब्रेरी' और लंदन की अन्य लाइब्रेरियों के चक्कर लगाकर अपनी थीसिस की सामग्री एकत्रित करते थे।

भीमराव हमेशा पढ़ाई में व्यस्त रहते थे। यह देखकर बोर्डिंग हाऊस की संचालिका हैरान थीं। पर वह उनकी खूब प्रशंसा करती थीं और उन्हें सम्मान की दृष्टि से देखती थीं। पहली बार उन्होंने इतना मेहनती विद्यार्थी देखा था।

"लगता है, एक दिन तुम बड़े आदमी बनकर रहोगे और भारत का नाम रोशन करोगे।" वह अक्सर यही कहा करती थीं। सुनकर अम्बेडकर मुस्करा दिया करते थे।

भीमराव की मुलाकात लंदन में विट्ठल भाई पटेल से हुई। दोनों मिलकर अछूतों की समस्या पर विचार किया करते थे।

अम्बेडकर का कार्यक्षेत्र काफी विस्तार पा गया था, इसलिये अक्टूबर, सन् 1922 में उनका स्वास्थ्य खराब हो गया था। वह बीमार होकर भी अपने काम के प्रति चिन्तित रहते थे। वह जान चुके थे कि सवर्ण जाति के बीच वह अपनी योग्यता और सक्षमता की स्थापना करके ही अपनी जाति के लिए सार्थक काम कर सकते हैं।

भारत में दलित समुदाय के उद्धार के लिए कांग्रेस 'तिलक स्वराज्य फण्ड'

में पैसा एकत्रित कर रही थी। तिलक का स्वर्गवास हो चुका था। अम्बेडकर के लिए यह एक दुःखभरा समाचार था। वैसे गाँधीजी का प्रभाव भारत में दृढ़ हो रहा था और उनके द्वारा अछूतों के लिए कई कदम भी उठाये गये थे। रोजाना अम्बेडकर को यह सूचनायें मिलती रहती थीं, उन्हें भारत की स्थिति की, हर पल जानकारी रहती थी।

'द एक्ट ऑफ 1979' के द्वारा पहली बार दलित वर्ग के अस्तित्व को पहचाना गया था। चौदह नॉन-ऑफिसियल मेम्बरों में, जिनको गवर्नर जनरल ने केन्द्रीय लेजिस्लेटिव असेम्बली के लिए मनोनीत किया था।

भीमराव लंदन में रहते थे लेकिन भारतीय गतिविधियों से उनका सम्पर्क पूरी तरह बना हुआ था। क्योंकि वह वहाँ पढ़ने जो गये थे तो सिर्फ भारत में सुधार लाने के लिये, वहाँ के छोटे लोगों को सम्मान दिलाने के लिये।

'द प्रोवेन्सियल डिसेन्ट्रलाइजेशन ऑफ इम्पीरियल फाइनेंस इन ब्रिटिस इण्डिया' पर अम्बेडकर को 'मास्टर ऑफ साइंस' की उपाधि जून, सन् 1921 में मिली थी। अक्टूबर, सन् 1922 में थिसिस 'द प्रॉब्लम ऑफ द रूपी' लंदन विश्वविद्यालय में प्रस्तुत की।

उनका कार्य लगभग पूरा हो चुका था। अतः उन्होंने यूरोप के जगद्विख्यात केन्द्र की ओर ध्यान दौड़ाया। मई, सन् 1922 के मध्य में वह बोन विश्वविद्यालय, जर्मनी में प्रवेश का प्रबन्ध कर लंदन वापस लौट आये। वहाँ आकर उन्होंने अपनी पढ़ाई फिर से आरम्भ कर दी।

भीमराव के पास लंदन में कोई कार्य नहीं था। अतः वह बोन विश्वविद्यालय, जर्मनी में अध्ययन हेतु लौट आये।

जर्मनी में आये उन्हें नौ माह भी नहीं हुए थे कि प्रोफेसर एडविन केनन का लंदन के लिए बुलावा आ गया। उन्हें फिर वापस लंदन लौटना पड़ा।

लंदन पहुँचने पर पता चला कि ब्रिटिश इम्पीरियलिस्टिक एग्जामिनरों ने उन्हें बिना निष्कर्षों के बदले हुए पुनः थिसिस लिखने की सलाह दी।

कुछ दिनों पूर्व उन्होंने छात्र संघ के सामने अपना 'रेस्पॉन्सिबलीटीज ऑफ इरेसपोन्सिबिल गवर्नमेंन्ट इन इण्डिया' लेख पढ़ा था। प्रो॰ हेरल्ड जे॰ लास्की जैसे लंदन स्कूल ऑफ साइंस के विद्वान् ने भी इस लेख को क्रांतिकारी प्रस्तुति बताया था।

भीमराव के पास थिसिस को फिर से लिखने के लिए न तो समय था और न धन, जो कुछ शेष रह गया था, उससे उन्हें गुजारा करना था। घर पर पहले से ही आर्थिक स्थिति खराब थी। इस कारण वह बम्बई लौट आये। उन्हें अपनी पत्नी

और बच्चे की बहुत चिन्ता सता रही थी, वह सोच रहे थे कि न जाने मेरे पीछे उनकी क्या हालत होगी?

भीमराव 1923 ई. के अप्रैल महीने में बम्बई वापस आ गए लेकिन उनका मन थिसिस में ही उलझा हुआ था। उनके दो मन हो रहे थे कि थिसिस लिखें या न लिखें। फिर उन्होंने थिसिस लिखना आरम्भ कर दिया।

कुछ समय पश्चात् उनकी थिसिस को स्वीकार कर लिया गया और इस शोध कार्य पर उनकी तारीफ भी की गयी।

इस प्रकार अपने कठोर परिश्रम और अध्ययन के बल पर अछूत कुल में जन्म लेने के बावजूद, घोर अपमान, तिरस्कार और लांछनाएँ सहन कर अम्बेडकर ने पी.एच.डी., डी.एस.सी. और बार एंट लॉ की उच्चतम डिग्रियाँ प्राप्त कर लीं। पढ़ाई को लेकर उन्होंने जो स्वप्न देखा था वह पूर्ण हो गया था।

जितना वह पढ़ना चाहते थे, उतना पढ़ लिये थे। अब उनको अपना लक्ष्य पूरा करना था। उनके सामने उपेक्षित और गरीबी से संघर्ष करते दलितों और अछूतों की समस्या थी। अब भीमराव अपने को उन लोगों की सेवा के योग्य समझ रहे थे और सोच रहे थे कि उन्हें उनका अधिकार कैसे दिलाया जाये?

डॉ. भीमराव अम्बेडकर अब दलितों के अधिकारों के लिऐ संघर्ष करने के लिए तैयार थे। शिक्षा पूरी करनी के पश्चात् भीमराव ने अब इस विषय में अपना ध्यान लगाना आरम्भ किया। अब उन्हें अपना सबसे बड़ा मकसद पूरा करना था।

वकील के रूप में डॉ. अम्बेडकर

डॉ. अम्बेडकर ने जीवन-यापन के लिए वकालत करना आरंभ किया तो उसके हाथ में एक मुकदमा आया। जिसमें कुछ ब्राह्मणों ने अछूतों पर मानहानि का दावा किया था। ये तीन अछूत थे। उन्होंने ब्राह्मणों के खिलाफ एक पुस्तक लिखी थी, उसमें लिखा था—

'इन ब्राह्मणों ने देश का पतन किया है। ये देश को विनाश की ओर ले जा रहे हैं। इन्होंने ही छुआछूत की बीमारी फैला रखी है। इनकी दृष्टि में अछूत इन्सान ही नहीं है।'

पुस्तक में यह भी लिखा था-'इन ब्राह्मणों की दृष्टि में अछूतों को जीने का अधिकार नहीं हैं। ये कुएँ से पानी नहीं भरने देते। नल से भी पानी नहीं लेने देते। इनका कहना है कि कुआँ और नल अपवित्र हो जायेंगे। इस प्रकार अछूतों की हालत इन्होंने बद-से-बद्‌दतर बना रखी है।'

पुस्तक में यह भी उल्लेख था–'अछूतों के लिये यह कहा जाता है कि उन्हें ऊँची जाति के लोगों के सामने नहीं आना चाहिये। वे सड़कों की सफाई सवेरा होने से पहले कर लें। अगर कोई ब्राह्मण उन्हें सामने से आता दिखाई दे, तो उन्हें चाहिये कि वे सड़क पर लेट जायें, ताकि ब्राह्मण को उसका चेहरा न दिखाई पड़े, क्योंकि ऐसा होने पर अपशकुन माना जाता है।''

डॉ. भीमराव अम्बेडकर ने यह मुकदमा अपने हाथ में लेकर कम-से-कम (जितने वे चाहें) पैसों में करने का फैसला किया, क्योंकि यह मुकदमा उनके लक्ष्य की ओर ले जाने में उनकी सहायता कर रहा था।

तीनों मुवक्किल बहुत खुश हुए। मुकदमा अदालत में शुरू हो गया। पहले दिन सबूत पेश किये गये। दूसरे दिन जिरह हुई। तीसरे दिन तीनों अभियुक्तों ने अपनी सफाई पेश की। उनका कहना था कि 'यह पुस्तक लिखकर इन लोगों ने कोई भी अपराध नहीं किया है। जो कुछ इस देश में हो रहा है, वही सब इन्होंने इस पुस्तक में लिखा है।'

डॉ. अम्बेडकर ने अदालत में बहस के दौरान जज को बताया– ''सरकार, मेरे मुवक्किलों ने कोई भी कसूर नहीं किया हे। वे बेगुनाह हैं, उन्होंने किताब में जो कुछ भी लिखा है, वह बिल्कुल सही है जैसा कि इस पुस्तक में लिखा गया है। इसका प्रमाण आपको अपने आप मिल जायेगा''

यह सुनकर अदालत में सन्नाटा छा गया। पाँच ब्राह्मण कटघरे में खड़े थे। उनका वकील खामोश खड़ा अम्बेडकर की ओर देख रहा था। अम्बेडकर जिन अछूतों के मुकद्मे की पैरवी कर रहे थे वे खामोश खड़े थे और उनकी जिरह बड़े गौर से सुन रहे थे।

अछूतों पर मानहानि का मुकदमा करने वाले ब्राह्मणों के वकीलों का कहना था कि–अछूतों को कठोर-से-कठोर सजा मिलनी चाहिये, क्योंकि इन्होंने ब्राह्मणों का अपमान किया है, उन गर आरोप लगाकर उनको कलंकित करने की कोशिश की है।

अम्बेडकर ने जज साहब को बताते हुए कहा–''इन ब्राह्मणों ने अँधेर मचा रखी है। यह अपने स्वार्थ को पूरा करते हैं, इसलिये इन्हें अछूत बताते हैं और इनके साथ दुर्व्यवहार करते हैं। यह अच्छा हुआ कि यह पुस्तक लिखी गयी। जनता को भी पता लग जाना चाहिये कि ब्राहाणों की लोप लीला क्या है? ये अछूतों के साथ कैसा बर्ताव करते हैं, उन्हें घृणा की दृष्टि से देखते हैं। कदम-कदम पर उनका अपमान किया जाता है।''

इसके आगे डॉ. भीमराव ने कहा—"भारत का जितना भी धार्मिक साहित्य है, वह अधिकांश ढोंग और पाखण्डों से भरा पड़ा है। मेरे मुवक्किलों ने कोई अपराध नहीं किया है, इन्हें छोड़ देना चाहिये।"

अम्बेडकर द्वारा दिया गया तर्क न्यायाधीश को उचित लगा दूसरे दिन जज ने अपना फैसला सुनाते हुए कहा—"ब्राह्मणों ने जो मानहानि का दावा किया है, वह गलत है। पुस्तक के लेखक अपराधी नहीं हैं। उन्होंने सच्ची बातें लिखी हैं। अदालत इस नतीजे पर पहुँची है कि तीनों अछूतों को इज्जत से बरी कर दिया जाये। उन पर लगे आरोप झूठे हैं, वह सजा के हकदार नहीं हैं।"

अछूतों के छूटने के बाद दलित समुदाय में भीमराव के प्रति स्नेह बढ़ गया। अछूतों ने सोचा, अम्बेडकर को खूब सम्मान देना चाहिये। इसलिये एक सभा की जाये और अम्बेडकर को सभा में आमन्त्रित किया जाये। वे अछूतों के भगवान हैं और शायद अछूतों के उद्धार के लिये ही उनका जन्म हुआ है।

अम्बेडकर के सम्मान के लिए बम्बई के निकट जिला कुलाबा में एक विशाल सभा का आयोजन किया गया।

डॉक्टर भीमराव अम्बेडकर को निमंत्रण पत्र भेजा गया। उन्हें आने के लिए साथ में अग्रिम राशि भी भेजी गयी। अम्बेडकर ने इस सभा सम्मेलन में जाने का इरादा बना लिया, वह भी इसी मौके की तलाश में थे, आज वही सुनहरा मौका उनके हाथ लग गया था, इस मौके को वह अपने हाथ से जाने नहीं देना चाहते थे।

महार सम्मेलन का आयोजन

कुलाबा के सूबेदार का कहना था—"आखिर दलितों और अछूतों को कब तक सताया जायेगा? सताने की कोई सीमा होती है। एक कहावत है कि जब आदमी दबता है तो उसे और दबाया जाता है अगर सीना खोल दे तो फिर सामने कोई नहीं आता। इस संसार का यही नियम है कि जो कमजोर है उसे ही दबाया जाये।"

महार सम्मेलन में दलित समुदाय के सभी लोग शामिल हुए। यह सम्मेलन इसलिये किया गया कि दलित वर्ग के लोगों को अछूत बताकर उनके साथ अत्याचार न किया जाये। उनको भी समान अधिकार दिया जाये। उनको भी समाज में जीने का अधिकार है।

महार सम्मेलन की अध्यक्षता डॉ. भीमराव अम्बेडकर करेंगे यह बात लोगों को मालूम हुई तो सभी बहुत खुश हुए। इसलिये वहाँ काफी तादाद में लोग इकट्ठा हुए थे। सभी उनके दर्शनों के इच्छुक थे।

सम्मेलन 19 और 20 को सन् 1926 ई॰ को होना निश्चित किया गया। सम्मेलन का प्रचार जोर-शोर से किया जाने लगा

महाराष्ट्र, गुजरात और दूर-दूर से लोग सम्मेलन में आये थे। सम्मेलन का पंडाल बहुत बड़ा बनाया गया था। महारों ने इस सम्मेलन को करने में काफी पैसा भी लगाया था और ससम्मान उन्हें वहाँ आमन्त्रित भी किया था।

अम्बेडकर ठीक समय पर सम्मेलन में उपस्थित हो गये थे। उनका स्वागत खूब जोर-शोर से किया गया था। अम्बेडकर दलितों के दिल के राजा थे, अछूतों के मसीहा थे, जैसे ही वे वहाँ पहुँचे जोर-जोर से नारे लगने लगे—"डॉक्टर भीमराव अम्बेडकर जिन्दाबाद! भीमराव अम्बेडकर जिन्दाबाद" अपनी जय-जयकार के नारे देखकर अम्बेडकर फूले नहीं समाये थे, अपना इतना अधिक सम्मान देखकर आज उन्हें बहुत खुशी हो रही थी।

डॉ. भीमराव मंच पर पहुँचे और कहा—"सबसे पहली बात तो यह कि हमारे विचार दृढ़ होने चाहिएँ। जब विचार दृढ़ होंगे तो हमें हमारे इरादे से कोई भी नहीं डिगा सकता। दूसरी बात यह कि हमारी बात में वजन होना चाहिए और तीसरी बात यह कि हमारी बात में आवाज, ताकत होनी जरूरी है, तभी तो हम अपनी आवाज सरकार तक पहुँचा सकते हैं, उनसे अपना अधिकार माँग सकते हैं।"

अम्बेडकर ने फिर आगे कहा—"सभी अछूत संगठित हो जायें। मेरा कहना मानो। तुम एक सूत्र में बँध जाओ। अपनी शक्ति का विनाश मत करो। मुर्दा पशुओं का मांस मत खाओं। तुम्हें सेना में भर्ती क्यों नहीं किया जाता, उसके लिये सरकार से लड़ो। समाज को दिखा दो और कह दो कि हम भी इंसान हैं। तुम्हें अछूत उसने बनाया है। हमें भी इस समाज में खुलकर जीने का मौका दिया जाना चाहिये, हम भी सम्मान के साथ सिर उठाकर जीना चाहते हैं।"

डॉ. अम्बेडकर की बातों से भीड़ में तालियों की गड़गड़ाहट होने लगी और नारों की आवाज से वातावरण गुंजायमान हो उठा—"डॉक्टर भीमराव जिन्दाबाद। डॉक्टर अम्बेडकर जिन्दाबाद!" डॉक्टर अम्बेडकर मसीहा बनकर दलितों के सामने खड़े थे और उन्होंने उन्हें सम्मान दिलाने का बीड़ा उठाया था, इसलिये लोग उनसे अत्यधिक प्रसन्न थे।

वे सबको सम्बोधित करते हुए कहने लगे—"मेरा ब्राह्मणों से निवेदन है कि वे अछूतों के साथ गिरा हुआ व्यवहार न करें। उन्हें अच्छी दृष्टि से देखें, क्योंकि वे भी उन्हीं के भाई हैं, सरकार को चाहिये कि वो अछूतों को नौकरी दे। अछूत

विद्यार्थियों को छात्रवृत्ति और भोजन दे। गरीब और अछत बच्चों को निःशुल्क शिक्षा की व्यवस्था करे। उन्हें भी सम्मान के साथ जीने का अधिकार दिया जाना चाहिये। बात-बात पर उनका अपमान नहीं होना चाहिये।''

महार सम्मेलन में डॉ. अम्बेडकर की जयकार होने लगी। सभा समाप्त हो गयी। सब अपने-अपने घर चले गये। सभी लोगों में अम्बेडकर के भाषण से उम्मीद की एक नई किरण जागी थी, सभी महार अम्बेडकर के साथ थे।

चौदार तालाब

डॉ. भीमराव अम्बेडकर सैकड़ों दलितों के साथ प्रातः होते ही चौदार तालाब पर पानी पीने के लिए आ गये।

डॉ. भीमराव अम्बेडकर ने सबसे पहले चुल्लू में लेकर पानी पिया फिर उन्होंने कहा—''अधिकार दिये नहीं जाते और न कोई दिलाता है, अगर अधिकार चाहते हो तो उसके लिये लड़ों। अधिकार माँगने से कभी नहीं मिलता, बल्कि आगे बढ़कर छीनना पड़ता है।''

सभी ने पानी पिया और जुलूस पंडाल के नीचे आया। उच्च वर्ग के लोग यह तमाशा देख रहे थे। वे आपस में कहने लगे—''अछूत अपनी सीमा पार कर रहे हैं। उनकी हिम्मत तो देखो चौदार तालाब को अछूत कर दिया। अगर चुप हो गये तो इनकी हिम्मत और भी ज्यादा बढ़ जायेगी और यह इस प्रकार हमारे कुओं से भी पानी पीने लगेंगे।''

चौदार तालाब के बाद सभी दलित अम्बेडकर के साथ वीरेश्वर मंदिर पहुँचे। सर्वप्रथम मंदिर में प्रवेश भीमराव ने किया, बाद में सभी लोग मंदिर में गये। यह नजारा वहाँ के उच्च वर्ग के लोग देख रहे थे, उनकी हिम्मत को रोकना पड़ेगा, वरना ये लोग और सर पर सवार हो जायेंगे।

सभी लोग पंडाल में खाना खाने लगे, तभी विरोधी लोग लाठियाँ और भाले लेकर आ गये। आते ही उन पर टूट पड़े और मार-काट करने लगे। अचानक ही वहाँ घमासान सी लड़ाई होने लगी, सभी उच्च वर्ग के लोग महारों पर टूट पड़े थे।

जुलूस में आये लोग निहत्थे होने के कारण मार खा गये। उच्च वर्ग के ब्राह्मणों ने यह समझा कि अछूत हमसे डर गये। अब ये कभी सिर नहीं उठायेंगे।

दूसरे दिन भीमराव अम्बेडकर ने एक बड़ी सभा आयोजित की। कल की घटना से उन्हें दुःख व क्रोध दोनों ही थे। उन्हें ब्राह्मणों पर रह रह कर गुस्सा आ रहा था।

डॉ. अम्बेडकर ने सभा को सम्बोधित करते हुए कहा—"कल हमारा अधिकार चौदार तालाब पर हो जायेगा"

जोश में सभा के लोगे कहने लगे—"हम सीने पर गोली खायेंगे, लेकिन अपने अधिकार नहीं छोड़ सकते। हम अपना अधिकार पाकर ही रहेंगे।"

भीमराव ने अपने भाषण में आगे कहा—"हमें पानी मिलना चाहिये। वह कुएँ का हो, तालाब का या नल का, पानी की बहुत जरूरत है, हमें रोका नहीं जा सकता। हम पर जो अत्याचार होते हैं, उन्हें सहन न करके उनका विरोध करना चाहिये। हमें अपनी राह खुद बनानी है। हम कठपुतली बनकर नहीं नाचेंगे, यह नाच बहुत दिन हो चुका है।"

तीसरे दिन चौदार तालाब पर अछूतों का कब्जा हो गया। पुलिस भी उन्हें नहीं रोक पायी। काफी तादाद में वहाँ महारों ने पहुँचकर अपनी एकता का प्रदर्शन किया।

यह चर्चा चारों ओर फैल गयी। ब्राह्मण वर्ग में भीमराव अम्बेडकर के लिये कहा जाने लगा—"यह अछूतों का मसीहा है। यह कुछ करके दिखायेगा गरीब और अछूत उसका नाम सुनकर ही चले आते हैं। वही उनका नेता है। बैरिस्टर है, वह विद्वान् है, महान हुआ तो क्या। आदमी बहुत काबिल है। गरीब और अछूत जनता उसके पीछे-पीछे दौड़ रही है। एक बहुत बड़ा परिवर्तन आने वाला है। जमाना बदल गया है। अब शूद्र भी अपने को शिरोमणि कहने लगे हैं। अगर उसी तरह चलता रहा तो ब्राह्मणों का तो रहना ही मुश्किल हो जायेगा यह शूद्र ब्राह्मणों के सिर पर सवार हो जायेंगे।"

3

अनेक सामाजिक मंचों पर डॉ. अम्बेडकर

बहिष्कृत हितकारिणी सभा की स्थापना

भारतीय राष्ट्रीय कांग्रेस सभी भारतीयों की प्रतिनिधित्व का दावा करती थी और हिन्दू महासभा हिन्दुओं की प्रवक्ता थी। दोनों संगठन सर्वहारा समाज को उसके अधिकार नहीं देने को कृत संकल्प थे। परन्तु परिस्थितिवश काफी विचार-विमर्श के बाद उन्होंने दलितों के उत्थान के लिए केन्द्रीय संस्था की स्थापना का फैसला किया।

इस प्रकार 20 जुलाई, सन् 1924 में बहिष्कृत हितकारिणी सभा नामक एक संस्था अस्तित्व में आयी जिसे सन् 1860 में कानून के अन्तर्गत रजिस्टर्ड कराया गया था। जैस कि संस्था के नाम से ही स्पष्ट हो जाता है कि जो व्यक्ति असवर्ण बनाकर सवर्णों ने श्रेष्ठ समाज की परिधि से बाहर कर रखे गये थे, उनकी यह सभा प्रवक्ता थी। यद्यपि जब श्रेष्ठ समाज का अपना कोई ऐसा आधार नहीं था जिसके होते हुए उसे श्रेष्ठ समाज माना जा सके, फिर भी यह स्वयंभू नेता की भाँति स्वयंभू समाज था।

समाज के श्रेष्ठ व्यक्ति वे होते हैं जो नीचे गिरे असहाय व्यक्ति को उठाकर गले से लगा लें। लेकिन जो व्यक्ति या समाज अपने पाँवों पर खड़े व्यक्तियों को बिना किसी कारण जोरदार धक्का देकर नीचे गिरा दे और यदि वह व्यक्ति हिम्मत करके उठने की कोशिश करे तो उसे उठने न दे, वे कैसे श्रेष्ठ व्यक्ति हैं? यदि ऐसे व्यक्ति

श्रेष्ठ हैं तो अश्रेष्ठ की परिभाषा क्या होगी? यह प्रश्न भीमराव के लिए उत्तर चाहता था।

सामाजिक परिवर्तन और बेदखल किये गये व्यक्तियों के हित के लिये भी बहिष्कृत हितकारिणी सभा के उद्देश्य भी अपने नाम के अनुसार थे। सभा ने अपने मन्तव्य को सर्वहारा समाज के सामने रखते हुए निम्न उद्देश्यों को घोषित किया था—यह उद्देश्य इस प्रकार हैं—शिक्षा प्रचार के लिए दलित समाज में छात्रावास खोलना तथा दूसरे योग्य उपायों और साधनों को अपनाना। दलित समाज की शिकायतें प्राप्त करना और उन्हें शासन के सामने प्रस्तुत करना और इसके साथ पूरा इंसाफ करना। औद्योगिक एवं कृषि स्कूलों द्वारा दलित समाज की आर्थिक स्थिति में सुधार करना तथा उसे उन्नत करना। उन्हें प्रगति के साधन प्रदान करना। दलित पिछड़े वर्गों में सभ्य जीवन प्राप्त करने के लिए पुस्तकालय, वाचनालय, सामाजिक सेना-केन्द्र तथा अध्ययन केन्द्र स्थापित करना।

बहिष्कृत हितकारिणी सभा के प्रथम अध्यक्ष सर चिमनलाल हिरालाल सीतलवाड़ बनाये गये जो एल॰एल॰डी॰ थे। छः उप-अध्यक्षों में सी॰आर॰ निसीम, जे॰पी॰रूस्तम जी बिनवाला, जी॰के॰नसीमन , डॉक्टर आर॰पी॰ परांजपे, डॉक्टर बी॰पी॰ चौहान और बी॰जी॰ खेर शामिल थे। बी॰जी॰ खेर सन् 1937 में बम्बई के मुख्यमंत्री भी थे।

बहिष्कृत हितकारिणी सभा की प्रबन्धक समिति के अध्यक्ष डॉक्टर भीमराव अम्बेडकर स्वयं थे। शिवतारकर को सचिव एवं एन॰टी॰ जाधव को कोषाध्यक्ष पद सौंपा गया।

4 जनवरी, सन् 1925 ई॰ में सभा ने सोलापुर में अछूत विद्यार्थियों के लिए छात्रावास खोला। यहाँ रहने वाले विद्याथियों को भोजन, कपड़ा, किताबें व आवास भी निःशुल्क था और इसके अलावा भी अन्य सुविधायें दी जा रही थीं।

सभा के आदेश के अनुसार होस्टल के विद्यार्थियों ने 'सरस्वती विलास' नामक एक मासिक पात्रिका का आरम्भ किया। सभी की तरफ से बम्बई में पिछड़े तथा दलित वर्गों के व्यक्तियों को जुआ, मदिरापान तथा अन्य दुर्व्यसनों से मुक्त करने के लिये पुस्तकालय और हॉकी क्लब की स्थापना की गयी, ताकि वह बुरी आदतों से बचे रहें।

अप्रैल, सन् 1925 में रत्नागिरी जिले के मालवन गाँव में अछूतों की एक बहुत बड़ी कान्फ्रेंस की अध्यक्षता अम्बेडकर ने की।

भारत में दलित समुदाय ने 1925 ई. में अनेक कार्य ऐसे किये जो

रूढ़िवादिता पर प्रहार करते थे। त्रावणकोर रियासत में एक ऐसी सड़क थी, जिस पर अछूतों का प्रवेश और चलना मना था। श्री राम स्वामीजी ने इस सड़क पर संघर्ष शुरू किया। वह इस सड़क पर अछूतों और दलितों को चलने का अधिकार माँग रहे थे।

मार्च, सन् 1926 में मद्रास (चेन्नई) में श्री मुरगेसन नामक एक अछूत ने एक ऐसे मन्दिर में प्रवेश किया, जिसमें अछूतों का आवागमन वर्जित था। मुरगेसन छद्म वेश में मन्दिर में घुसा था फिर भी उसे पहचान लिया गया और पुलिस द्वारा पकड़े जाने पर उसे हिन्दू मंदिर को अपवित्र करने के जुर्म में दंडित किया गया।

डॉ. भीमराव ने अप्रैल, सन् 1926 में जियूदी नामक गाँव में एक सभा को सम्बोधित किया और उन्होंने अछूतों को सुझाव दिया कि वे अपनी बस्ती अलग बसाने के लिए सरकार से भूमि की माँग करें। इस प्रकार सभी महार एक जगह एक ही स्थान पर इकट्ठा रह सकते हैं।

इसी संदर्भ में जिला कुलाबा के दलितों ने मार्च, सन् 1927 में महाड़ नामक क्षेत्र में अपने समाज की एक विशाल कांफ्रेंस को आयोजित करने की योजना बनायी। उनका सभा आयोजित करने का लक्ष्य यही था कि सरकार के सामने अपनी माँग पेश करें।

कार्यकर्त्ताओं ने पूरे दो महीने अटूट मेहनत से स्थानीय देवता वीरेश्वर के नाम पर विशाल सुसज्जित पंडाल का निर्माण कराया। इसी पंडाल के अन्दर उन्होंने इस सभा को आयोजित करने की योजना बनायी थी।

अपने अध्यक्षीय भाषण में मनीषी अम्बेडकर ने पहली बार खुद के ऊपर अछूतपन की मार का वर्णन करते हुए कहा था—"एक वक्त था, जबकि हमें जिन्हें अछूत कहकर पुकारा जाता था और अब भी पुकारा जाता है, बहुत प्रगतिशील थे, दूसरी उन्नत जातियों से भी बहुत आगे। देश के इस भाग में हमारे ही लोगों का शासन था। दबदबा था। उन्हें काफी सम्मान की दृष्टि से देखा जाता था, उन्हें पूर अधिकार प्राप्त थे।"

उन्होंने फिर से अछूतों के पतन का वर्णन करते हुए कहा—"सेना हमें अपना जीवन-स्तर ऊँचा करने का अवसर प्रदान करती थी। हमें अपनी वीरता, बुद्धि और योग्यता दिखाने का अवसर मिला था। उस समय अछूतों में सेना में मुख्य अध्यापक होते थे। सैन्य-शिविरों में प्रारम्भिक शिक्षा अनिवार्य एवं प्रभावोत्पादक थी। अंग्रेज सरकार ने अछूतों को सेना में भर्ती न करने के निर्णय से अछूतों से द्रोह किया।"

डॉ. भीमराव अम्बेडकर ने फिर प्रेरणाभरे स्वर में कहा—"हम जब तक तीन

प्रकार के सुधार नहीं कर लेते, तब तक उन्नति की कल्पना नहीं कर सकते, अपने विचारों को हमें सुसंस्कृत करना चाहिये, हमारी वाणी में बल होना चाहिये। शरीर में ताकत और हौसला होना चाहिये, तभी हमें मान-सम्मान और अधिकार की प्राप्ति हो सकती है।''

डिप्रेस्ड क्लासिस शिक्षा संस्था की स्थापना

बहिष्कृत हितकारिणी सभा की स्थापना डॉ. भीमराव अम्बेडकर ने सामाजिक चेतना जागृत करने के लिये की थी। परन्तु दलितों, शोषितों के मानसिक तथा बौद्धिक विकास के लिये उन्होंने जुलाई, सन् 1928 में 'डिप्रेस्ड क्लासिस शिक्षा संस्था' की स्थापना की, ताकि सर्वहारा समाज के लोग शिक्षा प्राप्त करने की ओर उन्मुख हो सकें। उनके अन्दर शिक्षा के प्रति जागरुकता उत्पन्न हो, तभी देश का कल्याण होगा

दलित वर्ग के छात्रों के लिए उन्होंने बम्बई सरकार से दो छात्रावास स्थापित करा लिये थे। उनकी माँग पर बम्बई प्रान्त के गवर्नर ने 8 अक्टूबर, सन् 1928 को दलित वर्ग के छात्रों हेतु पाँच होस्टलों की स्थापना करवाई। ये सब अम्बेडकर ने अपनी का बलियत, लगन और मेहनत के बल पर किया था।

साइमन कमीशन

ब्रिटिश अधिकारी साइमन कमीशन की रिपोर्ट पर विचार करने के लिए 8 अगस्त, सन् 1930 में नागपुर में आयोजित सर्वहारा समाज सम्मेलन की अध्यक्षता करते हुए डॉ॰ अम्बेडकर ने कहा था—''मैं इस अवसर पर कहना चाहता हूँ कि राजनैतिक शक्ति ही सभी रोगों का एकमात्र उपचार नहीं है। अछूतों की मुक्ति समाज सुधार में है। अपनी कुपवृत्तियाँ त्यागकर , अपने रहन-सहन में परिवर्तन लाओ, ताकि आप सरकार और मित्रता के पात्र बन सको। समाज के छोटे लोगों को सम्मान दोगे, तो वह आपका सम्मान करेंगे, तभी देश का सुधार सम्भव है।''

डॉ. अम्बेडकर ने अपने संबोधन को समाप्त करते हुए कहा था।—''जो आन्दोलन हमने खड़ा किया है, बनाया है, इससे न केवल हमारे लोगों का भला होगा, अपितु उससे देख में इस प्रकार का समाज भी स्थापित हो सकेगा, जिसमें प्रत्येक व्यक्ति के, प्रत्येक पक्ष में राजनीतिक, सामजिक एवं आर्थिक समान मूल्य तथा स्थान निर्धारित होगा जिसके अन्तर्गत महार जाति अपना सर उठाकर जी सकेगी और अपने अधिकारों की प्राप्ति भी उन्हें होगी।''

मुम्बई में सभा हो रही थी जिसमें साइमन कमीशन भी मौजूद थे। भीमरावे अम्बेडकर भी उनके सामने उपस्थित हुए और सम्मानभरे स्वर में कहने लगे—"सरकार, आपकी सेवा में मैं कुछ निवेदन करना चाहता हूँ। अगर आप आज्ञाा दें तो मैं आपके सामने कुछ गुजारिश करूँ।"

भीमराव ने अपना परिचय अछूतों और गरीबों का नेता बताकर दिया। अपने आपको उनका मसीहा बताया।

डॉ॰ अम्बेडकर ने कहा—"मैं अछूतों की ओर से एक स्मरण-पत्र पेश करना चाहता हूँ। आप मेरे इस स्मरण पत्र पर एक नजर डालकर देख लें।"

"कैसा स्मरण-पत्र?"

"इस पत्र के द्वारा मैं सैकड़ों अछूतों की समस्याएँ और उनकी शिकायतें आपके सामने रखना चाहता हूँ। जो अत्याचार उन गरीबों पर होते हैं सब आपके सामने लाना चाहता हूँ ताकि उन्हें इन अत्याचारों से मुक्ति मिल सके।"

"मुझे यह पत्र समझाओ अम्बेडकर।"

"सुनिये!" अम्बेडकर कहने लगे—"भारत की आबादी का पाँचवाँ भाग गरीबों और अछूतों का है। इन्हें पद-दलित किया जाता है। इन्हें मनुष्य नहीं पशु समझते हैं। ये कुएँ से पानी नहीं भर सकते, नल पर भी पानी नहीं पी सकते और तालाब पर जाने का भी अधिकार इन्हें नहीं है। इन पर जो अत्याचार हो रहे हैं वे सब बन्द हो जाने चाहिएँ। इन्हें समाज में मान-सम्मान और अधिकार के साथ जीने का अवसर दिया जाना चाहिये।"

जॉन साइमन ने सहानुभूतिपूर्वक अम्बेडकर की तरफ देखते हुए कहा—"इसके अतिरिक्त और क्या चाहते हो अम्बेडकर?"

"इन लोगों के लिए स्थान का आरक्षण होना चाहिए। इन्हें भी मंत्रिमंडल में शामिल किया जाये और अछूतों का भी एक मंत्री होना चाहिये। इनकी शिक्षा का उत्तम प्रबंध होना बहुत जरूरी है। जल और थल सेना में भर्ती होना भी अनिवार्य है, ताकि यह भी आपको सम्मान के योग्य समझें, तभी इन्हें अधिकार भी प्राप्त होंगे।"

"क्या दलित और अछूत लोगों का एक ही मतलब है?" साइमन ने आश्चर्यपूर्वक पूछा।

"हाँ सरकार।"

"तो आप उनके प्रतिनिधि हैं? मेरा मतलब है कि दलित और अछूत लोगों ने आपको ही अपना नेता चुना है।"

"जी हाँ।"

"बम्बई प्रदेश के विधान में इन लोगों के लिये क्या होना चाहिये? तुम इन लोगों के लिए कौन-से अधिकार, किस मान-सम्मान की बात कर रहे हो?" उन्होंने हमदर्दी भरे स्वर में पूछा।

"इनको हिन्दुओं से अलग और अल्पसंख्यक कहना जरूरी है। प्रत्येक युवा को मत देने का अधिकार मिलना चाहिये। इनकी सीट भी सुरक्षित होनी चाहिये, जैसी अन्य उच्च वर्ग के लोगों की होती है। इन्हें भी बराबर के अधिकार देने चाहिएँ।"

"अगर हर एक युवक को मताधिकार न दिया जाये तो?"

"तो ये लोग अलग निर्वाचन क्षेत्रों की माँग करेंगे।"

"तुम चाहते हो कि इन लोगों को सरकारी नौकरियाँ दी जायें। ऐसा क्यों चाहते हो तुम अम्बेडकर? हमें पूरी बात खुलकर समझाओ, ताकि हम तुम्हारी समस्या को समझ जाएँ।"

"मैं ऐसा इसलिये चाहता हूँ कि अछूतों के साथ न्याय नहीं होता और उन्हें उपेक्षा की दृष्टि से देखा जाता है। उन्हें कदम-कदम पर अपमानित होना पड़ता है। लोगों के अपमान सहने पड़ते हैं।"

"आप मुझे समझाएँ अम्बेडकर कि दलित वर्ग क्या है? ये अछूत लोग कैसे होते हैं?" उन्होंने पूछा।

"दलित वर्ग?"

"हाँ दलित वर्ग।"

"तो सुनिये! मैं आपको पूरी तरह से दलित व अछूत वर्ग का मतलब समझाता हूँ, ताकि आप उनके साथ इंसाफ कर सकें।"

"क्या समझना चाहते हो हमें बताओ।"

"इन जातियों को अछूत कहा जाता है और इनसे छुआछूत फैलती है। ये लोग इन्हें अपनी बराबरी का नहीं समझते, इसलिये इनका बार-बार अपमान किया जाता है। उन्हें गालियाँ दी जाती हैं, इन्हें स्कूल जाने का अधिकार नहीं दिया जाता।"

"क्या ये लोग आपस में एक साथ बैठकर खाते हैं?"

"हाँ सरकार! ये लोग आपस में एक साथ मिलकर खाते हैं, एक साथ मिलकर ही हर कार्य करते हैं।"

"तो इन्हें हम हिन्दू ही कहेंगे न? या फिर किसी और नाम से इन्हें पुकारा

जाता है?"

"हाँ सरकार, इन्हें हिन्दू ही कहा जायेगा जब तक ये हिन्दू घेरे से बाहर हैं, तभी तक अछूत हैं। मैं अपने को हिन्दू भी कहता हूँ और गैर-हिन्दू भी, क्योकि हिन्दू धर्म अपनाने के बाद भी हमें उन अधिकारों से वंचित कर रखा है।"

डॉ. भीमराव अम्बेडकर की बातें सुनकर साइमन मुस्कुराने लगा और बोला—"इसका मतलब यह हुआ अम्बेडकर, यदि तुम हिन्दू घेरे से बाहर रहोगे तो तुम पर हिन्दू कानून लागू नहीं होगा"

"सरकार मैं हिन्दू हूँ।"

साइमन की खुशी का ठिकाना न रहा। वह अम्बेडकर पर बहुत प्रसन्न हुए। उनकी बातों को सुनकर वह काफी प्रभावित हुए थे और काबिलियत भी उनसे छिपी न रह सकी थी।

उन्होंने कहा—"तुम एक सच्चे नेता हो अम्बेडकर! अछूतों को एक ऐसे नेता की सख्त जरूरत है जो उनका उद्धार कर सके, उन्हें समाज में मान-सम्मान दिला सके। उन्हें उनके अधिकार वापस दिलाये।

अब मेरी समझ में आ गया भारत में अछूतों के साथ अच्छा व्यवहार नहीं किया जाता। न ही उन्हें छुआ जाता, बल्कि हिन्दू लोग उन्हें घृणा की दृष्टि से देखते हैं और उनका अपमान करते हैं।"

साइमन ने कहा—"यही कारण है कि यह देश बहुत पीछे हैं। वहाँ लोगों में आपस में ही भेदभाव है, तो फिर उन्नति का तो सवाल ही पैदा नहीं होता।"

साइमन ने आखिर में अम्बेडकर को धन्यवाद दिया और हँसकर बोले—"डॉक्टर अम्बेडकर, तुमने हमारी सभा को सफल बनाया है। तुम जैसा चाहते हो वही किया जायेगा हम तुम्हारे प्रार्थना-पत्र पर जरूर गौर करेंगे।"

इसके कुछ दिनों पश्चात् डॉ. भीमराव ने अहमदाबाद का दौरा किया। उनके आने की खबर पूरे शहर में फैल गयी। उनके स्वागत के लिए लोगों की भीड़ उमड़ पड़ी। लाखों की तादाद में वहाँ अछूत व महारों ने पहुँचकर अपनी एकता का प्रदर्शन किया।

इस अवसर पर 'नवयुवक मण्डल', अहमदाबाद ने डॉक्टर अम्बेडकर को एक मान-पत्र भेंट किया। उसमें लिखा था—"अम्बेडकर! आप हमारे लिये आत्मयोग देकर, निरन्तर मेहनत करके जिस युद्ध को चला रहे हैं, उसके प्रति हम आपके ऋणी हैं। आत्मयोद देकर अछूत भाइयों की उन्नति के लिए जिस दृढ़ युद्ध का आप संचालन कर रहे हैं उसकी हम प्रशंसा करते हैं। आप हमारे लिये भगवान हैं, आप

हमारे लिये पूजनीय हैं, हम आपकी दिल से कद्र व सम्मान करते हैं। आप हमारे मसीहा हैं।

हम हैं आपके सच्चे अनुयायी,
अहमदाबाद के अछूत।''

इस मान-पत्र के उत्तर में डॉक्टर अम्बेडकर ने जनता के नाम जो विचार रखे, वे इतिहास में सुनहरे पन्नों में जुड़े हुए हैं। डॉक्टर भीमराव अम्बेडकर ने कहा–

''बहिनों और भाइयो! आपने जो मुझे मान-पत्र दिया, उसके लिये मैं नवयुवक मण्डल का आभारी हूँ। मान-पत्र में जो मेरी स्तुति की गयी है, मैं उसके योग्य नहीं हूँ, मैं आपको वचन देता हूँ कि जहाँ तक हो सकेगा, जाति का उत्थान करने का प्रयास करूँगा गाँधीजी तो हिन्दू, सिक्ख, मुस्लिम एकता ही ही चर्चा कर रहे हैं। वे कहते हैं जब तक देश में एकता स्थापित नहीं हो जाती, मैं गोलमेज सम्मेलन में नहीं जाऊँगा, परन्तु उनकी समिति उन्हें सम्मेलन में भाग लेने भेज रही है। लेकिन मैं अछूतों के अधिकारों के लिए लड़ रहा हूँ, उन्हें उनका सम्मान वापस लौटाने के लिए संघर्ष कर रहा हूँ।''

प्रथम गोलमेज सम्मेलन

लंदन में गोलमेज सम्मेलन का आयोजन किया जा रहा था इस समय तक भारत पर ब्रिटिश सरकार का शासन था। इस सम्मेलन में गाँधीजी को भी बुलाया गया था। भीमराव अम्बेडकर भी इसमें बुलाये गये थे। मुस्लिम लीग के प्रमुख नेता मोहम्मद अली जिन्ना को भी आमन्त्रित किया गया था। इस सभा में सभी लोग जो खास थे, वही मौजूद थे और उनकी अपनी-अपनी समस्याएँ थीं।

यह राजनैतिक सभा थी। सर तेज बहादुर सप्रू भी हिन्दू नेताओं में गये थे। सर चमन लाल आदि नेता भी आये थे। मुसलमानों के प्रमुख नेता भी उपस्थित थे। इसके अलावा और भी ऐसी महान् हस्तियाँ इस सभा में मौजूद थीं।

सिक्खों की ओर से सरदार उज्ज्वल सिंह आये थे। सम्मेलन में अंग्रेजों के भी प्रतिनिधि उपस्थित थे। कश्मीर और पटियाला के राजा, ऐसे ही बड़ौदा और भोपाल नरेश, अलवर और बीकानेर के राजा भी आये थे।

जॉर्ज पंचम ने सभी अतिथियों का परिचय राजा से कराया। इसके पश्चात् सम्मेलन की कार्यवाही शुरू की गयी। बारी-बारी से सभी वक्ता मंच पर आते गये और अपनी बात कहते गये। सभी ने अपनी-अपनी समस्या वहाँ पेश की थी।

डॉक्टर अम्बेडकर को बहुत कुछ कहना था इसलिए उनको सबसे बाद में बोलने का मौका दिया गया। आज बहुत खुश दिखाई पड़ रहे थे। उनके चेहरे पर प्रसन्नता के भाव स्पष्ट दिखाई पड़ रहे थे। आज उन्हें सबके सामने खुलकर अपनी समस्या रखने का सुनहरा मौका नजर आ रहा था।

अब अम्बेडकर ने मंच पर बोलना आरम्भ किया—"हुजूर, हमारे देश के अछूतों ने आपके राज में कोई उन्नति नहीं की। मुझे इसका दुःख है और मैं इसकी शिकायत करता हूँ। क्या भारत से छुआछूत कभी जायेगी या नहीं? ये तालाबों से पानी नहीं भर सकते, कुएँ से पानी नहीं ले सकते। इनके छूने से नल अपवित्र हो जाते हैं। इन पर मन्दिरों में जाने पर रोक लगी है। सेना और पुलिस में इन्हें भर्ती नहीं किया जाता। इनको खूब सताया जाता है। बात-बात पर इनको अपमानित करके भेज दिया जाता है। इन्हें इनके अधिकारों से वंचित कर रखा है।"

ब्रिटेन के राजा पर डॉ. भीमराव की बातों का अत्यधिक असर हुआ। वे पूरी तरह प्रभावित हुए और सोचने लगे कि भारत में अछूतों के लिये कुछ-न-कुछ अवश्य होगा ये तो उन अछूतों पर बड़ा जुल्म हो रहा हैं, उन्हें उनका अधिकार मिलना ही चाहिये।

बम्बई में गाँधीजी मणि भवन में ठहरे थे। डॉक्टर भीमराव अम्बेडकर उनसे मिलने गये। दोनों में बातचीत हुई। काफी देर तक वह अपने-अपने विषयों पर चर्चा करते रहे।

गाँधीजी ने कहा—"हमारी कॉंग्रेस ने दलित वर्ग पर बीस लाख रुपया खर्च किया है और आपका कहना है कि मैंने अछूतों के लिए कुछ किया ही नहीं। अम्बेडकर, तुम इन्हें अछूत कहते हो। इन्हें मैं हरिजन कहकर पुकारता हूँ। ये तुम्हारी भूल है कि हम इन लोगों के साथ भेदभाव का व्यवहार करते हैं।"

अम्बेडकर गाँधीजी से नाराज थे।

"महात्मा जी, मैं आपका सम्मान करता हूँ जो बीस लाख रुपये आपने अछूतों पर खर्च किये, वह रकम अगर उन्हें बाँट देते, तो उनका कुछ भला होता। भारत में आप छुआछूत नहीं मिटा पाये, मुझे इसका दुःख है। मैंने तय कर लिया है कि दलितों को मानवता का अधिकार दिलाकर रहूँगा उन्हें इस देश में मान-सम्मान दिलाकर ही साँस लूँगा अब उन पर अत्याचार नहीं होने दूँगा"

महात्मा गाँधी अम्बेडकर की बात सुन रहे थे। अम्बेडकर आगे बोले—"मुसलमानों और सिक्खों को आरक्षण का अधिकार दिया गया है, अछूतों को फिर क्यों छोड़ दिया गया? क्या ये अछूतों के साथ भेदभाव नहीं है?"

कुछ देर बाद गाँधीजी बोले–"अम्बेडकर, मैं तुम्हारी इस बात से सहमत नहीं हूँ। तुम समझ नहीं रहे हो कि तुम क्या बोल रहे हो, हमारी बात को समझने की कोशिश करो।"

महात्मा गाँधी और अम्बेडकर के मध्य बहुत देर बहस होती रही, मगर कुछ भी निश्चित नहीं हो पाया कि अछूतों के लिए कौन-सा कदम उठाया जाये और उनके लिये क्या किया जाये जो महारों को उनका अधिकार वापस मिल सके।

गाँधीजी का कहना था कि वे हरिजनों का उद्धार कर रहे हैं और भीमराव अम्बेडकर का कहना था कि देश में अछूतों के लिये कुछ नहीं हो पा रहा है, चारों ओर के दरवाजे उनके लिए बंद हैं, उनकी बात न सरकार तक पहुँचती है और न समाज उनकी सुनता है। समाज में रहकर भी वे समाज से दूर हैं। यह अत्यंत दुख की बात है कि अपने ही लोगों के साथ आप लोग दोहरा व्यवहार कर रहे हैं।

द्वितीय गोलमेज सम्मेलन

द्वितीय गोलमेज सम्मेलन का आयोजन लंदन में 15 अगस्त 1931 ई. को किया गया। डॉक्टर अम्बेडकर पहले गोलमेज सम्मेलन में शामिल हो चुके थे, इसलिये इस बैठकर में उनका जाना निश्चित था।

अभी डॉक्टर अम्बेडकर लंदन जाने की तैयारी कर ही रहे थे कि 16 अगस्त, सन् 1931 को गाँधीजी ने कहा–"मैं डॉक्टर अम्बेडकर से मिलना चाहता हूँ। वे एक सुलझे हुए योग्य तथा कुशल वक्ता हैं। मुझे उनकी काबिलियत पर पूरा भरोसा है।"

डॉक्टर अम्बेडकर गाँधीजी से मिलने पहुँचे। गाँधी जी ने अपने सामने जब दलितों के मसीहा को खड़े देखा, तो गद्‌गद् हो उठे। उन्होंने अम्बेडकर को गले लगाया और कहा–"मैंने सुना है कि आपको मुझसे और काँग्रेस से कुछ शिकायत है। काँग्रेस ने अछूतोद्धार के लिए 24 लाख रुपया खर्च किया है। इतने पर भी आपको काँग्रेस और मेरे ऊपर विश्वस नहीं है। आप मेरा और काँग्रेस का बराबर विरोध कर रहे हैं। क्या आपको लगता है कि इम अछूतों के लिये कुछ नहीं कर रहे हैं, हम उनके अधिकार उन्हें नहीं देना चाहते?"

महात्मा गाँधी की बातों को सुनकर अम्बेडकर निरुत्तर हो गये। वह कभी गाँधीजी का चेहरा देखने लगते और कभी कुछ सोच में डूब जाते। उनको गाँधीजी की बात पर विश्वास नहीं हुआ था, न उन्होंने उनकी बात पर ज्यादा ध्यान ही दिया।

गाँधीजी उनकी भावभंगिमा को तोड़कर बोले–"मैं जानता हूँ कि आप

सत्यवादी और स्पष्टवक्ता हैं, इसलिये आपके मन में जो कुछ है वही मुझसे भी कहिये। आप क्या चाहते हैं महारों के लिए, एक बार मुझे समझाएँ, ताकि मैं उसी प्रकार उनके लिये कुछ कह सकूँ।''

डॉक्टर अम्बेडकर कहने लगे—''मैं स्पष्ट कहता हूँ कि काँग्रेस ने अछूतोद्धार के नाम पर जो कुछ भी किया है, वह सिवाय ढोंग के और कुछ नहीं है। रही 24 लाख खर्च करने की बात, उससे अछूतों को कुछ नहीं मिला है—खर्च करने वाले जानें कि उन्होंने इतने धन को कहाँ बहाया है, काँग्रेस का सदस्य होने के लिये जैसे खादी पहनना आवश्यक ठहराया गया है, वैसे ही अछूतपन को न मानना क्या अनिवार्य नहीं ठहराया जा सकता था?''

डॉ. भीमराव अम्बेडकर ने अब आगे कहा—''यदि काँग्रेस ने ऐसा किया होता, तब भी क्या नासिक जिला काँग्रेस कमेटी के अध्यक्ष नासिक में अछूतों के मन्दिर प्रवेश का विरोध कर सकते थे। आपकी काँग्रेस अंग्रेजी सरकार का हृदय परिवर्तन हुआ देखना चाहती है। वह पहले अछूतों के विषय में अपने हृदय को परिवर्तित क्यों नहीं करती?

अब मेरा विश्वास न आप पर है न आपकी काँग्रेस पर है। यदि मेरा विश्वास किसी बात पर है तो वह है अपना उद्धार आप कर सकने पर। काँग्रेस अछूतों के लिये कुछ नहीं करेगी, न ही मैं किसी और पर भरोसा कर सकता हूँ।''

गाँधीजी ने इतना स्पष्टवादी व्यक्ति कभी नहीं देखा था। वे डॉक्टर अम्बेडकर की प्रशंसा करने लगे। उन्हें अम्बेडकर में अलग बात देखने को मिली।

दूसरी गोलमेज सभा में डॉक्टर भीमराव अम्बेडकर से सम्राट जार्ज पंचम हँसकर मिले। उन्होंने पूछा—''अब तुम्हारा परिवार कैसा है अम्बेडकर?''

''सरकार, आपकी दया से ठीक है, लेकिन मेरी आर्थिक स्थिति ठीक नहीं है। आजकल मैं आथिक स्थिति से थोड़ा परेशान हूँ।''

''वो कैसे?'' उन्होंने पूछा।

''अब आपके सामने क्या बताऊँ, सभी कुछ तो बयान नहीं कर सकता,'' उन्होंने कहा।

''तो इतनी ऊँची शिक्षा कैसे पायी आपने?''

''मैं महाराज गायकवाड़ का आभारी हूँ। मुझे उन्होंने आर्थिक सहायता दी और पढ़ने के लिए लंदन तथा अमेरिका भेजा। मेरा एक दोस्त कैलुस्कर है, उसका भी मैं आभारी हूँ। इनके अलावा मेरा एक मित्र और नवल भटेना है उसने भी मुझे आर्थिक साहायता दी। इन सबकी कृपा से यहाँ तक पहुँचा हूँ।''

"तो आप इस सम्मेलन में अछूतों के प्रतिनिधि बनकर आये हैं?"

"सरकार, आपका सोचना ठीक है। मैं अछूतों का नेता बनकर उनकी समस्या का समाधान करवाने के लिये यहाँ आया हूँ।"

"आप मुझे बताएँ कि भारत के अछूतों की आजकल क्या दशा है? वो किस हालात से गुजर रहे हैं और तुम उनके लिये क्या करवाना चाहते हो?"

"यह न पूछिये..... ।"

"क्यों?"

"भारत की जनसंख्या का पाँचवाँ भाग अछूतों का है। ब्राह्मणों की आँखों में ये कांटे की तरह चुभते हैं। ऊँचे वर्ग के लोग उनकी छाया से ही नफरत करते हैं, उनको अच्छी निगाह से नहीं देखा जाता और शूद्र कहकर पुकारा जाता है। उन्हें शिक्षा नहीं दी जाती, समाज से उन्हें दूर रखा जाता है। बात-बात पर उनका अपमान किया जाता है। उन्हें कुओं से पानी तक नहीं लेने दिया जाता।"

डॉ. भीमराव अम्बेडकर की बातें सुनकर ब्रिटेन के राजा को बहुत दुख हुआ। उनके मुँह से निकला-"अम्बेडकर, इस पर विचार किया जायेगा अब आप अपना माँग-पत्र पेश कीजिये। आप जो समस्या हमारे पास लेकर आये हैं हम उसके समाधान के लिय विचार-विमर्श करेंगे।"

अम्बेडकर उत्तर देते हुए माँग-पत्र पढ़ने लगे-जिसकी पहली शर्त थी-अछूतों को उनकी जनसंख्या के मुताबिक प्रान्त की विधानसभा में और केन्द्र सरकार में प्रतिनिधित्व मिलना चाहिये।

दूसरी शर्त यह थी–अछूतों का निर्वाचन क्षेत्र अलग होना चाहिये।

इस पर गाँधीजीने आपत्ति जाहिर की। वे बोले-"मैं यह मानने के लिए तैयार नहीं हूँ।"

अम्बेडकर, तुम कहते हो कि तुम अछूतों का प्रतिनिधित्व करने आये हो, लेकिन हिन्दू धर्म को तुम खण्ड-खण्ड कर रहे हो। तुम्हारे कहने के अनुसार किया गया तो देश के टुकड़े-टुकड़े हो जायेंगे।"

"अछूतों को मैं ईसाई और मुसलमान बना लूँगा, लेकिन हिन्दू धर्म को खण्डित नहीं होने दूँगा"

जब सम्राट ने यह देखा तो वह अपनी बात कहने लगे–"अम्बेडकर की सभी शर्तें स्वीकार की जाती हैं। भारत के अछूतों को अलग निर्वाचन क्षत्रों द्वारा आरक्षण दिया जाता है। वह जिसको चाहें अपना नेता चुन सकते हैं।"

सभी लोग चौंककर रह गये। सभा की कार्यवाही समाप्त हो गयी। डॉक्टर भीमराव अम्बेडकर खुशी से फूले नहीं समाये। जिस उद्देश्य को लेकर वे सभा में आये थे उन्हें उसमें सफलता मिल गयी थी। अब उनकी खुशी का ठिकाना नहीं रहा, महारों को उनका अधिकार मिल जाने से वो अत्यधिक प्रसन्न थे।

महात्मा गाँधी से समझौता

गोलमेज सम्मेलन से जब गाँधी जी भारत आये तो उन्हें गिरफ्तार कर लिया गया। उनको राजनैतिक बंदी बनाकर यरवदा जेल में भेजा गया। यह जेल पूना में थी।

गाँधीजी ने जेल से ही एक पत्र वायसराय को लिखा। उसमें लिखा था–"दलित वर्ग के लिए अलग से आरक्षण देकर आप देश के साथ अन्याय करेंगे। इस तरह हमारा भारत टुकड़ों में बँट जायेगा मैंने आमरण अनशन आरम्भ कर दिया है। अछूतों को, जिन्हें मैं हरिजन कहता हूँ, समाज से अलग नहीं किया जायेगा ये भारतीय समाज में रहेंगे, जिसे हिन्दू धर्म कहा जाता है। इन्हें समाज से अलग करने का अधिकार किसी को नहीं।"

सारी बातों के बाद यह तय किया गया कि मुम्बई में एक बड़ी सभा का आयोजन होना चाहिये। उसके अन्तर्गत इस समस्या का समाधान किया जायेगा

सभा आयोजित की गयी और वह शीघ्र आरम्भ हो गयी। पंडित मदन मोहन मालवीय भी सभा में उपस्थित हुए और उन्होंने अम्बेडकर को समझाया। उनका कहना था–"भारत और गाँधीजी का ख्याल करो। अपने माँग पत्र पर विचार करो कि वह कहाँ तक ठीक है। क्या तुम्हारा यह ख्याल ठीक है कि दलित वर्ग को समाज से अलग आरक्षण दिया जाना चाहिये?"

इस पर अम्बेडकर ने जवाब दिया–"मुझे आपकी हर बात मंजूर है पंडित जी, लेकिन मैं दलित वर्ग को उनके अधिकार दिलाऊँगा"

मालवीय जी ने अम्बेडकर को फिर समझाया–"अम्बेडकर, गाँधीजी के साथ समझौता कर लो। इसमें सबकी भलाई है। दलितों पर भी पूरा-पूरा ध्यान दिया जायेगा उन्हें समाज में मान-सम्मान दिया जायेगा और उनके अधिकारों का भी ख्याल रखा जायेगा"

अम्बेडकर सुनते ही कहने लगे–'हिन्दू, मुसलमान, सिक्ख और ईसाई इन्हें कोई परेशान नहीं करता। सारा कसूर अछूतों ने ही किया है। गाँधीजी ने आमरण अनशन किया। अगर यही अनशन वे देश की आजादी के लिये करते, तो पूरा देश

उपवास करने लगता। छोटी-सी बात के लिए इतना बड़ा अनशन? यह मेरी समझ में नहीं आता। मैं छुआछूत को मिटाना चाहता हूँ, इसलिये मैं यह कर रहा हूँ।"

डॉ. अम्बेडकर को पंडित मालवीयजी ने बहुत समझाया लेकिन उनकी समझ में कुछ नहीं आया। मालवीयजी ने फिर कहा कि अछूतों को आरक्षित सीटें दे दी जायेंगी।

तब अम्बेडकर ने कहा–"सीटें ज्यादा-से-ज्यादा दी जायें। उनके निर्वाचन का समय पच्चीस वर्ष का रखा जाये।"

गाँधीजी ने जेल से अम्बेडकर को पत्र लिखकर भेजा-जिसे इस सभा में पढ़कर सुनाया गया।

पत्र में लिखा था-

"प्रिय डॉक्टर अम्बेडकर, देश को खण्ड-खण्ड मत होने दो। हिन्दू जाति को बचा लो। मेरी सहानुभूति भी तुम्हारे साथ है। मेरा जीवन तुम्हारे हाथ में है। अब जैसा उचित समझो वैसा करो। अगर तुम मेरा कहना मान लोगे तो ज्यादा अच्छा रहेगा"

कस्तूरबा गाँधी अम्बेडकर के पास आयीं और बोलीं–"गाँधीजी से समझौता कर लो अम्बेडकर और उनकी प्राण बचाओ।"

इसके पश्चात् पंडित मदन मोहन मालवीयजी ने फिर से अम्बेडकर को समझाया–"महात्मा गाँधी की आवश्यकता पूरे देश को है। अगर यह सूरज अस्त हो गया, तो पूरे देश में अँधेरा हो जायेगा, इसलिये मेरी प्रार्थना है कि उस महान् पुरुष के प्राण बचाओ अम्बेडकर, वरना हम एक महान् इंसान से हाथ धो बैठेंगे, उनकी आवश्यकता अभी हमें है।"

अब डॉ. भीमराव ने मालवीय जी से कहा–"मैं अब इन्कार नहीं करूँगा और संसार के महान् नेता गाँधीजी से समझौता कर लूँगा वह भी नहीं चाहते थे कि गाँधीजी की तबियत और खराब हो।"

अब दोनों नेताओं में समझौता हो गया। उस समझौते पर गाँधीजी और डॉक्टर भीमराव अम्बेडकर के हस्ताक्षर थे। वह समझौता सभा में पढ़कर सुनाया गया, जो इस प्रकार था-

- उनकी पहली शर्त यह थी कि दलितों के लिये सीटें विधान सभा में जो राज्य की होती हैं, वे 78 से बढ़कर 148 कर दी जायें।
- दूसरी शर्त यह थी कि इन सीटों का निर्वाचन कानूनी ढंग से होगा

• तीसरी शर्त यह थी कि केन्द्रीय विधान सभा में दलितों के प्रतिनिधि मिले-जुले निर्वाचन क्षेत्रों के सिद्धान्तों के मुताबिक चुने जायेंगे।

• चौथी शर्त यह थी कि केन्द्र की विधान सभाओं में जितनी सीटें नियत होती हैं, उनमें से हरिजनों के लिए अट्ठारह प्रतिशत होनी चाहिएँ।

• पाँचवीं शर्त में लिखा था कि-प्रदेश और केन्द्र दोनों चुनावों की प्रक्रिया दस साल तक उसी तरह चलेगी।

• छठी शर्त के अनुसार, केन्द्र और प्रदेश की विधानसभाओं में जितनी भी आरक्षित सीटें होंगी, जब हटाई जायेंगी तो उनके लिये दलितों का जनमत लिया जायेगा

• सातवीं शर्त इस प्रकार थी कि अछूतों के मताधिकार का प्रबंध लोथियन कमेटी की रिपोर्ट के आधार पर किया जायेगा

• आठवीं शर्त यह थी कि सरकारी नौकरियों और स्थायी नौकरियों में हरिजनों के साथ कोई भेदभाव नहीं रखा जायेगा हर विभाग में जैसी उनकी योग्यता होगी वैसा ही स्थान दिया जायेगा उनकी काबिलियत के मुताबिक उन्हें पद दिया जायेगा

• नवीं शर्त यह थी कि अछूत जातियों के लिए हर प्रदेश में शिक्षा का अधिक-से-अधिक अनुदान दिया जायेगा, ताकि महार जाति का प्रत्येक बच्चा शिक्षा ग्रहण कर सके।

• दसवीं व अन्तिम शर्त के अनुसार छुआछूत को जल्दी-से-जल्दी देश में मिटा दिया जायेगा इस देश में भेदभाव की भावना को जल्दी-से-जल्दी खत्म करना होगा

पंडित मदन मोहन मालवीय ने इस समझौते को पढ़कर सबको सुनाया। हिन्दुओं की ओर से उन्होंने स्वयं अपने हस्ताक्षर कर दिये।

डॉक्टर भीमराव अम्बेडकर ने भी उस समझौते पर अपने हस्ताक्षर किये। दोनों नेताओं ने अपने-अपने हस्ताक्षर कर दिये।

अम्बेडकर ने अछूतों को सम्बोधित करते हुए कहा—"दलितों, मैं तुम्हें तुम्हारे अधिकार दिलवा रहा हूँ। मैंने गाधी जी से समझौता कर लिया है कि वे अनशन समाप्त कर दें।"

सभा में जोर-जोर से नारे बुलंद होने लगे—"डॉक्टर अम्बेडकर जिन्दाबाद! महात्मा गाँधी जिन्दाबाद! अम्बेडकर की जय, भीमराव अम्बेडकर अमर रहें।"

4

दलितों के उत्थान के लिए प्रयास

गाँधी जी ने अछूतों को मन्दिर में प्रवेश तथा साथ-साथ भोजन करने का विरोध किया। गाँधी जी का कहना था कि—''यदि पुराने मन्दिर में अछूतों को प्रवेश करने से मना करते हैं; तो तुम उनके लिये मन्दिर बनवा सकते हो। वह वहाँ अपनी पूजा-अर्चना कर सकते हैं, वह मन्दिर अछूतों का ही होगा''

अछूतों को मन्दिरों में जाकर पूजा-अर्चना करने पर प्रतिबन्ध था। उनकी दृष्टि में मन्दिर में प्रवेश के लिये आन्दोलन चलाना अच्छा है, परन्तु उससे भी जरूरी अन्य समस्याओं पर ध्यान ले जाना है। उन्होंने उनका ध्यान इस ओर दिलाते हुए कहा था कि तुम लोगों में आध्यात्मिक भोजन की अपेक्षा अच्छी वस्तुओं की ओर ध्यान देना चाहिये। फलतः पहले तुम्हें अपनी शक्ति को बढ़ाना होगा पहले जीवन की उन प्राथमिक समस्याओं से तो विमुक्त हो जाना चाहिये जिसके बिना जीवन का कोई उद्देश्य नहीं है। पूना से वापस आने पर डॉक्टर अम्बेडकर ने बम्बई लैजिस्लेटिव काउन्सिल डिबेट्स में भाग लिया। उन्होंने विलेज पंचायत बिल' में संशोधन करवाना चाहा। उनका कहना था कि पंचायत के अन्तर्गत एक मुस्लिम और एक अछूत को जिलाधीश नियुक्त करें। ऐसा तभी हो, जबकि वे विलेज बेंच नहीं हों। मताधिकार का सभी प्रयोग करें। सभी को मत डालने का पूरा अधिकार है, फिर अछूत वर्ग को मातधिकार से अलग क्यों रहना पड़ रहा है।

अछूतों को मन्दिर-प्रवेश की समस्या में सुधार लाने का प्रयास किया। डॉक्टर अम्बेडकर की दृष्टि में मन्दिर-प्रवेश उनका अन्तिम उद्देश्य नहीं था, बल्कि सामाजिक व धार्मिक स्तर की समानता के लिये यह प्रश्न अवहेलना करने वाला नहीं

था। रत्नागिरि में डॉक्टर अम्बेडकर को नये मन्दिर के उद्घाटन के लिये सेठ कीर ने आमन्त्रित किया था। यह मन्दिर सेठ कीर ही बनवा रहे थे। डॉक्टर अम्बेडकर पूर्व-निर्धारित कार्यक्रम की व्यस्तता को ध्यान में रखते हुए उस आमन्त्रण को स्वीकार नहीं कर सके।

डॉक्टर भीमराव अम्बेडकर ने महात्मा गाँधी के सामने यह प्रश्न रखा था—"यदि अब मैं मन्दिर-प्रवेश को स्वीकार कर लूँ तो गाँधी जी किस तरफ होंगे? यदि वह विरोधी शिविर में होंगे, तो मैं भी उनके साथ नहीं रह सकता, वरना उन्हें हमारे शिविर में रहना होगा" गाँधीजी ने इस सम्बन्ध में एक वक्तव्य देते हुए लिखा था—"मैं एक हिन्दू हूँ, केवल इसलिये नहीं कि मैंने हिन्दू व्यवस्था में जन्म पाया है, अपितु अपने विश्वास और चुनाव की भावना नहीं है। जब डॉक्टर अम्बेडकर स्वयं वर्णाश्रम का विरोध करते हैं, तब मैं उनके शिविर में नहीं रह सकता, क्योंकि मेरे विश्वास के अनुसार वर्णाश्रम हिन्दू धर्म का एक अभिन्न अंग है। मैं इस व्यवस्था को नहीं मानता, मेरी नजर में हिन्दू धर्म में कोई भेदभाव नहीं होना चाहिये।"

गाँधीजी के प्रति बाबासाहेब का कथन—"वह महात्मा, जिससे वह अपना निर्देशन ग्रहण करते हैं, चिन्तन में आस्था नहीं रखता फलतः वह ऐसा मार्ग निर्देशन नहीं कर सकता, जिस अनुभव के आधार पर खरा उतरा जा सके। अपने प्रतिष्ठित विचारों के प्रति सम्मान सहित रूढ़िवादी के सम्मान, वह इस बात से भयभीत हैं कि यदि कहीं उसने एक बार चिन्तन शुरू कर दिया, तो बहुत-सी संस्थाएँ और आदर्श, जिनसे उनका लगाव है, धूमिल तथा धराशायी हो जायेंगे।"

अम्बेडकर की दलित जाति के प्रति श्रद्धा को देखते हुये भारतीय सवर्ण जाति प्रथा के सरकार का विरोध झेलना पड़ा था। यहाँ तक कि भारत की आजादी का प्रश्न भी उससे सम्बन्धित हो गया था। आजादी सारे हिन्दुस्तान के लिये ही चाहिये थी, लेकिन दलित वर्ग तो सदियों से गुलाम था और वह गुलामों से भी बुरी जिन्दगी जी रहा था। यदि देश आजाद हो गया, तो आजादी सवर्ण समाज के ही हाथ लगेगी। इस प्रकार से वह केवल सत्ता का हस्तान्तरण होगा दलित फिर भी शोषित व उपेक्षित रहेगा वह देश के स्वतन्त्र होने पर भी परतन्त्र ही रहेगा उन्हें स्वतन्त्रता मिलने के बाद भी लोगों को खास लाभ नहीं मिल पा रहा था।

स्वतन्त्र मजदूर पार्टी का गठन

डॉ. अम्बेडकर महाराष्ट्र की महार जाति तथा दलितों के मसीहा थे। 1930-32 में 'गोलमेज परिषद' में दलितों के अधिकारों की लड़ाई लड़कर उन्होंने ब्रिटिश राज

को बताया कि भारत में उनकी दुर्दशा, अस्पृश्यता-जातिवाद के कारण है, जो सवर्णों द्वारा अछूतों को गुलाम बनाए रखने की परंपरागत सामाजिक-धार्मिक नीति का परिणाम है।

अपने सामाजिक सुधारों को लेकर अछूतों ने आन्दोलन कर दिया। अछूतों में अपनी मुक्ति, स्वतंत्रता की चेतना जागी। इसके लिए राजनीतिक सत्ता हासिल करना अनिवार्य था। उन्होंने सामाजिक विषमताओं से जूझने, अन्याय से लड़ने, राजनैतिक अधिकार प्राप्त करने तथा अछूतों को कांग्रेस और गाँधी के बहकावे से दूर रखने के लिए अपना स्वतंत्र राजनीतिक दल **'इंडिपेंडेट लेबर पार्टी'** का गठन किया।

डॉ. अम्बेडकर ने सवर्ण जातियों के प्रतिनिधित्व का विरोध किया। उन्हें भय था कि वे अपने पिछलग्गुओं को ही प्राथमिकता देंगे। इस प्रकार कुछ दिनों तक गाँधी-अम्बेडकर का सहयोग पर्व जो पूना-पैक्ट' (1932) के बाद चला इसी वर्ष में आरोप-प्रत्यारोप के कलह-प्रकरण में बदल गया। इस दौर में राजनीतिक गतिविधियों में तीव्रता आई। यहाँ तक कि महाराष्ट्र में दलित आंदोलन 'महार बनाम गैर महार' विवाद में फँस गया।''

जेलियॉट की राय में तो 'निस्संदेह यह ब्रिटेन की 'लेबर पार्टी' के प्रति सम्मान भाव की सचेत अभिव्यक्ति थी।'

गैल ओम्बेदूत ने महाराष्ट्र के ब्राह्मणेतर और दलित आंदोलन का ऐतिहासिक-भौतिकवादी दृष्टि से आकलन किया है। उनकी राय में 'इंडिपेंडेंट लेबर पार्टी' (आई.एल.पी.) ब्रिटिश लेबर पार्टी के समान ही थी। तत्कालीन भारतीय संदर्भ की पूरी तरह उपेक्षा कर देना। यह महत्त्वपूर्ण बात है कि राजनीति में आगे बढ़ने के लिए निपट अकेले, साधनहीन डॉ. अम्बेडकर ने आई.एल.पी. को सिर्फ दलित दल के रूप में नहीं वरन् मजदूरों और किसानों की पार्टी के रूप में प्रस्तुत किया।''

इस सम्बन्ध में गोरे का मानना था, ''डॉ. अम्बेडकर अपने राजनीतिक दल को साम्यवादियों की यूनियनों से अलग रखना चाहते थे। इसकी अलग पहचान बनाने के लिए ही उन्होंने अपनी पार्टी का नाम 'इंडिपेंडेंट लेबर पार्टी' रखा था।''

कुबेर महोदय के अनुसार, ''भारत अधिनियम, 1935 के अंतर्गत सन् 1937 में आम चुनाव होना था। भारतीय राष्ट्रीय कांग्रेस देश में सबसे बड़ा राजनीतिक दल था जिसकी हर प्रांत में शाखा थी। इसके अतिरिक्त लिबरल (उदारपंथी) थे, मुस्लिम लीग आदि दल थे, लेकिन अछूतों का अपना कोई स्वतंत्र दल नहीं था। ऐसे संक्रांति काल में अम्बेडकर ने आगे बढ़कर अगस्त 1936 में 'इंडिपेंडेंट लेबर पार्टी' बनाई।'' तब युवा दलित नेता जगजीवन राम का अपना 'दलित वर्ग संघ' था लेकिन लेकिन

वह पूरी तरह से कांग्रेस पर आश्रित थे। उसका लाभ यह हुआ कि वो केन्द्र की राजनीति का हिस्सा बन गये।

"अम्बेडकर की इस 'इंडिपेंडेंट लेबर पार्टी ने तत्कालीन बंबई प्रांत में चुनाव लड़ा क्योंकि इसका कार्यक्षेत्र बंबई प्रांत था। आम चुनावों में इस दल ने दलित वर्गों के लिए आरक्षित 15 सीटों में से 13 सीटों पर विजय प्राप्त की और दो अन्य सामान्य सीटें भी जीतीं।

डॉ. अम्बेडकर ने पी. बालू (चमार) जो विख्यात क्रिकेट खिलाड़ी थे, उन्हें हराकर चुनाव जीता। कांग्रेस चुनावों के जरिए विधान सभाओं में आई क्योंकि वह अधिनियम को तार-तार करना चाहती थी, लेकिन डॉ. अम्बेडकर तदनुरूप कार्य करना चाहते थे। 'आई.एल.पी.' का महारों में असर था क्योंकि अम्बेडकर के अनुसार दलित जातियों में उनकी सर्वाधिक संख्या थी। अम्बेडकर ने यह सिद्ध करने की कोशिश की कि कांग्रेस दलित-अस्पृश्यों को प्रतिनिधित्व नहीं करती। अम्बेडकर का मूलतः यह विचार था कि दलित जातियों का एक राजनीतिक दल संगठित किया जाए। यद्यपि वे यह सोचते थे कि संप्रदायवादी दलों की स्थिति अब खराब हो गयी है। उन्होंने अपने मित्रों से विचार-विनिमय किया कि दूसरी जातियों से राजनीतिक सहयोग संपर्क स्थापित करना आवश्यक था और दलित जातियाँ उनको पूरा सहयोग दे रही थीं।

अम्बेडकर ने 'लेबर' शब्द का अर्थ स्पष्ट करते हुए कहा कि लेबर पार्टी का अर्थ है उसके समस्त कार्यक्रम श्रमिकों की भलाई के लिए संपन्न होंगे यहाँ लेबर 'शब्द' व्यापक अर्थ में मेहनतकश दलितों के लिए पयुक्त किया गया था। इस प्रकार अम्बेडकर ने दलित आंदोलन को नवीन ऊर्जा प्रदान की।

"कांग्रेस के कार्यक्रम 1931 के कराची कांग्रेस अधिवेशन, में पारित प्रस्तावों पर आधारित थे। अम्बेडकर ने पश्चिमी देशों में खुद मौलिक अधिकारों को देखा था। और अपना स्वयं कार्यक्रम तैयार किया था। यह व्यापक हित वाले और क्रांतिकारी प्रयास थे। इनमें समाजवाद की प्रधानता थी। इसका मुख्य उद्देश्य मेहनतकश, श्रमजीवी समाज का कल्याण करना था। इसमें ब्रिटिश संसदीय परंपरा के प्रति उनका मोह छलकता था। वे केवल दलित जातियों के लिए ही नहीं सभी श्रमजीवियों के हितपोषक थे। इसमें लोगों को 'राज्य प्रबंध और राज्य संपत्ति' के रूप में देखा गया था।" यह वैचारिक दर्शन आज भी ब्रिटेन के सामाजिक, आर्थिक और राजनीतिक जीवन का लक्ष्य है जहाँ व्यक्ति के पूर्ण विकास और सामाजिक सुरक्षा के लिए संविधान में पूरा ध्यान रखा गया है।

सन् 1937 में बंबई प्रेसीडेंसी समेत कांग्रेस ने आठ प्रांतों में अपनी सरकारें बनाईं। बंबई में आई.एल.पी. एक विरोधी दल के रूप में कार्य करने लगी। इसने सरकार की किसान विरोधी नीति, मजदूरों द्वारा हड़ताल पर पाबंदी के लिए बिल, खेती बिल, वर्धा शिक्षा नीति, औद्योगिक विवाद निवारण जैसे बिलों की आलोचना की और सुझाव दिए।"

इस बीच अम्बेडकर ने ब्राह्मण और उच्च जातियों के अन्य मजदूर संगठनों के प्रभाव से मजदूरों को मुक्त करने के लिए भारतीय श्रम आंदोलन के अंतर्गत अस्पृश्य मजदूर यूनियन बनाने के लिए पहल की।

इस सम्बन्ध में मधु लिमये का कथन है, "समाजवादियों और वामपंथी बुद्धिजीवियों पर मार्क्सवाद का जादू छाया हुआ था। इसलिए वे न तो महात्मा गाँधी के विकेन्द्रीकरण और अहिंसात्मक परिवर्तन को समझ सके और न ही जातिप्रथा के विरुद्ध हजारों साल से चल रहे इस आंदोलन को, जिसके प्रतीक गाँधी युग में डॉ. अम्बेडकर थे।"

7 नवम्बर, 1938 को जब बम्बई कामगार संगठनों की संयुक्त संघर्ष समिति ने मजदूर हड़ताल की तो डॉ. अम्बेडकर ने इसे सफल बनाने में पूरी ताकत लगा दी जबकि अनुशासन भंग की कार्यवाही से डरकर 'ट्रेड यूनियन कांग्रेस' तथा एम. एन. राय के अनुयायी और कांग्रेस समाजवादी नेताओं ने अपना हाथ खींच लिया। इससे पता चला कि सवर्ण हिंदू किसी भी सामाजिक परिवर्तन और प्रोलेटेरियट (मजदूर) वर्ग के हित संवर्धन के प्रति मीठी बातें तो करते हैं, लेकिन जब कोई सक्रिय कदम उठाया जाता है तो पीछे हट जाते हैं।

डॉ. अम्बेडकर ने अमेरिका और ब्रिटेन में शोध करते समय ही छोटे किसानों, भूमिहीन कृषकों, अस्पृश्यों, शहरी कामगारों की समस्याओं पर तुलनात्मक अध्ययन किया था, शोध प्रबंध लिखे थे। वे बंबई और महाराष्ट्र के अन्य नगरों, गाँवों-कस्बों में अछूतों के घरों-चालों, खपरैलों में रहे थे। इसलिए अब उन्हें अस्पृश्यों-अतिशूद्रों, खेतिहर मजदूरों और काश्तकारों की भलाई के लिए रीति-नीति बनाने में अपने अनुभवों का प्रयोग किया।

दस्तावेजों के अनुसार, "डॉ. अम्बेडकर ने गाँवों में अस्पृश्यों सहित सभी खेतिहर मजदूरों और कर्ज के बोझ से दबे परिवारों की हालत सुधारने के लिए तत्कालीन कानूनों में संशोधन विधेयक पेश किए। बंबई विधानमंडल में 'आई.एल. पी.' नितांत अल्पमत में थी इसलिए इन गैर सरकारी विधेयकों के पास होने को तनिक भी संभावना नहीं थी। परंतु सदन में उन पर विचार-विमर्श के दौरान

अम्बेडकर ने गाँवों के कर्ज के बोझ से पिस रहे लोगों की हालत उजागर की। उन्होंने खैर मंत्रिमंडल पर शहरों में कारखानेदारों और गाँवों में साहूकारों के हितों की रक्षा करने का आरोप लगाया।''

कुबेर के अनुसार साम्यवादियों पर आरोप लगाया गया कि उन्होंने अम्बेडकर और जमनादास मेहता जैसे संप्रदायवादियों से समझौता किया है। पर सच्चाई यह थी कि व्यापक लोक हित, गरीब-अस्पृश्य मजदूरों की रोजी-रोटी पहले थी दलीय विचार बाद में।

जब 1937 में 'भारत अधिनियम', 1935 के अंतर्गत चुनाव हुए और बाबा साहेब की 'इंडिपेंडेंट लेबर पार्टी' ने अधिकाधिक सीटें जीतीं तो उन्होंने कहा कि उन्हें 'अचानक चुनाव लड़ना पड़ गया तब उनके पास चुनाव के लिए अपनी पार्टी मशीन तैयार करने का अवसर नहीं था। कांग्रेस और अछूतों की चुनावी जंग में असमानता देखने को मिली है।

डॉ. अम्बेडकर ने 'कांग्रेस और गाँधी ने अछूतों के लिए क्या किया' पुस्तक में तालिकाओं और तर्क के आधार पर यह सिद्ध किया कि अछूतों की लड़ाई को संगठित कांग्रेस किस प्रकार 'सवर्ण-अछूत वोट' बनाकर खत्म कर सकती है, या कमजोर बना सकती है। उन्होंने आगे लिखा–

''अम्बेडकर ने स्पष्ट किया कि स्वतंत्रता संग्राम में अछूतों का शामिल न होना स्वयं इस बात का सबूत है कि वे कांग्रेस से अहसयोग करते हैं।'' निस्संदेह जो भी दलित-अछूत उत्तर भारत या अन्य जगह स्वतंत्रता आंदोलन में जेल गए वे डॉ. अम्बेडकर से प्रभावित नहीं थे। अपनी देशभक्ति, कांग्रेस और गाँधी के नेतृत्व या स्थानीय कांग्रेस नेताओं के प्रयासों से स्वतंत्रता आंदोलन में शामिल हुए।

उनमें सबसे प्रमुख नाम बाबू जगजीवनराम, डी. संजीवय्या, भोला पासवान शास्त्री, चौ. सुंदर सिंह, पृथ्वी सिंह आजाद, बलदेव सिंह आर्य आदि के हैं।

गाँधीजी का असहयोग आन्दोलन और भारत विभाजन

जुलाई में डॉक्टर अम्बेडकर वायसराय कौंसिल के सदस्य मनोनीत हुए थे।

अगस्त में गाँधीजी ने ''भारत छोड़ो आन्दोलन'' आरम्भ कर दिया। आन्दोलन जोर पकड़ गया और सरकार ने गाँधीजी सहित अनेक काँग्रेसी नेताओं को जेल भेज दिया। गाँधीजी को आगा खाँ पैलेस में बन्द करके रखा गया। यहाँ उनको सभी सुविधाएँ उपलब्ध की गयी थीं, परन्तु आगा पैलेस से बाहर नहीं जाने दिया जाता था।

ब्रिटिश सरकार से अपनी माँगों को अस्वीकार कर देने के बाद गाँधी जी ने 21 फरवरी, सन् 1943 को 12 दिन के लिये अनशन पर बैठ गये। गाँधी जी के अनशन पर बैठते ही उनके समर्थन के लिये कई लोगों ने कौंसिल से त्याग पत्र दे दिया, किन्तु अम्बेडकर ने कौंसिल नहीं छोड़ी। अक्सर वह गाँधीजी के विचारों से नाराज रहते थे, इसलिये उन्होंने कौंसिल से त्याग-पत्र नहीं दिया।

डॉक्टर अम्बेडकर ने अछूतों की समस्याओं को लेकर गाँधीजी से एक लम्बी बातचीत की थी। उसी के आधार पर डॉक्टर अम्बेडकर ने 'मिस्टर गाँधी एंड द एमेन्सीपेशन ऑफ अनटचेबल्स" नामक पुस्तक लिखी थी, जिसमें उन्होंने दलितों की समस्याओं पर खेद व्यक्त किया था। गाँधी जी से उनकी इस समस्या को लेकर काफी बहस हुई थी। उन्होंने कहा कि-अछूतों के लिये आज भी समाज के उच्च वर्ग निंदा का कारण बने हुए हैं। उनकी (अछूतों) बस्तियों की सफाई पर कोई ध्यान नहीं दिया जाता। शिक्षा पाने की सुविधा आज भी उन्हें प्राप्त नहीं है। अछूतों के छू लेने से उच्च वर्ग के लोग अपवित्र हो जाते हैं।

उन्होंने आगे लिखा कि इस समस्या के होते हुए भी कांग्रेस और उसके एजेंट मिस्टर महात्मा गाँधी अछूतों को केवल धैर्य बंधाते रहे कि भारत में सर्वहारा वर्ग की समस्याओं पर लगातार ध्यान दिया जा रहा है। इस समाज से छूआछूत की समस्या को सुलझाया जा रहा है।

डॉक्टर भीमराव अम्बेडकर के इन शब्दों से ही यह अनुमान लगाया जा सकता है कि उस समय अम्बेडकर के मन में कांग्रेस और उनके नेताओं के विषय में कैसे विचार थे? वे सदैव कांग्रेस का विरोध करते रहते थे। उस समय भारत विभाजन की चर्चा भी जोरों से चल रही थी, परन्तु कांग्रेस नेता भारत का विभाजन नहीं चाहते थे। एक बार तो गाँधीजी ने यह तक कह दिया था–"पाकिस्तान उनकी मृत देह पर बनेगा इस देश का बँटवारा नहीं होना चाहिये।" अम्बेडकर ने इस बात का भी विरोध किया।

नेहरू ने भी यह कहा था कि–"नहीं चाहिये उन्हें प्रधानमन्त्री का पद। यह पद जिन्ना को दे दिया जाये, किन्तु देश का विभाजन न किया जाये। भारत को खण्डों में न बाँटा जाये, सभी लोग यहाँ मिल-जुल कर रहेंगे।" इस बात का उत्तर देते हुए वायसराय ने उनसे कहा–"जिन्ना प्रधानमन्त्री तो बनना चाहते हैं किन्तु अबिभाजित भारत का नहीं बल्कि पाकिस्तान का। इसलिये इस देश का विभाजन तो सम्भव है, हम पाकिस्तान अलग कर देना चाहते हैं।"

इस पर अम्बेडकर ने "थौट्स ऑन पाकिस्तान" नामक पुस्तक लिखी। इस

"थौट्स ऑन पाकिस्तान" नामक पुस्तक में उन्होंने भारतीयों से, खासकर हिन्दुओं से कहा कि भारत विभाजन से उनको हानि होने वाली नहीं है। क्योंकि उनका अपना धर्म, भाषा, संस्कृति एवं समाज व्यवस्था है। उसी प्रकार मुसलमानों की अपनी सभ्यता, संस्कृति और समाज व्यवस्था सब कुछ उनके धर्म के अन्तर्गत है। अतः उनको पृथक् राष्ट्र देकर दोनों राष्ट्र अपनी-अपनी रीति से अपना विकास कर सकते हैं। इसलिए हिन्दुओं को भी इसका समर्थन करना चाहिये।

भीमराव अम्बेडकर का यह भी कहना था कि मुसलमानों को अलग राष्ट्र बनाकर पाकिस्तान में भेज देना ही अच्छा है। अम्बेडकर ने हिन्दू-मुसलमानों के अलग-अलग होने में एक कारण यह भी बताया कि हिन्दुओं का विश्वास प्रगतिशीलता में है। इसके विपरीत मुसलमान चाहे किसी भी देश का हो वह प्रगतिशीलता का विरोधी है। उनका भाईचारा मानवता तक पहुँचने से इन्कार करता है। उनका तो केवल वही भाई हो सकता है जो मुसलमान है, जो इस्लाम में विश्वास करता है। इसलिये उनको अलग कर देना ही उचित होगा

मुसलमानों के धर्म में पूजा करना निषिद्ध है। इतना ही नहीं वे पूजा करने वालों को काफिर बनाते हैं और काफिरों को कत्ल करना ही इस्लाम की सेवा हैं यही उनका सच्चा धर्म है। "थौट्स ऑन पाकिस्तान" में अम्बेडकर ने लिखा है कि मुसलमानों का राष्ट्र वही है जिसका प्रबन्ध इस्लामी तरीके से होता हो। मुसलमान ही उसका शासक हो, वे ऐसे राष्ट्र के प्रति वफादार रह सकते हैं। इस दृष्टि से तो भारत को अपनी मातृभूमि मान लेना उनके लिये किसी भी प्रकार से सम्भव नहीं।

मुस्लिम जाति सदा से ही अतिआक्रमणवादी रही है। प्रेम अथवा भाईचारे की अपेक्षा तलवार से, तलाक से, दुनिया में इस्लाम फैलाने और इन्सान से इस्लाम कुबूल करवाने के अतिरिक्त कोई दूसरा उद्देश्य ही नहीं है। फिर भी भारत का मुसलमान भारत में अल्पसंख्यक होने के कलंक से मुक्त होगा इसलिये मुसलमानों को उनका पाकिस्तान दे देना ही ठीक है।

राजनैतिक स्थिरता की स्थितियाँ

द्वितीय विश्वयुद्ध की समाप्ति के बाद 1946 में भारत से लेकर अन्य देशों में राजनीति की नयी समस्या खड़ी हो गयी।

निर्वाचनों की अनन्तर ब्रिटिश प्रधानमन्त्री श्री एटली ने 16 मार्च, सन् 1946 को घोषणा की कि हम अल्पसंख्यक दलों को बहुसंख्यकों की प्रगति में बाधक नहीं बनने देंगे। डॉक्टर अम्बेडकर ने जब यह पढ़ा तो वे सतर्क और सचेत हो गये।

उन्होंने महाराष्ट्र का दौरा कर अछूतों को सावधान किया। इसके अलावा दूसरे क्षेत्रों का भी दौरा किया।

कैबिनेट मिशन

24 मार्च, सन् 1946 को कैबिनेट मिशन भारत आया। उसने भारत के वरिष्ठ नेताओं से मुलाकात करने के साथ अम्बेडकर से भी मिले। डॉक्टर अम्बेडकर ने दलितों के लिये अलग चुनाव, अलग घर और नये संविधान में उनके हितों की सुरक्षा की माँगें कीं, किन्तु कैबिनेट मिशन ने जिस नई संविधान सभा और अन्तकालीन सरकार की रूपरेखा की घोषणा की उसमें दलित जाति फेडरेशन की माँगों की उपेक्षा की थी। परिणामस्वरूप फेडरेशन के कार्यकर्त्ताओं ने संगठित होकर आन्दोलन शुरू कर दिया। इस आन्दोलन में उन्होंने अपनी समस्याओं को पूरा करने की माँगों को रखा था।

कैबिनेट मिशन ने 16 जून, सन् 1946 को हिन्दू-मुस्लिम समान प्रतिनिधित्व की सरकार में 5 कांग्रेस, 5 मुस्लिम, सिक्ख तथा ईसाई का 1-1 प्रतिनिधि को स्थान दिया जिसको किसी पक्ष ने स्वीकार नहीं किया। फलतः वायसराय ने 29 जून को 80 प्रतिशत अंग्रेजों की कामचलाऊ सरकार की घोषणा कर दी। अन्तरिम सरकार में डॉक्टर अम्बेडकर को प्रतिनिधित्व नहीं मिला था, अतः उनका भी समर्थन उसको न मिलना स्वाभाविक था। अम्बेडकर ने उस अवसर पर घोषणा की कि दलित समाज पर जो अन्याय हुआ है उसके विरुद्ध अछूत को अहिंसात्मक संघर्ष करना चाहिये। उनके सामने उनके फैसले का विरोध करना चाहिये।

उधर जिन्ना ने भी 29 जुलाई, सन् 1949 को पृथक् पूर्ण पाकिस्तान की माँग दोहरा दी। इस माँग के अनुसार मुस्लिम लीग ने सन् 1946 को 'खुला संघर्ष दिवस' मनाकर हिन्दुओं तथा कांग्रेस सरकार के विरुद्ध विद्रोह शुरू कर दिया था। चारों ओर से सभी के नेताओं के विद्रोह आरम्भ हो गये थे। 24 अगस्त को अन्तरिम कांग्रेस सरकार की घोषणा की गयी। उसमें हरिजनों के प्रतिनिधि के रूप में बाबू जगजीवनराम को लिया गया। डॉक्टर अम्बेडकर ने प्रधानमन्त्री एटली को तार दिया कि हरिजनों को कम से कम दो स्थान मिलने चाहियें, तभी वह लोग अपना विद्रोह खत्म करेंगे, वरना विद्रोह फिर आरम्भ हो जायेगा

अप्रैल, सन् 1946 में अम्बेडकर ने सिद्धार्थ कॉलेज का उद्घाटन किया। और बौद्ध धर्म को स्वीकार करने की सोची। इन दिनों अम्बेडकर के मन में, अछूतों के लिये 'पृथक् प्रतिनिधित्व' की बात पुनः जोर मारने लगी थी; किन्तु अपने इस काम

में उनको सफलता नहीं मिल रही थी। अम्बेडकर के मन में यह भी एक प्रकार से ग्रन्थि-सी बन गयी थी। सवर्ण हिन्दू मुसलमानों के सामने तो घुटने टेक रहे हैं किन्तु अछूतों के सम्मुख वे सीना तान लेते हैं। वे नेता जो मुसलमानों के सामने झुकते हैं, वे अछूतों के साथ मानवीय व्यवहार करने से इन्कार कर देते हैं। इससे भीमराव को हिन्दू नेताओं पर क्रोध आ रहा था, लेकिन वो कुछ भी नहीं कर पा रहे थे। इतनी मेहनत के बाद भी कोई सफलता नहीं मिल सकी।

दलित जाति फेडरेशन की अध्यक्षता 4 जून, 1946 को एन. शिवराज ने की। इस बैठकर में डॉक्टर भीमराव का वह प्रस्ताव पारित किया गया जिसमें उन्होंने अछूत जातियों को अलग प्रतिनिधित्व देने की बात की थी, जिससे अम्बेडकर को लगा कि उन्हें दुबारा अपना मार्ग मिल गया। फेडरेशन ने तो प्रस्ताव पारित कर दिया किन्तु सरकार ने कितना ध्यान दिया वह विचार करने की बात है, किन्तु क्या फेडरेशन के प्रस्ताव के पारित करते ही सरकार उसके लिये सक्रिय हो जाती? इस पर फेडरेशन और उसके नेताओं ने कभी विचार नहीं किया। उनका काम तो केवल क्रोध और रोष प्रकट करना होता था, जिससे कि उसका नेतृत्व बना रहे। जिस ढोंग के लिए अम्बेडकर गाँधी को कोसते रहते थे, अपने नेतृत्व की रक्षा के लिये वे खुद भी उस ढोंग से अलग नहीं रह पाये थे। बिना मुद्दों के मुद्दा उठा लेना उनका पेशा बन गया था और इन्हीं बातों से अम्बेडकर सहमत नहीं थे।

उस समय भारत में काँग्रेस अन्तरिम सरकार का शासन था। काँग्रेस सरकार ने हिन्दू और मुसलमानों के समान प्रतिनिधित्व को तो स्वीकार कर लिया था किन्तु अछूतों के मताधिकार पर उसने विचार तक नहीं किया था। अम्बेडकर इसके लिये संघर्ष में जुटने लगे थे। कड़े संघर्ष के बाद जो कुछ उनको मिला था वह था छः-साढ़ छः करोड़ अछूतों के लिए एक प्रतिनिधि। उन्हें अपने आप पर भी क्रोध आ रहा था। लेकिन अभी तक उन्होंने हिम्मत नहीं हारी थी। दलित फेडरेशन अनुभव करने लगा कि काँग्रेसियों और मुस्लिम लीगियों ने परस्पर सहयोग कर लिया है। उसको लगने लगा था कि अछूतों के अधिकारों का हनन किया जा रहा है। तो अब क्या किया जाये? यह बड़ी कठिन समस्या थी, परन्तु उन्होंने यह सिद्ध करने की कोशिश की कि अछूत अब बिखरे हुए नहीं, अपितु पूर्णतया संगठित हैं, जिसका उनको लाभ मिलेगा

इधर काँग्रेस और मुस्लिम लीग में अन्तरिम सरकार के गठन पर आम सहमति नहीं बन पा रही थी। डॉक्टर भीमराव अम्बेडकर को मौका मिल गया था। उन्होंने इसे षड्यन्त्र मानकर इसके विरुद्ध ब्रिटिश के प्रधानमन्त्री को तार दिया था। उसमें

उन्होंने सरकार के गठन की सारी प्रक्रिया और साँठ-साँठ के बारे में विस्तारपूर्वक लिखते हुए यह भी लिख दिया कि कम-से-कम दो स्थान तो उस मन्त्रिमण्डल में अछूतों को भी मिलने ही चाहियें, जिससे उनमें भी सम्मान की भावना जागृत हो सके।

डॉक्टर भीमराव अम्बेडकर की किस्मत ने उनका पूरा साथ दिया। ब्रिटिश सरकार ने उनकी माँगों को मान लिया था और उनको जल्द ही लागू करने की घोषणा की। ब्रिटिश सरकार की बातों से उन्हें विश्वास हो गया और वे वापस लौट गये।

26 जुलाई, सन् 1946 को विधान परिषद् में सरदार बल्लभ भाई पटेल ने बिल प्रस्तुत किया था जिसमें कहा गया था कि—''किसी को अछूत मानना कानून की दृष्टि में दण्डनीय अपराध होगा'' इस बिल को 'अछूतपन विरोधक' बिल कहा गया था। यह बिल विधान सभा में स्वीकार कर लिया गया।

सन् 1946 में ही जुलाई में डॉक्टर भीमराव अम्बेडकर ने वायसराय की कौंसिल की सदस्यता से त्यागपत्र दे दिया था। भारत में इन दिनों 'इंडो-आर्यन सोसायटी' के नाम से एक संस्था काम कर रही थी। अम्बेडकर उस संस्था के प्रमुख व्यक्तियों में से एक थे। जिसका लाभ उठाते हुये उन्होंने 'हू वर दि शूद्राज' नामक पुस्तक की रचना की।

इस पुस्तक के मूल में ऋग्वेद के एक मन्त्र की विकृत व्याख्या की गयी थी। पौंगा पण्डितों ने उस मन्त्र को अपने लिये ब्रह्मास्त्र बनाया था। आज भी उनके लिये उस मन्त्र की वही स्थिति है। जहाँ कहीं भी वर्ण-व्यवस्था का समर्थन करना होता है वहाँ वह उस मन्त्र को उद्धृत करने में जरा भी संकोच नहीं करते हैं। वेद ने ही चतुर्वर्ण की व्यवस्था दे रखी है। उस विराट् पुरुष के मुख से ब्राह्मण उत्पन्न हुए हैं। उनकी भुजाओं से क्षत्रियों की उत्पत्ति हुई है। उसके उदर से वैश्य का जन्म हुआ है और उसके पैरों से शूद्रों की उत्पत्ति हुई है।

इस मन्त्र का अभिप्राय तो यह है कि जो अध्ययन, अध्यापन आदि मुख का कार्य करता है, वह ब्राह्मण समझा जाना चाहिये। जो रक्षा आदि संरक्षण का, वीरता का कार्य करता है उसे क्षत्रिय समझा जाना चाहिये। जो धन को कमाकर सबकी उदर की पूर्ति करने का साधन बनाता है उसके वैश्य समझा जाये और जो सेवा आदि कार्यों में संलग्न हो उसे शूद्र ही समझा जाये। इसमें कोई छोटा अथवा बड़ा नहीं माना जाना चाहिये। हिन्दुओं में जो चार आश्रम अर्थात् वर्ण होते हैं, उन चारों वर्णों के कार्य का विभाजन कर दिया गया है, इसमें जिस कार्य में जिसकी रुचि हो उसके

अनुसार वह उसको ग्रहण कर उस वर्ण का व्यक्ति बन सकता है। इस बात में कोई भेदभाव नहीं होना चाहिये।

भीमराव अम्बेडकर ने अपनी पुस्तक 'इंडो आर्यन सोसायटी' में शूद्रों को सूर्यवंशी क्षत्रिय माना है। क्षत्रियों को उन्होंने राजसत्ता का संचालक घोषित किया है। पुराने साहित्य में एक राजा का नाम ही 'शूद्रक' था। अम्बेडकर ने इसका आश्रय लेकर यह सिद्ध करने का प्रयत्न किया कि राजा शूद्रक और ब्राह्मणों में युद्ध हुआ था। इसी पुस्तक में एक दूसरे स्थान पर उनका कहना था कि शूद्रक से विद्वेष के कारण ब्राह्मणों ने उसके वंशजों का उपनयन संस्कार नहीं किया था, तो उनको गिरा हुआ मान लिया गया था फिर बाद में उनको ही शूद्र वर्ण का घटक कहा जाने लगा परन्तु यह सब मनघड़न्त और असत्य है। इसमें कहीं भी सच्चाई नहीं नजर आती। सभी झूठी कल्पना मात्र हैं।

इस प्रसंग में अम्बेडकर ने दूसरा उदाहरण राजा सुदास का दिया है—प्राचीन समय में राजा सुदास हुए थे। उन्होंने ब्राह्मणों को मनमानी करने से रोका तो ब्राह्मणों को उनसे गुस्सा आया और वे उनसे नाराज हो गये। इस प्रकार उनका यह वैरभाव निरन्त चलता रहा। कालान्तर में ब्राह्मण वर्ग ने सुदास के वंशजों का एक प्रकार से बहिष्कार ही कर दिया था। परिणाम यह निकला कि उनका उपनयन संस्कार करना बंद कर दिया। उपनयन संस्कार के अभाव में सुदास के वंश 'द्विज' नहीं बन पाये।

शास्त्रों में यह माना जाता है कि उपनयन संस्कार के अवसर पर मनुष्य का दूसरा जन्म होता है। इसलिये उसको 'द्विज' कहते हैं, द्विज का अर्थ होता है दो बार जन्मा हुआ।

वैसे 'द्विज' का अर्थ एक ब्राह्मण भी होता है। अपठित अथवा अल्पपठित जनों ने द्विज का अर्थ केवल ब्राह्मण तक ही सीमित रखा; अर्थात् जिसका उपनयन संस्कार न हो वह द्विज नहीं हो सकता, वह शूद्र ही रहेगा इसमें कोई संदेह नहीं कि उपनयन संस्कार योग्य व्यक्ति का ही होता है अथवा किसी कुलीन का इसमें भी मतभेद हैं।

उसका परिणाम यह हुआ कि शूद्रों को अपवित्र माना जाने लगा अपवित्रता और शूद्र एक-दूसरे के पर्यायवाची माने जाने लगे। इस प्रकार सुदास राजा के वंशज वर्ण व्यवस्था के आधार पर चतुर्थ वर्ण के जन माने जाने लगे। वहाँ से शूद्रों की उत्पत्ति हुई।

डॉक्टर भीमराव अम्बेडकर इस कथन से तो पूर्णतया सहमत हैं कि प्राचीन साहित्य में राजा सुदास को बड़ा माना गया है और अधिक मान-सम्मान दिया है।

उन्हें सूर्यवंशी राजा कहा गया है। वे न्यायप्रिय और धर्मात्मा राजा थे; किन्तु उनकी इस बात से कोई भी सहमत नहीं होगा कि अर्थ का अनर्थ करने वाले ब्राह्मणों ने उसके वंशजों को चतुर्थ वर्ण का घोषित कर दिया, लोग उनसे नफरत करने लगे और लगातार उनकी अवहेलना तथा अवमानना होने लगी। इससे वो हीन भावना से ग्रसित हो गये।

इस पुस्तक में अम्बेडकर की सवर्ण जाति के प्रति द्वेष की भावनाओं को समझा जा सकता है। लेकिन इसका कोई ठोस सबूत नहीं है, ये केवल कल्पित और मनघड़न्त मात्र हैं।

डॉ. भीमराव अम्बेडकर विधान परिषद् में

इस सम्बन्ध में पहले ही स्पष्ट किया जा चुका है कि भारत में अंतरिम सरकार का गठन हो गया था। पण्डित जवाहर लाल नेहरू उसके प्रधानमन्त्री घोषित हो चुके थे। विधान परिषद् के अध्यक्ष पर पर 11 दिसम्बर, 1946 को डॉक्टर राजेन्द्र प्रसाद को बिठाया गया था। डॉक्टर भीमराव अम्बेडकर भी संविधान परिषद् के सदस्य के रूप में चुने गये थे, किन्तु किसी भी प्रकार विधान क्षेत्र ओर कार्यक्षेत्र महाराष्ट्र से विधान सभा में आ पाये थे। उन्हे बंगाल विधान सभा ने, मुस्लिम लीग के सहयोग और समर्थन से अछूतों और दलितों के प्रतिनिधि के रूप में विधान परिषद् में भेजा था।

डॉक्टर अम्बेडकर के माहराष्ट्र से विधान परिषद में न आकर बंगाल से आना किस बात का संकेत करता है? उच्च शिक्षा प्राप्त कर विदेश में भारत आगमन काल से आरम्भ कर अधपर्यन्त डॉक्टर भीमराव अम्बेडकर अछूतों, दलितों और श्रमिकों के उद्धार के लिये लगातार प्रयत्न कर रहे थे। अम्बेडकर ने अनेक स्थानों पर आन्दोलन किये थे, अनेक बाद मन्दिरों में प्रवेश करने का प्रयत्न किया था, अनेक सरोवरों तथा जलाशयों, सार्वजनिक पेय स्थलों पर धरने दिये थे और सत्याग्रह करके अछूतों को पानी पीने का अधिकार दिलाया था; किन्तु जब चुनाव का समय आया तो उन सबने भीमराव को धोखा दे दिया और भीमराव महाराष्ट्र से विधान-परिषद् में न आकर बंगाल से विधान परिषद् में आये-वह भी मुस्लिम लीग की सहायता से। अछूतों और मजदूरों ने उनका समर्थन नहीं किया।

इससे स्पष्ट होता है कि दलितों ने उनका नेतृत्व स्वीकार नहीं किया। क्यों? यह बहुत बड़ा प्रश्न है, जिस पर आज भी उनके समर्थकों को विचार करना चाहिये। उनकी कार्यविधि में कहीं कोई कमी नहीं थी। क्या उनका उद्देश्य वह नहीं था,

जिसकी कि वे घोषणा करते थे? डॉक्टर भीमराव अम्बेडकर को बाबा साहेब उपाधि देने वालों को इस बात पर गम्भीरता से विचार करना होगा

16 दिसम्बर, 1946 को विधान निर्मात्री समिति की बैठक हुई। उसमें सबसे पहले प्रधानमन्त्री जवाहर लाल नेहरू ने विधान के सम्बन्ध में अपना दृष्टिकोण प्रस्तुत किया। इसके पश्चात् अन्य व्यक्तियों ने उस पर अपने-अपने विचार प्रस्तुत किये। इस सभा में डॉक्टर अम्बेडकर भी मौजूद थे।

17 दिसम्बर, 1946 को डॉक्टर भीमराव अम्बेडकर ने इस समिति में जो पहला भाषण दिया था वह अनेक कारणों से विचारणीय है। उसमें जहाँ उनके बदले हुए दृष्टिकोण का ज्ञान होता है—वहाँ यह भी पता चलता है कि उनकी राजनैतिक सोच कैसी थी और उनकी महत्वाकांक्षा का प्रवाह किस ओर जा रहा था। उनके भाषण का प्रमुख अंश निम्नलिखित है—

"अध्यक्ष महोदय,

मैं समझता हूँ कि पण्डित नेहरू ने इस समिति के समक्ष जो प्रस्ताव प्रस्तुत किया है उसके प्रथम भाग पर विस्तार से विचारों के आदान-प्रदान की अतीव आवश्यकता है। उनके प्रस्ताव के दूसरे भाग पर जिसमें कि उन्होंने भावी संविधान के उद्देश्यों पर प्रकाश डाला है, विचार मन्थन की उतनी आवश्यकता नहीं है। यद्यपि उनके प्रस्ताव के उस भाग में मैंने पाण्डित्य की मात्रा अधिक और अधिकारों की चर्चा कम देखी है। विशेषतया उस वर्ग के अधिकारों के विषय में कुछ भी नहीं बताया गया जो आज पिछड़ा हुआ है, उस हीन दशा से उबारने की जिसे सर्वाधिक आवश्यकता है। स्पष्ट है कि अम्बेडकर का प्रमुख उद्देश्य अछूत और तथाकथित दलित वर्ग से ही है, किन्तु फिर भी स्पष्ट स्वीकृति से बचने के लिए कदाचित् मुस्लिम लीग के आश्रय से प्राप्त सदस्यता के कारण बड़ी चतुराई से उन्होंने उस वर्ग का नाम लेकर और मुसलमानों को शामिल किये बिना, अपने विचारों का सामान्यीकरण किया है। इस प्रसंग में उन्होंने आगे कहा कि मैं चाहता हूँ कि हमारा संविधान यह स्पष्ट घोषणा कर दे कि सरकार का यह निश्चय है कि उद्योग-धन्धों तथा भूमि का राष्ट्रीयकरण किया जायेगा संविधान के अन्तर्गत अछूतों को भी अधिकारों की प्राप्ति होगी।"

पं. जवाहरलाल नेहरू ने गणराज्य पर विशेष बल दिया। इस बैठक में मुस्लिम लीग ने भी किसी बात को लेकर विरोध प्रदर्शित किया था।

डॉक्टर जयकर भी उस समय विधान परिषद् के माननीय सदस्यों में से एक

थे। उन्होंने कहा था कि मुस्लिम लीग की अनुपस्थिति में इस विषय को आगे बढ़ाना अनुपयुक्त होगा तभी अपनी बात को बढ़ाते हुए अम्बेडकर ने कहा—

"पण्डित जवाहर लाल नेहरू के प्रस्ताव के अन्तिम उद्देश्य का जहाँ तक प्रश्न है, हममें से किसी को भी अपने मन में किसी प्रकार के खतरे का सन्देह बनाये रखने की आवश्यकता नहीं है। हमारी कठिनाई अन्तिम उद्देश्य को लेकर नहीं रही है। हमारे सामने मुख्य प्रश्न यह है कि आज हमारा खिचड़ी समाज है, यह किसी प्रकार एक होकर किसी एक निश्चय पर सहमत हो और फिर मिल-जुलकर उस निश्चय का पालन करें। उसी मार्ग पर चलें- जो मार्ग हमें एकता की ओर ले जाता हो, जिस मार्ग में भेदभाव और छुआछूत की भावना न हो, जहाँ सब एक-दूसरे का सम्मान करते हों।"

"इस प्रसंग में यह सोचना ठीक होगा कि आरम्भिक कार्यवाही के तौर पर और इस देश के प्रत्येक समुदाय और प्रत्येक वर्ग को सहयोग करने की प्रेरणा देने के लिये, बहुमत के लिये यह बड़ी दूरदर्शिता और नीतिमत्ता की बात होगी कि वह ऐसे लोगों को, जो साथ चलने को तैयार नहीं है और अपने में भाँति-भाँति के सन्देह पाले हुए हैं, थोड़ी अतिरिक्त सुविधाएँ दे दें। इसी उद्देश्य से मैं प्रार्थना करता हूँ कि हम ऐसे नारों को छोड़ दें, जिनसे लोग भयभीत हैं। अपने विरोधियों के संदेह को दूर करने के लिये हमें उन्हें कुछ विशेष सुविधाएँ दे देनी चाहियें। हम उन्हें साथ ले लें, जिससे वे हमारे साथ स्वेच्छापूर्वक उस सड़क पर कदम-से-कदम मिलाकर चल सकें, जो हमें सन्देहरहित भाव से एकता की ओर ले जाती है, जो देशभावरहित हो, जिसमें छुआछूत की जरा भी गुंजाइश न रहे।"

यहाँ पर अम्बेडकर का बहुमत से अभिप्राय हिन्दुओं अथवा काँग्रेस से है और विरोधियों को साथ न चलने वालों से उनका अभिप्राय मुसलमान और मुस्लिम लीग से है। मुस्लिम लीग के समर्थन में कहना डॉक्टर भीमराव अम्बेडकर के लिये उपयुक्त भी था, क्योंकि उसके ही विनिमय में था और भविष्य के लिये अपनी स्थिति सुदृढ़ बनाने के लिये था। हिन्दुओं के प्रति अपनी घृणा का प्रदर्शन तो भीमराव अम्बेडकर अनेक बार कर चुके थे और कोई भी ऐसा अवसर वे चूकने नहीं देते थे, जबकि वे हिन्दुओं को कोसें, किन्तु मुसलमानों के समर्थन के लिये उनको अवसर कम ही मिलता था। इसलिये वह जब भी मौका देखते उनके समर्थन की बात करने से नहीं चूकते।

संविधान के निर्माण में अपनी भूमिका का प्रथम सूत्रपात उन्होंने मुस्लिम लीग

का पक्ष लेकर किया— अपने भाषण को आगे सुचारु रूप से चलाते हुए उन्होंने आगे कहा—

"श्री जयकर के संशोधन का मैं इसी उद्देश्य से समर्थन कर रहा हूँ। इस सदन को इस बात की परवाह नहीं करनी चाहिये कि वह जो निर्णय करने वाला है उसका कानूनी अधिकारों से तालमेल होता है अथवा नहीं? या यह भी कि यह राजाज्ञा के अनुकूल भी है या कि नहीं है। यह इतना बड़ा प्रश्न है कि इसे कानूनी बन्धन में नहीं बाँधा जा सकता। इस सब बातों को एक ओर रखकर हम कुछ ऐसा करें, जो लोग साथ चलने के लिये तत्पर नहीं हैं वे भी हमारे साथ चलने के लिये तैयार हो जायें। उनके लिये हम सब सम्भव कर दें कि वे भी स्वयं ही साथ चलने के लिये आ सकें।"

इस कथन से स्पष्ट होता है कि मुस्लिम लीग के सामने अम्बेडकर को झुकना पड़ा।

अब भीमराव ने आगे कहा—

"यह प्रस्ताव जिस रूप में हमारे सामने प्रस्तुत किया गया है, मुझे डर है कि मुस्लिम लीग उसमें हमारे साथ न चले। अपनी बात के समर्थन में इस प्रस्ताव की तीसरी धारा की ओर मैं आप लोगों का ध्यान आकर्षित करना चाहूँगा—इस धारा से भारत के भावी संविधान पर प्रकाश पड़ता है। मैं इस बात को भली-भाँति जानता हूँ कि जब यह प्रस्ताव पारित हो जायेगा तो ये संविधान निर्मात्री समिति के लिये, संविधान निर्माण के प्रसंग के लिये एक प्रकार का आदेश सिद्ध होगा जिस अनुच्छेद में यह बात है, कदाचित् उसमें स्वशासित प्रान्तों, भारतीय रियासतों और केन्द्रीय सरकार की भी चर्चा है। इसमें मध्यकाल में विभाजन की चर्चा नहीं की गयी है। 'स्टेट-पेपर' और कांग्रेस की कार्यसमिति द्वारा स्वीकृत वर्धा के प्रस्ताव को देखते हुए मुझे यह आश्चर्य हुआ कि इनमें वर्गीकरण का उल्लेख तक नहीं है।

मैं व्यक्तिगत तौर पर वर्गीकरण के पक्ष में नहीं हूँ, मैं इसे नापसंद करता हूँ। सन् 1935 में एक्ट में जितनी प्रभावशाली केन्द्रीय शासन की स्थापना की गयी है, मैं तो उससे भी अधिक शक्तिशाली केन्द्रीय सरकार का पक्षधर हूँ, किन्तु मेरी इन इच्छाओं का देश की वर्तमान स्थिति से किसी प्रकार भी तालमेल नहीं बैठता। आज तो अब हम बहुत दूर तक आगे बढ़ सके हैं और मैं नहीं जानता कि किन कारणों से काँग्रेस प्रशासन द्वारा निर्मित इस शक्तिशाली केन्द्रीय सरकार के भवन को जो मेरे लिये प्रशंसा तथा आदर का स्थान है, एक पक्ष उसे ढहा देने पर उतारू हो गया है।

इस परिप्रेक्ष्य में इस स्थिति के विरुद्ध केवल यह कह देने पर कि हमें शक्तिशाली केन्द्र नहीं चाहिये और यह माँग करने पर कि बीच का एक प्रान्तीय वर्गीकरण अवश्य होना चाहिये, मैं यह जानता हूँ कि तीसरे अनुच्छेद में वर्गीकरण के विचार में क्यों स्थान नहीं मिला? इस बात को भली-भाँति समझता हूँ कि वर्गीकरण व्याख्या के विषय में कांग्रेस, मुस्लिम लीग और महामहिम सरकार एकमत नहीं हैं, किन्तु मैं तो सदा से ही मानता हूँ कि काँग्रेस के मत में प्रान्त अपना एक उपसंघ बनाना चाहे तो काँग्रेस को कोई आपत्ति नहीं होगी। मेरे इस विचार में यदि कोई गलती हो तो मैं सुधारने के लिये तैयार हूँ। ऐसे उपसंघ बनाने की आज्ञा क्यों नहीं दी जा रही है? हमारे इस कार्य में क्या दोष है हमें बताओ?

इस समय मैं यह प्रश्न नहीं उठा रहा हूँ कि इस सदन को इस प्रकार का प्रस्ताव पारित करने का अधिकार है भी अथवा नहीं? सम्भव है इसे ऐसा अधिकार हो। मेरा प्रश्न तो यह है कि इस तरह का प्रस्ताव करना हम सबके लिये बुद्धिमत्ता की बात होगी? शक्ति हाथ में होना एक बात है और बुद्धि व विवेक का प्रयोग करना सर्वथा अलग बात है। मैं यह भी नहीं चाहता कि यह सदन इस प्रश्न पर इस दृष्टि से विचार करे कि इस प्रकार के प्रस्ताव को स्वीकार करना बुद्धिमत्ता और समझदारी का परिचय देना होगा

काँग्रेस और मुस्लिम लीग को परस्पर मेल-मिलाप करने और कराने के लिये, मेरे विचार से एक और प्रयास किया जाना चाहिये। यह लोकहित का एक ऐसा महत्वपूर्ण विषय है कि इसके निर्णय के लिये हमें इस या उस पार्टी के स्वाभिमान के विषय में नहीं सोचना चाहिये। हमारी दृष्टि तो केवल देशहित और जनता की भलाई की ओर होनी चाहिये।

अम्बेडकर ने आज तक अपने भाषणों में कहीं भी 'देशहित' की बात नहीं की थी। अब तक वे सदा दलित, शोषित और अछूतों के हितों की बात करते आ रहे थे। 'देशहित' शब्द का प्रयोग उन्होंने पहली बार इस समिति में किया था। इस प्रकरण के शुरू में हमने जो उनमें परिवर्तन का संकेत दिया है, उसका यही अभिप्राय था। इसी देशहित की बात को आगे बढ़ाते हुए अम्बेडकर ने आगे कहा–

''जब हम सर्वसाधारण के भाग्य का निर्णय करने जा रहे हैं तो हमें नेताओं, व्यक्ति-विशेषों या पार्टियों के स्वाभिमान की चिन्ता नहीं करनी चाहिये। ये देश की आम जनता की समस्याओं का प्रश्न है, इसलिये हमने एक उपाय सोचा है। इस समस्या को सुलझाने के लिए केवल तीन मार्ग ही मेरी दृष्टि में हैं, जो हमारी समस्या को सुलझाने से हमारी सहायता कर सकते हैं, वो मार्ग इस प्रकार हैं–

1. एक पार्टी दूसरी पार्टी की इच्छा के सम्मुख पूर्ण रूप से आत्मसमर्पण कर दे।
2. परस्पर एक समझौता कर लिया जाये और उसके आधार पर शान्ति स्थापित कर ली जाये।
3. खुला युद्ध।

"युद्ध की बात मैंने इसलिये कही है क्योंकि संविधान निमात्री समिति के कुछ सदस्यों के मुख से मैंने सुना है कि वे युद्ध के लिये तैयार हैं। मुझे यह सोचकर अत्यन्त विस्मय होता है कि क्या कोई व्यक्ति इस देश में ऐसा सोच सकता है कि राजनैतिक समस्याओं का समाधान युद्ध से किया जा सकता है? मैं नहीं जानता कि कितने लोग इस बात का समर्थन करेंगे। हो सकता है कि कुछ लोग करें और यह भी हो सकता है कि ऐसे लोगों की संख्या पर्याप्त हो। मैं ऐसा इसलिये समझता हूँ कि उन लोगों में से अधिकांश की यह धारणा है कि यह युद्ध ब्रिटिश सरकार के विरुद्ध युद्ध के अतिरिक्त अन्य कुछ न हो तो कदाचित् मुझे इसके विरोध में विशेष न कहना हो; किन्तु क्या यह युद्ध मात्र ब्रिटिश सरकार के ही विरुद्ध ही हो पाना सम्भव है मुझे नहीं लगता कि ये युद्ध सिर्फ ब्रिटिश सरकार के विरुद्ध होगा, मुझे इसमें कुछ और ही चाल नजर आती है।

मैं यहाँ पर यह बात भी साफ शब्दों में कह देना चाहता हूँ कि यदि इस देश में ऐसा कोई युद्ध छिड़ता है और उसका तनिक भी सम्बन्ध हमारे इस विचाराधीन प्रश्न के साथ है तो निश्चय जानिये कि यह युद्ध ब्रिटिश सरकार के साथ नहीं होगा, बल्कि यह युद्ध मुसलमानों के साथ होगा और इससे भी खराब बात यह हो सकती है कि यह युद्ध अंग्रेजों और मुसलमानों की सम्मिलित शक्ति के साथ हो। अगर ऐसा हुआ तो ये बात अच्छी नहीं, इससे हानि हमारी ही है।

मैं इस युद्ध के विषय में जिसकी बात हमारे कुछ सदस्य सोच रहे हैं, इससे अन्य कोई बात नहीं कह सकता। यदि किसी की ऐसी धारणा है कि युद्ध द्वारा इस समस्या को अलग किया जा सकता है, या मुसलमानों के बलपूर्वक ऐसा संविधान बनाया जा सकता है जो बिना उनकी जानकारी और बिना उनकी रजामंदी के स्वीकृत किया गया है तो इस देश को मुसलमानों से, निरन्तर युद्ध करके उन्हें जीतते रहना पड़ेगा"

बर्क ने कहा था कि—"शक्ति देना तो सरल है, किन्तु बुद्धि देना बड़ा कठिन है। अतः हमें चाहिये कि हम अपने आचरण से यह सिद्ध कर दें कि हममें केवल शक्ति ही नहीं है अपितु ऐसी बुद्धि भी है जिसके बल पर हम देश के सभी लोगों

को साथ लेकर चल सकते हैं और उस मार्ग पर चल सकते हैं, जो हमें निश्चित रूप से एकता की ओर ले जायेगा जो भेदभाव से रहित होगा, जहाँ मान-अपमान के लिये कोई कारण ही न होगा''

डॉक्टर भीमराव अम्बेडकर के समर्थक उनके इस भाषण को एक ऐतिहासिक भाषण की संज्ञा देते हैं। उनके समर्थकों का यह भी कहना है कि यह भाषण उनकी देशभक्ति का अन्यतम उदाहरण है। इस भाषण की सभी लोगों ने बड़ी प्रशंसा की। सभी ने उनके विचारों को सराहा।

इस भाषण के विषय में यह पहले ही बताया जा चुका है कि इस सभा में वे बंगाल से और वह भी मुस्लिम लीग की सहायता और सहयोग से निर्वाचित होकर आये थे। इसलिये कहा जा सकता है कि यदि उन्होंने इस प्रकार का भाषण दिया जो मुसलमानों को खुश करने वाला अधिक और देशभक्ति की भावना से भरा हुआ कम है तो इसमें कोई आश्चर्य की बात नहीं। अपने आरम्भिक जीवन से ही अम्बेडकर अपनी इस नीतिमत्ता का परिचय देते हुए आये थे। उसी नीति का आश्रय भी उन्होंने इस समय लिया था। उनका मकसद दलितों का उद्धार करना था, इसलिये उन्होंने उसी पर ज्यादा जोर दिया। स्वतन्त्रता पाने के लिये उन्होंने कोई हाथ-पैर नहीं मारे।

गाँधीजी और भीमराव के बीच वार्तालाप

जब गाँधीजी भीमराव अम्बेडकर से मिले तो उन्होंने अम्बेडकर को समझाया। गाँधीजी ने कहा—''यरवदा जेल में पूरा समझौता हो चुका है। क्या तुम अब भी मुझसे सन्तुष्ट नहीं हो अम्बेडकर? क्या तुम्हें मेरी बातों पर अभी तक विश्वास नहीं है।''

इस पर अम्बेडकर ने जवाब दिया—''उससे मैं बहुत खुश हूँ, मगर मुझे एक बात और कहनी है?''

गाँधीजी ने कहा—''क्या बात कहनी है तुमको अम्बेडकर? मुझे बिना झिझक बताओ।''

''अछूत भी स्वतन्त्र भारत में ऊँचे अधिकारों को पायेंगे, इसके लिये आप क्या कहते हैं?'' उन्होंने पूछा।

''इसके लिये भी मैं पूरी तरह सहमत हूँ। तुम बेफिक्र रहो जैसा तुम चाहते हो वैसा ही होगा, अछूतों के साथ हम पूरा इंसाफ करेंगे।''

''आप धन्य हैं बापू! आप राष्ट्रपिता हैं।''

''तुम्हें और कुछ कहना है अम्बेडकर?'' गाँधीजीन पूछा।

"हाँ। मुझे आपसे कुछ और भी कहना है।"

"क्या?" उन्होंने आश्चर्य से पूछा—"जो कुछ भी कहना चाहते हो मुझसे बिना हिचक कह डालो।"

"आप अछूतों का हित कर रहे हैं, जिन्हें आपने हरिजनों का नाम दिया है। इससे सिद्ध हो जाता है कि आप अछूतों को कितना प्यार करते हैं। आपको उनकी कितनी चिन्ता है, मैं मानता हूँ आप अछूतों से भेदभाव नहीं रखते।"

"मैं दलित वर्ग के अधिकारों को दिलाऊँगा अम्बेडकर, मैंने दृढ़ निश्चय कर लिया है कि भारत से छुआछूत मिटा दूँगा इसके लिये जितना भी बड़ा त्याग मुझे करना पड़ेगा मैं करूँगा चाहे इस कार्य में मेरी जान ही क्यों न चली जाये, लेकिन मैं अछूत व दलित वर्ग के साथ नाइंसाफी नहीं होने दूँगा आप पूज्य हैं बापू!"

अम्बेडकर और बापू में बातें हो ही रही थीं कि गाँधीजी के पास तभी पंडित जवाहर लाल नेहरू आ गये। उनके आने के पश्चात् देश के विभाजन के विषय में बातें होने लगीं। उस समय सभी लोगों के लिये जो बड़ी समस्या थी—वो थी हिन्दुस्तान और पाकिस्तान के बँटवारे की।

नेहरू जी ने कहा था—"हम ऐसी आजादी लेकर क्या करेंगे जिसमें देश के टुकड़े-टुकड़े हो जायें। अभी वायसराय भारत को हिन्दुस्तान और पाकिस्तान दो टुकड़ों में बाँट रहे हैं। फिर देश जब आजाद हो जायेगा तो सभी जातियाँ अपना-अपना राज्य माँगेंगी। यह अच्छा नहीं है। देश का विभाजन नहीं होना चाहिये। इस प्रकार अगर हमारे देश का विभाजन हो जायेगा तो फिर बचेगा ही क्या?"

जब नेहरू को प्रधानमन्त्री बनाने की बात हुई तो नेहरू जी ने कहा—"भारत का प्रधानमन्त्री तो जिन्ना को बना दिया जाये, मुझे यह स्वीकार है। मैं प्रधानमन्त्री नहीं बनना चाहता। मुझे प्रधानमन्त्री बनने का कोई शौक नहीं है, मैं तो बस यही चाहता हूँ कि देश का विभाजन नहीं होना चाहिये।"

मगर वायसराय का कहना था कि—"जिन्ना पाकिस्तान के प्रधानमन्त्री बनेंगे। देश के दो टुकड़े किये जायेंगे तभी आजादी मिलेगी। बारहवीं सदी से मुसलमान भारत में रहते चले आ रहे हैं। उन्हें उनका हक अवश्य दिया जायेगा इसलिये पाकिस्तान बनाया जा रहा है। जिसके प्रधानमन्त्री जिन्ना होंगे और इससे आगे कोई समझौता नहीं हो सकता।"

पंडित जवाहर लाल नेहरू और महात्मा गाँधी दोनों के सामने बड़ी समस्या उत्पन्न हो गयी। वे दोनों उस पर गहनता से विचार करने लगे थे। डॉक्टर भीमराव

अम्बेडकर उनके पास ही बैठे थे। वे बड़े ध्यान से उन दोनों की सारी बातचीत सुनते रहे, लेकिन बोले कुछ नहीं थे।

तभी पंडित गोविन्द बल्लभ पंत भी महात्मा गाँधीजी के पास ही आकर बैठ गये। पंडित गोविन्द बल्लभ पंत भी देश का बँटवारा हो इस पक्ष में नहीं थे कि पाकिस्तान नहीं बनना चाहिये। हमारा भारत एक ही रहे सभी लोग यहाँ मिल-जुल कर रहें।

सरदार बल्लभ भाई पटेल भी वहाँ आ गये और इसी समस्या पर विचार करने लगे। सभी लोग भारत और पाकिस्तान बँटवारे की बातचीत कर रहे थे। सभी लोगों को बस एक ही चिन्ता लगी हुई थी।

गाँधीजी को इस बात का बहुत दुःख था। उनका कहना था–"एक लम्बे समय बाद अंग्रेज हमें आजादी दे रहे हैं, मगर यह आजादी समझ में नहीं आती, देश खंडित हो जायेगा हम दो भागों में बँट जायेंगे। यह बात अच्छी नहीं है। इस प्रकार हमारा देश छोटा हो जायेगा, उसकी शक्ति कम हो जायेगी।"

ये सभी लोग आपस में वार्तालाप कर ही रहे थे कि राजेन्द्र भी वहीं पर आ गये। उनकी बातें सुनने के बाद राजेन्द्र प्रसाद जी ने गाँधीजी से कहा–"किसी भी तरह हम ब्रिटिश सरकार का फैसला मंजूर नहीं करेंगे। यह अंग्रेजों की चाल है। वे हमारे देश के टुकड़े-टुकड़े करना चाहते हैं। इस प्रकार वो चाहते हैं कि मुसलमानों को हमसे अलग करके कमजोर बना दें।"

अम्बेडकर ने अपनी अछूतों वाली समस्या से हटकर भारत के विभाजन का विरोध किया। अगर ऐसा हो गया तो, तो यह आजादी हमें बहुत महँगी पड़ेगी। हमें ऐसी स्वतन्त्रता नहीं चाहिये। हमने आजादी पाने के लिये बहुत बड़े-बड़े त्याग किये हैं। बहुत बड़ी-बड़ी मुसीबतें झेली हैं, अनगिनत अत्याचार सहे हैं और फिर अगर आजादी मिली तो बँटवारे के साथ।

देश विभाजन अथवा देश की स्वतन्त्रता की प्रक्रिया तेजी पर थी। देश की स्वतन्त्रता के लिये किये गये आन्दोलनों में डॉक्टर अम्बेडकर ने कुछ भी सहयोग नहीं दिया फिर भी भारत की राजनीति में स्थान हासिल कर लिया। विधि-विधान के विषय में उनको अधिकृत व्यक्ति माना जाता था। भारतीय नेता अर्थात् काँग्रेसी नेता उनको विशेष सम्मान देते थे, जबकि मुसलमान नेता खास कर जिन्ना, जिनके लिगे डॉ. भीमरात अम्बेडकर ने कुछ करने का प्रयत्न किया था, उनको विशेष महत्व नहीं देते थे। न ही उनकी इच्छा उनके खंडित भारत के पाकिस्तान भाग में अपने साथ रखने को दी थी। जबकि अम्बेडकर ने जिन्ना के लिये बहुत कुछ किया था।

मार्च, 1947 में डॉक्टर भीमराव अम्बेडकर ने मूलभूत अधिकार, अनुसूचित जातियों के संरक्षण और भारतीय राज्यों की समस्याओं का एक स्मरण पत्र प्रस्तुत किया। कालान्तर में इसी को 'स्टेट्स एण्ड मायनोरिटीज' नाम से पुस्तक रूप में प्रकाशित किया गया जिसमें भारत की मूल समस्याओं का उल्लेख किया गया था।

'स्टेट्स एण्ड मायनोरिटीज' नामक अपनी पुस्तक में उन्होंने बताया कि जो निर्वाचित क्षेत्र सुरक्षित हों वहाँ अलग चुनावी प्रणाली हो और इससे अलग अन्य क्षेत्रों में संयुक्त प्रणाली का ही प्रयोग किया जाये। इस प्रकार से वह पुस्तिका समाजवादी व्यवस्था का प्रारूप थी। अम्बेडकर राज्य समाजवाद के पोषक थे। उनका मत था कि भारत में तुरन्त समाजवादी लक्ष्यों की प्राप्ति के लिए औद्योगीकरण आवश्यक है, अन्यथा राज्य समाजवाद तब तक नहीं पनप सकता जब तक औद्योगीकरण नहीं होगा

कृषि भागों में भूमिहीन कृषि में दक्ष श्रमिकों को सम्मलित किया जाये। जिसके पास भूमि है ही नहीं उन्हें चकबन्दी तथा खेतिहर श्रमिकों के हित में बनने वाले कानूनों से भी लाभ मिलने वाला नहीं है। उनका यह भी कहना था कि आधारभूत उद्योगों पर राज्य का स्वामित्व होना चहिये। वे कृषि को राजकीय उद्योग घोषित करने के पक्ष में थे, जिससे कि जमींदारी प्रथा समाप्त हो, किरायेदारी प्रथा समाप्त हो और भूमिहीन श्रमिक नाम का कोई वर्ग न रहे।

डॉक्टर भीमराव अम्बेडकर ने अपनी इस पुस्तक में अपना मत व्यक्त किया था कि जनतंत्र को एक व्यक्ति एक मूल्य के सिद्धान्त पर जीवित रखना होगा संवैधानिक कानूनों द्वारा न केवल राजनैतिक ढाँचे का स्वरूप एवं संरचना का निर्माण हो, अपितु समाज के आर्थिक ढाँचे का स्वरूप, संरचना का निर्धारण किया जाना चाहिये। राज्य-समाजवाद के अन्तर्गत व्यक्ति के मौलिक अधिकारों पर आँच नहीं आनी चाहिये। अतः समाज के निर्धन वर्गों की माँग और आवश्यकताएँ पूरी करने के लिये आधारभूत उद्योग राज्य द्वारा संचालित हों। कृषि योग्य समस्त भूमि राज्य के अधिकार में हो तथा समस्त उत्पादन स्त्रोतों पर भी राज्य का नियन्त्रण हो। सभी उत्पादित वस्तुओं का जाति एवं धर्म के भेदभाव के बिना न्यायोचित आधार पर सभी वर्गों के लोगों में वितरण व्यवस्था हो, तभी हमारे देश का विकास हो सकता है।

भारत का विभाजन और स्वतन्त्रता

जब महात्मा गाँधी ने देखा कि बँटवारा के बिना आजादी नहीं मिलेगी तो हम

फिर आजाद नहीं हो पायेंगे, क्योंकि अंग्रेज किसी भी हालत में बँटवारे के बिना आजादी देने को तैयार ही नहीं हो रहे थे।

जून, सन् 1947 में भारत का राजनीतिक वातावरण की स्थिति में उफान आ गया। भारत विभाजन और स्वतन्त्रता के निकट पहुँच जाता था। पहले तो जून मास में ही स्वतन्त्रता मिलने की बात थी; किन्तु वह किसी इस या उस कारण से अगस्त के लिये टल गयी। इसलिये जून के महीने में स्वतन्त्रता मिलने से रह गयी।

सभी नेता विवश हो गये। सबको बँटवारा स्वीकार करना पड़ा। 15 अगस्त, सन् 1947 ई॰ में भारत के विभाजन का समय आ गया और विभाजन हो गया। एक खण्ड का नाम पाकिस्तान रखा गया और दूसरे खण्ड का नाम हिन्दुस्तान रखा गया। इस प्रकार भारत के दो खण्ड हो गये।

अन्ततः 15 अगस्त, सन् 1947 को भारत स्वतन्त्र हुआ।

अम्बेडकर भी सभी नेताओं के साथ थे। वे आजादी पाने की खुशी में फूले नहीं समा रहे थे। पूरे देश में खुशी-हर्षोल्लास का माहौल था। लोग दीपावली की तरह रोशनी कर रहे थे। सभी आजादी पाने से बहुत ही खुश थे। आजादी का त्यौहार सम्पूर्ण देश में मनाया जा रहा था। हर इंसान के चेहरे पर आजादी पाने की खुशी झलक रही थी, क्योंकि इसका लम्बे समय से इन्तजार था।

जुलाई, सन् 1947 को एक दिन स्वतन्त्र भारत के भावी प्रधानमन्त्री पंडित जवाहर लाल नेहरू ने डॉक्टर भीमराव अम्बेडकर से पूछा था—"क्या अम्बेडकर तुम स्वतन्त्र भारत के प्रथम मंत्रिमण्डल में विधिमंत्री का पदभार स्वीकार करोगे?" डॉक्टर अम्बेडकर इस सम्मान को भला क्यों अस्वीकार करते। अतः जब स्वतन्त्र भारत के प्रथम मंत्रिमण्डल का गठन किया गया तो डॉक्टर अम्बेडकर को उसमें विधिमंत्री बनाया गया। स्वतन्त्र भारत के लिये भारत का अपना विधान होना चाहिये था। इस बात का अनुभव किया जा रहा था। अतः 29 अगस्त को संविधान का प्रारूप तैयार करने के लिए एक समिति का गठन किया गया और डॉक्टर भीमराव अम्बेडकर को इसका अध्यक्ष मनोनीत किया गया। डॉक्टर अम्बेडकर अपने इस सम्मान के कारण काफी खुश थे। अब उन्हें यकीन हो गया था कि उनकी समस्यायें हल हो जायेंगी।

संविधान निर्मात्री समिति में सात सदस्य थे। उनमें से अचानक ही एक व्यक्ति की मृत्यु हो गयी थी। एक सदस्य अमेरिका में जाकर रहने लगे थे। और एक सदस्य ऐसे थे जिनको सरकारी कामकाज से ही अवकाश नहीं मिल पाता था। इनके अतिरिक्त दो सदस्य ऐसे थे, जो अपना स्वास्थ्य ठीक न रहने के कारण वे सदा दिल्ली से बाहर रहते थे। इस प्रकार पाँच सदस्य ऐसे थे जो समिति के कार्यों में सहयोग

नहीं दे पाये थे। डॉ. भीमराव अम्बेडकर ही एक ऐसे सदस्य थे, जिन्होंने अपने कंधों पर ही संविधान निर्माण का कार्य भार संभाला था। उन्होंने संविधान बनाने का पूरा कार्यभार अपने हाथों में ले लिया था।

सन् 1947 पूरा हो गया था। सन् 1948 आरम्भ हो चुका था। पं. जवाहरलाल नेहरू ने अपना मंत्रिमण्डल बना लिया था। देश में शासन व्यवस्था सुचारु रूप से चल रही थी।

सन् 1947 को 15 अगस्त में हुई एक विशाल सभा में वायसराय ने कहा था—"हिन्दुस्तान के रहने वालों! तुमने आजादी को पाने के लिये तन, मन और धन से संघर्ष किया है। आज तुम्हारा देश आजाद है और तुमको आजादी दी जा रही है, देश को दो भागों में विभाजित कर दिया गया है, एक है पाकिस्तान जिसके प्रधानमन्त्री मोहम्मद अली जिन्ना बनेंगे।

दूसरा है हिन्दुस्तान, जिसके प्रधानमन्त्री पंडित जवाहर लाल नेहरू हैं। मैं महात्मा गाँधी को देश की बागडोर दे रहा हूँ। वे राष्ट्रपिता हैं और बापू कहलाते हैं। उनकी ही तपस्या का फल है जो तुम्हें आजादी दी जा रही है। अब भारत आजाद है। अपने घर में अपना राज्य मनाओ और आनंद से रहो।"

डॉ. भीमराव अम्बेडकर कानून मंत्री के रूप में

अब भारत स्वतंत्र हो चुका था। दिल्ली का पार्लियामेंट भवन भारतीय नेताओं से खचाखच भरा हुआ था। यह घोषणा हो चुकी थी कि डॉक्टर बाबू राजेन्द्र प्रसाद को सबसे पहले भारत का राष्ट्रपति बनाया जाता है। काफी सोच-समझकर यह फैसला किया गया था, सभी लोगों की यही राय थी कि राजेन्द्र प्रसाद को ही राष्ट्रपति बनाया जाये। पंडित जवाहर लाल नेहरू भारत के प्रथम प्रधानमंत्री हैं। राष्ट्रपिता महात्मा गाँधी पूरे देश के राष्ट्रपिता होते हुए पूरे देश के बापू भी हैं।

महात्मा गाँधी ने डॉ. राजेन्द्र प्रसाद को गोपनीयता की शपथ ग्रहण कराई। इसी तरह पंडित जवाहर लाल नेहरू को भी प्रधानमंत्री पद की शपथ दिलाई गयी। पंडित जवाहर लाल नेहरू ने अपना मंत्रिमण्डल बना लिया। उसमें सरदार बल्लभ भाई पटेल को गृहमंत्री बनाया गया। वे लौहपुरुष थे, उन पर नेहरू जी की अडिग आस्था थी। सभी लोग उनका काफी सम्मान करते थे।

डॉक्टर भीमराव अम्बेडकर को पंडित नेहरू ने ऊँचे-से-ऊँचा पद दिया। यद्यपि अम्बेडकर विपक्ष के नेता थे, लेकिन फिर भी नेहरू जी ने उनका सम्मान किया। स्वतंत्र भारत में वे सबसे पहले कानून मंत्री बनाये गये। सभी लोग उनका बहुत

सम्मान करने लगे, इसीलिये तो कानून बनाने को पूरा कार्यभार उनके हाथों में सौंपा गया था।

इन सब नेताओं ने 15 अगस्त, सन् 1947 ई॰ को ही पद और गोपनीयता की शपथ ली। उसी दिन सब लोगों ने अपना कार्यभार संभाल लिया था और सबको उनकी योग्यता के अनुकूल पद दे दिये गये थे। अब डॉ॰ राजेन्द्र प्रसाद राष्ट्रपति थे। उनका कहना था कि भारत का नया संविधान बनना चाहिये, जब नया संविधान बन जायेगा तो पुराना रद्द कर दिया जायेगा आजाद भारत को नये संविधान की जरूरत है, ताकि उसी के मुताबिक स्वतंत्र भारत का संविधान लागू हो।

पंडित नेहरू का भी यही कहना था कि नया संविधान जरूर ही बनना चाहिये और संविधान ऐसा बनना चाहिये जिसमें सभी देशों के संविधानों के गुण हों। संविधान लचीला भी हो, कठोर भी हो, लोकतंत्र भी हो, गणतंत्र की झलक भी उसमें देखने को मिले।

डॉ॰ राजेन्द्र प्रसाद संविधान बनाने के लिये अलग एक समिति बनाना चाहते थे। नेहरू जी ने इसक समर्थन किया और समिति बन गयी। इस प्रकार इस समिति का गठन हो गया। नेहरू जी ने राजेन्द्र प्रसाद से कहा—"डॉक्टर भीमराव अम्बेडकर को देश-विदेश के सभी संविधानों की जानकारी बहुत अच्छी तरह से है, इसलिये मैं चाहता हूँ कि भारत का नया संविधान डॉक्टर अम्बेडकर ही बनायें, क्योंकि इन्होंने इस देश में रहकर कानून को अच्छी तरह देखा-परखा है। इनसे अच्छा दूसरा व्यक्ति और कोई नहीं जो कानून का निर्माण कर सके।"

इस पर राजेन्द्र प्रसाद उनका समर्थन करते हुए अपनी बात कहने लगे—"यह बिल्कुल सच है कि भीमराव अम्बेडकर ने जितनी ऊँची शिक्षा पायी है, उतनी भारत के अन्य पुरुष ने नहीं पायी। वे महाविद्वान् हैं। मैं चाहता हूँ कि संविधान ड्राफ्टिंग कमेटी का उन्हें अध्यक्ष बना दिया जाये।" इस प्रकार उन्हें संविधान ड्राफ्टिंग कमेटी का अध्यक्ष बनाने की बात पेश की गयी।

"आपने ठीक सोचा है। डॉक्टर अम्बेडकर ही भारत का नया संविधान बनायेंगे।" सभी लोगों ने अपनी-अपनी राय पेश की। सभी लोग इस बात पर अपनी-अपनी सहमति प्रकट कर रहे थे।

राजेन्द्र प्रसाद ने अम्बेडकर को बताया कि वे संविधान ड्राफ्टिंग कमेटी के अध्यक्ष बना दिये गये हैं। उन्हें चाहिये कि यह संविधान बहुत आसान और अच्छा बने। संविधान के अन्तर्गत एक-एक बात को ध्यान में रखा जाये। सभी लोगों के अधिकारों का ख्याल रखा जाये।

"आपकी आज्ञा का पालन होगा, राष्ट्रपति महोदय!"

भीमराव अम्बेडकर भारतीय संविधान बनाने में पूरी तरह से व्यस्त तो हो गये। उनके साथ जो सहयोगी कार्यकर्त्ता थे वे उनका लोहा मानते थे कि अम्बेडकर को कानून का बहुत अच्छा ज्ञान है। उन्होंने लगभग सभी देशों के संविधान अध्ययन किया है। वे परिश्रम करने में भी पीछे नहीं हैं। चौबीस घंटे में अट्ठारह घंटे काम करते हैं। हममें संविधान बनाने के लिए उनसे अच्छा संविधान कर्त्ता कोई दूसरा नहीं हो सकता।

इस तरह संविधान बनना आरम्भ हो गया। डॉक्टर अम्बेडकर ने उसमें दिन और रात कड़ी मेहनत की। उनकी यही कोशिश थी कि संविधान की कोई भी धारा ऐसी न रह जाये जिसके लिये संसार को यह कहना पड़े कि भारत का संविधान बहुत सख्त है। उन्होंने भारत के हर नागरिक को दृष्टि में रखकर संविधान का निर्माण किया था।

डॉक्टर अम्बेडकर का प्रयास कि जल्दी-से-जल्दी संविधान राजेन्द्र प्रसाद और नेहरू जी के सामने रख दें। उनकी मेहनत और लगन रंग लाने लगी, चौबीस घंटे उन्हें संविधान बनाने में कार्य करना पड़ रहा था। संविधान बनाने में उन्होंने बड़ी सोच दिखायी।

भारतीय संविधान

डॉ. भीमराव ने भारतीय संविधान को प्रधानमन्त्री पं. जवाहरलाल नेहरू और राष्ट्रपति डॉ. राजेन्द्र प्रसाद के सामने प्रस्तुत किया। दोनों नेताओं ने उस संविधान का स्वागत किया। उसकी कई प्रतियाँ तैयार हुई थीं। उसे पढ़ा, समझा और उसका अध्ययन किया गया। देखने के बाद दोनों ने उनके बनाये गये संविधान की बड़ी प्रशंसा की। संविधान बहुत सरल था। सबको बड़ा अच्छा लगा सभी लोग डॉक्टर भीमराव अम्बेडकर की तारीफ करने लगे। उन्हें बधाई दी गयी। एक सभा का आयोजन किया गया जिसके अन्तर्गत सभी लोगों ने उनकी काफी सराहना की।

उस सभा में राष्ट्रपति राजेन्द्र प्रसाद ने कहा—"डॉक्टर अम्बेडकर अस्वस्थ थे, लेकिन फिर भी उन्होंने बड़ी लगन और मन से काम किया। उन्हें जो महान् काम सौंपा गया था, उसे उन्होंने जल्दी ही पूरा कर दिया। हम भीमराव अम्बेडकर के बहुत आभारी हैं। उन्हें बधाई देते हैं कि सचमुच वे बधाई के पात्र हैं। जितना अच्छा संविधान उन्होंने तैयार किया है वैसा शायद कोई नहीं कर पाता, हम इनके आभारी रहेंगे।"

पंडित नेहरू ने अपने भाषण में कहा–''डॉक्टर भीमराव अम्बेडकर संविधान के शिल्पकार हैं। यह नया भारतीय संविधान इनकी देन है। इतिहास में उनका नाम सोने के अक्षरों में लिखा जायेगा वे महापुरुष हैं। जब तक भारत का नाम रहेगा, तब तक अम्बेडकर का नाम भी भारतीय संविधान में हमेशा जुड़ा रहेगा''

अन्य नेताओं ने भी भीमराव अम्बेडकर की खूब प्रशंसा की।

सन् 1950 ई॰ को 26 जनवरी के दिन यह नया संविधान जनता पर लागू किया गया। उस दिन गणतंत्र दिवस का समारोह मनाया गया। वही संविधान आज भी लागू है और 26 जनवरी को आज भी गणतंत्र दिवस के रूप में पूरे हिन्दुस्तान में हर्षोल्लास से मनाया जाता है। इस अवसर पर डॉक्टर भीमराव अम्बेडकर का नाम जरूर आता है, सभी लोग उन्हें आज भी याद करते हैं।

भारतीय संविधान को बनाकर डॉ. अम्बेडकर ने खूब सम्मान प्राप्त किया। वे देश में ही नहीं विश्व भर में चर्चा का विषय बन गये। सभी बड़े-बड़े नेताओं मंत्रियों ने उनकी सराहना की, उन्हें बधाइयाँ दीं। इस बात से उनका सम्मान और भी ज्यादा बढ़ गया था। मंत्रिमण्डल भी उन्हें सम्मान की दृष्टि से देखता था।

डॉक्टर भीमराव अम्बेडकर मधुमेह से पीड़ित हो गये थे। उनक शरीर कमजोर होता जा रहा था। देखने से ही लगता था कि वह बहुत दिनों से बीमार हैं। शरीर में भी काफी शिथिलता आ गयी थी, उनमें काम करने की हिम्मत नहीं रह गयी थी। देखने में ही वह कमजोर नजर आते थे। अम्बेडकर का पुत्र पिता की ऐसी स्थिति देखकर चिन्तित था। इलाज चल रहा था, लेकिन कोई फायदा नहीं हो रहा था। बीमारी और बढ़ती चली जा रही थी। सभी लोगों को उनकी बीमारी की बहुत फिक्र हो रही थी। ज्यादातर उनके पुत्र को उनकी चिन्ता थी।

अन्त में उनके पुत्र यशवंत ने कहा–''पिताजी, मैं आपको अस्पताल में दाखिला कराना चाहता हूँ, वहाँ जाकर आप बिल्कुल ठीक हो जायेंगे। घर पर रहकर आप और भी ज्यादा कमजोर हो जायेंगे।''

''क्या? नहीं, मैं अस्पताल नहीं जाऊँगा''

''घर पर रहकर आप ठीक नहीं हो सकते? इस प्रकार तो आप और भी ज्यादा बीमार हो जायेंगे।''

''तो क्या अस्पताल में जाकर अच्छा हो जाऊँगा?''

''हाँ, मुझे पूरा यकीन है पिताजी। आप अस्पताल में जाकर जरूर अच्छे हो जायेंगे, वहाँ आपकी देखभाल भी अच्छी हो जायेगी।''

"तो ले चलो मैं मना नहीं करूँगा" वह राजी हो गये, क्योंकि उन्हें भी अपनी बीमारी की चिन्ता होने लगी थी।

उनके पुत्र ने मुम्बई के मावलंकर अस्पताल में उन्हें भर्ती कराया था। डॉक्टरों ने बताया कि उन्हें मधुमेह की पुरानी बीमारी है। ठीक होने में समय लगेगा अम्बेडकर के लिये एक अलग से लेडी डॉक्टर नियुक्त कर दी गयी और उन्हें वहाँ पूरी सुविधायें दी जा रही थीं, सभी डॉक्टर्स उनका अच्छे-से-अच्छा इलाज कर रहे थे। लेडी डॉक्टर शारदा कबीर के हाथ में अम्बेडकर का इलाज सौंप दिया गया। वे पूरे मनोयोग से अछूतों के नेता डॉक्टर भीमराव की सेवा करने लगीं। अम्बेडकर वहाँ जाकर काफी राहत महसूस कर रहे थे, अब उनकी तबियत में भी सुधार आ रहा था।

अम्बेडकर लेडी डॉक्टर शारदा कबीर से जल्दी ही प्रभावित हो गये। उनको अब काफी आराम मिलने लगा वे महसूस करते कि डॉ॰ शारदा कबीर उनका बहुत अधिक ख्याल रखती हैं, इसलिये भीमराव अम्बेडकर को डॉक्टर शारदा कबीर से कुछ सहानुभूति-सी होने लगी।

एक दिन लेडी डॉक्टर शारदा कबीर अम्बेडकर को दवा दे रही थीं, तभी अम्बेडकर ने पूछा—"आपका शुभ नाम क्या है, डॉक्टर साहब?"

"मुझे लेडी डॉक्टर शारदा कबीर कहते हैं। वैसे मुझे सविता भी कहते हैं।" उन्होंने अपना परिचय दिया।

"बहुत अच्छा नाम है, मैं आपका आभारी हूँ। आप मेरे केस में गहन रुचि ले रही हैं। आपकी दिन रात की सेवा की वजह से ही मेरी तबियत में इतना सुधार हुआ है।"

"इसमें आभार प्रकट करने की आवश्यकता नहीं है। मैं अपने कर्त्तव्य का पालन कर रही हूँ, जो मुझे करना चाहिये—और ये तो मेरा फर्ज है।"

अम्बेडकर ने कहा—"मेरे पूरे शरीर में दर्द रहता है। क्या इसका इलाज भी आपके पास है?"

इस पर अम्बेडकर को सविता ने समझाया कि दवा दी जा रही है। आप धीरे-धीरे ठीक हो जायेंगे। चिन्ता करने की आवश्यकता नहीं है। आपको अच्छी-से-अच्छी दवाएँ दी जा रही हैं।

इस बार अम्बेडकर ने सविता से पूछा—"आपकी जाति क्या है, डॉक्टर साहब?"

"मैं ब्राह्मण हूँ।" सविता ने बताया।

'आप ब्राह्मण हैं!"

"हाँ। क्या बात है आप इतने आश्चर्यचकित क्यों हो रहे हैं?" डॉक्टर सविता कबीर हैरानी से बोलीं।

"मगर आप छुआछूत को बिल्कुल नहीं मानतीं। मैं महार हूँ और आप मेरी दवा कर रही हैं। रात-दिन मेरी सेवा में लगी रहती हैं, क्या आप इस भेदभाव को नहीं मानतीं?"

"इसमें क्या हुआ—यह तो डॉक्टर का कर्त्तव्य है। मुझे आपसे हमदर्दी है। ऐसा लगता है कि आप मेरे अपने हैं। मैं छुआछूत को बिल्कुल भी नहीं मानती। ना ही ऐसी बातों का विश्वास करती हूँ।"

"क्या?" सुनकर वह हैरान रह गये।

"हाँ डॉक्टर अम्बेडकर! आप मेरी बात का यकीन कीजिये, मैं छुआछूत को बिल्कुल नहीं मानती।"

"मेरी पत्नी अभी कुछ साल हुए परलोक सिधार गयी हैं। मैं अकेले ही जिन्दगी का सफर तय कर रहा हूँ। यह मेरा दुर्भाग्य है।"

"यह तो बुरा हुआ।"

"हाँ डॉक्टर साहब, अगर रामाबाई जिन्दा होतीं तो मेरी यह हालत न होती। मुझे पत्नी का अभाव बहुत खल रहा है। अब मुझसे ये अकेलापन असहनीय हो गया है।"

"आप इसकी चिन्ता मत कीजिये। इसका उपाय मेरे पास है।" डॉक्टर शारदा कबीर मुस्कराकर बोलीं।

"क्या?" वह हैरानी से उनका चेहरा देखते हुए कहने लगे—"आपके पास मेरी इस समस्या का कौन-सा हल है?"

"हाँ, मैं आपकी पूरी सेवा करूँगी। अगर आप मुझे इस बात की आज्ञा दें तों।" उन्होंने नम्रतापूर्वक कहा।

"कब तक?"

"जीवन भर। जब तक मेरी साँस-में-साँस रहेगी, तब तक मेरा जीवन आपकी सेवा में ही समर्पित रहेगा"

"जीवन भर!"

"हाँ जीवन भर!"

"आपने तो मुझे चौंका दिया है।" डॉक्टर अम्बेडकर हैरानी से उन्हें देखते हुए बोले—"मुझे अपने कानों पर विश्वास नहीं हो रहा है।"

"मैं सच कह रही हूँ।" डॉक्टर शारदा कबीर ने यकीन दिलाते हुए कहा-"मैं आपकी सेवा करना चाहती हूँ।"

"क्या!" उनका मुँह खुला-का-खुला रह गया। बड़े आश्चर्यचकित होकर उनका चेहरा देख रहे थे।

"मैंने फैसला कर लिया है कि मैं आपको अपना जीवन साथी बना लूँगी। मैं आपसे विवाह करना चाहती हूँ। आपके साथ कदम-से-कदम मिलाकर आगे बढ़ना चाहती हूँ।"

"क्या आप सच कह रही हैं?" उनकी आँखें विस्मय से फैलती चली जा रही थीं—"आप मुझसे विवाह करेंगी?"

"हाँ, आज से आप मेरे पति हैं।" उन्होंने कहा—"अगर आपकी आज्ञा हो तो मैं शादी जल्दी-से-जल्दी करना चाहती हूँ।"

"हाय मैं क्या सुन रहा हूँ सविता?"

"आप सच सुन रहे हैं।"

"सच!" उनके चेहरे पर प्रसन्न्ता की एक लहर दौड़ गयी—"अगर ऐसी बात है तो मुझे क्या ऐतराज हो सकता है!"

"सच! हम दोनों अदालत में जाकर कोर्ट-मैरिज कर लेंगे।"

अम्बेडकर को ऐसा लगा जैसे वह कोई सपना देख रहे हों। जब उन्होंने इस विषय में अपने पुत्र यशंवत को बताया तो वह बहुत ही खुश हुआ। यशवंत सोच रहा था कि इस बहाने पिताजी की देखभाल करने के लिए घर में कोई तो होगा

दूसरे दिन लेडी डॉक्टर शारदा कबीर उर्फ सविता का विवाह हो गया। उन्होंने कोर्ट में जाकर अपना विवाह सम्पन्न किया था। डॉक्टर अम्बेडकर इस विवाह से काफी खुश थे।

डॉक्टर शारदा कबीर से डॉक्टर अम्बेडकर के विवाह के सम्बन्ध में उनके एक भक्त जिसका नाम डॉक्टर आर॰ जाटव था ने अपनी पुस्तक 'डॉक्टर अम्बेडकरः व्यक्तित्व एवं कृतित्व' के पृष्ठ नम्बर 20-81 पर जो विवरण दिया है वह निम्न प्रकार है—

"27 मई, सन् 1935 को रामाबाई का देहान्त हो गया। डॉक्टर साहब को एक ओर बम्बई में अपने नवनिर्मित भवन 'राजगृह' में प्रवेश की खुशी थी तो दूसरी ओर उन्हें पत्नी-वियोग का दुःख सहना पड़ा। निःसंदेह रामाबाई के वियोग से डॉक्टर भीमराव अकेले हो गये थे। केवल यशवंत ही परिवार में बचा और वह भी उन्हें अधिक प्रिय नहीं था, क्योंकि उसने उनकी भाँति उच्च शिक्षा प्राप्त नहीं की थी, परन्तु

बाबा साहब ने अपने अकेलेपन को अपना दुर्भाय नहीं समझा। वह विद्याध्ययन और ग्रंथ रचना में लीन रहने लगे। वे दिन-रात ग्रंथमंथन में डूबे रहते थे। उससे उनके मन को बहुत शान्ति मिलती थी। इस प्रकार रामाबाई के वियोग का दुःख भी कम हो जाता था।

यह योगी पुरुष का सन् 1935 से लेकर सन् 1947 तक का समय अकेले ही कटा। पुनर्विवाह की सोची नहीं। उन्हें अपनी दूसरी शादी की तनिक भी ख्याल नहीं था। तेरह-चौदह वर्ष तो प्रथम पत्नी का देहान्त हुए हो गये। वे तो अकेले पढ़ने-लिखने में मस्त थे। यहाँ तक कि यशवंत के विवाह की भी उन्हें चिन्ता नहीं थी। लेकिन महान् लोगों की बड़ी-बड़ी बातें हुआ करती हैं। कुछेक डॉक्टरों ने पहले सलाह दे रखी थी कि यदि बाबा पुनर्विवाह कर लें और स्त्री संगम करें तो उनका मधुमेह रोग नियंत्रित हो सकता है। उधर उनकी अवस्था भी अधिक होती जा रही थी। घर में उनकी देखभाल के लिये उनका कोई निजी आदमी नहीं था। न कोई पुत्री, न सगी बहन और न ही पुत्र-वधू। ऐसी स्थिति में उन्हें भोजन के लिये नौकरों पर ही आश्रित रहना पड़ता था। जैसा खाना मिलता, वे खा लिया करते। मुधमेह के कारण उनको रोजाना इन्सुलिन का टीका लगता, जिसके लिये बाहर से डॉक्टर आता था। इधर कुछ डॉक्टरों ने सलाह दे रखी थी कि यदि कोई महिला डॉक्टर हो तो उनका जीवन सरलता से कट सकता है। यह बात उनके मन में भी जँच गयी थी। इसलिये उन्होंने डॉक्टर कबीर से शादी कर ली थी, इस प्रकार उन्हें इन समस्याओं से छुटकारा पाने की आशंका थी।

जब वे डॉक्टर के बॉम्बे क्लीनिक में अपना इलाज करवाने के लिये एक सप्ताह में डॉक्टर-नर्स का काम किया करती थीं। उनकी आयु लगभग चालीस वर्ष की थी। वहीं एक सप्ताह तक डॉक्टर साहेब की सेवा में रहीं। उधर डॉक्टर मावलंकर ने भी अपनी पूर्ण योजनानुसार, डॉक्टर साहेब की सेवा में रहीं। उधर डॉक्टर मिस शारदा कबीर के नाम का प्रस्ताव किया और उधर डॉक्टर शारदा कबीर ने अपनी सेवा से डॉक्टर को प्रभावित किया ही था। वैसे क्लीनिक में बाबा साहेब के लिये भोजन बाहर से आता था, परन्तु यह कहा गया कि मिस शारदा ऐसा अच्छा भोजन स्वयं तैयार करती हैं। बाबा साहेब और भी खुश हुए कि वे अच्छी गृहिणी बन सकती हैं। चौदह वर्ष के ब्रह्मचर्य व्रत को त्यागने के लिये वे मार्च, सन् 1948 में दृढ़ संकल्प हो गये। बड़े लोगों की कुछ तिचित्र धुनें हुआ करती हैं। यह भी उनमें से एक थी। मिस शारदा के सम्बन्ध में, डॉक्टर साहब के मित्रों की धारणा अच्छी नहीं थी। एक तो वह जाति से ब्राह्मण और दूसरे उसकी उम्र भी ढल चुकी थी। वस्तुतः उसमें

सेवाभाव नहीं था। वे तो इतने महान् आदमी के साथ विवाह करके महान् बनना चाहती थीं। डॉक्टर साहब के सभी मित्र तथा भक्त इस शादी के पक्ष में नहीं थे। लेकिन डॉक्टर साहब को कुछ धुन सवार हो गया और वे अपनी जिद्द पर अड़ गये। शारदा का पुराना फोटो उनके विश्राम कक्ष में लटक गया और बॉम्बे से रोजाना ट्रंककॉल्स भी आने लगे। वे उसकी ओर आकर्षित हो गये। टाल्सटाय ने अपनी जीवन सम्बन्धी 'यथार्थ डायरी' में लिखा है कि जब महापुरुषों पर 'मुहब्बत' के देवता का प्रहार होता है तो वे साधारण अर्थात् 'आम मानव प्राणियों की तरह तड़पते हैं।' कुछ यही हालत उस समय डॉक्टर अम्बेडकर की भी थी। वह अपनी जिद्द पर अड़े रहे थे।''

उनके मन में केवल एक ही प्रश्न था कि उनका जीवन ठीक से व्यतीत हो सके। इसके लिये श्री बी. के. गायकवाड़ ने यह सुझाव दिया था कि वे अपनी साली शान्ता को उनकी सेवा-सुश्रुषा के लिये नियुक्त कर सकते हैं। वे पढ़ी-लिखी अविवाहित महिला थीं। महार जाति की भी थीं। लेकिन बाबा साहेब ने यह कहकर मामला टाल दिया, उस लड़की को अपने पास रखकर मैं बदनामी मोल नहीं लेना चाहता। लोग कहेंगे कि डॉक्टर साहब ने किसी रखैल को पाल लिया है। गायकवाड़ जी ने शादी का प्रस्ताव भी रखा, पर बाबा साहेब ने उत्तर दिया कि वे उस लड़की से शादी कैसे कर लें, जो उन्हें 'बाबा साहेब' कहकर सम्बोधित करती है? यह बात ठीक भी थी; लेकिन वो महिला डॉक्टर से ही शादी करना चाहते थे। उन्हें विश्वास हो गया कि वह महिला डॉक्टर उनके स्वास्थ्य की संरक्षिका बन जायेगी। वह खाना पकाने में दक्ष है और चतुर है। डॉक्टर साहब को वह हर प्रकार से जँच गयी थी। अतएव वह उसे साड़ी भी खरीद कर दे आये थे, जिसका अर्थ होता है कि शादी की पूरी तैयारी। यह देखकर फिर लोग उनके रास्ते में बाधा नहीं बनें, क्योंकि लोगों को विश्वास था कि अम्बेडकर किसी कीमत पर नहीं मानेंगे।

जब यह बिल्कुल निश्चित हो गया कि डॉक्टर अम्बेडकर और शारदा कबीर का विवाह सम्पन होने जा रहा है, तब महाराष्ट्र के अन्तर्गत तनावपूर्ण स्थिति पैदा हो गयी। विशेषकर ब्राह्मण समाज में हलचल मच गयी क्योंकि शूद्र, अछूत एक ब्राह्मणी से विवाह करने वाला था जो हिन्दू धर्म-ग्रंथों में निषिद्ध है। फिर क्या था? समूचे महाराष्ट्र ने भारी विरोध किया और तत्कालीन गृहमंत्री सरदार पटेल को अनेक तार भेजे कि वे ऐसे अशुभ तथा अनर्थ कार्य को रोकें। ऐसे ही तार विरोध पत्र भारत की कई संस्थाओं द्वारा गृहमंत्री को भेजे गये। सभी लोगों में इस बात की हलचल-सी मच गयी थी। यहाँ तक कि इस घटना को अखबारों में उछाला गया। सरदार पटेल

बड़ी उलझन में फँस गये कि क्या किया जाये, पर वे करते भी क्या? उन्होंने प्रधानमन्त्री को एक पत्र लिखकर, उन्हें सारी स्थिति से अवगत कराते हुए अन्त में यह वाक्य लिखा—"हाऊ कैन आई स्टॉप सच नानसेंस?" मैं ऐसी निरर्थक बात को कैसे रोक सकता हूँ?" वास्तव में सरदार पटेल तथा अन्य संस्थाएँ इस ऐतिहासिक घटना को रोक नहीं पायीं, हालाँकि चारों ओर से विरोध प्रकट किये गये। लगता है कि एक अछूत और एक ब्राह्मणी का यह विवाह नियत था। सभी लोग चाहते थे कि यह विवाह किसी-न-किसी तरह रोका जाये।

14 अप्रैल सन् 1948 के दिन शारदा कबीर ने बाबा साहेब से विवाह कर लिया। शादी सिविल मैरिज एक्ट के अनुसार, सिविल मैरिज की विधि प्रक्रिया से सम्पन्न हुई। दिल्ली के डिप्टी कमिश्मर श्री रामेश्वर दयाल, रजिस्ट्रार के रूप में शादी में सम्मिलित हुए। तत्पश्चात् मिस शारदा कबीर का नाम सविता रखा गया। इस प्रकार डॉक्टर अम्बेडकर ने अपना पुनर्विवाह किया। वस्तुतः यह सुख-सुविधा के लिये किया था, पर डॉक्टर साहेब को कहते हैं, उससे विशेष आराम नहीं मिला। उसके कारण कुछ मानसिक द्वन्द्व तथा परेशानियाँ और पैदा हो गयीं; वे चाहते थे कि वो एक आदर्श पत्नी बनें। उनकी पत्नी उनके और दलितों के बीच सम्पर्क की सजीव कड़ी बनें और वह भी दीन-हीन दलितों को वैसे ही प्रेम करें, जैसा वे करते थे, लेकिन वह ऐसी नहीं बन पायीं क्योंकि उनका इरादा सम्भवतः ऐशो-आराम का था जो बाबा साहेब की संगति में सम्भव नहीं हो पाया।

एक ओर डॉक्टर सविता कबीर ने सोचा था कि ऐसे महापुरुष से विवाह करने से वे स्वयं महान् व्यक्तियों में आ जायेंगी और चूँकि बाबा साहेब मंत्री हैं, इसलिये उनका जीवन बड़े आराम से व्यतीत होगा शान-शौकत की कोई कमी नहीं रहेगी। नौकर-चाकर काम करेंगे। लेकिन दूसरी ओर बाबा साहेब ने सोचा था कि उनकी देखभाल वह अच्छी तरह से करती रहेंगी, क्योंकि वह पहले से ही बाबा साहेब को उनकी पुस्तकों से अपने को प्रभावित बता चुकी थीं, इसलिये डॉक्टर अम्बेडकर को विश्वास हो गया था कि सम-विचार महिला हैं, यह एक अच्छी गृहिणी बन जायेंगी। इन अलग-अलग धारणाओं को लेकर, उनमें दाम्पत्य सम्बन्ध हो गया, लेकिन कालान्तर में दोनों की धारणायें गलत सिद्ध हो गयीं और पारिवारिक अशान्ति का वातावरण उनकी कोठी में छा गया, जो बढ़ता ही गया, कम नहीं हुआ। शादी करने के बाद उनकी समस्याएँ घटने की बजाय बढ़ती ही जा रही थीं।"

डॉक्टर जाटव ने अपनी उसी पुस्तक में लिखा कि सविता कुछ को तो वे कोठी पर भी नहीं आने देती थीं। सुदामा नामक एक महार लड़का, जो अम्बेडकर का खाना

बनाया करता था, जिसके विषय में हमने आगे लिखा भी है कि वह डॉक्टर अम्बेडकर के पार्थिव शरीर के साथ उसी हवाई जहाज से दिल्ली से बम्बई आ गया था जिसमें उनका पार्थिव शरीर ले जाया जा रहा था। उसकी माँ मर चुकी थी, उसका बाप मरने से पहले उस बच्चे को डॉक्टर अम्बेडकर को सौंप गया था। ''माई जी', जी हाँ, डॉक्टर सविता को कोठी के नौकर-चाकर और भक्त इसी नाम से पुकारते थे, वे उसे भी झाड़-फटकार दिया करती थीं। बाबा साहेब उस लड़के को अपने पास बड़े प्यार से रखा करते थे। वह उसे बड़ा स्नेह किया करते थे। उसकी पूरी तरह देखभाल किया करते थे।

एक दिन बाबा साहेब ने कह ही डाला—''मेरे दफ्तर और पार्लियामेंट में चले जाने के बाद तुम सारा दिन कार घुमाती रहती हो और ब्राह्मण अफसरों और मंत्रियों के घरों के चक्कर लगाती फिरती हो। तुम यहाँ कुम्भ का मेला देखने आयी हो या मेरी सेवा करने? तुमने मेरे साथ वादा किया था कि तुम मेरी किताबों को झाड़-फूँक कर मेरे सामने तिपाहियों पर रखोगी, तुमने वादा किया था कि तुम मेरे खाने-पीने की देखभाल करोगी, किन्तु तुम्हें मेरी गैरहाजिरी में सारा दिन आवारागर्दी से फुसरत नहीं मिलती। क्या मैंने शादी से पहले तुमसे साफ-साफ नहीं कहा था कि मेरे अन्दर कामवासना समाप्त हो चुकी है? मेरी सेवा का बहाना करके साले बदमाशों ने मेरे साथ धोखा किया है। तुम्हें न तो पढ़ने-लिखने का शौक है और न ही मेरी ही सेवा करने का शौक है और न ही तुम ऐसा करती हो। तुम तो मौज करने आयी हो। मैंने पिछले साल से तुम्हें परख लिया है। तुम मेरी पत्नी बनने के योग्य ही नहीं हो।''

गौ-मांस और अछूत

स्वतंत्रता प्राप्त होते ही महाराष्ट्र में भाषाई आन्दोलन जोर पकड़ गया था। डॉक्टर भीमराव अम्बेडकर भी महाराष्ट्रियन थे। आन्दोलन ने जब जोर पकड़ लिया तो उसके लिये एक भाषाई प्रान्तीय आयोग का गठन कर दिया गया। डॉक्टर अम्बेडकर इसके साथ अपने अछूत दलित आन्दोलन को भी जीवित रखे हुए थे। इसी क्रम में उन्होंने एक और पुस्तक लिख डाली। इस पुस्तक का नाम था ' द अन टचेबल्स'। इससे पूर्व वे 'हू वर दि शूद्राज' लिख चुके थे। इसके अन्तर्गत उन्होंने इसी आन्दोलन का जिक्र किया है। इसकी एक घटना का वर्णन इसके अन्दर है।

अपनी इस नई पुस्तक 'इ अनटचेबल्स' का नाम था। इसमें डॉक्टर अम्बेडकर ने छुआछूत के कई कारण लिखे। लेकिन उन्होंने दो को ही मुख्य माना। उनका मानना था कि कबीले के रूप में स्थायी बस्ती वाले लोगों की बिखरे तथा छितरे हुए

विभिन्न कबीले के लोगों से घृणा, नफरत और अपमान की भावना। इसके साथ ही बिखरे लोगों द्वारा बौद्ध मतानुयायी होते हुए भी निरन्तर गौ-मांस खाते रहना और ब्राह्मणों द्वारा गौ-मांस का त्याग।

इससे पूर्व भी लिख आये हैं कि डॉक्टर अम्बेडकर न केवल मांसाहारी थे और मांसाहारी के पोषक थे अपितु वे गौ-मांस को भी त्याज्य नहीं मानते थे। उनके लिये गाय, भैंस, बकरी के मांस में कोई अन्तर नहीं था, जबकि भारत की अधिसंख्य जनता गाय को पूज्य मानती आयी है। इससे पूर्व पंडित जवाहर लाल नेहरू के निजी सचिव एम॰ओ॰ मथाई से डॉक्टर अम्बेडकर के घनिष्ठ सम्बन्धों का उल्लेख किया गया है और बताया गया है कि मथाई ने 'नेहरू इरा' नाम से जो पुस्तक लिखी है उसमें डॉक्टर अम्बेडकर की भूरि-भूरि प्रशंसा की है। उस प्रशंसा में डॉक्टर अम्बेडकर द्वारा हिन्दू धर्म-ग्रंथों की अवहेलना और गौ-मांस भक्षण मुख्य बताया गया है। इस पुस्तक की सभी लोगों ने काफी सराहना की है।

अपनी इस पुस्तक में डॉक्टर अम्बेडकर ने लिखा है कि गौ-मांस न खाने वालों ने गौ-मांसाहारियों को अस्पृश्यता के बाड़े में धकेल दिया। अन्यथा अम्बेडकर का कहना है कि सवर्ण और असवर्ण में कोई जातिगत भेद नहीं है और न ही अछूतपन का आधार जातिगत तथा गंदे व्यवसायों की परिकल्पना है। प्रारम्भ में बस्ती वाले और बिखरे लोगों के बीच अपवित्रता की बात हो रही थी पर अछूतपन की नहीं थी। वहाँ पर सब समान थी।

डॉक्टर अम्बेडकर का मानना है कि अछूतपन का उदय सन् 400-500 के बीच हुआ। उन दिनों परम वैष्णव गुप्त सम्राटों का शासन था और वे शक्तिशाली वैभव सम्पन्न शासक थे। संस्कृत भाषा का अधिकांश साहित्य उसी युग में लिखा गया है। उसी युग में गौ-मांस भक्षकों को अछूत श्रेणी में रख दिया गया था। उससे पूर्व उसको अपवित्र तो माना जाता था, किन्तु अछूत नहीं। उस काल में छुआछूत का कोई ठोस प्रमाण नहीं मिलता है।

अपने भाषण व इसी पुस्तक में कहीं भी डॉक्टर भीमराव अम्बेडकर ने गौ-मांस का निषेध नहीं किया है और न ही गाय के प्रति अपनी श्रद्धा व्यक्त की है। जैसा कि हम पहले लिख आये हैं कि उनके लिये गाय और बकरी के मांस में कोई अन्तर नहीं था। जहाँ तक मांस भक्षण का प्रश्न है, हम भी अथवा कोई भी बुद्धिशील व्यक्ति गाय और बकरी के मांस में कोई अन्तर नहीं समझेगा, किन्तु गौ-मांस भक्षण का विरोध न करना, केवल इतना अपितु उसे ग्राह्य मानना, यह भारतीय मानस के लिये स्वीकार्य नहीं हो पाया है। आज भी, इतनी तथाकथित अग्रभागिता के उपरान्त भी,

भारतीय जन गौ-मांस भक्षण के लिये उद्दत नहीं होता, तब यदि उस काल में गौ-मांसभक्षियों को अछूत माना गया, तो इसमें कुछ अनुचित हुआ, ऐसा नहीं माना जाना चाहिये। बल्कि चाहिये तो यह था कि डॉक्टर अम्बेडकर अपने तथाकथित दलितों को इसके निषेध के लिये प्रेरित करते, विपरीत इसके उन्होंने उनको इसके लिये आन्दोलित किया, जिससे उन्होंने भारतीय सभ्यता का अपमान किया।

अपने इस प्रकार के विचारों को डॉक्टर अम्बेडकर ने बहुत महत्व दिया, उसका भी यह कारण है कि भारत के प्रगतिशील नेताओं के प्रिय होने पर भी वे भारत में जन-जन के प्रिय न हो सके। स्वतंत्रता आन्दोलन में उनका बढ़-चढ़ कर भाग न लेना जहाँ उनके प्रिय न हो सकने का एक कारण था वहीं उसका दूसरा कारण उनकी अभारतीयता का पोषण भी रहा है। उन्होंने अपना समय अछूतों और दलितों के अधिकार दिलाने में ही लगा दिया था, इसलिये वह स्वतंत्रता संग्राम में किसी तरह का योगदान नहीं कर सके।

जातिवाद की पराकाष्ठा

भारत विभाजन के प्रसंग में एक विशेष बात उल्लेखनीय है कि अम्बेडकर ने अपनी स्वार्थपरता एवं संकुचित दृष्टिकोण का भी उदाहरण पेश किया। पाठकों को अर्थात् भारत के जनमानसों को यह नहीं भूलना चाहिये कि डॉक्टर अम्बेडकर का भारत के विधिमंत्री के रूप में जहाँ एक ओर नया दायित्व मिला वहाँ वे बम्बई के सिद्धार्थ कॉलेज की भी उसी प्रकार देखभाल करते रहे, जिस प्रकार कि इससे पूर्व वे करते आये हैं। इसके साथ ही एक बात यह भी नहीं भूलनी चाहिये कि भारतीय जनजीवन का आधार इसके मनुस्मृति, याज्ञवल्क्य स्मृति आदि स्मृति ग्रंथ हैं, जिनसे अम्बेडकर को घृणा थी। इस स्थिति में वे संविधान प्रारूप समिति के कार्य के प्रति कितना न्याय कर पाते होंगे, यह भी विचारणीय है। इसके साथ ही उन्हें पाकिस्तान में रहने वाले, अथवा वहाँ रह रहे दलितों की चिन्ता भी सता रही थी। वे सोच रहे थे कि न जाने उनका वहाँ क्या होगा? यह कहा जाता है कि उन्होंने पाकिस्तान के दलितों को प्रोत्साहित किया था कि वे किसी भी स्थिति में मुस्लिम सम्प्रदाय में सम्मिलित होना स्वीकार न करें। किसी भी हालत में मुसलमान न हों।

डॉक्टर अम्बेडकर ने पाकिस्तान से दलितों को बुलाने के लिए प्रधानमन्त्री को पत्र लिखा जिसमें कहा गया कि प्रधानमन्त्री दलितों को वापस लाने का प्रयास करें।

अपने पाठकों एवं भारत के नागरिकों को जो बात हम बताना चाहते हैं वह यह कि डॉक्टर अम्बेडकर को पाकिस्तान में फँसे दलितों की ही चिन्ता थी, किन्तु

अन्य हिन्दू की नहीं। जबकि वे यह भली-भाँति जानते थे कि दलित अथवा अछूत कहे जाने वाले लोग यदि पाकिस्तान में रहेंगे तो उनको वे कष्ट नहीं झेलने होंगे, जो वहाँ के हिन्दुओं को झेलने पड़ रहे थे। उसका कारण स्पष्ट था कि पाकिस्तान को भी उन दलितों और अछूतों की उतनी ही आवश्यकता थी। इसलिये अम्बेडकर हर सूरत में चाहते थे कि वहाँ के दलित किसी तरह से हिन्दुस्तान में आ जाएँ।

तदापि डॉक्टर अम्बेडकर ने उनको वहाँ से लाये जाने के लिये अनेक प्रकार की अपील की, अनेक प्रकार के यत्न किये, अनेक योजनायें बनाई गयीं। अपने प्रयत्न में अम्बेडकर ने पाकिस्तान में रह रहे हिन्दुओं के लिये एक बार भी प्रयास नहीं किया, उनको जो यातनायें दी जा रही थीं, उनका जो अपमान किया जा रहा था, उसके लिये अम्बेडकर के पास न सहानुभूति के शब्द थे और न सान्त्वना के। उन्होंने इस मामले में अपनी कोई भी हमदर्दी, कोई भी तसल्ली नहीं दिखाई थी।

अम्बेडकर की एकांगी भावना हिन्दू समाज पर कोई प्रतिकूल असर देखने को नहीं मिला उसका कथित अछूतों के प्रति वही सद्भावनापूर्ण व्यवहार रहा, जिसका कि विगत कुछ दशकों से प्रचलन होने लगा था। विशेषतया स्वामी दयानन्द और उनके द्वारा स्थापित संस्था आर्य समाज के माध्यम से इस दिशा में अनेक सफल प्रयत्न किये गये थे। हमें तो यहाँ पर केवल डॉक्टर अम्बेडकर की जातिवादी संकीर्णता को दिखाना था न कि अछूतों के विषय में दिखाना था, अछूतोद्धार के विषय में नहीं।

5

हिन्दू कोडबिल का निर्माण

हिन्दू कोडबिल का निर्माण डॉ. साहेब ने मधुमेह रोग से ठीक होने के बाद किया। उनका कहना था कि यह हिन्दू कोडबिल है, इसे पढ़ा और समझा जाये तथा इस पर पूरी तरह विचार किया जाये। विचार-विमर्श के बाद इसको लागू कर दिया जाये। इससे हिन्दू जनता का बड़ा हित होगा हिन्दुओं की भलाई के लिये ही उन्होंने इस कोडबिल को बड़े परिश्रम के साथ तैयार किया था। हिन्दू कोडबिल पर पंजाब प्रान्त के लोगों ने विरोध किया। उन्होंने कहा कि यह हिन्दू कोडबिल पंजाब परन लगाया जाये। हमारे प्रदेश को इस कोडबिल से दूर ही रखा जाये।

सिक्ख अपनी बात कहने लगे कि हिन्दू कोडबिल एक धोखा है, एक जाल है, हिन्दुओं के द्वारा सिक्खों को हड़पने की एक चाल है। यह किसी चाल के तहत उस कोडबिल को यहाँ लागू करना चाहते हैं। सरदार पटेल ने भी कहा कि यह हिन्दू कोडबिल न्यायसंगत नहीं है। इस प्रकार कुछ लोगों ने इस कोडबिल की उपेक्षा करना आरम्भ कर दिया था। राष्ट्रपति राजेन्द्र प्रसाद का भी कहना था कि मैं इस हिन्दू कोडबिल का समर्थन कभी नहीं करूँगा उन्होंने भी इसका समर्थन देने से साफ इन्कार कर दिया था।

किन्तु प्रधानमंत्री जवाहर लाल नेहरू इस पक्ष में थे कि हिन्दू कोडबिल पास कर दिया जाये। इसे जल्दी-से-जल्दी हिन्दू जनता पर लागू किया जाये, ताकि हिन्दू धर्म के लोगों को कुछ तो राहत मिल सके। ये कोडबिल हिन्दू लोगों को नजर में रखकर बनाया गया था। इसलिये नेहरू जी का कहना था कि अगर मेरी सरकार ने हिन्दू कोडबिल पास नहीं किया तो मैं प्रधानमंत्री पद से इस्तीफा दे दूँगा इसलिये

मैं इसे पास करवाना चाहता हूँ। डॉक्टर भीमराव अम्बेडकर ने भी हिन्दू कोडबिल के पास करने के लिये बहुत जोर लगाये। इस कोडबिल के समर्थन में लोग उसको जल्दी-से-जल्दी पास कराना चाहते थे।

तब पंडित जवाहर लाल नेहरू ने कहा–"मैं राष्ट्रपति से निवेदन करता हूँ कि वे हिन्दू कोडबिल पर बहस करवाएँ और उसको जल्दी-से-जल्दी पास कराने का आदेश जारी करें।"

इस पर राष्ट्रपति राजेन्द्र प्रसाद बोले–"कुछ लोगों का मत है कि सबसे पहले बिल के पहले भाग पर विचार करना चाहिये। जिसमें शादी और तलाक की समस्या है।"

"आप वही कीजिये।"

तभी श्यामा प्रसाद मुखर्जी बोले–"यह बिल हिन्दू धर्म के विपरीत है। इसको लागू नहीं किया जा सकता। हम इसे लागू करने में असमर्थ हैं।"

पंडित मदन मोहन मालवीय ने अपना मत प्रकट करते हुए कहा-"यह हिन्दू कोडबिल एक धोखा है।"

इस पर डॉक्टर भीमराव अम्बेडकर जब कुछ कहते, तभी सरदार बल्लभभाई बोल पड़े-"इस बिल से हिन्दुओं का हित कभी नहीं होगा इसलिये इसे पास करने की कोई आवश्यकता नहीं। इस हिन्दू कोडबिल को कैंसिल करना ही ठीक रहेगा, हिन्दुओं का हित इसी में है।"

अब बाबू राजेन्द्र प्रसाद जी की समझ में आ गया। वे सबसे कहने लगे–"अगर पंडित नेहरू को यह हिन्दू कोडबिल पास कराना है तो खुशी से करवायें, मैं मना नहीं करता, लेकिन इससे पहले मेरा इस्तीफा स्वीकार कर लें। मैं राष्ट्रपति पद से त्याग-पत्र दे दूँगा"

जिसके कारण हिन्दू कोडबिल पास नहीं हो सका, क्योंकि सभी की ओर से उसका विरोध किया गया था। कोई भी इस कोडबिल को पास कराने के पक्ष में नहीं था, सभी लोग अपनी-अपनी राय पेश कर रहे थे।

अम्बेडकर ने इसे अपना अपमान समझा। उन्हें बहुत दुःख हुआ कि उनके बनाये गये हिन्दू कोडबिल पर कोई विचार नहीं किया गया। इसको तुरन्त भारत सरकार ने रद्द करने की माँग की गयी।

अम्बेडकर की समझ में कुछ नहीं आया। वे अपने ही निर्णय पर जमे रहे। उनका कहना था कि–"मैंने बड़े ही परिश्रम के साथ हिन्दू कोडबिल बनाया था। उसे पढ़ा नहीं गया, उसे सुना नहीं गया और उस पर कोई विचार भी नहीं किया गया।

यह मेरा अपमान है। मैं इसे सहन नहीं कर सकता, इसलिये मैं कानून मंत्री के पद से इस्तीफा देता हूँ। मेरे लिये बहुत जरूरी हो गया है कि अभी और इसी समय त्याग-पत्र दे दूँ—वरना आप इस पर गौर करके देखिये।''

अम्बेडकर त्याग-पत्र लिखने लगे—''मुझे कानून मंत्री का पद नहीं चाहिये। मैं इसका त्याग करता हूँ। मेरा कहना था कि मुझे योजना विभाग का मंत्री बनाओ, लेकिन मेरी यह बात सुनी नहीं गयी। छुआछूत अब तक नहीं मिट पायी। यह कैसी सरकार है और कैसा इसका प्रबंध है? यहाँ किसी की बात की कोई मान्यता नहीं है। किसी की बात को कोई अहमियत नहीं दी जाती।''

आगे अम्बेडकर ने लिखा—''सरकार ने अछूतों के लिये कुछ भी नहीं किया। सभी नेताओं ने मेरे हिन्दू कोडबिल का विरोध किया। किसी ने भी उसको पढ़ने की तकलीफ तक नहीं उठायी।''

त्याग-पत्र लिखकर डॉक्टर अम्बेडकर ने उस पर अपने हस्ताक्ष कर दिये और फिर शारदा कबीर को पढ़कर सुनाया। इसके बाद वह त्याग-पत्र पंडित जवाहर लाल नेहरू के पास भेज दिया गया। उन्होंने उसे पढ़ा, तो उन्हें बहुत दुःख हुआ। वह नहीं चाहते थे कि अम्बेडकर अपने पद से त्याग-पत्र दें। नेहरू जी ने अम्बेडकर को अपने पास बुलाया और समझाया, मगर अम्बेडकर का कहना था कि वे किसी भी मंत्रिमण्डल में नहीं रहेंगे। अब वह पूरे मंत्रिमण्डल से ही अपना इस्तीफा दे रहे हैं।

भीमराव अम्बेडकर ने इस विषय में कहा था कि—''मैं मिट्टी का ढेला नहीं हूँ, जो पानी की धार से धुल जाये। मैं एक पहाड़ी के समान हूँ जो पिघलती नहीं; अपितु नदियों के बहाव को बदल देती है.....मैंने अपनी सम्पूर्ण शक्ति के साथ चार वर्ष तक काँग्रेस से सहयोग किया और पूर्ण निष्ठा सहित मैंने अपनी मातृभूमि की सेवा में लगा दिया। लेकिन इन बरसों के बीच, मैंने अपने आपको काँग्रेस में विलीन नहीं होने दिया। मैं उन लोगों के साथ सहयोग और सहायता के लिये सहर्ष तैयार हूँ, जो परिगणित जाति के लोगों की उन्नति के लिये अपने शब्दों, कार्यों तथा समर्थन के प्रति निष्ठावान हैं। मैं उनके साथ कभी सहयोग नहीं करूँगा, जिनकी वाणी मीठी है, परन्तु जिनके इरादे व कार्य हम लोगों के हित के पक्ष में नहीं हैं।'' उन्होंने इस्तीफा दे दिया और कहा—''मंत्री पद पर रहने का अब उनका कोई अर्थ भी नहीं था। वह काँग्रेस में थे। काँग्रेस ही इनका विरोध कर रही थी, इसलिये वह अपने पद से हमेशा के लिये त्याग-पत्र देना चाहते हैं। इस मंत्रिमण्डल को छोड़ना चाहते हैं।''

वह अक्टूबर, सन् 1951 का दिन था, जब डिप्टी स्पीकर ने डॉक्टर अम्बेडकर की ओर मुखाबित होकर उन्हें 'माननीय मंत्री' से सम्बोधित किया, तब डॉक्टर

अम्बेटकर ने टोकते हुए कहा कि–"वे अब मंत्री नहीं रहे हैं।" उनका त्याग-पत्र चर्चा का विषय बन गया। सभी लोग जानते हैं कि वह अपने पद से इस्तीफा दे चुके हैं, अब उनका मंत्रिमण्डल से कोई लेना-देना नहीं है।"

लगातार विरोधों ने उनका आत्मविश्वास ही खत्म कर दिया तब उन्होंने कहा–"स्पृश्य हिन्दुओं के बहुमत के आधार पर गाँधीजी और उनकी काँग्रेस ने मेरा और मेरे पक्ष का राजनैतिक जीवन ही समाप्त कर दिया है। अब उन्हें काँग्रेस पार्टी और इस सारे मंत्रिमण्डल से नफरत-सी हो गयी है।"

इस तरह डॉक्टर भीमराव अम्बेडकर को राजनीति से निकाल दिया गया तब उन्होंने कहा– "इस राजनीति से एक साथ ही संन्यास ले लेंगे। वे हिन्दू धर्म का त्याग कर देंगे। यह हिन्दू धर्म उनकी समझ में नहीं आया और इसने उन्हें कुछ भी नहीं दिया–सिवाय अपमान और तिरस्कार के। इसलिये वह यह धर्म ही त्याग देंगे।"

अम्बेडकर का मन कहने लगा–"अहिंसा में ही शान्ति है। महात्मा गौतम बुद्ध का चलाया हुआ बौद्ध धर्म सब धर्मों का राजा है। वह शान्ति का एकमात्र प्रतीक है। मैं उसे ही ग्रहण कर लूँगा और बौद्ध भिक्षुक बन जाऊँगा इससे अच्छा धर्म मेरे लिय कोई और नहीं हो सकता, अपना मैं बाकी का जीवन शान्ति से गुजारना चाहता हूँ।"

यह सारी घटना उन्होंने अपनी पत्नी शारदा कबीर को बतायी और मैं बौद्ध धर्म को स्वीकार करूँगा, मेरा मन हिन्दू धर्म से ऊब गया है।

शारदा कबीर ने पति को समझाने की कोशिश की, लेकिन अम्बेडकर ने जो इरादा कर लिया वह फिर नहीं बदला। उन्हें अब जिद्द हो गयी थी कि वह हिन्दू धर्म का त्याग करके बौर्द्ध धर्म को अपनायेंगे। जल्दी ही यह समाचार चारों ओर फैल गया कि भीमराव अम्बेडकर बौद्ध धर्म ग्रहण करने जा रहे हैं। उन्होंने हिन्दू धर्म का त्याग करने का इरादा अपने मन में बना लिया है। अब अम्बेडकर ने कुछ पुस्तकों को लिखना शुरू कर दिया था। वे अलग-अलग विषय की थीं, अभी पूरी नहीं हो पायी थीं।

डॉक्टर भीमराव अम्बेडकर ने अपने नौकर नानकचंद्र रत्तू से कहा–"रत्तू, इन किताबों को कैसे पूरा किया जायेगा कि कौन करेगा? मेरी शक्ति तो दिन-प्रतिदिन घटती ही जा रही है, मुझसे ये काम नहीं हो पा रहा है, समझ में नहीं आता कि इन किताबों को कैसे पूरा करूँ?"

"सब हो जायेगा साहब! सब होगा आप संतोष रखिये।"

"मैं आखिर तक जनता की सेवा ही करता रहूँगा जिसे लोकसेवा कहा जाता है।"

नानकचन्द्र स्तू कहने लगा–"आपने जो पौधा समाज-सेवा का लगाया है वह सींचा जायेगा, उसकी सुरक्षा होगी और एक दिन वह पेड़ बन जायेगा"

अम्बेडकर को नानकचन्द्र स्तू की बातों से सुख की अनुभूति हुई एवं परम सन्तोष हुआ।

"अच्छा, अब मेरा बौद्ध धर्म की दीक्षा लेने का समय आ गया है।"

"हाँ साहब! 14 अक्टूबर, सन् 1956 का दिन इसके लिये रखा गया है।"

"यह बहुत अच्छा है।"

बौद्ध धर्म के प्रति उनमें बचपन से ही आकर्षण था। इस धर्म में उनकी अटूट श्रद्धा थी। हिन्दू धर्म उन्हें रास नहीं आया था। उसमें जन्म पाकर वह आजन्म उपेक्षित तथा अपमानित होते रहे थे। उन्होंने अपने को बौद्ध धर्म के निकट पाया था। उन्हें बौद्ध धर्म के नियम सबसे ज्यादा पसन्द आये थे और वे इन्हीं के अनुसार अपना जीवन बिताना चाहते थे। अब अम्बेडकर अपने परिवार के साथ बौद्ध धर्म ग्रहण करने के लिये चल दिये।

अम्बेडकर, शारदा कबीर, पुत्र यशवंत राव और नानकचन्द्र स्तू- ये चारों सदस्य बुम्बई से नागपुर के लिये रवाना हो गये। अम्बेडकर ने बौद्ध धर्म ग्रहण करने का अपने मन में पक्का इरादा बना लिया था। वहाँ पहले से ही समाचार पहुँच गया था, इसलिये हजारों की संख्या में जनता अपने प्रिय नेता डॉक्टर भीमराव अम्बेडकर के दर्शनों के लिये उमड़ पड़ी। लाखों की तादाद में वहाँ लोगों ने पहुँचकर अम्बेडकर का भव्य स्वागत किया। दीक्षा स्थल पर एक विशाल जन-समूह इकट्ठा हो गया। जिसमें जोर-जोर से नारे लगाये जा रहे थे–"डॉक्टर अम्बेडकर जिन्दाबाद! अछूतों के मसीहा डॉक्टर अम्बेडकर जिन्दाबाद! डॉक्टर अम्बेडकर की जय! डॉक्टर अम्बेडकर जिन्दाबाद!"

चारों ओर अम्बेडकर के धर्म परिवर्तन की चर्चा हो रही थी कि उन्होंने अपने जीवन भर संघर्ष किया और अब शान्ति चाहते हैं, इसलिये बौद्ध धर्म अपना रहे हैं। उनका कहना है कि इस तरह से लोकसेवा करेंगे। बरसों से खोया हुआ बौद्ध धर्म जगायेंगे। उसका पूरे भारत में घूम-घूम कर प्रचार करेंगे। वे अब और मानव जाति का भला करेंगे। इस प्रकार उनका शेष जीवन शान्ति से बीतेगा वह अब राजनीति से दूर रहना चाहते हैं।

भीड़ में भगवान बुद्ध की भी जय बोली जा रही थी। दीक्षा स्थल में चारों ओर

सिर-ही-सिर दिखाई पड़ रहे थे। भीड़ बढ़ती जा रही थी। इसके दो बहुत बड़े कारण थे– सबसे बड़ा कारण तो यह था कि डॉक्टर अम्बेडकर कानून मंत्री रह चुके थे और उन्होंने बहुत ही ऊँची शिक्षा पायी थी। इसलिये जनता को उनमें अपार श्रद्धा थी-जनता उनके दर्शन के लिये आयी थी। सभी लोग उनके दर्शनों के इच्छुक थे, इसलिये लाखों की तादाद में वहीं पहुँचकर उन्होंने अम्बेडकर का स्वागत किया।

दूसरा कारण यह था कि डॉक्टर भीमराव अम्बेडकर बौद्ध धर्म ग्रहण करने जा रहे थे। उनमें अचानक धर्म परिवर्तन की भावना आ गयी थी। यह जनता के लिये किसी आश्चर्य से कम नहीं था। हजारों बौद्ध ध्वज लहरा रहे थे। उनको खुशी थी कि अम्बेडकर बौद्ध धर्म ग्रहण करना चाहते हैं।

बौद्ध-भिक्षु चिंतामणि ने भी मृदु भाषा में सम्बोधित करते हुए कहा–"आप सबसे निवेदन है कि आप सभी लोग शान्त रहें। अब दीक्षा कार्य प्रारम्भ होने जा रहा है, इसलिये अपनी-अपनी जगह पर बैठ जायें।"

अम्बेडकर, बौद्ध-भिक्षु के पीले कपड़े पहने आसन पर बैठे थे। बौद्ध-भिक्षु चिंतामणि उनके सामने आकर बैठ गये।

पहले अम्बेडकर का सिर मुंडित हुआ। फिर स्नान के पश्चात् उन्हें श्वेत वस्त्र दिये गये। चिंतामणि ने उनके हाथ में भिक्षा-पत्र दे दिया।

इसके पश्चात् वे दीक्षा देने का आयोजन करने लगे। उन्होंने अम्बेडकर से पूछा–"तुम्हें किसी वस्तु, प्राणी या स्थान से मोह तो नहीं है?"

"नहीं महाराज, अब मुझे किसी चीज का मोह नहीं है।" अम्बेडकर ने जवाब दिया–"अब मैं शान्ति से जीना चाहता हूँ।"

"तुमने संसार से नाता तोड़ दिया है?"

"हाँ, संसार से विरक्त हो गया हूँ।"

"तुम्हारे मन में कोई इच्छा तो नहीं है?"

"नहीं।"

"तो तुम बौद्ध धर्म स्वीकार करने के लिये पूरी तरह तैयार हो?"

"हाँ, मैं बिलकुल तैयार हूँ।"

"तुम सत्य का पालन कर सकोगे?"

"सत्य मेरी माँ है।"

"तुम कटु वाणी सह सकोगे?"

"सत्य मेरी माँ है।"

"तुम कटु वाणी सह सकोगे?"

"मेरे लिये अब संसार में कुछ भी कटु नहीं रहा।"

"तुम सर्वथा दीक्षा के योग्य हो। मैं तुम्हें अभी दीक्षा देता हूँ," उन्होंने कहा। चारों ओर तालियों का ही शोर था। लोग उनके बौद्ध धर्म अपनाने की खुशी में तालियाँ बजा रहे थे।

अब बौद्ध-भिक्षु चिंतामणि ने अम्बेडकर को दीक्षा देना आरम्भ किया। उनके मुँह से निकला–

"बुद्धं शरणं गच्छामि।"

"संघं शरणं गच्छामि।"

"धर्मं शरणं गच्छामि।"

"बुद्धं शरणं गच्छामि।"

बौद्ध-भिक्षु चिंतामणि जो कहते अम्बेडकर उसको दोहराते। सभा में सन्नाटा छाया हुआ था। सभी लोग मौन थे, प्रसन्न थे और दीक्षा समारोह देख रहे थे।

पहली बार अम्बेडकर ने दीक्षा के वाक्य दोहराये। दुबारा भी वे उनका उच्चारण करते रहे। अब चिंतामणि कहने लगे–

'तृतियंपि बुद्धं शरणं गच्छामि।"

"तृतियंपि धर्मं शरणं गच्छामि।"

'तृतियंपि संघं शरणं गच्छामि।"

इसके बाद चिंतामणि ने अम्बेडकर से कहा–"तुम्हें कुछ प्रतिज्ञाएँ करनी पड़ेंगी अम्बेडकर!"

"आपकी आज्ञा का पालन होगा भगवन्!"

1. "बौद्ध धर्म की निन्दा नहीं करोगे, न कोई ऐसे काम तुम करोगे, जो इस धर्म के विरुद्ध हों।"
   "इसका ध्यान रखूंगा"
2. पितरों का श्राद्ध कभी नहीं करोगे और न ही उनको पिण्डदान दोगे।" यह भी प्रतिज्ञा मैं करता हूँ।"
3. "हमेशा सच बोलोगे। बुरा विचार नहीं करोगे। चोरी से भी दूर रहोगे।"
   "बिल्कुल ठीक है भगवन!"
4. "सभी जीवों पर दया करोगे और अहिंसा तुम्हारा महान् व्रत होगा" "जी, ऐसा ही होगा"
5. "ब्राह्मणों से सभी क्रियाकर्म नहीं करवाओगे। हर मनुष्य को एकसमान समझोगे और एक ही दृष्टि से देखोगे।"

इस तरह बौद्ध-भिक्षु चिंतामंणि प्रतिज्ञा पर प्रतिज्ञा करवाते चले जा रहे थे और अम्बेडकर सिर झुकाये सभी कुछ स्वीकार कर रहे थे। सभी लोग वहाँ बैठे उन्हें देख रहे थे।

6. ''महात्मा बुद्ध पर अपना जीवन न्यौछावर कर दोगे।''
   ''कर दूँगा''
7. ''मांस और मछली कभी नहीं खाओगे।''
   ''नहीं खाऊँगा''

जब अम्बेडकर ने यह अन्तिम प्रतिज्ञा की तो समस्त सभा में जोर-जोर से तालियाँ बजने लगीं। अब डॉक्टर भीमराव अम्बेडकर ने बौद्ध अपना लिया है। अम्बेडकर बौद्ध-भिक्षुक बन गये। उनका शरीर भी स्वस्थ नहीं रहता था। अम्बेडकर को मधुमेह की बीमारी थी। वह बहुत पुरानी हो चुकी थी। उसका अधिक-से-अधिक इलाज चलाया गया परन्तु वह ठीक ही नहीं हुई। इसी कारण वह दिन-पर-दिन दुबले होते जा रहे थे, और उनको चलने-फिरने में भी परेशानी होने लगी थी। इसलिये वह कम ही बाहर आया-जाया करते थे। सारा दिन घर में आराम से गुजारने लगे थे।

उनकी पत्नी शारदा कबीर लेडी डॉक्टर थीं। उन्होंने यह निर्णय कर लिया कि मधुमेह का मरीज इन्जेक्शन लगवाता रहे, दवा खाता रहे, उसे फिर ज्यादा तकलीफ नहीं होती। पिता की बीमारी की यशवंत राव को भी बड़ी चिन्ता थी। यशवंत राव अपनी विमाता शारदा कबीर से यही कहते—''माँ, पिताजी को अस्पताल में भर्ती करा दिया जाये। यह ज्यादा अच्छा रहेगा वरना इस प्रकार घर में पड़े-पड़े पिताजी और भी ज्यादा बीमार पड़ जायेंगे, और उनकी हालत में कोई सुधार नहीं हो रहा है।

शारदा कबीर इस पर हँस देतीं और यशवंत राव को समझाते हुए स्नेहभरे स्वर में कहने लगतीं—''जो इलाज इनका अस्पताल में होगा, वही मैं घर पर कर रही हूँ। वहाँ ले जाने से कोई फायदा नहीं, बल्कि इनको परेशानी होगी। यहाँ घर पर आराम से रहते हैं, तुम इनकी चिन्ता-फिक्र बिल्कुल छोड़ दो।''

यशवंत राव चुप हो जाता। अब उसके पिता बूढ़े हो गये थे। उनके शरीर ने भी जवाब दे दिया था। चलने-फिरने में भी वे असमर्थ हो गये थे। यशवंत राव पिता की अधिक-से-अधिक सेवा करता। उनका वह बदन दबाता। उनके सिर पर तेल की मालिश करता। यशवंत राव यह भी देख रहा था कि माता शारदा कबीर रात को सोती भी नहीं। पिता जी के पास वे कुर्सी पर बैठी रहती हैं। समय पर दवा देना और हर तीन घंटे बाद थर्मामीटर लगाकर यह देखना कि कितना ज्वर है? उसे चार्ट में लिखना। और उनकी सारी व्यवस्था करना था।

यशवंत राव यह भी देख रहा था कि शारदा पिताजी से परहेज पर बहुत अधिक ध्यान दे रही हैं। शारदा कबीर के प्रति यशवंत राव श्रद्धा से भर जाता, वह जब देखता कि उसकी विमाता पिता की देह दबा रही हैं। नौकर नानकचन्द्र स्तू सच्चा स्वाभिभक्त था। वह अधिकांश अपने मालिक के पास ही बैठा रहता और ईश्वर से उनके लिये मन-ही-मन ईश्वर से प्रार्थना करता कि उन्हें दीर्घ आयु मिले। जल्दी-से-जल्दी उनके मालिक की बीमारी ठीक हो जाये।

अम्बेडकर का परिवार इस तरह उनकी बीमारी से दुःखी था। सभी को चिन्ता थी। सभी खूब सेवा करते। उनसे सबको श्रद्धा थी और वे वास्तव में श्रद्धा के प्रतीक थे। हमेशा उन्होंने अपने बारे में न सोचकर दूसरों के ही विषय में सोचा था। अम्बेडकर बिस्तर में बंदी बन गये। वे अब बहुत शिथिल हो गये थे। पत्नी शारदा कबीर की यही चाह थी कि वे अधिक-से-अधिक आराम करें। आवश्यकता पड़ने पर ही बोलें। इसलिये लोगों को बार-बार मिलने की इजाजत नहीं दी जाती थी।

स्वाधीन भारत के भावी संविधान में दलित वर्गों की सुरक्षा के लिए डॉ. अम्बेडकर के सामाजिक-राजनीतिक सुझाव

स्वाधीन भारत के भावी संविधान में दलित वर्गों की सुरक्षा के लिए डॉ. अम्बेडकर और राव बहादुर आर. श्रीनिवासन ने कुछ सामाजिक-राजनीतिक सुझाव रखे। वे इस प्रकार हैं :

शर्त 1

समान नागरिकता

दलित वर्ग अगनी आनुवंशिक गुलामी बहुसंख्यक को न दे। बहुसंख्यक शासन लागू होने से पहले दलितों को अस्पृश्यता की कुरीति से पूरी तरह मुक्ति मिलनी चाहिए। इस मामले को बहुसंख्यकों की इच्छा पर नहीं छोड़ा जाना चाहिए। दलितों को अन्य नागरिकों की तरह सभी अधिकार मिलने चाहिएँ।

(क) अस्पृश्यता को सगाप्त करने और समान नागरिकता का अधिकार बहाल करने के लिए निम्नलिखित मौलिक अधिकार को संविधान में दर्ज किया जाए।

गौलिक अधिकार

'भारत के सभी नागरिक कानून की निगाह में एक समान हैं और सबके नागरिक अधिकार बराबर हैं। वर्तमान समय में छुआछूत के बारे में लागू कोई भी

अधिनियम, कानून, आदेश, व्याख्या या रिवाज जो किसी व्यक्ति को दंडित करता है, असुविधा पहुँचाता है, अयोग्य करार देता है, या पक्षपात करता है, तो उसे नए संविधान के लागू होते ही समाप्त माना जएगा'

(संयुक्त राज्य अमरीका संविधान संशोधन 14 और आयरलैंड सरकार अधिनियम 1920, 10 व 11, जी.ई.ओ. 5, अध्याय 67, धारा 5 (2))

(ख) 'भारत सरकार अधिनियम', 1919 की धारा 110 और 111 के तहत अधिशासी अधिकारियों को मिलने वाली छूट को समाप्त करना और उन्हें ठीक उसी तरह की जिम्मेदारी सौंपना जैसी कि ब्रिटेन और यूरोप में है।

शर्त 2

समान अधिकारों का स्वतंत्र उपयोग

दलितों के समान अधिकारों की घोषणा करना ही काफी नहीं है। उनको लागू करने में सतर्कता बरती जाये। अतएव, दलितों का मानना है कि अगर ये अधिकार महज कागजी नहीं हैं, तो अधिकारों का हनन करने वालों को दंड देने की व्यवस्था की जाए।

(क) इस उद्देश्य की प्राप्ति के लिए दलित चाहते हैं कि 'भारत सरकार अधिनियम', 1919 भाग 11 जो अपराध, प्रक्रिया एवं दंड परिभाषित करता है, उसके साथ इन धाराओं को संलग्न कर लिया जाये।

(i) नागरिकता हनन का अपराध

यदि कोई व्यक्ति किसी व्यक्ति को, सार्वजनिक वास, लाभ, सुविधा, धर्मशाला में ठहरने के अधिकार, शैक्षिक संस्थाओं में प्रवेश, सड़क, राह, गली, तालाब, कुआँ व पानी के उपयोग के अन्य स्थान, सार्वजनिक वाहन, भूमि, हवा अथवा पानी, नाट्य गृहों अथवा कला व रंगकर्म से जुड़े अन्य सार्वजनिक स्थलों के उपयोग से रोकता है, तो उसे अस्पृश्यता के बारे में पहले से चली आ रहे शर्तों पर विचार किए बिना पाँच वर्ष तक की कारावास की सजा दी जाये।

(अमरीकी कानून नागरिक अधिकार संरक्षण अधिनियम 9, अप्रैल 1866 और 1 मार्च 1875। ये कानून नीग्रो लोगों को दासता से मुक्ति के बाद उनके अधिकारों के संरक्षण के लिए बनाए गए थे।)

(ख) दलित वर्ग को समाज में सम्मान की दृष्टि से देखा जाये। रूढ़िवादियों के पास सबसे खतरनाक हथियार यही है, जिसके बल पर वे दलितों को वह सब

कुछ करने से रोकते हैं, जो इन रूढ़िवादियों को पसंद नहीं है। बहिष्कार का हथियार कब और कैसे इस्तेमाल किया जाता है, इसका पूरा ब्यौरा उस समिति की रिपोर्ट में है, जिसे 1928 में बंबई सरकार ने गठित किया था। इस समिति का काम बंबई प्रेसिडेंसी के दलित वर्गों (अस्पृश्यों) और आदिवासियों की आर्थिक, सामाजिक और शैक्षिक स्थिति का पता लगाना और उनके उत्थान के उपाय सुझाना था। **रिपोर्ट का संक्षिप्त सारांश :**

दलित वर्ग और सामाजिक बहिष्कार

समाज में दलित अपने नागरिक अधिकारों का उपयोग सरलता से कर सकें ऐसा कोई नियम बनाया जाये। हमें आशंका है कि आने वाले समय में दलितों के रास्ते में बाधाएँ आएँगी। पहली आशंका तो यही है कि रूढ़िवादी वर्गों के लोग कहीं दलितों के खिलाफ खुली हिंसा पर न उतर आएँ। हमें याद रखना चाहिए कि हर गाँव में दलितों का एक छोटा-सा वर्ग रहता है और बहुसंख्यक आबादी रूढ़िवादियों की है। जो उनका विरोध करेंगे, जिससे इन रूढ़िवादियों की सामाजिक हैसियत और उनके हित प्रभावित होते हों, उन पर कोई आँच आती हो। वैसे दलितों के खिलाफ खुली हिंसा का रास्ता अपनाने से ये लोग थोड़ा कतराएँगे, क्योंकि पुलिस और मुकदमे का डर रहेगा

दूसरा कारण है कि उनकी आर्थिक स्थिति कमजोर है। प्रेसिडेंसी के ज्यादातर हिस्सों में दलितों की आर्थिक स्थिति बहुत खराब है। कुछ लोग गाँव के बड़े जमींदारों के यहाँ बंटाई पर खेती करते हैं, जमींदार जब चाहे उन्हें खेती से बेदखल कर दें। कुछ लोग इन्हीं जमींदारों के यहाँ खेतिहर मजदूर हैं और बाकी लोग इन्हीं जमींदारों के यहाँ मजदूरी करके उसके बदले में मिले भोजन व अनाज से अपना जीवन चलाते हैं। रूढ़िवादी जमींदारों की आर्थिक हैसियत ही इनका सबसे बड़ा हथियार है जिसके बल पर ये दलितों का शोषण करते हैं। जब भी दलित अपने नागरिक अधिकारों के बारे में आवाज उठाते हैं, उन्हें खेत से बेदखल कर दिया जाता है, मजदूरी करने से रोक दिया जाता है, गाँव की चौकीदारी करने से भी रोक दिया जाता है, जिससे उन्हें पुनः जमींदारों की शर्तों को स्वीकार करना पड़ता है। दलितों के लिए गाँव के सार्वजनिक रास्ते बंद कर दिए जाते हैं।

गाँव के सामाजिक कुँओं से पानी भरने पर भी रोक लगा दी जाती है। कभी-कभी तो मामूली-सी घटना के चलते दलितों का सामाजिक बहिष्कार कर दिया जाता है। इस तरह की कई घटनाएँ प्रकाश में आई हैं, जैसे किसी दलित ने जनेऊ

पहन लिया, जमीन खरीद ली, अच्छे कपड़े या गहने पहन लिए, दूल्हा घोड़ी पर चढ़कर गाँव के आम रास्ते पर चले आए, तो उनका सामाजिक बहिष्कार कर दिया गया।"

'दलितों के दमन का सबसे बड़ा हथियार सही सामाजिक बहिष्कार का हथियार है। दमन के इस सफल तरीके के समक्ष अब खुली हिंसा का तरीका भी कमजोर पड़ गया है। आप जिससे चाहे संबंध रखें, जिससे चाहें न रखें, इस अधिकार ने 'सामाजिक बहिष्कार' को हथियार का कानूनी जामा पहना दिया है, जिससे यह सबसे खतरनाक हथियार सिद्ध हो रहा है। यदि हमें दलितों का विकास करना है, उन्हें अभिव्यक्ति और काम की स्वतंत्रता का अधिकार सही मायनों में देना है, तो हमें बहुसंख्यकों के इस अत्याचार को हर कीमत पर रोकना होगा'

दलितों का मानना है कि 'सामाजिक बहिष्कार' की इस कुरीति से उन्हें तभी छुटकारा मिलेगा, जब इसे दंडनीय अपराध के रूप में दर्ज किया जाएगा अतः 'भारत सरकार अधिनियम', 1919 भाग 11 में निम्नांकित धारा को जोड़ा जाए–

बहिष्कार के अपराध की परिभाषा

(क) एक व्यक्ति यदि दूसरे व्यक्ति को जमीन या मकान किराए या पट्टे पर देने, उसके साथ व्यापार करने, कोई अन्य काम करने से मना करता है जिसे सामान्य परिस्थितियों में वह करता, तो उसे बहिष्कार माना जाएगा अथवा

(ख) समाज में प्रचलित ऐसे सामाजिक, व्यावहारिक अथवा व्यापारिक संबंध में रखने से, जो संविधान में दर्ज मौलिक अधिकारों का उल्लंघन नहीं करते, आपत्ति व्यक्त करता है, अथवा

(ग) दूसरे व्यक्ति के विधिक अधिकारों के उपयोग में बाधाएँ खड़ी करता है, रोकने की कोशिश करता है, हस्तक्षेप करता है।

(यह बर्मा के 'बहिष्कार विरोधी अधिनियम', 1922 से लिया गया है। भारत की परिस्थितियों को ध्यान में रखते हुए इसमें कुछ संशोधन किए गए हैं।)

बहिष्कार के लिए दंड

कोई भी व्यक्ति किसी दूसरे व्यक्ति के ऐसे काम पर जिसे वह कानूनन कर सकता है, अथवा ऐसा काम न करने पर जिसे कानूनन नहीं करना चाहिए, बहिष्कार करता है, अथवा इस आशय से कि कोई व्यक्ति ऐसा काम करे जो कानूनन उसे नहीं करना चाहिए, या ऐसा काम न करे जिसे वह करने का हकदार है, अथवा इस व्यक्ति को शारीरिक, मानसिक क्षति पहुँचाने, प्रतिष्ठा गिराने, संपत्ति को नुकसान

पहुँचाने, कारोबार में बाधा डालने, उसके रहन-सहन को प्रभावित करने के उद्देश्य से इस व्यक्ति का, या इससे संबद्ध दूसरे व्यक्ति का बहिष्कार करता है, उसे सात साल की कैद अथवा जुर्माना, या दोनों दंड दिए जाएँगे।

अपवाद : अगर अदालत इस बात से संतुष्ट है कि अभियुक्त ने यह काम किसी दूसरे व्यक्ति के उकसाने या उसकी सांठ-गाँठ या किसी षड्यंत्र या किसी सामूहिक समझौते के तहत नहीं किया है, तो इस कृत्य को इस धारा के तहत अपराध नहीं माना जाएगा।

बहिष्कार के लिए प्रेरित अथवा प्रोत्साहित करने के लिए दंड

कोई भी व्यक्ति जो किसी दूसरे व्यक्ति या समूह के बहिष्कार के लिए–

1. इस उद्देश्य से या यह जानते हुए कि इससे बहिष्कार को बढ़ावा मिलेगा सार्वजनिक रूप से किसी बयान, अफवाह या रिपोर्ट को पढ़ता हो, प्रकाशित कराता हो या बाँटता हो, अथवा
2. सार्वजनिक रूप से कोई प्रस्ताव रखता हो, प्रकाशित करता हो या बाँटता हो, अथवा
3. किसी और तरीके से बहिष्कार करने के लिए उकसाता हो, प्रोत्साहित करता हो तो उसे पाँच वर्ष की कैद अथवा जुर्माना या दोनों से दंडित किया जाएगा

स्पष्टीकरण : इस धारा के तहत, अपराध हुआ है, यह मानने के लिए प्रभावित व्यक्ति का नाम या वर्ग इंगित होना जरूरी नहीं है। यदि व्यक्ति या वर्ग प्रभावित हुआ है या प्रभावित हो सकता है, तो माना जाएगा कि अपराध हुआ है।

बहिष्कार की चुनौती के लिए दंड

कोई भी व्यक्ति किसी दूसरे व्यक्ति के ऐसे काम पर, जिसे वह कानूनन कर सकता है अथवा ऐसे काम न करने पर, जिसे कानूनन उसे नहीं करना चाहिए बहिष्कार की धमकी देता है, अथवा इस आशय से कि कोई व्यक्ति ऐसा काम करे जो कानूनन उसे नहीं करना चाहिए या ऐसा काम न करे जिसे वह करने का हकदार है, इस व्यक्ति का या इससे संबंद्ध और किसी व्यक्ति के बहिष्कार की धमकी देता है तो उसे पाँच वर्ष के कारावास अथवा जुर्माना या दोनों का दंड मिलेगा

अपवाद : निम्नांकित कार्य बहिष्कार नहीं माने जाएँगे–

(क) श्रमिक विवादों के मामले में,

(ख) सामान्य व्यावसायिक प्रतिस्पर्धा में।

शर्त 3

भेदभाव के खिलाफ संरक्षण

दलित वर्गों को संरक्षण मिल सके ऐसे कानून बनाये जायेंगे या सरकारी आदेश जारी होंगे, उनमें दलितों के प्रति भेदभाव बरता जा सकता है। अतः कानूनी रूप से ऐसे उपाय किए जाएं, ताकि विधान-मंडलों या कार्यपालिकाओं के लिए भेदभाव वाले कानून बनाना असंभव हो जाएगा और जब तक यह सुनिश्चित नहीं किया जाएगा, दलित वर्ग के लोग भविष्य में बहुसंख्यकों के शासन को अपनी सहमति प्रदान नहीं करेंगे।

संविधान में निम्नांकित तथ्य होने चाहिएँ—

1. नागरिक और सैनिक सेवाओं, और शिक्षण संस्थाओं में भर्ती का अधिकार। सरकार विभिन्न वर्गों को प्रतिनिधित्व देने के लिए शर्तं या प्रतिबंध लगा सकती है।
2. आवास, सार्वजनिक सुविधाओं, शिक्षण संस्थाओं, धर्मशालाओं, नदियों, झरनों, कुओं, तालाबों, सड़कों, गलियों, रास्तों, सार्वजनिक वाहनों, विमान सेवाओं, नौवहन, थिएटर व आम सार्वजनिक स्थलों का अन्य नागरिकों की भाँति समान रूप से इस्तेमाल करने का अधिकार। सरकार उचित कारणों से कुछ प्रतिबंध लगा सकती है, बशर्ते वे शर्तें या प्रतिबंध सभी नागरिकों पर समान रूप से लागू होते हों।
3. संविदा का अधिकार और उसके अनुपालन का अधिकार। मुकदमा दायर करने, पक्ष करने, साक्ष्य देने, उत्तराधिकार पाने, खरीदने, पट्टे पर देने, बेचने, रखने और निजी संपत्ति का अधिकार।
4. नागरिकों के जीवन और संपत्ति की रक्षा के लिए बने कानूनों और कानूनी प्रक्रियाओं का अन्य नागरिकों की तरह समान रूप से लाभ उठाने का अधिकार। इसमें अस्पृश्यता की कोई पूर्व शर्त रोड़ा न बने।
5. सार्वजनिक हित में गठित किसी धर्मार्थ ट्रस्ट का लाभ बिना किसी भेदभाव के पाने का अधिकार। यदि किसी धर्म विशेष के लिए गठित है, तो इस धर्म के सभी लोगों को बिना किसी भेदभाव के इसका लाभ मिलने का अधिकार।

शर्त 4

विधान-मंडल में समुचित प्रतिनिधित्व

दलित वर्ग को इतना राजनैतिक अधिकार मिलना चाहिए जिससे अपने हितों की रक्षा के लिए विधायिका और कार्यपालिका पर दबाव डाल सके। इसके लिए निर्वाचन कानून में निम्न चीजें जोड़ी जाएँ–

1. प्रांतीय और केंद्रीय विधान-मंडलों में पर्याप्त प्रतिनिधित्व का अधिकार,
2. अपने ही लोगों को अपना प्रतिनिधि चुनने का अधिकार।

(क) वयस्क मताधिकार द्वारा और (ब) शुरू के 10 वर्ष के लिए पृथक् निर्वाचन-मंडलों द्वारा और उसके बाद संयुक्त निर्वाचन मंडलों और आरक्षित सीटों द्वारा। यह स्पष्ट करना भी आवश्यक है कि संयुक्त निर्वाचन-मंडल की बात दलित वर्ग तभी मानेगा, जब चुनाव वयस्क मताधिकार के आधार पर होगा

नोट : दलितों के लिए पर्याप्त प्रतिनिधित्व क्या है, इस बारे में कोई संख्या बताना तब तक संभव नहीं है, जब तक कि यह पता न चल जाए कि अन्य समुदायों को कितनी सीटें मिल रही हैं। यदि दूसरे समुदायों को दलितों से बेहतर प्रतिनिधित्व दिया जाएगा, तो दलित इसे कभी स्वीकार नहीं करेंगे। जैसे मद्रास और बंबई में दलितों को अन्य अल्पसंख्यकों की तुलना में ज्यादा प्रतिनिधित्व मिलना ही चाहिए।

शर्त 5

नौकरियों में पर्याप्त प्रतिनिधित्व

सवर्ण अधिकारियों ने दलितों को बहुत सताया है। अपने अधिकारों और कानून का अपनी जातियों के हितों के लिए गलत ढंग से इस्तेमाल किया है। न्याय, समानता और विवेक के सिद्धांत की धज्जियां उड़ाई हैं, दलितों का भयावह शोषण किया है। इसे रोकने का एक ही उपाय है, सरकारी नौकरियों पर हिंदू सवर्णों के एकाधिकार को समाप्त करना। नौकरियों में भर्ती की ऐसी पद्धति अपनाई जाए, ताकि दलित समेत समाज के अन्य अल्पसंख्यक वर्गों के लोग भी उचित हिस्सा पा सकें। इस उद्देश्य की प्राप्ति के लिए दलितों की माँग है कि संविधान में निम्नांकित चीजें जोड़ी जाएँ–

1. भारत में तथा उसके सभी प्रांतों में सरकारी नौकरियों में भर्ती के लिए लोक सेवा आयोग का गठन किया जाए।

2. लोक सेवा आयोग के किसी सदस्य को केवल विधान-मंडल में प्रस्ताव पास करके ही हटाया जा सकेगा और उसके सेवा-निवृत्त होने के बाद उसे किसी सरकारी पद पर नहीं रखा जाएगा
3. लोक सेवा आयोग का यह कर्तव्य होगा कि वह व्यक्ति की क्षमता को परखते हुए :

(क) लोगों की भर्ती इस तरह करे ताकि सभी समुदायों को उचित प्रतिनिधित्व मिले।

(ख) प्रतिनिधित्व घटने-बढ़ने पर यह देखे कि किस समुदाय को प्राथमिकता देनी चाहिए।

शर्त 6

पक्षपात अथवा हितों की अनदेखी का निराकरण

दलित वर्ग को मालूम था कि स्वतंत्रता प्राप्ति के पश्चात् सत्ता रूढ़िवादियों के पास रहेगी। दलितों को आशंका है कि ये बहुसंख्यक उनके साथ न्याय नहीं करेंगे। इस तथ्य पर भी ध्यान देना चाहिए कि दलितों को चाहे जितना प्रतिनिधित्व दे दिया जाए, वे सभी विधान-मंडलों में अल्पसंख्या में ही रहेंगे। दलित चाहते हैं संविधान में ऐसी व्यवस्था की जाए ताकि उनके साथ पक्षपात या उनके हितों की अनदेखी न होने पाए। इसके लिए भारत के संविधान में निम्नांकित चीजें दर्ज की जाएं–

1. भारत और उसके सभी प्रांतों के विधान-मंडलों, कार्यपालिकाओं और कानूनी मान्यता प्राप्त अन्य संस्थाओं की यह ज़िम्मेदारी होगी कि वे शिक्षा, स्वास्थ्य-सफाई, नौकरियों में भर्ती व दलितों के राजनैतिक व सामाजिक उत्थान से संबद्ध अन्य मामलों में दलितों की भेदभाव रहित भागीदारी के लिए प्रावधान बनाएँ।

   (ब्रिटिश उत्तरी अमरीका अधिनियम, 1867, धारा 93)
2. भारत में या उसके किसी प्रांत में जहाँ कहीं भी इस धारा का उल्लंघन होगा, दलितों को संबद्ध प्रांतीय अधिकारी या अधिकारियों के खिलाफ काउंसिल में गवर्नर-जनरल के यहाँ अपील करने का अधिकार होगा और यदि कोई केंद्रीय अधिकारी या प्राधिकरण इसका उल्लंघन करता है, तो भारत मंत्री के यहाँ अपील करने का अधिकार होगा

3. इस तरह के किसी भी मामले में यदि गवर्नर जनरल या भारत मंत्री को महसूस होता है कि प्रांतीय या केंद्रीय अधिकारियों, प्राधिकारियों ने इस धारा को ठीक से लागू करने के लिए उचित कदम नहीं उठाए हैं, तो गवर्नर-जनरल या भारत मंत्री खुद इस मामले में कोई आदेश जारी कर सकते हैं। इसके खिलाफ अपील सुनने वाला प्राधिकारी इस आदेश को मानने के लिए बाध्य होगा

शर्त 7

विशेष विभागीय देखभाल

दलित की दयनीय स्थिति के लिए रूढ़िवादी को जिम्मेदार माना जाता था। ये कसी भी स्थिति में दलितों को सवर्ण के बराबर नहीं आने देना चाहते। यह कहना ही काफी नहीं है कि दलित बहुत गरीब हैं, भूमिहीन हैं, इस तथ्य को दृष्टिगत रखना चाहिए कि दलितों की दयनीय आर्थिक स्थिति का कारण यह है कि जीवन-यापन के सारे रास्ते उनके लिए बंद हैं और यह सब सामाजिक पूर्वाग्रहों के कारण हैं। यह एक ऐसा तथ्य है, जो दलितों को अन्य सामान्य जातियों के श्रमिकों से अलग करता है। इसके चलते कई बार दलितों और अन्य निचली जातियों के बीच संघर्ष की नौबत तक आ जाती है, दलितों पर तरह-तरह के भयावह अत्याचार किए जाते हैं। दलितों में इतनी क्षमता नहीं है कि वे अपने लिए बचाव का रास्ता ढूँढ़ सकें। पूरे भारत में दलितों पर कैसे-कैसे अत्याचार किस-किस तरह किए जाते हैं, इसका ब्यौरा मद्रास सरकार राजस्व बोर्ड की रिपोर्ट (5 नवबंर 1882, संख्या 723) में है। इसका सार अंश :

134. अत्याचार के तमाम तरीके हैं। पेरिया लोगों को मालिकों की बात न मानने पर—

(क) ग्राम पंचायतों या फौजदारी अदालतों में झूठे मुकदमे दर्ज कराए जाते हैं।

(ख) पेरिया लोगों की बस्तियों के आसपास की जमीन सरकार से पट्टे पर ले ली जाती हैं, जिससे पेरिया अपने पशुओं को वहाँ चरा न सकें तथा सवर्णों के मंदिर में प्रवेश न कर सकें।

(ग) पेरिया लोगों को जमीन हड़पने के लिए सरकारी दस्तावेजों में फर्जी नाम दर्ज करा दिए जाते हैं।

(घ) झोपड़ियाँ गिरा दी जाती हैं।

(ङ) पीढ़ियों से चली आ रही काश्तकारी से बेदखल कर दिया जाता है।

(च) फसलें काट ली जाती हैं और विरोध करने पर उल्टा पेरिया लोगों के खिलाफ चोरी और दंगे के मुकदमे दायर कर दिए जाते हैं।

(छ) सादे कागज पर अंगूठा लगवा दिया जाता है और बाद में इस पर जो चाहे लिखकर पेरिया लोगों को सताया जाता है।

(त) खेतों में पानी ले जाने से रोका जाता है।

(झ) ब्याज नहीं चुकाने पर बिना किसी कानूनी नोटिस के पेरिया लोगों की संपत्ति कुर्क कर ली जाती है।

135. वैसे इस तरह के अत्याचारों के खिलाफ न्याय पाने के लिए दीवानी और फौजदारी आदलतें हैं, लेकिन ये दलितों की पहुँच से बहुत दूर हैं। अदालत में वही जा सकता है, जिसके पास वकील की फीस देने के लिए पैसा हो, अदालत तक जाने का किराया हो और लंबी अवधि तक मुकदमा लड़ने के लिए रोजी रोटी का पक्का इंतजाम हो। दूसरी बात, ज्यादातर मामलों में निचली अदालतों में फैसला कौन सुनाता है? ज्यादातर उन्हीं ऊँची जातियों के भ्रष्ट अधिकारी, जो जमींदारों की ही मदद करते हैं, उन्हीं के पक्ष में फैसला सुनाते हैं।

136. प्रशासन में इस वर्ग की पहुंच कितनी है, यह बताने की आवश्यकता नहीं। हर कार्यालय में ऊपर से नीचे तक इन्हीं के लोग भरे हैं। इस हालत में इनके हितों की अनदेखी कैसे हो सकती है। इस तरह का कोई प्रयास किया भी गया तो ये अपने प्रभाव का इस्तेमाल कर, उसे रुकवाने या निष्प्रभावी बनाने के लिए कोई कसर उठा नहीं रखेंगे।

इन सारे तथ्यों के मद्देनजर एक बात तो साफ हो गई है कि यदि दलितों को वास्तव में न्याय दिलाना है, तो यह दायित्व सरकार को लेना होगा कुछ निश्चित नीतियाँ बनानी होंगी और उन पर अमल के तरीके तय करने होंगे। यह देखना सरकार की जिम्मेदारी होगी कि दलित भी औरों की तरह अपने अधिकारों का स्वतंत्र उपयोग कर पा रहा है या नहीं। जो बाधाएँ हैं, उन्हें दूर करना सरकार का काम है। इस उद्देश्य की प्राप्ति के लिए दलित चाहते हैं कि सरकार में एक अलग विभाग बनाया जाए। भारत सरकार पर ऐसा विभाग बनाने की कानूनी जिम्मेदारी डालने के लिए 'भारत सरकार अधिनियम' में निम्नलिखित धाराएँ जोड़ी जाएँ :

1. नए संविधान के लागू होने के साथ ही भारत सरकार में दलितों के हितों की रक्षा और उनके उत्थान के लिए एक अलग विभाग बनाया जाए, जिसका प्रमुख एक मंत्री हो।

2. मंत्री इस विभाग का कामकाज तब तक देखेगा, जब तक कि उसे केंद्रीय विधानमंडल का विश्वास प्राप्त है।
3. मंत्री का काम यह देखना होगा कि पूरे भारत में कहीं भी दलितों के साथ सामाजिक अन्याय, उनका शोषण-उत्पीड़न न होने पाए। इस तरह की किसी भी वारदात, मामले को रोकने के लिए वह प्रभावी कदम उठाएगा इसके अलावा दलितों के उत्थान के लिए भी वह कदम उठाएगा
4. गवर्नर-जनरल को कानूनी रूप से निम्नांकित अधिकार होंगे–

(क) दलितों के कल्याण के लिए शिक्षा, स्वास्थ्य, इत्यादि से संबद्ध किसी अधिनियम के तहत प्राप्त अधिकारों, जिम्मेदारियों को वह पूरी तरह या आंशिक रूप से मंत्री को सौंप सकता है।

(ख) प्रत्येक प्रांत में 'दलित वर्ग कल्याण ब्यूरो' बना सकता है, जो मंत्री के अधीन काम करेगा और उसे सहयोग देगा

शर्त 8

दलित वर्ग और मंत्रिमंडल

दलितों ने अपने हितों की रक्षा के लिए विधान-मंडल में प्रतिनिधित्व माँगा है। सरकार पर अपना प्रभाव डालने के लिए जितना जरूरी यह है, उतना ही आवश्यक है नीति-निर्धारण में उनकी हिस्सेदारी। यह तभी संभव है जब किसी दलित को मंत्रिमंडल में स्थान मिले। दलितों की माँग है कि अन्य अल्पसंख्यकों की तरह दलितों का भी मंत्रिमंडल में प्रतिनिधित्व होना चाहिए। यह दलितों का नैतिक अधिकार है। दलितों का प्रस्ताव है कि गवर्नर या गवर्नर जनरल मंत्रिमंडल में दलितों का प्रतिनिधित्व सुनिश्चित करें। यह उनकी जिम्मेदारी होगी।

6

डॉ. अम्बेडकर के राजनीतिक व सामाजिक विचार

डॉ. अम्बेडकर के राजनीतिक विचार

डॉ. भीमराव अम्बेडकर एक महान विचारक तथा लेखक थे। वे सामाजिक वर्ण भेद के विरोधी थे। इन्होंने दलित चेतना का जन्मदाता होने के साथ-साथ समाज में शोषित वर्ग के अधिकारों को दिलाने के अथक प्रयास किए। डॉ. भीमराव अम्बेडकर हिन्दू सामाजिक व्यवस्था को समतावादी समाज की स्थापना के रास्ते में रुकावट मानते थे। डॉ. भीमराव अम्बेडकर के राजनीतिक व सामाजिक विचारों का अध्ययन निम्न प्रकार से किया जा सकता है—

1. राष्ट्रीय दृष्टिकोण—डॉ. अम्बेडकर ने राज्य को एक आवश्यक संगठन माना लेकिन पश्चिमी देशों के उदारवादी प्रभाव के कारण ही वे इसकी निरंकुश सत्ता के विरोधी थे। उनका मानना था कि राज्यों को सामाजिक, राजनीतिक तथा आर्थिक समानता की स्थापना के लिये कार्य करना चाहिए। वे राज्य के कल्याणकारी स्वरूप के समर्थक थे। वे मानते थे कि राज्य द्वारा समाज के कमजोर तथा उपेक्षित वर्ग के व्यक्तियों को मदद देनी चाहिए, यही उसकी सही भूमिका है।

अम्बेडकर राज्य के उदारवादी स्वरूप के समर्थक थे जिसमें सभी को जीने, स्पतान्त्रतापूर्वक विचार व्यक्त करने तथा अपनी क्षमताओं का पूरी तरह से विकास करने की आजादी प्राप्त हो।

2. दलितों के लिये आरक्षण का समर्थन–'गोलमेज सम्मेलनों' में डॉ. अम्बेडकर ने दलितों के लिये पृथक् निर्वाचन क्षेत्रों का प्रस्ताव रखा था। परन्तु गाँधी जी के आमरण अनशन के कारण उन्हें पृथक् निर्वाचन क्षेत्र के विचार से हटना पड़ा। लेकिन उन्होंने दलितों के उत्थान के लिये दृढ़ संकल्प लिया कि उन्हें संसद, राज्य विधानमण्डलों तथा सरकारी नौकरियों में आरक्षण दिया जाना चाहिए। भारत के नये संविधान में अनुसूचित जातियों के लिये संसद तथा विधानमण्डलों तथा सरकारी नौकरियों में आरक्षण की व्यवस्था उनकी कोशिशों द्वारा ही की गयी। उनका मानना था कि भारत की नौकरशाही दलित वर्ग की समस्याओं के प्रति संवेदनशील नहीं है। इसका प्रमुख कारण इसके संगठन पर सवर्ण हिन्दुओं का प्रभुत्व होना है। नौकरशाही को दलित वर्ग के प्रति संवेदनशील बनाने के लिये यह जरूरी है कि इसमें दलित वर्ग के अधिकांश व्यक्तियों को भर्ती किया जाए।

3. संसदीय लोकतन्त्र के समर्थक–डॉ. अम्बेडकर का मानना था कि लोकतन्त्र की अच्छी शासन व्यवस्था ही भारत में दलितों के साथ होने वाले अत्याचारों के बावजूद वे लोकतन्त्र को ऐसी व्यवस्था मानते थे जिसमें बिना हिंसक संघर्ष के सामाजिक तथा राजनीतिक बदलाव सम्भव है। भारतीय संविधान के निर्माण के समय उन्होंने संविधान सभा में संसदीय लोकतन्त्र के पक्ष को बड़ी मजबूती के साथ प्रस्तुत किया।

4. धर्म निरपेक्ष राज्य का समर्थन–डॉ अम्बेडकर धर्मनिरपेक्ष राज-व्यवस्था के पक्ष में थे। उनका विचार था कि धार्मिक मामलों में राज्य को तटस्थ दृष्टिकोण अपनाना चाहिए तथा धर्मों तथा मतों के साथ-पक्षपात रहित व्यवहार करना चाहिए। वे राज्य से आशा करते थे कि वह किसी धर्म विशेष को संरक्षण न दें और न ही किसी धर्म अथवा मत को हतोत्साहित करें। प्रत्येक धर्म के मानने वालों को स्वधर्म का पालन तथा प्रचार-प्रसार करने की आजादी होनी चाहिए।

5. नागरिक अधिकारों का समर्थन–डॉ. अम्बेडकर का मानना था कि हर सभ्य तथा सुसंस्कृत समाज के लिये नागरिक अधिकारों का होना पहली शर्त है। ये अधिकार सभी व्यक्तियों को बिना किसी भेदभाव के प्राप्त होने चाहिए। साथ ही वे इन अधिकारों की रक्षा के लिये कानूनी गारन्टी भी प्रदान करने के पक्ष में थे ताकि कार्यपालिका एवं विधायिका इन अधिकारों का हनन कर न सकें। उन्होंने इन अधिकारों की रक्षा के लिये भारतीय संविधान में नागरिकों के सवैधानिक उपचारों के अधिकार को मान्यता दिलवायी।

6. संघीय व्यवस्था के अन्तर्गत शक्तिशाली केन्द्र के समर्थक–डॉ. अम्बेडकर

विश्व की राजनीतिक व्यवस्थाओं का तुलनात्मक अध्ययन करने के बाद भारत जैसे विविधताओं वाले देश के लिये संघीय व्यवस्था को अधिक उपयुक्त मानते थे। संघीय व्यवस्था में शक्तियों का विकेन्द्रीकरण होने से भ्रष्टाचार की सम्भावना कम हो जाती है। साथ ही साथ वे केन्द्र को भी कमजोर करने के पक्ष में नहीं हैं। राष्ट्रीय एकता की रक्षा के लिये शक्तिशाली केन्द्र के पक्ष में थे।

7. नारी अधिकारों के समर्थक—उनका मानना था कि भारतीय हिन्दू सामाजिक व्यवस्था के अन्तर्गत स्त्रियों की स्थिति भी लगभग शूद्रों जैसी थी। स्त्रियों को हिन्दू समाज में समान अधिकार दिलाने के लिये उन्होंने विधि मन्त्री के नाते हिन्दू कोड बिल भारतीय संसद के सामने रखा जिसमें स्त्रियों को पिता की सम्पत्ति में अधिकार को मान्यता दी गयी। मृत पति की सम्पत्ति पर पत्नी का अधिकार माना गया तथा पत्नी को असाधारण स्थिति में पति से तलाक देने की व्यवस्था की गयी। परन्तु कांग्रेस के ही रूढ़िवादी संसद सदस्यों ने हिन्दू कोड बिल का विरोध किया जिससे यह पारित न हो सका। हिन्दू कोड बिल पर मतभेद के कारण डॉ. अम्बेडकर ने नेहरू मंत्रिमण्डल से त्यागपत्र दे दिया। लेकिन नारियों को अधिकार दिलवाने में उनकी प्रमुख भूमिका थी जिसे कभी भुलाया नहीं जा सकता।

8. भाषायी आधार पर राज्यों के पुनर्गठन का समर्थन—डॉ. अम्बेडकर भाषायी आधार पर प्रान्तों के पुनर्गठन के हामी थे। अम्बेडकर का मानना था कि इससे प्रान्तों में जातीय तथा सांस्कृतिक तनाव कम होगा वे प्रादेशिक भाषाओं एवं लिपियों को संरक्षण देने के पक्ष में थे लेकिन प्रादेशिक भाषाओं को सरकारी कामकाज की भाषा का स्तर देने के पक्ष में नहीं थे। अम्बेडकर का विचार था कि इससे प्रान्तवाद को बढ़ावा मिलेगा तथा हिन्दी को राष्ट्रभाषा का वास्तविक दर्जा प्राप्त करने के मार्ग में रुकावट पैदा होगी। इससे राष्ट्रीय एकता को भी क्षति पहुँचेगी। राष्ट्रभाषा के रूप में हिन्दी के साथ-साथ वे अंग्रेजी को तब तक सम्पर्क तथा सरकारी कामकाज की भाषा के रूप में जारी रखने के पक्ष में थे जब तक हिन्दी राष्ट्रभाषा का वास्तविक स्वरूप न माना जाए।

9. अल्पसंख्यकों के बारे में डॉ. अम्बेडकर का दृष्टिकोण—डॉ. अम्बेडकर अल्पसंख्यकों के अधिकारों के पक्ष में थे। एक सच्चे लोकतन्त्रवादी के रूप में वे अल्पसंख्यकों को उनकी भाषा, लिपि तथा सस्कृति को पूर्ण सुरक्षा देने के पक्ष में थे।

10. पाकिस्तान की माँग का समर्थन—उनका मानना था कि किसी भी धार्मिक, सांस्कृतिक अथवा जातीय समुदाय को अपने स्वतन्त्र तथा पृथक् विकास

के लिये अलग क्षेत्र की माँग करना न्यायसंगत है बशर्ते उसमें पृथक् राष्ट्र के सभी मौलिक तत्व विद्यमान हों। प्रथम गोलमेज सम्मेलन में उन्होंने मुस्लिम प्रतिनिधियों की पृथक् राज्य की माँग से सहमति जतायी। दलितों के लिये वे उनकी आबादी के अनुरूप सत्ता में भागीदारी चाहते थे। अम्बेडकर के आलोचकों ने उन्हें पृथक्वादी कहा है। लेकिन अम्बेडकर द्वारा अल्पसंख्यकों के स्वायत्तता के अधिकार के समर्थन के पीछे सम्भवतः उनके मन में हिन्दू समाज द्वारा किये गये छुआछूत के व्यवहार के विरुद्ध कटुता थी। इस कटुता के कारण ही अम्बेडकर राष्ट्र की मुख्यधारा से कट गए तथा पाकिस्तान की माँग का समर्थन करने लगे।

निष्कर्ष—उपर्युक्त वर्णित राजनीतिक विचारों के अध्ययन से हम इस निष्कर्ष पर पहुँचते हैं कि डॉ. अम्बेडकर लोकतन्त्र के समर्थक, नागरिक अधिकारों के प्रबल पक्षधर, मानव समानता के उद्घोषक तथा नारी अधिकारों के लिये लड़ने वाले योद्धा थे। राजनीतिक विचारक के रूप में उनका उदारवादी लोकतंत्र में विश्वास था परन्तु उनके लिये लोकतन्त्र एक राजनीतिक व्यवस्था से अधिक एक जीवन पद्धति भी थी जिसमें जन्म, लिंग तथा धर्म के आधार पर किसी के साथ कोई भेदभाव न हो। अम्बेडकर ने दलितों की स्थिति सुधारने तथा उनमें आत्म सम्मान की भावना जागृत करने के लिए आजीवन जुझते रहे। भारतीय महिलाओं की स्थिति में सुधार लाने के लिये उन्होंने हिन्दू कोड बिल संसद में रखा परन्तु यह विधेयक आवश्यक समर्थन न मिल पाने के कारण पास न हो सका। अतः उन्होंने विधि मंत्री के पद से इस्तीफा दे दिया। डॉ. अम्बेडकर भले ही अपने जीवन में अपने आदर्शों तथा लक्ष्यों को फलीभूत होते न देख सकें, लेकिन आने वाले समय में उनके विचारों की सार्थकता सिद्ध हो गयी।

अम्बेडकर के सामाजिक विचार

डॉ. भीमराव अम्बेडकर एक कुशल लेखक, पत्रकार, विद्वान विचारक, निर्भीक वक्ता एवं अदम्य साहस के धनी थे। उनके जीवन का एकमात्र लक्ष्य संस्कृति और परम्परा के नाम पर अमानवीयता को बढ़ावा देने वाले तत्त्वों को जड़ से खत्म करना था। इस संदर्भ में उन्होंने कहा, "मैं घृणा करता हूँ अत्याचार से, अन्याय से, बनावटी गौरव और वैभव से, बकवास से और व्यर्थ के विवाद से, और मेरी घृणा की लपेट में वे सभी व्यक्ति आते हैं जो इन सब बातों से ग्रस्त हैं। उन्होंने कहा कि वे समाज के श्रेष्ठ वर्ग द्वारा दलित वर्ग के प्रति किये जा रहे अत्याचारों को खत्म कराने के लिए दृढ़ प्रतिज्ञ हैं। बाबासाहेब का मानना था कि दलित और सवर्ण समाज के दो

हाथों के समान हैं, यदि मनुष्य का एक हाथ क्षतिग्रस्त होता है, तो वह पंगु हो जाएगा, इसी प्रकार दलित वर्ग की लोकहिताय अनदेखी होने पर समाज की व्यवस्था पंगु हो जाएगी। अतः समाज में वर्ण भेद नहीं होना चाहिए। सच तो यह है कि दलितों और सवर्णों के परस्पर सहयोग से ही देश का विकास संभव है। बाबासाहेब ने अपने जीवन की संध्या बेला में बौद्ध धर्म स्वीकार कर भगवान बुद्ध की शरण ग्रहण की तथा दो माह भी पूरे नहीं हो पाए थे कि मानवता का यह सजग प्रहरी का 6 दिसंबर 1956 को देहान्त हो गया। दलितों और बहिष्कृतों के लिए उनके बलिदान एवं समर्पण के लिए उन्हें 'भारत रत्न' के सर्वोच्च सम्मान से अलंकृत किया गया है जो उनकी जन्म शताब्दी के अवसर पर उनके प्रति सच्ची श्रद्धांजलि है। निःसन्देह ही सामाजिक क्रांति के प्रतीक के रूप में डॉ. बाबासाहेब अम्बेडकर का नाम भारत के इतिहास में हमेशा अमर रहेगा

उत्तर भारत में संघप्रिय गौतम, बुद्धप्रिय मौर्य, कांशीराम और मायावती जैसे नेताओं ने बाबासाहेब अम्बेडकर, फुले से ही सामाजिक-परिवर्तन और दलित क्रांति का पाठ पढ़ा। हालाँकि इन नेताओं के विचार और कार्य शैली भिन्न-भिन्न रही। गौतम और मौर्य क्रमशः आर. पी. आई., कांग्रेस, भाजपा में रहे। कांशीराम ने डी. एस. फोर बाद में बहुजन समाज पार्टी संगठित की और सुश्री मायावती को सत्ता की कुर्सी पर बैठाया।

सम्पूर्ण विश्व को प्रकाशित करना सूरज का कार्य है। रात के अन्धेरे को दूर करने में चंद्रमा का भी योगदान है। पर चमकते हुए सितारे भी हमें भाते हैं। साधारण जीवन में एक दीपक भी अँधेरा मिटाता है। नेता छोटा हो या बड़ा, यदि वह सच्चरित्र, लोगों के हित की बात सोचता है, अपनी क्षमता और योग्यतानुसार जितना भी योगदान करता है वही वरेण्य है। हमें ज्ञात नहीं है कि कौन-कौन अपने रास्ते से भटक गए हैं। इसका निर्णय तो समय अपने आप ही करेगा

हमें दलित आंदोलन और गैर-ब्राह्मण आंदोलन को शीर्ष पर ले जाने वाले सभी छोटे-बड़े कार्यकर्त्ताओं-नेताओं का आभारी होना चाहिए जो अपने समय में रोशनी देने के लिए अँधेरे से लड़े। सामाजिक-न्याय, सामाजिक समता परिवर्तन के लिए अभी—सबको एकजुट होकर एक लंबी लड़ाई लड़नी है। सामाजिक-आर्थिक क्रांति भारत की दहलीज पर दस्तक दे रही है, जिसे अब रोकना किसी के वश की बात नहीं।

डॉ. अम्बेडकर का जन्म अछूत जाति में हुआ था इसके बावजूद भी उन्होंने अपनी मेहनत एवं प्रतिभा के बलबूते पर अमेरिका तथा इंग्लैण्ड के विश्वविद्यालयों

से सर्वोच्च डिग्रियाँ प्राप्त कीं। परन्तु अछूत जाति में पैदा होने के कारण उन्हें बचपन तथा किशोरावस्था में सवर्णां से अपमानजनक व्यवहार मिला जिससे उनके मन में यह धारणा घर कर गयी कि जब तक हिन्दू समाज में जाति व्यवस्था रहेगी, छुआछूत तथा जातीय भेदभाव बना रहेगा डॉ. अम्बेडकर अपने सजातीय तथा अछूत समझे जाने वाले लोगों के प्रति सवर्ण हिन्दुओं के इस व्यवहार से अत्यन्त खिन्न थे। दलित वर्ग के लोगों की स्थिति में सुधार लाने के लिये उन्होंने जाति व्यवस्था पर प्रहार किया। अछूत समझे जाने वाले लोगों को उन्होंने संगठित किया तथा उन्हें समान अधिकार दिलवाने हेतु आन्दोलनों का गठन किया।

सामाजिक क्रान्तिकारी के रूप में उनके विचारों तथा कृत्यों का अध्ययन निम्न प्रकार किया जा सकता है–

1. भारतीय समाज में छुआछूत जाति-व्यवस्था का परिणाम है–अम्बेडकर को बचपन में संस्कृत को पढ़ने की इजाजत केवल इसलिए नहीं दी गयी कि वे अछूत समझी जाने वाली महार जाति में पैदा हुए। स्कूल तथा कालिज में तथा बाद में महाराजा बड़ौदा की सेवा में रहते हुए उनके साथ जो छुआछूतपूर्ण व्यवहार हुआ, उससे वे भारतीय जाति-व्यवस्था के विरोधी हो गये। डॉ. अम्बेडकर का विचार था कि हिन्दू सामाजिक व्यवस्था का आधार ही जाति-व्यवस्था है। जाति-व्यवस्था के कारण ही हिन्दू सामाजिक व्यवस्था के तहत भेदभाव तथा असमानता को प्रोत्साहन मिला।

डॉ. अम्बेडकर के हिन्दू जाति-व्यवस्था का विश्लेषण करते हुए कहा है कि प्राचीन हिन्दू वर्ण-व्यवस्था के कारण ही अछूतों का एक दल बना दिया गया है। धीरे-धीरे यह जन्म पर आधारित हो गया तथा समाज का एक वर्ग अछूत हो गया। डॉ. अम्बेडकर ने जाति-व्यवस्था का विरोध करते हुए कहा कि हिन्दू समाज में शुद्र कहे जाने वाले वर्ग के लोगों को उनके मौलिक अधिकारों से वंचित कर दिया गया। यहाँ तक कि उनके शिक्षा प्राप्त करने का अधिकार भी छीन लिया गया। मंदिरों में उनके प्रवेश पर रोक लगा दी गयी। इस तरह उनकी हालत दयनीय एवं गुलाम से भी बदतर हो गयी। डॉ. अम्बेडकर का मानना था कि शूद्र कहे जाने वाले दलित वर्ग के लोगों की स्थिति सुधारने हेतु इस जाति-व्यवस्था को खत्म करना आवश्यक है।

2. ब्राह्मणवाद का विरोध–डॉ. भीमराव अम्बेडकर का मानना था कि मनु द्वारा स्थापित वर्ण व्यवस्था में ब्राह्मण जाति को सबसे ऊँचा स्थान दिया गया। अपनी इस विशिष्ट स्थिति के कारण ही ब्राह्मण वर्ग ने वर्ण व्यवस्था पर एकाधिकार

कर लिया तथा समाज के एक बड़े वर्ग को शूद्र का दर्जा दे दिया। हिन्दू सामाजिक व्यवस्था में ब्राह्मणों को ही सामाजिक नियमों तथा रीति-रिवाजों के निर्धारण का अधिकार था। अतः शूद्रों पर होने वाले अत्याचार एवं अन्याय में ब्राह्मणों की सहमति रहती थी। डॉ. अम्बेडकर इस ब्राह्मणवादी व्यवस्था को दलितों पर होने वाले अन्याय के प्रति उत्तरदायी मानते थे। यही कारण था कि अम्बेडकर ने ब्राह्मण वाद का विरोध किया।

3. सामाजिक असमानता जाति-व्यवस्था का प्रमुख आधार—डॉ. अम्बेडकर का मानना था कि भारतीय जाति व्यवस्था में समानता के लिये कोई स्थान नहीं है। यहाँ तक कि उनके अनुसार हिन्दू धर्म भी असमानता के विचार का पोषक था। यही कारण था कि अपने जीवन के अन्तिम वर्षों में उन्होंने हिन्दू धर्म तथा हिन्दू जाति-व्यवस्था के साथ सम्बन्ध विच्छेद करके बौद्ध धर्म को अपनाया। उनके अनुसार समानता, आपसी भाईचारे तथा मानवतावाद का प्रतीक बौद्ध धर्म था।

4. जाति-व्यवस्था हिन्दू समाज के पतन के लिये उत्तरदायी—डॉ. अम्बेडकर के अनुसार जाति-व्यवस्था से छुआछूत तथा भेदभाव की भावना को बल मिला। इससे हिन्दू समाज की एकता भंग हुई तथा उसका पतन हुआ। विदेशी आक्रमणकारियों ने हिन्दू समाज की इस फूट का लाभ उठाकर भारत पर अधिकार कर लिया। भारत दीर्धकाल तक गुलाम रहा।

5. जाति-व्यवस्था शोषण का कारण है—भारतीय सामाजिक व्यवस्था में शोषण को बढ़ावा देने में जाति-व्यवस्था का प्रमुख योगदान रहा है। अम्बेडकर का मानना था कि भारतीय समाज की जातिवादी व्यवस्था के आधार पर संगठन शोषण को प्रोत्साहन देता है। इस व्यवस्था में शूद्रों के लिये यह निश्चित कर दिया गया कि सवर्णों की सेवा करते रहेंगे। एक शूद्र के घर में पैदा हुआ बच्चा शूद्र ही होगा तथा शूद्र के रूप में ही मरेगा

डॉ. अम्बेडकर लेखक के रूप में

भीमराव अम्बेडकर एक बुद्धिमान एवं अध्ययनशील व्यक्ति थे। उनका प्रत्येक कथन ठोस तथ्यों और यथार्थ पर आधारित होता था। उन्हें अकारण किसी की आलोचना करना कभी नहीं सुहाता था। उन्होंने विश्लेषणात्मक वैज्ञानिक पद्धति अपनाते हुए भारत के समाज, संस्कृति और धर्मग्रंथों का अध्ययन किया और इनके प्रति व्यावहारिक दृष्टिकोण अपनाते हुए अपने विचारों को भाषणों और रचनाओं के माध्यम से जनता के सामने रखा। वे एक निर्भीक और स्पष्टवादी वक्ता थे जो तर्क

के आधार पर अपनी बात लोगों के मन में बैठाने की चेष्टा करते थे। डॉ. अम्बेडकर का अध्ययन बहुत व्यापक था तथा उन्होंने भारतीय संस्कृति एवं धर्मशास्त्र के अलावा अर्थशास्त्र, राजनीति तथा दर्शनशास्त्र में भी गहरी रुचि दर्शाई। और एक प्रतिष्ठित विधिवेत्ता तथा न्याय शास्त्री के रूप में तो उन्हें विश्व-ख्याति प्राप्त थी। भारतीय सामाजिक, आर्थिक तथा राजनीतिक व्यवस्था के बारे में उनके विचार अत्यंत व्यावहारिक थे। उनकी रचनाओं एवं कृतियों में भारतीय सामाजिक जीवन के विविध पहलुओं का सटीक चित्रण प्राप्त होता है।

डॉ. बाबासाहेब अम्बेडकर के पिछले कुछ वर्षों से प्रकाशित एवं अप्रकाशित लेखों, भाषणों तथा पुस्तकों के संकलन तथा प्रकाशन का कार्य महाराष्ट्र शासन ने अपने हाथ में लिया और अब भारत सरकार के सामाजिक न्याय और अधिकारिता मंत्रालय ने देश की सभी भाषाओं में उसके अनुवाद प्रकाशित किए हैं। यह लेखक इस काम के लिए मुख्य संपादक रह चुका है। डॉ. अम्बेडकर की विभिन्न कृतियाँ विशेष उल्लेखनीय हैं जो निम्न प्रकार है—

1. मिस्टर गाँधी एण्ड इमेन्सिपेशन ऑफ अनटचबल्स (1943).
2. हू वर दि शूद्राज ? हाउ दे केम टु बि दि फोर्थ वर्ण इन इण्डो-आर्यन सोसाइटी, 1946.
3. एन्हीलेशन ऑफ कास्ट, 1936.
4. दि अनटचेबल्स, 1948.
5. कास्ट्स इन इण्डिया, देयर मेकेनिजम, जेनेसिस एण्ड डेवलपमेंट (1977 में प्रकाशित).
6. व्हाट कांग्रेस एण्ड गाँधी हेव डन फॉर अनटचेबल्स, 1946.
7. दि राइज एण्ड फॉल ऑफ हिन्दू वूमन (1977 में प्रकाशित).

महाराष्ट्र शासन द्वारा अम्बेडकर साहित्य का प्रकाशन

डॉ. अम्बेडकर के सम्पूर्ण साहित्य का अंग्रेजी प्रकाशन महाराष्ट्र सरकार ने किया है। इस संबंध में अब तक कई अंग्रेजी ग्रंथ प्रकाशित किये जा चुके हैं। उल्लेखनीय है कि डॉ. बाबासाहेब अम्बेडकर का मराठी लेखन बहिष्कृत भारत और मूकनायक दो पत्रिकाओं के माध्यम से प्रकाशित हुआ जिसमें उनके द्वारा दलितों के लिए चलाए गए सुधारवादी आन्दोलन का दिग्दर्शन भलीभांति हो जाता है।

डॉ. अम्बेडकर प्रकाशन समिति द्वारा अम्बेडकर जन्मशती के वर्ष में 'बहिष्कृत

भारत' तथा 'मूकनायक' पत्रिकाओं के संकलित अंशों के प्रकाशन की सराहना करते हुए महाराष्ट्र के तत्कालीन मुख्यमंत्री शरद पवार ने यह आशा व्यक्त की कि अम्बेडकर साहित्य में इस कृति का ऐतिहासिक महत्व होगा

डॉ. अम्बेडकर द्वारा प्रारंभ की गई दलितों से संबंधित सामाजिक क्रांति भारत के इतिहास में अभूतपूर्व घटना है। इस संदर्भ में दिये गए उनके मराठी भाषणों, लेखों तथा परिचर्चाओं का मूल्यांकन तत्कालीन सामाजिक, आर्थिक और राजनीतिक परिप्रेक्ष्य में निष्पक्षता से किया जाना चाहिए। महाराष्ट्र सरकार ने अम्बेडकर साहित्य के प्रकाशन के उद्देश्य को स्पष्ट करते हुए लिखा है कि इसका प्रचार-प्रसार डॉ. अम्बेडकर की एक बड़े नेता के रूप में वैयक्तिक परिचय या प्रसिद्धि के लिये नहीं किया गया है बल्कि भावी सामाजिक घटकों के लिए विचारों की पूँजी के रूप में जो आवश्यक है, उसे संजोये रखने की नीयत से किया जा रहा है।

पत्रकार अम्बेडकर : दलितों को वाणी दी

एक नन्हीं-सी किरन अनन्त विश्वास और साधना के बल पर अँधेरे घरों में रोशनी देने के लिए कैसे सूरज बन जाती है, एक नन्हा-सा बीज कैसे विशाल वृक्ष बनने लगता है जो हजारों बेघरों को छाँव देता है, एक नन्हीं-सी बूँद कैसे विशाल समुद्र का रूप धारण कर लेती है और असंख्य लोगों की सदियों की तृष्णा शांत करती है और बंबई के सागर तट, महाराष्ट्र की भूमि पर कैसे एक अकेले कंठ की पुकार, लाखों-करोड़ों, मूक-दलित, दबे-कुचलों की ओजस्वी वाणी बन जाती हैं, यदि इसे समझना है, पहचानना है तो हमें डॉ. अम्बेडकर की जीवन शैली, उनके गहन पांडित्य, उनके हिमालयी धैर्य को देखना चाहिए। यह एक नए बुद्ध, एक नए मसीहा के अवतरण की कथा है।

डॉ. अम्बेडकर ने सन् 1920 और सन् 1927 में नितांत साधनहीन होते हुए 'मूकनायक' और 'बहिष्कृत भारत' पाक्षिक पत्रों का शुभारम्भ किया। इन पत्रिकाओं के अग्रलेखों में बाबा साहेब ने दलितों और बहिष्कृतों की तत्कालीन आर्थिक, सामाजिक एवं राजनीतिक समस्याओं को उजागर किया है। उनकी दयनीय दशा ने उन्हें सामाजिक विसंगतियों पर क्षोभ व्यक्त करने तथा सवर्णों के अन्याय और शोषण का निर्भीकता से विरोध करने के लिए प्रेरित किया। ''यद्यपि 'बहिष्कृत भारत' और 'मूक नायक' में अग्रलेखों के अलावा आत्म परिचय, सामयिक घटनाएँ, विचार-विनिमय पत्र-व्यवहार आदि अन्य स्तंभ भी थे, जो समकालीन यथार्थ जगत के परिप्रेक्ष्य में उतने प्रासंगिक नहीं हैं।"

उनके लेख का प्रत्येक कथन कुछ-न-कुछ सन्देश देता था। इनसे दलित आंदोलन में उनकी उत्कट अभिरुचि और योगदान के बारे में ज्ञात होता है जब देश में अस्पृश्यों की अपनी कोई आवाज नहीं थी। समस्त राजनीतिक दल और समाज सुधार संस्थाएँ जिनकी लगाम सवर्ण हिंदू जातियों या संभ्रांत लोगों के हाथों में होती थी। वे दलित जातियों को अपने-अपने राजनीतिक लाभों के लिए इस्तेमाल किया करते थे। वर्ण-व्यवस्था के अभिशापों के मूलोच्छेदन के लिए किसी भी दल, किसी भी नेता या समाज सुधारक ने इतना सराहनीय कार्य नहीं किया।

डां. अम्बेडकर का विचार था कि अभी दलितों की सामाजिक हालत और मनःस्थिति यह बात समझने के लायक नहीं कि सवर्णों द्वारा छेड़े गए आजादी के आंदोलन से उनका कितना सरोकार है, वे तो पहले ही पुरोहित वर्ग, तथा सवर्ण समाज द्वारा थोपी गई अस्पृश्यता, जातिप्रथा और गरीबी का भारी बोझ ढोकर पशुवत्, नरकतुल्य जीवन व्यतीत कर रहे हैं। अंग्रेजों ने भी उनके शोषण और दमन के चक्र को रोका नहीं, उसे और सुदृढ़ और गतिशील बनाया है। इन सब विसंगतियों, विषमताओं, दुहरे शोषण के कुचक्र को तोड़ने के लिए ही अम्बेडकर ने पत्रिकाओं का संपादन-प्रकाशन किया। डॉ. अम्बेडकर ने स्वतंत्रता आन्दोलन में हिस्सा नहीं लिया, किन्तु वे दलित मुक्ति के लिए संघर्ष करते रहे।

'मूकनायक' का संपादन

'मूकनायक' पत्रिका के प्रथमांक में 31 जनवरी, 1920 को 'मनोगत' शीर्षक लेख में डॉ. अम्बेडकर ने जातीय और धार्मिक विषमता पर कटाक्ष करते हुए लिखा :

हिंदू धर्मावलंबियों में व्याप्त यह विषमता जितनी अनोखी है, उतनी ही निंदनीय क्योंकि विषमता के अनुरूप होने वाले व्यवहार का स्वरूप हिंदू धर्म के लिए शोभनीय नहीं कहा जा सकता। स्पष्ट है कि हिंदू धर्म में समाविष्ट होने वाली जातियाँ ऊँच-नीच की भावना से प्रेरित हैं। किंतु ध्यान में रखने लायक बात यह है कि इस मीनार में सीढ़ी नहीं है। इसका यही कारण है कि एक मंजिल पर से दूसरी मंजिल पर जाने के लिए मार्ग नहीं है। जो जिस मंजिल में जन्म लेगा उसे उसी मंजिल पर मरना है, नीचे की मंजिल का आदमी चाहे वह कितना भी लायक हो, ऊपर की मंजिल में उसे प्रवेश नहीं मिलता है तथा ऊपर की मंजिल का आदमी, चाहे वह कितना भी नालायक हो उसे नीचे की मंजिल में ढकेल देने की ताकत किसी में नहीं है।"

यह स्पष्ट रूप से कहा जा सकता है कि जातियों में व्याप्त आपसी ऊँच तथा नीच की भावना का आधार गुण तथा अवगुण नहीं है। उच्च जाति में उत्पन्न व्यक्ति में कितने ही दुर्गुण हो वह उच्च ही कहलाएगा उसी प्रकार नीच जाति में उत्पन्न व्यक्ति कितना ही गुणवान् हो, वह नीच ही रहेगा दूसरे आपस में रोटी-बेटी का व्यवहार न होने से आत्मीयता नहीं बढ़ती और एक जाति दूसरे से टूट जाती है।'' मूकनायक के अंक 2 में 14.2.1920 को 'स्वराज्य की समानता' के विषय में डॉ. अम्बेडकर ने लिखा :

"साधारणतः राज्य शासन के दो उद्देश्य हैं, एक शासन तथा दूसरा संस्कृति। शासन अर्थात् अनुशासन एवं शांति। शांति भंग दो प्रकार से हो सकती है, विदेशी आक्रमण से या आंतरिक असामंजस्य से। किसी भी राष्ट्र में वर्ग तथा गुट रहेंगे ही। यही नहीं, शक्ति तथा वर्गों के आर्थिक, सामाजिक, राजनीतिक व धार्मिक हित-संबंध परस्पर विरोधी होते हैं। ऐसे विरोध के कारण एक व्यक्ति अथवा वर्ग द्वारा अपने भले के लिए दूसरे व्यक्ति अथवा अन्य किसी तरीके से हानि पहुँचाना शुरू कर दिया तो आंतरिक शांति भंग होने की संभावना होती है। शांति के अभाव में सामाजिक जीवन धोखे का होता है तथा मानव का नित्यप्रति का कार्य अवरुद्ध हो जाता है।" डॉ. अम्बेडकर की सोच आज भी निःसंदेह सार्थक है जब अराजकता, आतंकवाद, अशांति को बढ़ावा मिल रहा है। भाई भाई का गला काट रहा है। मानवता नहीं, धार्मिक उन्माद और कट्टरता सिर उठा रहे हैं। सामाजिक और आर्थिक विषमताएँ ज्यों की त्यों हैं। उनके रूप बदले हैं और सामाजिक परिवर्तन के नाम पर लूट-खसोट जारी है। अभिनेता, नेता नौकरशाह, व्यापारी अर्थ-सम्पन्न हुए हैं।

डॉ. अम्बेडकर ने 28 फरवरी 1920 के मूकनायक के तीसरे अंक में लिखा कि, "जो सामाजिक बंधन उच्च जाति के हिंदुओं के लिए पोषक हुए हैं, वे इस बहिष्कृत समाज के लिए इतने घातक बन गए हैं कि यह वर्ग नागरिकता से भी वंचित हो गया है।"

1920 में ही उन्होंने लिखा कि "व्यक्तिगत स्वतंत्रता, व्यक्तिगत संरक्षण, व्यक्तिगत धन संपत्ति रखने का अधिकार, कानून की दृष्टि में समानता, सद्विवेक, बुद्धि के अनुरूप कार्य करने की स्वतंत्रता, भाषण की स्वतंत्रता तथा अपने अभिमत की स्वतंत्रता, सभा करने का अधिकार, देश के शासन कार्य में प्रतिनिधि भेजने का अधिकार, सरकारी नौकरी आदि प्राप्त करने का अधिकार किसी भी व्यक्ति के नागरिक अधिकार होते हैं।" मनुवादी व्यवस्था में यह सब बहिष्कृत समाज को प्राप्त नहीं थे। यह सब होने के कारण जातिभेद एवं अस्पृश्यता है। जब स्वतंत्र भारत के

संविधान की डॉ. अम्बेडकर ने संरचना की भारत के सभी नागरिकों को उन्होंने नागरिक अधिकार सुनिश्चित किए। उन्होंने बहिष्कृत समाज की उन्नति के मार्ग को खोला।

उन्होंने सच्चे देशभक्त की तरह **मूकनायक के छठे अंक में 10 अप्रैल, 1920 को संकेत दिया कि** "हिंदुस्तान द्वारा पूर्ण स्वराज्य प्राप्त करने का पक्का निश्चय किए बिना पूर्ण स्वराज्य नहीं मिलेगा" उन दिनों कांग्रेस का गरम दल पूर्ण स्वराज्य प्राप्ति के लिए अंग्रेजी सत्ता को उखाड़ फेंकना चाहता था, नरम दल ब्रिटिश साम्राज्य के तहत स्वराज्य माँगने वालों की राजनैतिक जमात थी। लेकिन डॉ. अम्बेडकर ने सदियों से सताए लोगों को संगठित कर उन पर थोपे गए सामाजिक बंधनों को काटने के लिए सक्रिय कार्य किया।"

5 जून, सन् 1920 को छपी मूकनायक के 10वें अंक में **'अखिल भारतीय बहिष्कृत समाज परिषद'** द्वारा नागपुर में 30 तथा 31 मई तथा 1 जून, 1920 को आयोजित तीन दिन की सभा की कार्यवाही, प्रतिनिधियों के भाषण और प्रस्ताव आदि का पूरा वृत्तांत है, जो दलित आंदोलन और अस्पृश्य महारों में सामाजिक-राजनीतिक जागृति तथा अधिकारों के प्रति सजगता का परिचय देता है।

प्रथम दिवस की कार्यवाही

यह सम्मेलन कोल्हापुर के महाराजा छत्रपति शाहू महाराज की अध्यक्षता में अत्यंत ठाट-बाट से संपन्न हुआ। इसमें दस हजार से अधिक प्रतिनिधि तथा प्रेक्षक सम्मिलित हुए। सम्मेलन के मंच पर गुना दलित लोकनायक डॉ. अम्बेडकर के अलावा सर गंगाधर चिटनवीस, सर बी. के. बोस, शंकरराव चिटनवीस, मिस्टर पंडित, डॉ. परांजपे, कोठारी, बैरिस्टर बी. आर. द्रविड़, श्रीपतराव शिंदे, बाबूराव यादव, दत्तोपंत दलती, रणदिवे, पाटिल, कदम इत्यादि वरिष्ठ एवं प्रतिष्ठित हिंदू नेता तथा शिवतरकर, भौंसले, रा. सा. पापन्ना, शिवराम जानबा कांबले, मेजर कृष्णराव कांबले, गोविन्द गोपाल कांबले तथा स्वागताध्यक्ष बाबू कालीचरण जैसे अस्पृश्य जाति के नेता और समाज सुधारक विराजमान थे। नागपुर शहर और महाराष्ट्र में दलित समाज के इतिहास में शायद इतना भव्य और विशाल सम्मेलन कभी नहीं हुआ था जिसमें समूचे भारत के अस्पृश्य वर्ग के प्रतिनिधि और हिंदू समाज के सुधारक इकट्ठे हुए हों। शाहू महाराज ने कहा कि "किसी भी मनुष्य के लिए अस्पृश्य शब्द का प्रयोग निंदनीय है। आप सभी के लिए यह शब्द प्रयोग में आता है, यह भ्रांति है। दरअसल तुम हिंदी राष्ट्र के ज्यादा पराक्रमी, ज्यादा बुद्धिमान, ज्यादा सुविचारी और ज्यादा

स्वार्थ त्यागी घटक हो। कुछ लोगों ने बनावटी और स्वार्थवश ऊँच-नीच का भाव करके धर्म को ही नीचे गिराया और अपने ही बंधु-बांधवों को पशुवत् बनाया।

अंग्रेजी राज ने मनु और धर्मशास्त्र, जो जातिवाद को, असमानता को बढ़ावा देते हैं हटाकर मानवतावादी कायदे-कानून लागू किए और हिंदी प्रजा में सम-समान अधिकार स्थापित किए। राष्ट्रीयता की भावना और सामाजिक समता का आदर्श रखा। लेकिन उसे भी इन लोगों ने आगे नहीं बढ़ने दिया। मिशनरियों ने पाठशालाएँ प्रारंभ कीं, हमारे अस्पृश्य समाज के बच्चों के साथ समता का व्यवहार किया। इन्हें यह भी नहीं सुहाया। शाहू महाराज के भाषण में अंग्रेजी राज का गुणगान अवश्य था, लेकिन कुछ सच्चाइयाँ भी थीं। जैसे मद्रास में ब्राह्मणों द्वारा ब्राह्मणेतर समाज के साथ अन्यायपूर्ण व्यवहार, देश में जाति का मिथ्यात्व और अस्पृश्यता का व्यवहार। महाराजा का भाषण इतना सहानुभूतिपूर्ण, भावप्रद, करुणा और प्रेममयी भाषा में था कि दलित प्रतिनिधियों की आँखों में आँसू आ गए। उसमें समाज को जगाने, निर्भीक रहने, एकजुट रहने और शिक्षा प्राप्त करने का संदेश भरा था।

अस्पृश्यता की प्रचलित सामाजिक रूढ़ियों के विरोध में डॉ. परांजपे ने कहा कि "प्रत्येक समाज में अच्छे-बुरे लोग होते हैं। वर्ण व्यवस्था, गुण, कर्म और स्वभाव के अनुसार थी, आज उसका खोखलापन सिद्ध हो गया है, ब्राह्मणों को अपशब्द कहने की बजाय अस्पृश्य और दलितों का अपना आंदोलन चालू और दृढ़ रखना चाहिए।"

कोठारी ने उत्तरस्वरूप कहा कि "ब्राह्मणेतर समाज की, अस्पृश्य वर्ग के आंदोलन की कुल्हाड़ी किसी जाति पर नहीं वर्णाश्रम धर्म पर, प्राचीन रूढ़ियों पर पड़ती है पर ब्राह्मण समाज को गुस्सा आता है। सौ वर्षों में अंग्रेजों ने शिक्षा व्यवस्था कम-ज्यादा की उसका दोष हम निकालते हैं, लेकिन 5000 वर्षों रो अधिक ब्राह्मणों ने इतर वर्गों को शिक्षा से क्यों वंचित रखा, हर तरह के अधिकार क्यों छीने उस पर कोई ध्यान नहीं दिया। अब समय आ गया है निर्बल वर्ग को ऊँचा उठाना है, उसे रास्ता दिखाना है। यह काम समाज और सरकार दोनों का है।"

द्वितीय दिवस की कार्यवाही

सर गंगाधर राव चिटनवीस की अध्यक्षता में दूसरे दिन सम्मेलन की कार्यवाही संपन्न हुई। उन्होंने परिषद द्वारा चालित 'अस्पृश्य-बहिष्कृत आंदोलन' के प्रति सहानुभूति प्रकट की। श्रीपतराव शिंदे ने अपने ओजस्वी भाषण में कहा कि करोड़ों बहिष्कृतों के साथ मनुष्यता के व्यवहार से राष्ट्र का भाग्योदय होगा इस समाज के बारे में अगर विचार नहीं किया गया तो राष्ट्र की हानि होगी। अब तक बहिष्कृत

समाज के जागृत होने का सारा श्रेय मिशनरियों को जाता है। उच्च वर्ग के समाज ने उनके साथ खुद नीचता दिखाई है। अस्पृश्य धर्म और नीति से नहीं डिगे। अब उन्हें शिक्षा, समान अधिकार मिलने चाहिएँ। मानसिक गुलामगीरी उन्हें खुद छोड़नी होगी। सार्वजनिक स्थानों पर खुद-ब-खुद अपने अधिकार को जताना होगा जो उन्हें अस्पृश्य कहता है, वह स्वयं अस्पृश्य है। अस्पृश्य जाति को अगर ब्राह्मण छू लेता है तो उन्हें खुद स्नान करना चाहिए। तभी छुआछूत को मिटाया जा सकता है।

तत्पश्चात् कोठारी ने अपने भाषण में कहा कुछ लोग ब्राह्मणेतर तथा अस्पृश्यों में फूट डालना चाहते हैं। अतः अपने आंदोलन को सफल बनाने के लिए उन्हें सतर्क रहना होगा हमें समाज में किसी भी अन्याय से प्रतिकार लेना है, ऐसा संकल्प लेना होगा जाति भेद राष्ट्र की उन्नति में बाधक है। अस्पृश्य तरुण भारत को स्वाभिमानी होना चाहिए तभी अस्पृश्यता को दूर किया जा सकेगा, अन्य व्यक्ति भी इससे प्रेरित होंगे तथा समाज एवं राष्ट्र का विकास होगा

उसके बाद बाबूराव ने कहा कि वे सत्यशोधक हैं, सुरंग लगाकर पहाड़ उड़ाते हैं। भाषणबाजी व्यर्थ है। मराठा लोगों को चाहिए वे ब्राह्मण वर्ग के पीछे दौड़ने के बजाय अस्पृश्य लोगों से सहकार्य करें। ब्राह्मणों ने सदैव मराठों में द्वेषभाव, फूट डाली है, आज भी छत्रपति शाहू महाराज जब नागपुर पधारे तो नागपुर के राजा साहब पलायन कर गए। यह सब ब्राह्मणद्वेष का मामला है। दलितों का एकत्रित होना ही समय की आवाज दलित आंदोलन उनकी मुक्ति का आह्वान है। इसके बाद शिवराम जानबा कांबले ने अपने मर्मस्पर्शी शब्दों में कहा, ''जाति भेद का ढकोसला ब्राह्मणों की देन है और हमारी उन्नति के मार्ग में काँटे के रागान है। हमारे पूर्वजों ने आर्काट, कोरेगाँव में अंग्रेजी फौज में रहते हुए विजय दिलाई और अपार वीरता का परिचय दिया, उन्हीं के बहादुर और पराक्रमी वंशज जातिभेद, धर्म और अस्पृश्यता के बंधनों को झेल रहे हैं, उसे तोड़ डालिए। कोल्हापुर के छत्रपति महाराज अपने राज्य में हमारे अस्पृश्य वर्ग को समानता का व्यवहार देकर और अन्यत्र हमें मार्गदर्शन प्रदान करके हमारे मुक्तिदाता बन गए हैं। इसका हमें आभार मानना चाहिए।''

'डिस्प्रैस्ड क्लास मिशन' के बर्वे बोले महोदय ने कहा कि समय आ गया है ब्राह्मणों को छिया-बिलाई का खेल बंद करना पड़ेगा, तभी देश, जाति का भला होगा शिक्षा और संगठन से सब चीजें हासिल करनी हैं। सामाजिक न्याय, समानता, अधिकार प्राप्त करने के लिए सबको मिल जुल कर अपने मुक्ति आंदोलन को मजबूत बनाना, यही हमारी आजादी की बात होगी।

इसके बाद शिवतरकर ने कहा आज शिक्षा की कुँजी ब्राह्मणों के हाथ में है;

इसलिए हमें अनिवार्य शिक्षा चाहिए, तभी समानता और अधिकार प्राप्त होंगे। हमारे कुछ व्यक्ति कोर्ट मार्शल कौंसिल के अध्यक्ष रहे हैं, विधि विशेषज्ञ रहे हैं तो हममें योग्यता का अभाव कहाँ है? शिक्षा मिलेगी, समान अवसर मिलेंगे तो हम पराक्रमी, प्रतिभावान् और राष्ट्र निर्माता बन सकेंगे।

दलित आंदोलन को सुदृढ़ करने के लिए बैरिस्टर बक महोदय ने स्थायी फंड बनाने पर बल दिया। इसके तुरंत बाद शाहू महाराज ने इस फंड में 5,000 रुपए, बाबू कालीचरण ने 1,000 रुपए तथा बहिष्कृत प्रतिनिधियों ने मोटी रकमें दीं। कुछ लोगों ने आर्थिक सहयोग के अभिवचन दिए। बाद में रायसाहब पापन्ना जालय्या की अध्यक्षता में विषय नियामक समिति की बैठक संपन्न हुई। शाहू महाराज ने कहा कि उनके मित्र भौंसले, बाबूराव यादव, निंबालकर, कदम, दत्तोबा पेंटर तथा केलगाम के पटेल ने 'बहिष्कृत आंदोलन' और दलित मुक्ति संग्राम में जीवन समर्पित करने की सौगन्ध खाई।

नागपुर त्रिदिवसीय सम्मेलन के प्रस्ताव

बड़ौदा राज्य अस्पृश्य वर्ग शाला के निरीक्षक और शिक्षाविद कृष्णराव कांबले की अध्यक्षता में तीसरे दिन प्रस्ताव पारित किए गए। पहले प्रस्ताव में सरकार के प्रति निष्ठा व्यक्त की गई। दूसरे प्रस्ताव में निधायिकाओं में प्रतिनिधित्व की माँग की गई और बहिष्कृत वर्ग को राजनीतिक सत्ता में भागीदारी के लिए अपील की गई। तद्नुरूप प्रस्ताव में बंबई प्रेसीडेंसी में पाँच और मध्यप्रांत और बरार (सेंट्रल प्रोविंसेज एंड बरार) में पाँच प्रतिनिधि कौंसिल में नामांकन करने की माँग की गई।

गवई महोदय ने प्रस्ताव के अनुमोदन में कहा, 'होमरूल आंदोलन' राजनैतिक सत्ता अर्थात् स्वराज्य प्राप्ति का आंदोलन है। स्वराज्य में हमें प्रतिनिधित्व मिले, इसीलिए हमने बहिष्कृत (दलित) आंदोलन चलाया है। हमें जनसंख्या के अनुसार प्रतिनिधित्व मिलना चाहिए। प्रस्ताव करतल ध्वनि से पारित हुआ।

तीसरे राजनीतिक प्रस्ताव में बहिष्कृत वर्ग के प्रतिनिधियों के नामांकन में 'डिप्रैस्ड क्लास मिशन' (भारतीय निराश्रित सहायता मंडल) की खुलकर आलोचना की गई जो समाज विरोधी संगठन बन कर रह गया था। बी.आर. द्रविड और रा. कदम जो वकील थे ने साफ-साफ कहा कि यह मिशन बहिष्कृत आंदोलन को ठंडा करने वाला है। भटकर के प्रस्ताव का अनुमोदन गणेश अवकाजी गवई ने किया कि मिशन की बजाय हमारी परिषद से नामांकन के विषय में राय ली जानी चाहिए।

चतुर्थ प्रस्ताव में कहा गया कि अब तक सरकार ने बहिष्कृत वर्ग की

सामाजिक-आर्थिक उन्नति और शिक्षा प्रचार में विशेष रुचि नहीं दिखाई। हमारे लोगों ने उनकी सालों तक हर विभाग में बिना मेहनताने बेगार की। इसलिए हमारी प्रगति के लिए जिलेवार काम करने के लिए स्वतंत्र विभाग बनाया जाए।

पाँचवें प्रस्ताव में स्थानीय निकाय और जिला परिषदों में बहिष्कृत समाज के प्रतिनिधि नामांकित किए जाने की अपील की गई।

छठवें प्रस्ताव में लड़के-लड़कियों की अनिवार्य शिक्षा के लिए सरकार से अनुरोध किया गया। प्रस्ताव पर शिवतरकर, पुराणिक महोदय, श्रीमती बनसोड, कुमारी रुक्मिणीबाई कोटांगले ने अपने विचार रखे। प्रस्ताव सर्वसम्मति से पारित हुआ।

सातवें प्रस्ताव को प्रस्तुत करते हुए दत्तोपंत पवार ने कहा कि शिक्षामंत्री ब्राह्मणेतर होना चाहिए। मकेसर महोदय ने अनुमोदन किया और बाबूराव यादव ने पुष्टि की। यह प्रस्ताव भी सर्वसम्मति से पास हुआ।

आठवें प्रस्ताव में बहिष्कृत वर्ग के अधिकाधिक विद्यार्थी टीचर्स ट्रेनिंग कालेज में प्रविष्ट करने के लिए अपील की गई। इसे सेनू नारायण मेढ़े ने प्रस्तुत किया और वासनिक महोदय ने अनुमोदित किया।

नवम् प्रस्ताव में नौकरियों में आयु सीमा बढ़ाए जाने की माँग की गई ताकि दलित वर्ग को नौकरियाँ प्राप्त हो सकें।

"बहिष्कृत दलित-अस्पृश्य समाज के सर्वमुखी उन्नयन और विकास के लिए कुछ अन्य प्रस्ताव भी पारित किए गए जो दलित आंदोलन की भावी नीति तैयार करने में डॉ. अम्बेडकर आदि नेताओं के मार्ग दृष्टा बने। यहाँ यह उल्लेखनीय है कि उन दिनों कांग्रेस ने देश में ब्रिटिश सरकार से शांतिपूर्ण सहयोग करते हुए नागरिक अवज्ञा आंदोलन चला रखा था और राजकाज को पंगु बनाने के लिए बहिष्कार की घोषणा कर दी थी।"

उन्होंने मूकनायक का प्रकाशन जारी रखा।

9 अक्टूबर 1920 के मूक नायक के 18वें अंक में उन्होंने 'उन्नति के साधन' शीर्षक मराठी अग्रलेख में दलितों का शिक्षा के महत्त्व को उजागर किया। उन्होंने बहिष्कृत समाज से आशा की कि वे "अपनी वास्तविक उन्नति के साधन शिक्षा को अत्यंत तृषातुर होकर अभी से पान करते हुए अन्य लोगों के साथ सुधार हेतु पढ़ाई में स्वयं का स्तर ऊँचा उठाने का अवसर नहीं गंवायेंगे।"

23 अक्टूबर 1920 के मूकनायक के 19वें अंक में "हिंदी राष्ट्र की प्राण प्रतिष्ठा" शीर्षक मार्मिक अग्रलेख में लिखा कि "अंग्रेजी विद्या के अध्ययन तथा

पाश्चात्य देशों एवं वहाँ की संस्थाओं के इतिहास के अनुशीलन से हिंदुस्तान के युवाजनों को राजा तथा प्रजा के अधिकार समझ में आने लगे। अनियंत्रित राजसत्ता की कमियाँ उनकी नजरों में आई हैं। स्वतंत्रता की कल्पना स्पष्टतः समझ में आने लगी। स्वतंत्रता के लिए ब्रिटिश जनता द्वारा किए गए तथा चलाए गए संघर्ष उनके ध्यान में आए, व्यक्ति स्वातंत्र्य का मार्मिक अर्थ समझ में आने लगा देश की अधोगति का चित्र हृदय पटल पर प्रतिबित हुआ...अन्याय, विषमता तथा प्रजा के अधिकारों की अवहेलना के प्रकरण सरकार के सामने रखे गए।''

आगे उन्होंने कहा कि ''कुलीन और संभ्रांत लोगों ने अंग्रेजों से सांठ-गाँठ करके खूब कमाया-खाया। ऊँची शिक्षा पाई। नौकरियाँ हासिल कीं। अब वे पूर्ण सत्ता के लिए सरकार के काम में व्यवधान डाल रहे हैं। इधर ये अब उठ खड़े हुए हैं। परन्तु अछूत अभी नहीं खड़े हुए हैं। धर्म बंधु 'बहिष्कृत भारत' की कोई परवाह नहीं करते।''

'बहिष्कृत भारत' का संपादन

सन् 1927 डॉ. अम्बेडकर ने दलित आंदोलन को नई दिशा प्रदान करने और बहिष्कृत समाज की सामाजिक-आर्थिक एवं राजनीतिक आवाज उठाने के लिए 'बहिष्कृत-भारत' पत्रिका निकाली। इंग्लैण्ड से लौटकर अपने जीवन का उद्देश्य दलितों को समर्पित करके उन्होंने यह युग परिवर्तनकारी कार्य किया। इसी संदर्भ में 14 मार्च, 1927 को महाड़ में ''कोलाबा जिला बहिष्कृत परिषद्'' स्थापित की जिसके तत्वावधान में सामाजिक आंदोलन और अप्रैल 1927 से **'बहिष्कृत भारत'** का प्रकाशन शुरू किया। इसके संपादन का दायित्व उन्होंने स्वयं संभाला। एक वर्ष की अल्पावधि में उन्होंने समूचे महाराष्ट्र (तब बंबई प्रेसीडेंसी) और महाराष्ट्र को स्पर्श करने वाले प्रांतों में तथाकथित ब्राह्मण अभिमान को चूर-चूर कर दिया। अस्पृश्य जातियों के शोषण और उन पर किए जाने वाले अत्याचारों, उनके मौलिक अधिकारों के हनन और सामाजिक बंधनों के विरुद्ध तूफान खड़ा कर दिया। अतः 'बहिष्कृत भारत' मराठी भाषी लाखों दलित-अछूतों की आवाज बन गया।

तकरीबन दो साल तक उन्होंने इसका लगातार प्रकाशन किया। इस बीच मुंबई विधान सभा में सदस्य के रूप में उन्होंने विद्वतापूर्ण भाषण दिए, लेकिन मराठी में पत्रकारिता जारी रखी। उन्होंने दलितों की दयनीय अवस्था के साथ-साथ हिंदू धर्म की कमजोरियों, अस्पृश्यता के व्यवहार और जाति व्यवस्था पर वार किया।

डॉ. अम्बेडकर के शब्दों में, ''बहिष्कृत भारत की आर्थिक स्थिति इतनी सुदृढ़

नहीं थी कि इसके लिए किसी व्यक्ति को संपादक के रूप में नियुक्त किया जा सके। दलितों में ऐसा स्वार्थ त्यागी, शिक्षित युवक भी उपलब्ध नहीं था जो इस कार्य को अवैतनिक रूप से संपन्न करता। इसके अतिरिक्त सामाजिक कार्य में वांछित रुचि के अभाव में इस पत्रिका के 24 पृष्ठ स्वयं मराठी में लिखकर तैयार करने की समस्त संपादकीय जिम्मेदारी भी मुझे ही निभानी आवश्यक थी।''

मराठी लोकभाषा में प्रकाशित 'बहिष्कृत भारत' में बाबा साहेब के अग्रलेखों में उनके चिंतन, अद्वितीय तर्कशक्ति तथा लेखन कौशल की अनुभूति सहज ही हो जाती है। हिंदू धर्मशास्त्रों का गहन अध्ययन और विश्लेषण करके उन्होंने प्रतिष्ठित ब्राह्मण वर्ग द्वारा स्वयं की श्रेष्ठता बनाए रखने के लिए अपनाई गई धार्मिक एवं सामाजिक रूढ़ियों का तर्क के आधार पर विरोध किया। उन्होंने दलितों से आग्रह किया कि वे उन्हें तिलांजलि देकर स्वयं का उद्धार करें। अपने इन लेखों में उन्होंने अस्पृश्यता, जाति भेद, कुप्रथाओं, अंधविश्वास पर वार किया तथा दलित शिक्षा के लिए बढ़ावा दिया।''

'बहिष्कृत भारत' और **'मूकनायक'** को चलाने के लिए डॉ. अम्बेडकर के पास किसी थैलीशाह का सहयोग नहीं था। अछूतों के हित में आंदोलन करने, सामाजिक और राजनीतिक कार्यों में उनकी इतनी अधिक व्यस्तता थी कि वे पूरा समय भी अब इनके लिए नहीं दे पाते थे। संपादन का कार्य देखने और मित्रों-प्रशंसकों से धन जुटाने से लेकर समस्त औपचारिकताएँ उन्हें ही पूरी करनी पड़ती थीं। जो सहयोग मिलता था वह कम था। वे अँधेरे से निपट अकेले सूरज की भाँति लेखनी की किरणों को लेकर जूझते रहे। दलित आंदोलन को गतिशील बनाने के लिए उन्होंने पुनः 1930 में 'जनता' शीर्षक से एक अन्य पत्रिका का प्रकाशन किया। जिसका नाम 1956 में बदलकर 'प्रबुद्ध भारत' कर दिया। इस पत्रिका को अत्यधिक लोकप्रियता मिली।

7

भारत में दलित जन चेतना

सन् 1857 सैनिक विद्रोह से 1942 के भारत छोड़ो आन्दोलन में उत्तर भारत के शूद्र, दलित और अछूतों का भारतीय स्वतंत्रता प्राप्ति में प्रमुख योगदान रहा। इसके अनेक ऐतिहासिक प्रमाण और साक्ष्य मौजूद हैं। लेकिन इतिहासकारों ने वर्ग चेतना के रूप में इसका पर्याप्त विश्लेषण, निरूपण नहीं किया। समय के फेर से पिछड़े और अस्पृश्य जातियों के लोग भूमिहीन मजदूर हो गए थे और बहुत थोड़े लोगों के पास जमीन बची। वे लोग अधिकांशतया ग्राम शिल्प और कुटीर उद्योगों में प्रवृत्त थे, जिन्हें आजादी के बाद उच्च स्तरीय मशीनी, औद्योगिक क्रांति ने कुचल दिया जिसकी भयावह शुरुआत 19वीं शताब्दी के उत्तरार्द्ध में ही हो गई थी। छोटी जोत के किसानों से दलित-अछूत ग्राम शिल्पियों की आर्थिक-सामाजिक स्थिति अच्छी थी। ब्राह्मण धर्म के नाम पर लोगों को ठगते थे तथा भीख माँगते थे। अंग्रेजी शिक्षा प्राप्त कर वे नौकरियाँ पाने में सफल हो गए तो उनकी स्थिति सुदृढ़ हो गई। राष्ट्रीय आंदोलन और स्वतंत्रता के बाद उनकी कायापलट हो गई। कुछ जातियों को छोड़कर अधिकतर दलित जातियाँ कमजोर हो गईं। शिक्षा, संस्कृतीकरण और संवैधानिक संरक्षण से उत्तर भारत में उपेक्षित जातियों में सामाजिक जागृति आई, लेकिन आर्थिक क्रांति नहीं आयी। उनके परंपरागत शिल्प खत्म हो गए।

आगरा के जाटवों की उत्तर भारत के दलित आन्दोलन में प्रमुख भूमिका थी। जातीय आंदोलन और संस्कृतीकरण से शुरू होकर इसने समाज में अपनी पहचान बनाई। **ओवन एम. लिंच** ने कोलंबिया विश्वविद्यालय में आगरा के जाटवों के बारे में भारत आकर शोध प्रबंध लिखा जिसे उन्होंने 'अस्पृश्यता की राजनीति' शीर्षक

दिया। यह निःसंदेह आगरा आंदोलन था जिसने पूरे उत्तर भारत की जाटव जाति पर प्रभाव डाला। शोधकर्त्ता लिंच 1963-64 के दौरान यहाँ आए और फील्ड वर्क किया। विश्व और भारत के समाजशास्त्रियों ने उनके इस दलित जाति के उत्कर्ष विषयक शोध को तथ्यपूर्ण स्तरीय अध्ययन माना और विश्व भर में इसकी सराहना हुई। 20वीं सदी के प्रारंभ में ही संस्कृतीकरण की प्रक्रिया इस समाज में प्रारंभ हो गई थी। जाटव जाति के प्रतिष्ठित धनी लोग कई दशक तक आर्य समाज से प्रभावित होकर उच्च जातियों जैसी मानसिकता से ग्रसित रहे। ओवन एम. लिंच ने अपने अध्ययन के प्रारंभिक्र पृष्ठों में यही सिद्ध करने की कोशिश की है। निःसंदेह, जाटव जाति पश्चिमी उत्तर प्रदेश की एक प्रगतिशील-दूरदर्शी, उद्यमी जाति है, जो बदलते सामाजिक-शैक्षिक, राजनीतिक परिदृश्य में सदैव शीर्ष पर रहती आई है। उनकी देखा-देखी कोरी, बाल्मीकि, पासी और खटीक जाति में भी आगे बढ़ने की लालसा उत्पन्न हुई।

यह सत्य है कि, जाटव समुदाय के आगरा आंदोलन के शानदार इतिहास का एक रोचक अध्याय दलित मुक्ति आंदोलन से जुड़ा हुआ है। लिंच के अनुसार—'उत्तर भारत, विशेषतया आगरा के जाटवों में आर्य समाज से प्रभावित संस्कृतीकरण की प्रक्रिया सन् 1900 के आसपास ही प्रारंभ हो गई थी, जब सेठ सीताराम और सेठ मानसिंह जैसे जाटव बिरादरी के धनी-मानी व्यक्ति स्वामी आत्माराम के संपर्क में आए। 1887 में स्वामी ने 'ज्ञान-समुद्र' पुस्तक लिखी थी जिसमें यह सिद्ध करने का प्रयत्न किया कि लोमश रामायण के आधार पर जाटव वंश शिव के गोत्र से संबंधित हैं इसलिए वे क्षत्रिय हैं और अछूत नहीं। आगरा के सुप्रसिद्ध दलित (जाटव) लेखक रामनारायण यादवेन्दु ने 'यदुवंश के इतिहास' (1942, पृ. 98) साकार में इसका उद्धरण दिया है।

लोमश रामायण नेपाल में उपलब्ध है। ऐसा कहा जाता है कि स्वामी आत्माराम की प्रेरणा से जाटवों में संस्कृतीकरण की जब भावना जाग्रत हुई, तब समाज आर्थिक रूप से मजबूत था। उक्त दोनों दलित सेठों ने आगरा नगर के जाटवों की पंचायत बुलाई और दृढ़ निश्चय किया गया था कि जाटव मांस नहीं खाएँगे। उन्नीसवीं शताब्दी के शुरू के दो दशकों में समाज के कुछ ठेकेदारी के कार्य में प्रवृत्त लोगों ने अपने बच्चों को आर्य समाज की पाठशालाओं, ईसाई स्कूलों और सरकारी विद्यालयों में शिक्षा दिलाई। उन्होंने सन् 1917 में 'जाटव वीर महासभा' (जाटव मैन्स एसोसिएशन) का गठन किया। बाद में 1924 में 'जाटव प्रचारक मंडल' का गठन किया गया। "इन संगठनों का मूल उद्देश्य जाटवों में शिक्षा का प्रचार, जीवन में संस्कृतीकरण और अपनी पहचान में परिवर्तन लाने के लिए प्रयास करना था। शिक्षा

पर बुनियादी तौर पर अधिक ध्यान दिया गया।" फिर भी अधिकतर जाटवों ने मांस-मदिरा का त्याग नहीं किया।

यहाँ यह उल्लेखनीय है कि कोहन (1954 : पृष्ठ 127) सालार ने भी पूर्वी उत्तर प्रदेश के सेनपुर गाँव के जैसवार चमारों में इसी तरह की प्रवृत्ति का अध्ययन किया। सबसे पहली समस्या जाटवों में जागृति लाना था ताकि वे जाति की नई परिभाषा से परिचित हों और समाज में सम्मान के अधिकारी बनें। जाटव वीर महासभा के संज्ञान में यह बात आई कि कुछ ऊँची जातियों के लोग उनकी शिक्षा में बाधक हैं। जो उनको सताते हैं और भ्रम फैलाते हैं कि बच्चों को शिक्षा देने से पाप लगेगा वे यह नहीं समझते थे कि शिक्षा और ज्ञान से एक व्यक्ति कितना ऊँचा उठ सकता है (सागर : 1924)।

सागर ने लिखा है कि : "सन् 1924 में प्रकाशित 'जाटव जीवन' नामक पुस्तक में उन्हें क्षत्रिय कहा गया था। सन् 1942 में रामनारायण यादवेन्दु ने 'यदुवंश का इतिहास' लिखकर इसकी सोदाहरण पुष्टि की (वे आगरा निवासी स्वयं जाटव जाति के ऊँचे दर्जे के लेखक और पेशे से वकील बाद में प्रकाशन विभाग, भारत सरकार में संपादक थे)। पहले की पुस्तक में दर्शाया गया था कि जाटव अछूत नहीं हैं। सन् 1924 में सागर द्वारा यह साबित करने का प्रयत्न किया गया कि जाटव जाति एक उच्च जाति है। जाटवों को ऊँची जाति का दर्जा देने का यह आंदोलन निःसंदेह आर्य समाज से प्रभावित था जो वैदिक परंपराओं का अनुगामी था। जाटवों ने शुरू में उनकी रीति-नीति, परंपराओं, विश्वासों की नकल करने का प्रयास किया। इसका सीधा तात्पर्य यह था मांस खाने की मनाही एवं वैदिक संस्कारों को स्वीकारने के रीति-रिवाज का प्रारंभ साथ ही जनेऊ धारण करने पर भी जोर दिया गया। इस प्रकार बीसवीं शताब्दी के शुरू के दशकों में जाटव समाज आर्य समाज के प्रभाव में हाथ-पैर मारता रहा।

नेसफील्ड ने 1885 में यह बात देखी कि उत्तर भारत में क्षत्रिय बनने का सिलसिला अब भी जारी है जो कि लगभग विगत 200 वर्षों से होता आया था। क्षत्रिय के रूप में जाटव जाति द्वारा आत्म-पहचान का प्रमुख उद्देश्य कृषिकर्मी मध्यम दर्जे की ठाकुर-क्षत्रिय जातियों में घुलना मिलना और अंतर्जातीय विवाह नहीं था। वरन् अपनी एक प्रभावी हैसियत और इस प्रकार जाति व्यवस्था के अंतर्गत ऊँचा दर्जा प्राप्त करना था। इसलिए एक मान्य वंश परंपरा द्वारा इस दावे को सिद्ध करना भी जरूरी था। इसीलिए कहा गया कि जाटव 'यदु कुल' और 'क्षत्रिय पर्ण' के हैं। उस समय उनकी आर्थिक स्थिति काफी सुदृढ़ थी।

प्राचीन भारत की यादव और जाटव जाति की बहुत सी समानताओं का भी उदाहरण जबर्दस्ती दिया गया। गोत्रों की समानता भी बताई गई। क्षत्रियों जैसी परंपराओं और रीति-रिवाजों का भी हवाला दिया गया जैसे कि शादी के अवसर पर निशानेबाजी और जन्म-समारोह पर धनुष-बाण का प्रयोग। जाटवों को यह भी बताना पड़ा कि वे क्षत्रिय से शूद्र कैसे बने? इसके लिए ब्राह्मण परशुराम की कथा का उदाहरण दिया गया कि ब्राह्मण और क्षत्रियों के बीच संघर्ष में केवल जाटव ही जीवित बचे थे। परशुराम के शाप से बचने के लिए ही उन्हें जूतियाँ बनाने और ठेकेदारी (भवन निर्माण) का कार्य करना पड़ा। सागर (1924) के अनुसार जाटवों का तर्क था कि उनका पूरा इतिहास मिट गया है क्योंकि परशुराम और उनके शिष्यों ने योद्धा– क्षत्रिय जाति से बैर किया था, जिसमें सब क्षत्रिय मारे गए थे। यह सब कथन एक लेखकीय अंदाज में लिखे गए थे, इसका कोई साक्ष्य नहीं था।

एक प्रकार से जागरूक जाटव सामाजिक नक्शे पर जाति-भेद को मिटाने के लिए नहीं वरन् जाति के लिए ऊँचा दर्जा पाने के लिए प्रयत्नशील थे। उन्होंने गुलिया चमारों से अपने को अलग बताया कि वे कतई जाटव नहीं हैं। क्योंकि न तो जाटव चमार हैं और न अस्पृश्य। जबकि कट्टर सनातनी ब्राह्मणों ने जो कि वर्ण व्यवस्था के परिपोषक रहे हैं उन्होंने परशुराम वाले प्रसंग को काल्पनिक बताया।'' सच्चाई यही है कि चमार में से ही जाटव बने। यह मात्र शब्द का फेर है।

सन् 1925-1930 में उत्तर भारत में स्वामी अछूतानंद ने आदि हिंदू आंदोलन चलाया। **जिज्ञासु (1960)** और **स्टीफन फुच (1965)** ने इसके बारे में ऐतिहासिक विवरण एकत्रित किया है। यद्यपि दलित आंदोलन के अध्येताओं के अनुसार यह आंदोलन उत्तर प्रदेश में पैर नहीं जमा सका फिर भी इस आदि हिंदू आंदोलन के मानने वाले मध्य उत्तर प्रदेश में फैले हुए थे। स्वामी अछूतानंद आगरा में पढ़ा चुके थे। जब उन्होंने यह आंदोलन यहाँ चलाया तो उनके क्रांतिकारी विचारों के विरोध में 'जाटव क्षत्रिय महासभा' के लोगों ने जैसा कि कहा जाता है उन पर पथराव किया और उन्हें भगा दिया। स्वामी जी का मानना था कि अस्पृश्य और अनुसूचित जाति के लोग यहाँ के मूल निवासी हैं और विदेशी आक्रांताओं ने जाति-व्यवस्था उन पर थोपी है। उन्होंने जातिवाद का विरोध किया और उसे उखाड़ने के लिए लोगों का आह्वान किया। उनके कुछ ईसाई मिशनरी अच्छे मित्र थे, परन्तु उन्होंने ईसाई धर्मांतरण की बात कभी नहीं कही। आर्य समाज से प्रभावित जाटव उनके विरुद्ध थे। स्वामी जी ने अन्य निम्न जातियों के साथ अंतर्जातीय विवाह की भी बात कही। जाटवों ने इसकी आलोचना की कि हम दूसरी जातियों और धर्मों में नहीं घुल-मिल

सकते। हम अपने उन जाटव भाइयों की तरह भी नहीं हैं जिन्होंने ईसाई धर्म को अपना लिया है।

बीसवीं सदी में जाटव-क्षत्रिय आंदोलन का नेतृत्व उन धनी जाटवों द्वारा किया जा रहा था जो दूसरी क्षत्रिय जातियों के चौधरियों के समानांतर थे। ये 'बड़े आदमी' जाटव जाति के संस्कृतीकरण के फायदों से प्रभावित थे। वे थोड़े पढे-लिखे थे, लेकिन पूर्णरूपेण शिक्षित नहीं थे। वे व्यापारी ठेकेदार जरूर थे और धनार्जन कर लिया था। संस्कृतीकरण के कारण उन्हें सेठ और बौहरे कहा जाता था, कुछ व्यापारी, पढ़े-लिखे आदमी कहलाते थे। यह दर्जा अक्सर उच्च जाति के व्यक्तियों को प्राप्त था किंतु जाटवों को नहीं। आगरा में प्रथम जाटव कांफ्रेंस 28 अक्टूबर 1917 को पं. सुंदर लाल सागर की प्रेरणा से आयोजित की गई थी। इस सभा में 'अखिल भारतीय जाटव सभा' की स्थापना हुई थी। बौहरे खेमचंद, एम.एल.सी. इसके अध्यक्ष और सेठ बनवारी लाल मंत्री चुने गए।

सन् 1920 में ही 'जाटव वीर महासभा' (जाटव मैन्स एसोसिएशन) ने अपने एक सदस्य बौहरे खेमचंद को उत्तर प्रदेश लेजिस्लेटिव काउंसिल का सदस्य बनवाया। वे दो बार इसके सदस्य बने। खेमचंद ने कौंसिल में यह माँग की कि– ''उनके 'समुदाय' के एक व्यक्ति को जिला परिषद में लिया जाए। उनकी माँग/प्रस्ताव मान लिया गया और उत्तर प्रदेश की तत्कालीन ब्रिटिश सरकार ने एक सदस्य नामित किया जो 1922 से 1930 तक आगरा जिला परिषद का सदस्य बना रहा। बौहरे ने फिर प्रस्ताव रखा कि उनके समुदाय (जाटव बिरादरी) के एक-एक सदस्य को उत्तर प्रदेश के हर म्युनिसिपल बोर्ड, टाउन एरिया, नोटीफाइड एरिया में सदस्य नामित किया जाए। उनकी तत्कालीन उदार ब्रिटिश सरकार ने इस माँग को भी स्वीकार कर लिया। बौहरे को भी आगरा म्युनिस्पिल बोर्ड का सदस्य बनाया गया जहाँ उन्होंने 1926 से 1928 तक सदस्य के रूप में कार्य किया।

सन् 1926 में उनके द्वारा यह प्रस्ताव रखा गया कि जाटव जाति के शिक्षार्थियों को प्रत्येक विद्यालय में वजीफा दिया जाना चाहिए। बाद में उन्होंने सरकार से आश्वासन मिलने के बाद कि इस मामले पर सहानुभूतिपूर्वक विचार किया जाएगा अपना प्रस्ताव वापिस ले लिया। बौहरे जिला परिषद की आगरा केंद्रीय कारागार समिति के सदस्य बनाए गए। इसी के अंतर्गत उन्हें आबकारी समिति, हाउसिंग समिति का भी सदस्य नामित किया गया। सबसे बड़ी बात है बौहरे ने साइमन कमीशन (1928) के समक्ष अपना प्रमाण दिया।

इस व्यवस्था से समाज में जाटव जाति के एक सदस्य को दर्जा तो मिल गया

हालाँकि उन्हें कोई सीधे सत्ता नहीं मिली थी। लेकिन वे अपने लोगों की कुछ आवाज उठा सकते थे। 'जाटव वीर महासभा' में आपसी मतभेद इतने बढ़े कि इसे समाप्त कर दिया गया। यद्यपि आगरा और प्रदेश के अन्य जिलों में यह एक आंदोलन के रूप में फैल चुका था'' विशेषतया पश्चिमी संयुक्त प्रांत (उत्तर प्रदेश) के जिलों में।

जाटवों में 20वीं सदी के तीसरे दशक में शिक्षा का प्रचार-प्रसार हुआ। सन् 1926 में जाटव समुदाय का पहला ग्रेजुएट हुआ। सन् 1939 में जाटव जन-शिक्षा संस्थान (जाटव मैन्स एजूकेशन इन्स्टीट्यूट) बना। आगरा में इसके तत्वावधान में पांच बाल विद्यालय और एक बालिका विद्यालय चलते थे। इस संस्थान ने राजा मंडी, आगरा में एक पुस्तकालय भी खोला जिसमें हिंदी, उर्दू, अंग्रेजी में कतिपय पत्र-पत्रिकाएं आती थीं और 229 पुस्तकें थीं। पंजा मदरसा, आगरा में एक दूसरा जाटव बालिका विद्यालय लेडी कैलाशवती गर्ल्स स्कूल सन् 1935 में खोला गया। संस्थान ने सन् 1939 में आगरा कालेज में पढ़ने वाले अछूत विद्यार्थियों के लिए एक होस्टल खोला। यादवेन्दु ने 'यदुवंश का इतिहास' नामक पुस्तक के पृष्ठ 229 और 239 पर इसका जिक्र किया है। इससे समाज के शिक्षित युवकों को सरकारी कार्यालयों में लिपिक, कर संग्राहक (तहसीलदार) आदि पद मिल गए। एक व्यक्ति डी.एस.पी. भी बना। 'जाटव युवक परिषद' (जाटव यूथ लीग) की स्थापना सन् 1930 में हुई।

रामस्वरूप ठेकेदार ने अप्रैल 1930 में 'भारतवर्षीय जाटव युवक परिषद' बनाई। 1935-1937 में बदले राजनीतिक संदर्भों में संस्कृतीकरण से राजनीतिकरण की हवा चली और जाटवों ने इसे बदल कर 'अखिल भारतीय युवक परिषद' का नाम दिया और समाज सुधारों की ओर ध्यान दिया। सन् 1941 तक **'जाटव यूथ लीग'** (जाटव युवक परिषद) की शाखाएँ अन्य प्रदेशों जैसे राजपूताना, पंजाब, मध्य भारत आदि में स्थापित हो गई थीं। सन् 1937 और 1938 में यह प्रस्ताव भी पारित किए गए कि यह परिषद संवैधानिक और शांतिपूर्ण तरीके से राजनीतिक स्वतंत्रता प्राप्त करने के लिए प्रयत्नशील रहेगी। एक अन्य प्रस्ताव में माँग की गई कि इस परिषद का यह सम्मेलन प्रांतीय विधानसभाओं के जाटव सदस्यों से यह भी माँग करता है कि वे सभी जाति की भलाई के लिए चुनाव करेंगे चाहे वे किसी भी राजनीतिक दल में हों (यादवेन्दु 1942 : पृ. 163)।

अतः जाटव समाज के जो लोग दफ्तरों में बाबू, तहसीलदार (कर-संग्राहक) या डी.एस.पी. के पदों पर नियुक्त हुए उससे समाज की हैसियत बढ़ी। लेकिन 'जाटव-क्षत्रिय आंदोलन' 'आदि हिंदू आंदोलन' के सख्त खिलाफ था और एक

प्रस्ताव के जरिए 'जाटव युवक परिषद' ने सदस्यों को आगाह किया कि वे इससे अलग रहें (यादवेन्दु 1942 : पृ. 147)।

सन् 1930 में **'जाटव युवक परिषद'** ने जब इंग्लैंड में गोलमेज सम्मेलन हो रहा था डॉ. अम्बेडकर को अस्पृश्य समाज का नेता माना और गाँधी को दलितों का नकली खैरख्वाह कहा गया। जाटव समाज के इन बड़े लोगों ने 1932 में गाँधी और अम्बेडकर के मध्य अलग निर्वाचन मंडल को लेकर जो संघर्ष था उस पर अम्बेडकर का पक्ष लिया। तार द्वारा लंदन में भी सही समाचार भेजा गया। अस्पृश्यता की समस्या को आगरा ही नहीं वरन् प्रदेश और राष्ट्रीय स्तर पर समान माना गया। परन्तु ये जनजागरण कुछ ही लोगों तक सीमित था।

जाटव जाति के लोगों ने सन् 1920 में एक बड़ा प्रदर्शन आयोजित किया था क्योंकि बेलनगंज आगरा के करनसिंह नामक जाटव को ऊँची जाति के लोगों ने पीट-पीट कर मृत्यु की गोद में इसलिए धकेल दिया था कि उसने पका हुआ भोजन उनकी जाति के व्यक्ति को खिला दिया था। उन दिनों पानी की प्याऊओं पर बाँस की नलियों से दलितों-अस्पृश्यों को पानी पिलाया जाता था। इसका भी जाटवों ने विरोध किया। उनका मंदिर में प्रवेश नहीं था साथ ही वे कुएँ एवं धर्मशालाओं में जा नहीं सकते थे। करनसिंह को जाटव उत्तर भारत का पहला शहीद मानते हैं।

जाटव समुदाय के बड़े लोगों ने 1930 में 'जाटव' शब्द को प्रांतीय और केंद्रीय सरकार द्वारा स्वीकृत करने की अपील की। सन् 1931 में जनगणना आयुक्त और वायसराय से इस संबंध में माँग की गई। जब 1935 की सूची में जाटवों को सरकारी सूची में नहीं लिया गया तो अपनी माँगों को लेकर एक आंदोलन चलाया गया कि :

1. जाटवों को एक अलग जाति के रूप में लिखा जाए—न कि चमारों की सूची में उन्हें सम्मिलित किया जाए।
2. जनगणना में 'जाटव' एक अलग जाति गिनी जाए।
3. उत्तर प्रदेश सरकार ब्रिटिश सरकार से यह सिफारिश करे कि जाटव जाति को अनुसूचित जाति माना जाए।

जाटवों ने पुनः यही कहा कि वे चमार नहीं हैं और उन्हें चमारों से पृथक् समझा जाय। इस विषय में दिसंबर 18.09.1938 में भारत सचिव को लंदन में पत्र भेजा गया। 'अखिल भारतीय जाटव यूथ लीग' (1938) के अनुसार सरकार से माँग की गई कि जाटवों को अनुसूचित जातियों में पृथक् से गिना जाए। इस विषय में एक प्रतिनिधि मंडल उत्तर प्रदेश के मुख्यमंत्री गोविन्द बल्लभ पंत से भी मिला। उत्तर प्रदेश विधानसभा के दो जाटव सदस्यों में से एक ने सरकार से माँग की कि जाटव दलित और सत्ताविहीन हैं। एक ज्ञापन जिसमें 6000 जाटवों के हस्ताक्षर थे, लंदन

में भारत सचिव को इसी आशय के पत्र के साथ भेजा गया। सरकार ने सभी माँगें मान लीं। क्योंकि सरकार का इसमें कोई व्यय नहीं होता था। परन्तु स्वतन्त्रता आन्दोलन के चलते और द्वितीय विश्व युद्ध के छिड़ने से इन प्रस्तावों पर पूर्ण रूप से ध्यान नहीं दिया जा सका।

अन्य जातियों में संस्कृतिकरण देख-सुनकर अपने को आदि धर्मी कहने वाले अछूतों के विपरीत जाटवों ने जाति प्रथा के अंतर्गत ऊपर उठने की कोशिश की। उस समय उनका मूल उद्देश्य और समस्त सामाजिक कार्य व्यापार जातिभेद को समाप्त न कर उसी के अंदर प्रगति का रास्ता तलाश करना था।

आगरा में अधिकांश जाटव जूता उद्योगरत थे जो सबको दिखाई देता था। इसलिए चमार जाति की जो सामाजिक हैसियत थी उससे कुछ जाटव अलग क्षत्रिय बताने की प्रक्रिया में लगे रहे। जूता निर्माण उद्योग उनका दृढ़ आर्थिक आधार था जो पूर्णरूपेण दृश्यमान् था इसलिए बाहरी दुनिया उन्हें सिर्फ चमार के रूप में चिह्नित करती रही। यदि वे इस प्रदूषण युक्त उद्योग से विलग हो जाते तो निस्संदेह उनका नया प्रभावी सामाजिक स्तर ऊँचा उठता।

सन् 1930 और 1940 के प्रारंभ में स्वतंत्रता आंदोलन, व्यक्ति स्वातंत्र्य और स्वराज्य की माँग की लहर इस समाज तक भी पहुँची। यद्यपि द्वितीय विश्वयुद्ध की छाया ने बाद में इन उद्घोषों को ढक लिया। बदलते राजनीतिक परिदृश्य में सन् 1944-45 में 'आगरा परिगणित जाति संघ' की स्थापना हुई और उसे डॉ. अम्बेडकर के संघ से संबद्ध किया गया। जाटवों में यहाँ से एक नयी राजनीतिक धारा, जनजागृति का संदेश प्रस्फुटित हुआ। समाज में उनकी नई पहचान बनी। इसके फलस्वरूप उन्हें अस्तित्व हेतु अनुसूचित जातियों के साथ में पहचान बनानी पड़ी, जो समाज में प्रताड़ित, बहिष्कृत, चेतना-शून्य और दलित थे। दरअसल यह सूचीकरण-पहचान का सिलसिला सन् 1919 और उससे भी पहले 1881 से ही चल रहा था। बाकी कवायद फिजूल की बात थी।

अंततः अनुसूचित वर्गों की ये विशेषताएँ नई पहचान का आधार बन गईं और क्षत्रियत्व के मोह से उन्हें विलग होना पड़ा। जाटवों ने अब अपने को अस्पृश्य जातियों में पाया जिन्हें सवर्ण पहले ही अछूत समझते थे। एक प्रकार से आर्य समाज का शुद्धि आंदोलन तथा अन्य सामाजिक अनुकरण की प्रक्रिया के अंतर्गत संस्कृतीकरण की जो हवा शूद्र-अछूत जातियों में बह रही थी वह थम गई। जाटव-चमार के अतिरिक्त अन्य दलित अनुसूचित जातियों में भी यही सब कुछ चल रहा था। खटीक जाति 'सोनकर' या 'सोमवंशी क्षत्रिय'; कोरी 'तंतुवायवैश्य', 'माहौर', 'महावर वैश्य' अथवा 'कोली राजपूत'; ओढ 'राजपूत'; तेली 'साहू'; अहेरिया,

'हैहयवंशी क्षत्रिय'; धोबी 'चंद्रवंशी', 'वर्मा', 'पुष्कर', 'सरोज', कुम्हार 'प्रजापति' कहने में गौरव अनुभव करते थे। उन्होंने अब आत्म-मंथन शुरू कर दिया।

दयनीय एवं गिरी हुई स्थिति भंगी जाति की होती थी जिनका काम मैला ढ़ोना था, वे जूठन खाया करते थे। किसी भी जगह पहचान लिए जाने पर अपमानित होते थे। उनमें ईसाई सक्रिय थे। अतः शिक्षा आने लगी थी। लेकिन शहरी लोगों को म्युनिस्पिलटियों में नौकरियां मिली थीं। वे अपने को अब ऋषि बाल्मीकि की संतान कहने लगे थे।

सन् 1932 के पूना पैक्ट, सन् 1935 के भारत अधिनियम, इसके तहत सन् 1937 के विधान सभा चुनाव, द्वितीय विश्वयुद्ध, गाँधी जी के हरिजन-सेवा कार्य और इस बीच कांग्रेस आंदोलनों ने पूरे देश में एक नया देशभक्ति का जोश, देश के पुनर्निर्माण और एक नए भारत की संरचना का वातावरण पैदा कर दिया था। जाटव इस नयी जागृति की लहर से अछूते नहीं थे। 1937 से 1947 के दौरान पूरे पश्चिमी उत्तर प्रदेश में जिसमें आगरा, अलीगढ़, एटा, मेरठ, बरेली, सहारनपुर आदि प्रमुख थे जाटव नवजागरण संदेश शहरों, कस्बों और गाँवों तक में फैलता गया। अधिकांशतः गाँवों में जाटव या चमार जूते के पेशे अथवा किसान थे या खेतिहर श्रमिक। आगे चलकर उनकी जीवन शैली में भी बदलाव आया। वे भूमिघर बने। शीघ्र ही चमार-जाटव युवकों में आजादी की लड़ाई में भीड़ का हिस्सा बनने की बजाय शिक्षा पाने की होड़ लग गई इससे दलित मुक्ति का संघर्ष और भी तेज हो गया। उन्हें वजीफे मिले, आर्थिक सहायता मिली और नौकरियां मिलने लगी थीं। अकेले उत्तर प्रदेशों में सैकड़ों प्रदेश और अखिल भारतीय स्तर की नौकरीयों में प्रवेश पा गए।

भारत के दलित कोली और उनकी संस्कृति

गुजरात को छोड़कर पूरे भारत में कोली एक दलित-अछूत जाति मानी गई है। जाटव जाति के बाद सबसे अधिक जनसंख्या इसी जाति की है। सन् 1881 में जनगणनाकारों ने भ्रमवश कोली और कोरी (जो अपभ्रंश शब्द है) की भिन्न-भिन्न जनगणना की थी।

गुजरात में कोली सवर्ण ठाकुर, क्षत्रिय हैं। वे बड़े ठिकानेदार, जमींदार, उद्योगपति, राजनीतिज्ञ हैं। स्वतंत्रतापूर्व के भारत में गुजरात, माही कंठा एजेंसी, बंबई एवं थाणे जिले के अंतर्गत जह्वार आदि में उनके ठिकाने, रियासतें, छोटे-बड़े राज्य थे जिनका पूरा विवरण 'मेमोरेंडम ऑन इंडियन स्टेट्स' में मौजूद है। यहाँ तक कि गुजरात के कोलियों ने 1857 में ब्रिटिश फौज से सशस्त्र युद्ध किए थे जिनकी वजह से भारी जान-माल का नुकसान हुआ, उनकी रियासतें—गाँव, ठिकाने जब्त कर लिए

गए और आग लगा दी गई थी। पूरे विश्व में गुजरात के कोली फैले हुए हैं।

सूरत का हीरा उद्योग उनके अधीन है। अहमदाबाद में बैठक हैं। महात्मा गाँधी के दक्षिण अफ्रीका प्रवास और वहाँ रंग-भेद, नस्ल भेद के विरूद्ध छेड़े गए स्वाभिमान आंदोलन में अनेक कोली नेता गाँधी के निकट सहयोगी। स्वतंत्रता आंदोलन में भी गुजरात के कई कोली गाँधी के साथ थे।

किन्तु औद्योगिक क्रांति के परिणामस्वरूप पश्चिम उत्तर प्रदेश के जो कोरी-कोली गुजरात के सूती कारखानों में काम करने गए और सौ साल से वहीं बस गए उनकी 'कोरी' जाति को वहाँ आज अनुसूचित जाति में गिना जाता है।

थाणे (महाराष्ट्र) में स्वतंत्रता पूर्व 310 वर्गमील में फैली जव्हार रियासत के महाराजा यशवंतराव मुकने कोली जाति के थे। वे भारतीय संसद के कई बार सदस्य बने और नेहरू समेत देश के कई नेताओं के साथ ग्रेट ब्रिटेन में पढ़े थे। महाराष्ट्र में कई स्थानों पर कोली जो खेती करते हैं या समुद्री क्षेत्र में मत्स्यजीवी हैं अनुसूचित जनजाति में आते हैं और वे समूचे महाराष्ट्र में इसे जाति पर लगाए अनुसूचित जनजाति के क्षेत्रीय प्रतिबंध को हटाने के लिए संघर्षरत हैं। नागपुर में विधानसभा सत्र के दौरान अपनी माँगों के समर्थन में हुए खूनी संघर्ष में कई कोली लोगों की जानें तक जा चुकी हैं। थाणे में महाराष्ट्र कोली समाज का मुख्यालय है जिसके सम्मेलनों में हजारों लोग एकत्रित होते हैं। महाराष्ट्र के कोली अपनी सांस्कृतिक चेतना के लिए विश्व भर में प्रसिद्ध हैं। अनेक कोली फिल्म और उद्योग जगत की जानी-मानी हस्तियाँ हैं। कई अभिनेता हैं। कवि-गायक, रंगकर्मी हैं।

राज्यवार देखें तो हरियाणा, पंजाब, हिमाचल प्रदेश, मध्य प्रदेश और राजस्थान में कोली एवं कोरी, महाराष्ट्र, उड़ीसा, उत्तर प्रदेश और त्रिपुरा में कोरी, दिल्ली में कोली, तमिलनाडु में कोलियान तथा उत्तराखण्ड में शिल्पकार (कोली) के नाम से ये लोग अनुसूचित जाति में गिने जाते हैं।

तरक्की के लिहाज से जैसे उत्तर भारत में जाटव या महाराष्ट्र के महारों ने शिक्षा-सामाजिक क्षेत्र एवं राजनीति में उन्नति की है उसी प्रकार हिमाचल प्रदेश के 'कोली' दलित जातियों में आगे हैं। बिहार के कोली-कोरी 'तांती' नाम से जाने जाते हैं और वर्षों से अनुसूचित जाति की सूची में आने के लिए संघर्षरत हैं। तांती समाज ने शिक्षा के क्षेत्र में बहुत तरक्की है। आज भी इस समाज के हजारों युवक इंजीनियर और अधिकारी वर्ग में हैं।

सन् 1910 में सबसे पहले लाला लाजपत राय के आशीर्वाद से कुछ छोटे दर्जे के फौजी अधिकारियों, रेल कर्मचारियों और आर्य समाज प्रभावित समाज सुधारकों ने **'भारतवर्षीय कोली सुधार सभा'** का गठन लाहौर में किया था। बाद में इसकी

शाखाएं सियालकोट, लुधियाना, जालंधर, कराची और शिमला तथा दिल्ली में स्थापित हुईं। कुछ शाखाएँ संयुक्त प्रांत के कानपुर, लखनऊ, बिहार के पटना और बंगाल में कलकत्ता में बनीं जो बहुत प्रभावी थीं। इस सुधार सभा ने शिक्षा और सामाजिक सुधारों पर जोर दिया। दहेज, बाल-विवाह, शराब-मांस के सेवन, विवाह-जन्म पर फिजूलखर्ची रोकने के लिए सम्मेलन किए। समाज में ऊँचा दर्जा और आदर पाने के लिए लोगों ने आर्य, वर्मा, भगत, चौधरी जैसे उपनाम लगाए। यह एक प्रकार से संस्कृतीकरण या सामाजिक-धार्मिक सुधार आंदोलन था। बाद में कुछ लोग गाँधी की तरफदारी करने लगे और कुछ कार्यकर्त्ता अम्बेडकर से प्रभावित लाहौर की 'दलित सुधार सभा' की ओर आकृष्ट हुए। पंजाब के आदि धर्म आंदोलन वालों से भी इनका संपर्क था। भारत विभाजन के बाद इस संस्था के पूरे संचालकों का पता नहीं चला क्योंकि ज्यादातर लोग सरकारी अथवा प्राइवेट संस्थानों के कर्मचारी थे।

सन् 1930 में संयुक्त प्रांत आगरा और अवध के कोरी कार्यकर्त्ताओं ने रायबरेली में, प्रांतीय कोरी युवक संघ' गठित किया। सामाजिक जागरण की लहर ने इस समाज को सचेत किया। उन दिनों क्षेत्र में किसानों में बड़ी जागृति थी। गाँव में लोग खेती करते थे या कपड़ा बुनते थे। 1935 में यह संघ लखनऊ की **'कोरी महासभा'** में विलीन हो गया। इस सभा ने सरकार से कोरी जाति को प्रतिनिधित्व देने, स्कूलों में बच्चों की फीस माफ करने, गाँव में जमींदारों के अत्याचार रोकने के लिए माँग की। लखनऊ में स्थापित 'कोरी महासभा' में फूट पड़ गई। कुछ लोग कोरी राजपूत कहने लगे और कुछ लोग कबीरपंथी बन गए। रायबरेली के कई शिक्षित लोग अखिल भारतीय और प्रादेशिक सेवाओं में आए और समाज का नाम रोशन किया।

कानपुर में सन् 1935 में **'कोरी महापंचायत'** का गठन हुआ। बाद में सन् 1940 में इसे प्रादेशिक स्तर पर 'कोरी महासभा' नाम दिया गया। इस सभा में आर्डनेंस फैक्टरी के कर्मचारी, सूती मिल कर्मचारी और स्थानीय व्यवसायी थे जो ब्रश बनाने का काम करते थे। इसके कार्यक्रम में अधिकाधिक शिक्षा प्राप्त करने, कोरी जाति के तहत उपजातियों से ऊपर उठकर जातीय एकता कायम करने, शादी विवाहों में फिजूलखर्ची रोकने, गाँवों में जाति पर अत्याचार रोकने, स्थानीय निकायों और विधानसभा में प्रतिनिधित्व देने की बातें प्रमुख थीं। इस संगठन की पूरे प्रदेश में शाखाएं बनीं। उन दिनों कुरील, जैसवार, दोहरे, रविदासी जैसी (चमार जाति की) उपजातियों के लोग डॉ. अम्बेडकर और बाबू जगजीवन राम से प्रेरणा प्राप्त कर संगठित हो रहे थे। परन्तु कोरी जाति को अखिल भारतीय अथवा प्रादेशिक स्तर पर संरक्षण और मार्गदर्शन देने वाला कोई राजनीतिक नेता नहीं था।

1947 से कानपुर के राधेश्याम कोरी, रामलाल कमलवंशी और हाथरस के तुलसी प्रसाद सहयोगी के नेतृत्व में 'प्रादेशिक कोरी महासभा' ने सामाजिक क्षेत्र में बड़ा काम किया। पच्चीस वर्ष तक यह संस्था समाज की प्रगति के लिए कार्य करती रही। इसने डॉ. अम्बेडकर, बाबू जगजीवन राम, किसान नेता प्रो. एन.जी. रंगा, गोविन्द बल्लभ पंत, डॉ. पंजाब राव देशमुख, आदि से व्यक्तिगत तौर पर मिलकर समाजोत्थान का कार्य किया। अनेक जिला, मंडल और प्रदेश स्तर पर सम्मेलन, विचार गोष्ठियाँ आयोजित कीं। 1950 से 2000 के मध्य जिला और प्रदेश ही नहीं अखिल भारतीय स्तर के अनेक कोली कोरी संगठन अस्तित्त्व में आए हैं। ये सब सांस्कृतिक आंदोलन के प्रतीक हैं। राधेश्याम कोरी विगत 30 वर्ष से उत्तर प्रदेश में विधायक, फिर मंत्री और आजकल सांसद हैं। उन्होंने और तुलसी प्रसाद सहयोगी ने इस समाज को राजनीतिक पहचान दी और कई राष्ट्रीय स्तर की सभाएँ कीं।

बर्लीकर जो कि मुम्बई के कई बार मेयर रहे चुके पूरे भारत के प्रादेशिक और अखिल भारतीय स्तर के कोली-कोरी संगठनों का एक राष्ट्रीय गैर-राजनीतिक सामाजिक संगठन 'अखिल भारतीय कोली समाज' संगठित किया है कि जिसका प्रधान कार्यालय नई दिल्ली में है। इस संस्था के तत्त्वावधान में वार्षिक सम्मेलनों में पूरे भारत से सहस्रों लोग एकत्रित होते हैं और सामाजिक विकास के सूत्र तलाशते हुए भारत के दलित आंदोलन में अपनी अस्मिता को पहचानने की कोशिश करते हैं।

राजस्थान के रैगर

रायगर या रैगर वर्तमान समय में दिल्ली में बहुसंख्यक दलित जाति है। लेकिन यह मूल रूप से राजस्थान की दलित जाति है। आज का राजस्थान और स्वतंत्रता से पूर्व का राजपूताना वीर भूमि रही है। यहाँ की रैगर दलित-अछूत जाति आज सारे भारत में गतिशीलता के कारण फैल गई है। युगानुरूप यह प्रगति पथ पर है। मान्यता है कि **रैगर** जाति चमारों की ही एक उपशाखा है जो मूलतः पूरे राजस्थान में पाई जाती है। बीसवीं सदी के शुरू में ही अकाल और बेकारी से त्रस्त इस जाति ने इधर-उधर पलायन शुरू कर दिया था। इस जाति का आदिम चरित्र (ट्रायबल करैक्टर) है। समूची दिल्ली में जो रैगर बिरादरी है वह राजस्थान से ही रोजगार के लिए भटकती आई थी और दलितों में आज एक समृद्ध कौम मानी जाती है। राजनीति और सामाजिक क्षेत्र में इसने नाम कमाया है। शारीरिक दृष्टि से यह एक मजबूत, भरोसेमंद और शरीफ जाति है। दिल्ली में जो लोग स्वातंत्र्योत्तर काल में पलायन करके आए वे मुख्यतः भवन निर्माण या हर प्रकार की मजदूरी करते हैं

और शिक्षित लोग सरकारी-अर्द्ध सरकारी विभागों में नौकरी पा गए हैं। दिल्ली में रैगरों का दबदबा रहा है। इस समाज के दिल्ली में सांसद, विधायक मंत्री बनते आए हैं।

भारत सरकार विधि, न्याय और कंपनी कार्य मंत्रालय के सचिव के एल मोहनपुरिया रैगर जाति के ही थे।

राजस्थान में उनका प्रमुख पेशा खेती, खेतिहर मजदूरी, भवन निर्माण और जूता उद्योग का रहा है। औद्योगिक प्रगति के साथ-साथ रोजगारों की विविधता भी बढ़ी है। रैगर समाज में ग्राम, जिला स्तर पर रैगर पंचायतें हुआ करती हैं। जिसमें जातीय-सामाजिक समस्याओं पर फैसले लिए जाते हैं। मिल-जुलकर बस्तियाँ बसाकर रहना इस जाति की विशेषता है।

राजपूताना में जब देशी रियासतें थीं, राजे-रजवाड़े दलित-अछूतों की ओर कम ही ध्यान देते थे। लोगों का जीवन कठिन था। बेरोजगारी के साथ-साथ पीने के लिए पानी का अभाव था। लोगों के साथ ऊँची जातियों के सदस्य अच्छा बर्ताव नहीं करते थे। छुआछूत, जातिवाद के साथ-साथ सामंतवाद नीची जातियों को गुलाम समझते थे।

जब महात्मा गाँधी ने हरिजन सेवा का कार्य शुरू किया, कांग्रेस के आंदोलन में अस्पृश्यता निवारण भी जुड़ गया तो रियासतों में भी समाज सुधार की लहर दौड़ गई। रैगरों ने सामाजिक सुधारों और स्वतंत्रता के लिए बढ़-चढ़कर हिस्सा लिया। राजे-रजवाड़े विकास कार्यों में भी रुचि नहीं लेते थे। अपने ठाठ-बाट और रुतबे में उन्होंने कोई कमी नहीं आने दी।

लंदन में गोलमेज सम्मेलन में जब डॉ. अम्बेडकर ने अछूतों की दुर्दशा की दर्दनाक कहानी अंग्रेजी हुकूमत को बताई तो रियासतों के प्रतिनिधियों की भी आँखें खुल गईं जो ब्रिटिश राज के अंधे भक्त थे।

छत्तीसगढ़ के सतनामी आन्दोलन

सतनामी आंदोलन छत्तीसगढ़ में हुआ। इस आन्दोलन को दृढ़ जातिगत संगठन की दिशा में एक अनूठा प्रयोग माना जा सकता है। यद्यपि कबीर पंथी अपने को इस प्रकार संगठित नहीं कर पाए। मध्य प्रदेश और छत्तीसगढ़ में सतनामी संप्रदाय पहले एक धार्मिक आंदोलन था, बाद में सामाजिक-राजनीतिक आंदोलन बन गया। आज यह छत्तीसगढ़ इलाके में बहुत प्रभावी है जो एक धान उगाने वाला क्षेत्र है। इसमें छत्तीसगढ़ का वह भाग आता है जिसमें दुर्ग, रायपुर, बिलासपुर आदि जिले

सम्मिलित हैं। मूल रूप से चमार जाति के लोग सतनामी संप्रदाय में दीक्षित हुए हैं।

यह धारणा है कि सतनाम पंथ अठारहवी शताब्दी में उत्तरप्रदेश के संत जगजीवन साहेब ने चलाया।

छत्तीसगढ़ में यह आंदोलन 1820 और 1830 में फैला। कहा जाता है कि संत घासीदास इसके जन्मदाता हैं जो जाति से चमार थे। 'सतनाम' जो एक धार्मिक-सामाजिक सांस्कृतिक आंदोलन बना उसके प्रमुख प्रेरक गुरु घासीदास ही थे। उन्होंने मूलतः चमार जाति में अपना मत फैलाया कि सभी इंसान जाति-पांत के भेद से ऊपर हैं। उन्होंने कहा ईश्वर एक है और उसका नाम 'सतनाम' (सत्यनाम) है। उन्होंने अपने अनुयायिओं में शराब, तंबाकू, मांस और लाल रंग की सब्जियों के प्रयोग को निषिद्ध ठहराया। जातीय समानता की बात की।

वे इस मत के प्रथम अधिष्ठाता (गुरु) बने और कहा कि उनके परिवार के सदस्य बाद में इसके गुरु के रूप में संचालक रहेंगे। ऐसी धारणा है कि घासीदास से पहले जगजीवन साहेब ने उत्तर भारत में इसी प्रकार का गत चलाया था। (स्टीफन फुचूस : 1965 : 99)। यह भी मान्यता है कि कबीर पंथी मत से सतनामी संप्रदाय ने एक संप्रदाय का आदर्श रूप ग्रहण किया था। मध्य प्रांत में कबीरपंथी गद्दी के महंत धर्मदास थे। ऐसा विश्वास है कि 42 पीढ़ियों से उनके वंश में कबीरपंथी गद्दी परंपरागत रूप से विद्यमान थी (वैस्ट कौट : 1953 : 72)। घासीदास की परपंरा में बहुत कम लिखित धार्मिक वचन मिलते हैं क्योंकि इस संप्रदाय का मूल आदर्श कबीरपंथ था। एक प्रकार से यह धार्मिक और संस्कृतीकरण का आंदोलन था।

घासीदास के उपदेश और धार्मिक अनुष्ठान चमार जाति में मामूली स्तर की सीधी-सादी धार्मिक परंपराओं के रूप में प्रचलित हैं। **घासीदास** ने कबीर को मानते हुए एकेश्वरवाद की कल्पना की और उसी का प्रचार किया। वे निःसंदेह हिंदू मूर्ति पूजा के विरोधी थे। इसीलिए उनके अनुयायियों ने उनके द्वारा प्रतिपादित सरल धार्मिक अनुष्ठान परंपरा को अपनाया। मांस और मदिरा-सेवन का त्याग सरल पूजा विधि के अंतर्गत आते हैं। इसके मूल में यही भावना थी कि चमार जाति जब इन चीजों के खान-पान से परहेज करेगी तो उसका सामाजिक स्तर ऊँचा होगा उन्होंने तंबाकू के प्रयोग पर भी रोक लगाई। यह एक बुरी लत थी। इससे **घासीदास** के अनुयायियों का सामाजिक स्तर बढ़ा। धार्मिक क्रांति को सामाजिक परिवर्तन में बदल दिया गया। समाज में एकता आई। शोषण पर प्रतिबंध लगा

बेवर उन्हें एक 'मसीहा' (महान् गुरु) का दर्जा देते हैं; लेकिन घासीदास को

मानवीयकरण का प्रतिनिधि, एक धार्मिक परंपरा का पूर्णरूपेण प्रतिष्ठापक मानने में कठिनाई है; वास्तव में उन्होंने कभी विश्व की प्रकृति के संबंध में श्रेण्य धार्मिक प्रश्नों के विषय में अथवा दुर्दैव या अनिष्ट की समस्या, उसकी प्रकृति और उसके समाधान के बारे में दार्शनिक दृष्टि से शायद ही कभी सोचा। उनके एकेश्वरवाद की प्रबल धारणा के धार्मिक क्रियान्वयन को यद्यपि सहज ही देखा जा सकता है; लेकिन घासीदास ने मूर्ति पूजा को रोकने के अतिरिक्त अपने सिद्धांत का और अधिक प्रतिपादन नहीं किया। सतनामी (चमार) आंदोलन का वैचारिक आधार जाति के परंपरागत विचारों से थोडा अधिक रहा है जैसा कि हिंदुओं में मान्यता है इससे अनुष्ठानगत दूषण की संभावना है। सतनामियों को एक प्रकार से सामंत-जमींदारों के आए दिन के अत्याचारों से भी मुक्ति मिली।

घासीदास की सन् 1850 में मृत्यु हुई। तब से यह सामाजिक और धार्मिक सुधार आंदोलन क्षेत्रीय चमार जाति में एकता, दृढ़ता, शिक्षा, सांस्कृतिक चेतना के प्रति अनुराग और अंधविश्वासों से परे बढ़ने के लिए प्रेरित करता रहा है। छत्तीसगढ़ के चमार तथा आसपास की अछूत-दलित जातियों के दूसरे लोग भी अपने आपको संस्कृतीकरण की अवधारणा के अनुसार चमार के स्थान पर सतनामी कहलाने लगे। इस नए जातीय बोध में वही श्रेष्ठता थी जो कबीर पंथी कहलाने में थी (चिस होल्म : 1869 : 47)।

सतनामी संप्रदाय में धार्मिक-वैचारिक तौर पर सरल भाषा में गुरु (पुरोहित) को सन् 1869 में इस प्रकार परिभाषित किया गया–

''सामाजिक बहिष्कार के सभी मामलों को प्रधान गुरु (मुख्य महंत) ही निबटायेंगे। किसी को भी जाति में पुनः लेने पर दंड विधान का वे ही निर्णय करेंगे। जो उनके पास व्यक्तिगत रूप से आएँगे, अथवा उनको ले जाने का प्रबंध करेंगे। उनके विवाह की रस्म अथवा बालक का नामकरण वे ही संपन्न करेंगे... ।''

बाद में सतनाम चमार जाति का संगठन दो स्तरों में उभरा– सर्वोच्च स्तर पर प्रधान गुरु (मुख्य महंत) और ग्राम स्तर पर 'भंडारी' बनाए गए। भंडारी का काम अपने स्तर पर समस्याओं को सुलझाना, धार्मिक अनुष्ठान संपन्न कराना था जो बहुत मामूली धार्मिक कर्तव्य थे।

यह (व्यवस्था) एक प्रकार से 'जाति पंचायत' के रूप में थी। यह अभी भी अन्य जातियों में आज भी विद्यमान है। धार्मिक रूप में यह जो एक अछूत जाति का आंदोलन था वह डेढ़ सौ साल में दृढ़ सामाजिक और राजनीतिक रूप धारण कर चुका है। रायपुर में आज सतनामी चमार समुदाय का मजबूत वोट बैंक बन चुका है।

घासीदास की मृत्यु के बाद से ही इस संप्रदाय में गद्दी को लेकर अनबन होती रही है। सन् 1952 में महंत आगमदास कांग्रेस टिकट पर सांसद बने। तब राजनैतिक प्रतिद्वंद्विता और बढ़ी। लेकिन आगमदास थोड़े ही दिनों में चल बसे और उनकी दूसरी पत्नी मिनीमाता उपचुनाव में संसद सदस्य बनीं। अब भी राजनैतिक सत्ता प्राप्ति का क्रम जारी है। यह सब एक स्वाभाविक-साधारण बात है।

सतनामी संप्रदाय के अनुयायी 'दशहरा' उत्सव धूमधाम से नाच-गाकर मानते हैं। इसी प्रकार हर साल 'घासीदास जयंती' भी उत्साह से मनाई जाती है। इसके मूल में चमार जाति में चेतना और एकता तथा सामाजिक-राजनीतिक क्षेत्र में सत्ता की भागीदारी के लिए दबाव बनाए रखना भी है। साथ ही सामाजिक-धार्मिक सुधारों को गतिशील बनाने में भी इससे मदद मिलती है।

यह निश्चित तौर पर कहा जा सकता है कि लगभग डेढ़ सौ वर्ष से भी ऊपर चलने वाला यह सतनामी चमार जाति का धार्मिक-सामाजिक आंदोलन जाति को व्यापक दृढ़ता, सामूहिक प्रगति, कुरीतियों पर विजय पाने वाला एक लोक आंदोलन अवश्य है। क्षेत्रीय स्तर पर यह एक अभिनव जातिगत संगठन का प्रयोग है।

इसकी तुलना में कबीरपंथी संगठित नहीं हुए। उसमें पता ही नहीं चलता कि वे कोरी या चमार हैं या ऊँची जातियों के लोग। हिंदू कोरी-कोली हैं या जुलाहे। कई जगह कबीर पंथियों को अनुसूचित जाति में रखा गया तो चालाक ऊँची जाति के लोगों ने इसका फायदा उठाया।

पंजाब का आदि धर्म आंदोलन

बीसवीं सदी के द्वितीय-तृतीय दशक में विभाजन पूर्व के पंजाब का आदि धर्म या आद-धर्म आंदोलन गाँव-गाँव में पहुँच गया था। अछूत जातियों में यह सामाजिक और धार्मिक आंदोलन का रूप ले चुका था। नगरीय सांभ्रांत दलितवर्ग में यह हैसियत का प्रतीक बन गया था। इसने उन्हें समाज में गौरव और आदरपूर्ण स्थान दिलाने में मदद की। लोगों में समाज को संगठित करने का विचार उठा। यह सिख धर्म से बिल्कुल अलग आंदोलन था। पंजाब के धनाढ्य व्यापारियों और पढ़े-लिखे समाज सुधारकों के आर्य समाज, देव समाज और सनातन धर्म से यह सर्वथा अलग तरह का आंदोलन था।

इससे पूर्व 1924 में **'आदि-द्रविड़ महाजन सभा आंदोलन' एम-सी. राजा** ने मद्रास में चलाया था। जो कालांतर में सुदृढ़ होता गया। इसी प्रकार पहले से ही आंध्र प्रदेश में 'आदि-आंध्र आंदोलन' भी इसी तरह का था। इन आंदोलनों की

बदौलत दक्षिण के आदि धर्मी दलित-अछूत सामाजिक-राजनीतिक दृष्टि से खूब संगठित हुए। उनकी आर्थिक स्थिति भी दृढ़ हुई।

1926 में पंजाब का आदि-धर्म आंदोलन दक्षिण की तर्ज पर सुसंगठित आंदोलन का रूप ग्रहण कर चुका था। इस आंदोलन में दो अछूत जातियाँ—'चमार' (चर्म उद्योग से संबंधित) और बाल्मीकि 'चूहड़ा' (सफाई कर्मचारी) शामिल थीं जिनकी पंजाब में भारी तादाद थी। इस आंदोलन के कर्णधारों ने कहा कि वे ही भारत के आदि (मूल) निवासी हैं और उनकी अपनी धार्मिक मान्यताएँ हैं जबकि ब्राह्मणों ने उन पर बाद में हिंदू धर्म जबरन थोपा है। 'आदि धर्म आंदोलन' समाज सेवा में दीक्षित और शिक्षित उन नेताओं ने चलाया जो पहले आर्य समाज से जुड़े थे और जो सामाजिक सुधारों में रुचि लेते थे। बाद में उन्होंने आर्य समाज छोड़ दिया क्योंकि वे रामास्वामी नायकर या पेरियार के 'आत्म-सम्मान आंदोलन' से प्रभावित हुए और उसी तरह का आंदोलन पंजाब और उत्तर भारत में चलाने के लिए कार्य करने लगे। उन्होंने कहा कि आर्य समाज केवल 'शुद्धि आंदोलन' पर जोर देता है और हिंदुओं की संख्या बढ़ाता है, साथ ही निम्न जातियों को मंत्र-मुग्ध या वशीभूत करता है। इतना ही नहीं 'शुद्धि आंदोलन' के जरिए उच्च वर्गीय हिंदू यह भी दर्शाते थे कि वे अछूतों, निम्नजातियों और धर्मांतरण करने वाले लोगों और बाद में शुद्धि द्वारा हिंदू धर्म में वापिस आने पर भी निम्न स्तर के लोगों से ऊँचे हैं और वे उनसे छोटे हैं।

आदि धर्म को मानने वाले लोगों से इस आंदोलन के नेताओं ने कहा कि उन्हें समान अधिकारों की प्राप्ति के लिए संघर्ष करना चाहिए। अक्सर आदि हिंदू समाज के सम्मेलन या बैठक के बाद उसके कार्यकर्त्ता और प्रतिनिधिगण इकट्ठे होकर गाँव या नगर के तालाब पर जाते थे और स्नान करके उच्च हिंदू जातियों द्वारा उस परंपरागत प्रतिबंध को तोड़ते थे जहां पर कि अछूत वहाँ पानी नहीं भर सकते। यह अस्पृश्यता के विरुद्ध एक ठोस कदम था। इससे जातीय एकता बढ़ी और अछूत जातियों में परस्पर अलगाव की प्रवृत्ति दूर हुई जिसे सवर्ण हिंदुओं ने उनके ऊपर थोपा था।

पंजाब में संगठन चलाने वाले नेताओं ने यह भी माँग की और प्रचार किया कि आगामी जनगणना (1931) में उन्हें हिंदू की बजाय आदिधर्मी लिखा जाना चाहिए। उन्होंने माँग की कि उन्हें सार्वजनिक कुओं से पानी भरने दिया जाए। उन्हें हिंदू जमींदारों की तरह समान भूमि अधिकार दिए जाएँ। सार्वजनिक-जातीय संपत्तियों का उपयोग करने की छूट हो और उन्हें ऊँची जातियों के अत्याचारों से बचाया जाए। साथ ही उनके बच्चों को शिक्षा प्राप्त करने का अधिकार दिया जाए।

इस प्रकार पंजाब का आदि धर्म आंदोलन आर्थिक, शैक्षिक, सामाजिक, धार्मिक और राजनीतिक अधिकारों का बहुआयामी आंदोलन बन गया। इस आंदोलन के कार्यकर्त्ता जान चुके थे कि सिख धर्म उन्हें समानाधिकार और राजनीतिक अधिकार दिलाने में असमर्थ है। ऊँची जातियाँ अपने ही हित पोषण में लगी थीं।

जब 'लोथियन समिति' के लिए डॉ. अम्बेडकर अछूतों की जनसंख्या संबंधी तथ्य एकत्र कर रहे थे तब उन्होंने सरकार का ध्यान इस तथ्य की ओर आकर्षित किया कि सन् 1931 में पंजाब के अछूतों की जनसंख्या में सन् 1911 के मुकाबले गिरावट आई है। डॉ. अम्बेडकर ने कहा :

"इसकी वजह आदि धर्म आंदोलन है। सन् 1931 की जनगणना में भाग लेने वाले आंदोलन के कार्यकर्त्ताओं ने अपने लोगों और स्वयं को आदि धर्मी लिखवाया था, हिंदू नहीं, जैसा कि पहले होता आया था। अम्बेडकर ने लिखा कि सरकार ने उनकी बात मान ली है और आदेश जारी कर दिए हैं कि जो जनगणना कर्मचारी हैं वे उन लोगों को एक नये शीर्षक में 'आदि धर्मी' लिखें जो कि ऐसा लिखवाना चाहते हैं। इससे अछूत जाति पंजाब के कई हिस्सों में बंट गई। इससे सवर्ण हिंदुओं और अछूतों में कई स्थानों पर संघर्ष हुए। क्योंकि उच्च जाति के हिंदू इस व्यवस्था से खफा थे। फलस्वरूप कुछ स्थानों पर अछूतों पर दबाव डाला गया कि वे अपनी पुरानी जाति पर आएँ और उसे ही लिखवाएँ। हालाँकि बहुत से स्थानों पर उन्हें 'आदि धर्मी' ही लिखा गया और जाति नहीं लिखी गई।"

कालांतर में पंजाब का आदि धर्म आंदोलन शोध का विषय भी बना और विद्वानों ने इस पर अध्ययन प्रस्तुत किए। आदि धर्मी शिक्षा, उद्योग, राजनीति में आगे बढ़े। बहुत से लोग विदेश भी गए और संपन्न बने। यह सब भारत विभाजन के ठीक बाद में हुआ।

धोबियों का संगठन

स्वातंत्र्योत्तर भारत में पंजाब, दिल्ली, उत्तर प्रदेश और मध्य प्रदेश की धोबी-जाति ने भी अपने प्रदेश और अखिल भारतीय स्तर पर संगठन बनाए। एक जमाना यह भी था कि अनुसूचित जाति की होते हुए भी गाँवों और छोटे शहरों में धोबी बिरादरी अछूत जातियों के कपड़े नहीं धोती थी। बाद में उपभोक्तावाद और नव जागरण के कारण यह रिवाज धीमा पड़ गया। दिल्ली नगर निगम के पूर्व पार्षद बलदेवसिंह और मध्य प्रदेश के एक सांसद बुलाकी राम वर्मा ने धोबियों के बड़े-बड़े प्रदर्शन दिल्ली में किए और उनकी बहुत सीं माँगे सरकार के समक्ष रखीं। उत्तर प्रदेश में भी धोबी जाति संगठित है तथा काफी शिक्षित जाति बन गई है।

अखिल भारतीय हरिजन लीग

आर्य समाज ने पंजाब के चमार और बाल्मीकि समुदाय में सामाजिक सुधारों के लिए बीसवीं सदी के शुरू में ही काम करना शुरू कर दिया था। वह इसलिए भी कि सिख धर्म को स्थापित हुए दो-ढाई सौ वर्ष हो गए थे जो चमार जाति को रामदासिया (या रविदासी) सिख और वाल्मीकि-मेहतर जाति के लोगों को मजहबी सिख के नाम पर दीक्षित कर अपनी जनसंख्या बढ़ा रहा था यद्यपि सामाजिक सोपान में खत्रियों की ऊँची जातियों के सिखों और जाट सिखों के मुकाबले रामदासिया और मजहबी सिखों का दर्जा बहुत नीचे था। सिख धर्म यद्‌यपि जाति-पाति में विश्वास नहीं करता, फिर भी उनमें परोक्ष रूप में जाति विद्यमान थी। अगर ऐसा नहीं था तो सिख लोग अपने नाम के बाद जातिसूचक शब्द क्यों लगाते हैं? मुसलमानों में भी जाति मौजूद है। उनमें काम करने वाली नीची जातियाँ हैं। ईसाइयों में भी धर्मांतरण करके मौजूद दलित ईसाई धार्मिक अल्पसंख्यक के रूप में अपने सामाजिक अधिकारों की लड़ाई लड़ रहे हैं।

पंजाब में **'आदि धर्म आंदोलन'** बीसवीं सदी के तीसरे दशक में शुरू हुआ था। यह सर्वथा एक सुधारवादी आंदोलन था। इससे दलित धनी-मानी और सामाजिक कार्यकर्त्ता जुड़े हुए थे, जो जुझारू थे।

सन् 1933-34 के आसपास स्वतंत्र राष्ट्रीय विचारधारा के हरिजन नेताओं ने लाहौर में 'अखिल भारतीय हरिजन लीग' की स्थापना की थी। इसके संस्थापक आर्यसमाज से प्रभावित थे। वे समाज सुधारों, अंतर्जातीय विवाह, उत्तरोत्तर शिक्षा, सरकारी नौकरियों में प्राथमिकता के लिए कार्य करते थे। शुरू में बंगाल के **हेमचंद्र नस्कर** इसके अध्यक्ष और भगत अमीचंद मंत्री थे। भारत विभाजन के बाद इसका केंद्रीय कार्यालय दिल्ली में स्थानांतरित हुआ। इसकी शाखाएँ जम्मू-कश्मीर, पंजाब, हिमाचल, दिल्ली, उत्तर प्रदेश आदि प्रदेशों में सक्रिय रहीं। सन् 1947 में मेघ अछूत जाति के भगत अमीचंद इसके अध्यक्ष बने। वे सन् 1952 में दिल्ली विधानसभा के सदस्य निर्वाचित हुए और कांग्रेस दल के असेम्बली में सचेतक बने। उस समय दिल्ली में चौधरी ब्रह्म प्रकाश मुख्यमंत्री थे जो भारत में पिछड़ा वर्ग आंदोलन के संस्थापकों में से एक हैं। हरिजन लीग ने अस्पृश्यता निवारण, जाति भेद मिटाने, सामाजिक-आर्थिक प्रगति, अनुसूचित जातियों की सूची में क्षेत्रीय विसंगतियाँ हटाने के लिए संघर्ष किया। जम्मू-कश्मीर के मुख्यमंत्री बख्शी गुलाम मुहम्मद, प्रसिद्ध अभिनेता पृथ्वीराज कपूर और बलराज साहनी, बंबई के फादर विल्सन, ज्ञानी गुरुमुख सिंह मुसाफिर इस संस्था के संरक्षकों और मार्ग दृष्टाओं में से थे। अपने प्रारंभिक

दौर में महात्मा गाँधी और सरदार पटेल ने इसके कार्यों की प्रशंसा की थी। जगजीवन राम का अपना 'दलित वर्ग संघ' था और उनके अनुयायी और वे स्वयं एक अरसे तक दलितों का नेतृत्व करते हुए सत्ता में रहे। वे भी इसकी संगठन क्षमता और सक्रियता से प्रभावित थे। पृथ्वी राज कपूर ने हरिजन लीग की सहायतार्थ कई शो आयोजित किए।

इस संगठन की सभाओं में विजयलक्ष्मी पंडित, पं. नेहरू, कृष्णा मेनन, मोरारजी भाई देसाई, डी. संजीवय्या डॉ. रामसुभग सिंह जैसे नेता दलितों को संबोधित करने के लिए आते थे, वहीं प्रो. हुमायूं कबीर, प्रो. वी.के.आर.वी. राव जैसे शिक्षाविद् दलितों की शैक्षिक-आर्थिक समस्याओं पर अपने विचार प्रकट करते थे। अविभाजित पंजाब में स्वतंत्रतापूर्व इस संगठन का बड़ा असर था। अमीचंद कम पढ़े-लिखे थे, लेकिन श्रेष्ठ कोटि के संगठन कर्त्ता थे जिनका अम्बेडकर और जगजीवन राम लोहा मानते थे। ईसाईयों ने उन्हें बहुत प्रलोभन दिए लेकिन वे किसी भुलावे में नहीं आए। 'हरिजन लीग' के सुझावों पर दलितों के आर्थिक हितों के लिए, निगम बने। इसी की पहल पर प्रधानमंत्री लाल बहादुर शास्त्री के कार्यकाल में बी.एन. लोकुर की अध्यक्षता में एक उच्चस्तरीय समिति बनी जिसने अनुसूचित जातियों की सूची में क्षेत्रीय प्रतिबंध और जातीय पर्यायों की समीक्षा करते हुए संशोधन प्रस्तुत किए। इससे लाखों-करोड़ो दलितों को लाभ मिले। साथ ही 'लोकुर समिति' ने उन जातियों को जिन्होंने अनुसूचित जातियों के लाभ-सहूलियतों को हथिया लिया है इसकी समीक्षा करते हुए सुझाव दिए। लेकिन इसका जगजीवन राम और अन्य दलित सांसदों द्वारा भारी विरोध हुआ और ये सिफारिशें लागू नहीं हो सकीं। उन्होंने अंग्रेजी मासिक पत्र 'हरिजन' निकाला जो कई वर्ष तक प्रकाशित हुआ। इस संगठन में के. एल. मोहनपुरिया, बाद में विधि, न्याय और कंपनी कार्य मंत्रालय के सचिव तथा कन्हैया लाल चंचरीक, तुलसी प्रसाद सहयोगी, बलदेवसिंह आर्य एवं चौधरी सुंदर सिंह ने भारी योगदान दिया

सन् 1980-85 तक यह संगठन बहुत सक्रिय रहा और भगत अमीचंद के निधन के बाद इसकी गतिविधियाँ ठप्प हो गईं।

बिहार में आन्दोलन

कलकत्ता विश्वविद्यालय से सन् 1930 में अपनी शिक्षा समाप्त करने के बाद बिहार में जगजीवन राम ने अखिल भारतीय दलित वर्ग संघ के तत्त्वावधान में दलित जातियों को संगठित किया जो 1936-1937 के चुनाव में एक शक्तिशाली राजनीतिक दल के रूप में उभरा। पहले इसका कार्य-क्षेत्र सिर्फ बिहार में था बाद

में इसकी प्रांतीय शाखाएँ बनीं जब जगजीवन राम केंद्र की राजनीति में आए। उत्तर प्रदेश के डॉ. धर्मप्रकाश ने सर्वप्रथम दलित वर्ग संघ गठित किया था।

सन् 1937 में बिहार में जगजीवन राम विधायक चुने गए और संसदीय सचिव बने। सन् 1946 में वे नेहरू द्वारा गठित अंतरिम मंत्रिमंडल के सदस्य बने। बिहार में ही उन्होंने भूमिहीन श्रमिकों को संगठित किया था। इसी शृंखला में 'बिहार खेतिहर मजदूर संगठन' बनाया क्योंकि शत-प्रतिशत अछूत-दलित भूमिहीन श्रमिक थे। उस समय के बिहार की अछूत जातियाँ सामंत-जमींदारों (भूमिहार-यादवों) के जुल्मों की शिकार थीं। जगजीवन राम ने उन्हें संगठित होने के लिए प्रेरित किया। जगजीवन राम 50 वर्ष तक दलित आंदोलन और दलित राजनीति से जुड़े रहे।

डॉ. अम्बेडकर ने अपने साथियों को लेकर दलित क्रांति के लिए अलग से लड़ाई लड़ी थी। वे राष्ट्रीय आंदोलन से सर्वथा अलग रहे और देश के सभी नेताओं से उनका अलगाव रहा। अपने विचारों को लेकर उन्होंने गाँधी जी से कभी समझौता नहीं किया और वे सदैव कांग्रेस के कटु आलोचक बने रहे।

दूसरी ओर एक सशक्त दलित नेता बाबू जगजीवनराम आजन्म दलितों के अधिकारों के लिए लड़ते रहे।

राष्ट्रवादी दलित आंदोलन बिहार की भूमि पर शुरू हुआ। इसका सृजन और नेतृत्व जगजीवन राम ने किया। इस दलित आंदोलन के संचालक और अनुयायी कांग्रेस से प्रभावित थे। उन्होंने देश की आजादी की लड़ाई में सक्रिय भाग लिया और तन्मयता से अस्पृश्यता निवारण, जातिवाद मिटाने के साथ-साथ अछूतों के सामाजिक-राजनीतिक अधिकारों के लिए आवाज उठाई।

राष्ट्रवादी दलित आंदोलन और अम्बेडकरवादी आंदोलन या यू कहें जगजीवन राम और अम्बेडकर में कोई भी तुलना अनावश्यक है क्योंकि डॉ. अम्बेडकर पूर्णतः अलग ही अपना सामाजिक-राजनीतिक अस्तित्त्व रखते थे। जब तक जगजीवन राम राष्ट्रवादी दलित आंदोलन से जुड़े, डॉ. अम्बेडकर दलित अस्पृश्यों के लिए सामाजिक-राजनीतिक अधिकारों की महत्त्वपूर्ण जंग लड़ चुके थे। जगजीवन राम ने राष्ट्रीय कांग्रेस के ध्वज के तले, कांग्रेस की नीतियों को मानते हुए सत्ता में भागीदारी की लंबी पारी खेली। डॉ. अम्बेडकर का सामाजिक दर्शन और छवि एक मसीहा व युगपुरुष की थी। अगर जगजीवन राम दो दशक पूर्व पैदा होते तो हो सकता है 'साउथबरो समिति', 'साइमन आयोग', 'नेहरू रिपोर्ट', 'लोथियन समिति', 'गोलमेज सम्मेलन' और 'पूना पैक्ट' जैसे दलित आंदोलन के इतिहास के महत्त्वपूर्ण घटना चक्रों में अपनी प्रभावी भूमिका निभाते। जब वे सामाजिक क्षेत्र और दलितों के

अधिकारों की लड़ाई के लिए कटिबद्ध हुए डॉ. अम्बेडकर अपने संघर्ष का एक महत्त्वपूर्ण चरण समाप्त कर चुके थे।

डॉ. अम्बेडकर अमेरिका और इंग्लैण्ड में उच्च शिक्षा प्राप्त थे। उन्होंने जगजीवन राम के सामाजिक जीवन में प्रवेश करने से एक दशक पूर्व सामाजिक जीवन और राजनीति में प्रवेश किया। इस बीच देश में बहुत बड़ी सामाजिक-राजनीतिक और संवैधानिक सुधारों की घटनाएँ घटित हुईं, जिनमें डॉ. अम्बेडकर ने बड़ी दृढ़ता से अस्पृश्य जातियों के सामाजिक और राजनीतिक अधिकारों के लिए आवाज़ उठायी।

महाराष्ट्र में गैर-ब्राह्मण आंदोलन का स्वरूप

प्रारंभिक दौर में जातिगत आंदोलनों में सबसे रोचक था महाराष्ट्र का 'सत्यशोधक समाज' जिसमें **गेल ओम्वेद्त** के शोध के अनुसार दो प्रवृत्तियाँ थीं। पहली प्रवृत्ति मद्रास के 'जस्टिस आंदोलन' से बहुत मिलती-जुलती थी और मुख्य रूप से कोल्हापुर के शासक शाहू के संरक्षण पर आश्रित थी। (शाहू के अपने ब्राह्मण दरबारियों से अलग ही मतभेद थे) जिसका लक्ष्य था–कुछ चुने हुए लोगों के लिए अधिक नौकरियां एवं राजनीतिक अनुग्रह प्राप्त करना था। दूसरी प्रवृत्ति अधिक जनोन्मुख एवं जुझारू प्रवृत्ति भी थी जो 'बहुजन समाज' की ओर से शेटजी भटजी (ब्राह्मण पुरोहितों, किंतु साथ ही सामान्यतः व्यापारियों एवं धनी लोगों) के विरुद्ध प्रचार करती थी।

मुकुंदराव पाटिल के नेतृत्व में इस समाज ने महाराष्ट्र-दकन एवं विदर्भ-नागपुर के क्षेत्र में अपनी एक विशेष जगह बना ली। मुकुंदराव ने 1910 से अपने पुश्तैनी गाँव तारावड़ी से 'सत्यशोधक समाज' का मुखपत्र *'दीनमित्र'* निकालना आरंभ किया था। यह आंदोलन जनवादी था। इस बात से स्पष्ट होता है कि 'सत्यशोधक समाज' का लगभग समस्त साहित्य मराठी में है, अंग्रेजी में नहीं। समाज की 1917 की वार्षिक सभा में 49 शाखाओं से रिपोर्टें प्राप्त हुई थीं जो 14 जिलों में फैली हुई थीं और इनमें से कम से कम 30 स्थानीय इकाइयाँ 2,000 से भी कम जनसंख्या वाले गाँवों में स्थित थीं। इस स्तर पर प्रमुख स्वर जातिगत दमन एवं शोषण को अस्वीकार करने का था, वर्तमान व्यवस्था में ही ऊँची हैसियत पाने के लिए संस्कृतीकरण का नहीं। निःसंदेह इस समाज का आधार मुख्यतः समृद्ध किसान वर्ग था, किंतु, इस समय ऊँची जातियों के महाजनों एवं भूस्वामियों के विरुद्ध किसान मात्र के साझे हित थे। 'सत्यशोधक समाज' ने ग्रामीण क्षेत्रों में अपना संदेश पहुँचाने के लिए पारंपरिक लोकनाट्य या तमाशे का अपने ही ढंग से प्रयोग किया (इसी तरीके को

1940 के दशक में कम्युनिस्ट पार्टी ने भी 'इंडियन पीपुल्स थियेटर एसोसिएशन' के माध्यम से अपनाया)। सतारा में, जहाँ ऐसी तमाशा टोलियाँ सर्वाधिक सक्रिय थीं, 1919 में स्थानीय सत्यशोधक नेताओं के नेतृत्व में एक किसान विद्रोह भी उठ खड़ा हुआ। इसकी मूल प्रेरणा ज्योतिबा फुले थे।

सन् 1920 के बाद महाराष्ट्र के गैर-ब्राह्मण आंदोलन पर राजनीतिक रंग चढ़ गया। ब्रिटिश सरकार के मांटेंग्यू आयोग ने सन् 1918 में राजनीतिक सुधारों की घोषणा की और बालिग मताधिकार का अधिकार दिए जाने पर गैर-ब्राह्मण राजनीतिक दृष्टि से उसकी ओर आकर्षित हुए। मद्रास प्रांत के गैर-ब्राह्मण आंदोलन की गतिविधियों से उन्हें प्रेरणा मिली। महाराष्ट्र के गैर-ब्राह्मण नेताओं ने मिलकर भास्कर राव जाधव को ब्रिटेन भेजा ताकि वे गैर-ब्राह्मणों के लिए अलग चुनाव क्षेत्रों के आरक्षण की व्यवस्था के बारे में वार्तालाप करें और वहाँ तमाम संभावनाओं की पड़ताल करें। उनकी माँग को आंशिक तौर पर मान लिया गया। आगे चलकर जब चुनाव हुए तो भास्कर राव जाधव, श्रीपतराव शिंदे, केशवराव जेधे जैसे गैर-ब्राह्मण नेताओं ने सक्रिय प्रचार किया और गैर-ब्राह्मणों में जागृति का संदेश फूँका।

सन् 1920, 1923 और 1926 में जब चुनाव हुए कई गैर-ब्राह्मण प्रांतीय काउंसिल में सदस्य चुने गए और तभी एक गैर ब्राह्मण राजनीतिक दल का गठन कर लिया गया। यह दल गैर ब्राह्मणों के लिए शिक्षा-सुविधाओं, सरकारी नौकरियों में अधिकाधिक प्रतिनिधित्व और योग्यता में शिथिलता आदि के लिए लड़ा और गाँव पुरोहितों के अधिकारों को समाप्त करने के लिए 'जोशी वतन समाप्ति' बिल पारित कराने में सफल हुआ। यद्यपि गैर ब्राह्मण दल राजनीतिक दृष्टि से पूर्णरूपेण जाग्रत था और इसने आम जनता का हित संरक्षण किया लेकिन इसने राष्ट्रीय आंदोलन में कभी भाग नहीं लिया क्योंकि यह संगठन सरकार-समर्थक था।

सन् 1930 में केशवराव जेधे गैर ब्राह्मण दल के प्रमुख नेता थे और जिन्हें 1920 के दशक से ही ब्रिटिश समर्थक माना जाता था, वे महात्मा गाँधी के नेतृत्व में संचालित राष्ट्रीय आंदोलन से प्रभावित होकर अपने अनुयायियों के साथ कांग्रेस दल में सम्मिलित हो गए। सन् 1930 के बाद ग्रामीण क्षेत्रों में कांग्रेस ने गैर ब्राह्मणों में अच्छा-खासा प्रभाव जमा लिया था। उनके कांग्रेस का नेतृत्व गाडगिल और शंकर राव देव जैसे ब्राह्मण नेता कर रहे थे। इसके गैर ब्राह्मण नेताओं में केशव राव जेधे और शंकर राव मोरे जैसे नेता थे, जो सन् 1947 में भारत की स्वतंत्रता तक कांग्रेस में रहे।

कई रूपों में ब्राह्मणों और गैर-ब्राह्मणों में पारस्परिक मतभेद बढ़ता ही रहा। बहुत से ब्राह्मण युवक सावरकर के क्रांतिकारी दल की ओर आकृष्ट हुए और कुछ

अनुदार दल हिंदू महासभा में सम्मिलित हो गए। परन्तु इन दोनों आंदोलनों को गैर ब्राह्मणों से सहयोग नहीं मिला। क्योंकि गैर ब्राह्मण जातियों में भी परस्पर फूट थी। परंपरागत रूप में मराठाओं को समाज में ऊँचा दर्जा प्राप्त था, शिक्षा के व्यापक प्रचार ने बहुत से मराठा परिवारों को ऊँचे पदों पर पहुंचाया और चुनावों में मराठा मतों का निर्णयात्मक झुकाव उन्हें दूसरी जातियों के मुकाबले में अधिक मजबूत बनाने में सफल हुआ। के.एस. ठाकरे की रचनाओं में इस प्रभाव की झलक देखने को मिलती है। इस प्रकार महाराष्ट्र में मराठे एक सशक्त गैर-ब्राह्मण जाति के रूप में उभरे और सामाजिक, आर्थिक, राजनीतिक जीवन में वर्चस्व स्थापित करने में सफल हो गए वैसे ही जैसे कि आंध्र में रेड्डी और कम्मा जो कि गैर-ब्राह्मण जमींदार थे।

स्वतंत्रता के उपरांत ब्राह्मण-गैर ब्राह्मण मतभेद कई तरह से व्यक्त हुआ। गैर-ब्राह्मण दल को पूर्व नेताओं ने जिन्होंने सन् 1930 में पहले कांग्रेस में प्रवेश किया लेकिन बाद में उसे छोड़ दिया। उन्होंने एक नई पार्टी 'किसान और कामगार पार्टी' (शेतकरी कामगार पक्ष) गठित किया। इसका झुकाव मार्क्सवाद की तरफ था। इस दल में बहुत थोड़े ब्राह्मण थे। इसे नेताओं ने गैर-ब्राह्मण आंदोलन का आम जनता के वर्ग संघर्ष के रूप में मार्क्सवादी विचारधारा के ढांचे में परिभाषित किया जो कि सुविधा संपन्न ब्राह्मणों के खिलाफ थी। थोड़े वर्षों के बाद जेधे और मोरे ने इस **'शेतकरी कामगार पक्ष'** से इस्तीफा दे दिया और पुनः कांग्रेस में आ गए। इससे यह दल काफी शक्तिविहीन हुआ।

जब सन् 1948 में एक महाराष्ट्रियन ने महात्मा गाँधी की हत्या कर दी तो ब्राह्मणों के विरुद्ध हिंसात्मक भावनाएं भड़कीं। ऐसा कहा जाता है कि बहुत से ब्राह्मणों ने उनकी हत्या पर खुशियां मनाईं, विशेषकर ग्रामीण क्षेत्रों में लोग इसके शिकार हुए। ग्रामीण इलाकों से बहुत से ब्राह्मणों की प्रतिक्रिया के विषय में परस्पर विरोधी लेख छपे (भिडे; दिवेकर; गाडगिल; खाड्ये; कंदरीकर; पेंडसे)। सत्यता यह है कि फुले के युग से ही गैर-ब्राह्मण -शूद्र और अछूत जातियाँ ब्राह्मणों के वर्चस्व के खिलाफ छुटपुट आक्रोश व्यक्त करती रहीं। लेकिन शिक्षा, राजनीति और सामाजिक जीवन में व्यापक दखल और वर्चस्व के कारण ब्राहाणों को कोई डिगा नहीं सका। गाँव पुरोहित उनकी रीढ़ की हड्डी थी तो शहर का ब्राह्मण अध्यापक उनकी आँख और कान था। भारत की स्वतंत्रता ने ब्राह्मणों को आसमान पर बिठा दिया। एक ऐसा भी जमाना था जब प्रधानमंत्री से लेकर सारे मुख्यमंत्री और ऊँचे सरकारी महकमों आदि महत्त्वपूर्ण पदों पर 3 प्रतिशत आबादी वाले ब्राह्मण पदासीन थे। गैर-ब्राह्मण और अछूतों के अलग-अलग आंदोलन थे इसलिए यह वर्चस्व पूरी सदी तक छाया रहा। परांजपे के कथानानुसार :

"...जो वैचारिक खाई थी जिसने हिंदू समाज को इस क्षेत्र में विभाजित किया वह स्पृश्य और अस्पृश्यता के मध्य संघर्ष था। जाति व्यवस्था जन्य अस्पृश्यता भेदभाव का सबसे घिनौना स्वरूप है। अस्पृश्यता की धारणा और उसका प्रचलन शायद अथवा हो भी सकता है इतनी प्राचीन नहीं है जितनी कि स्वयं जाति व्यवस्था लेकिन इसका उद्गम वास्तव में मनु के समय से है जिसने इसका नियमीकरण किया और इसे स्वीकृति प्रदान की। महाराष्ट्र में शायद पेशवा काल में अस्पृश्यता अपने सबसे अधिक घिनौने रूप से प्रचलित थी जबकि एक ब्राह्मण के ऊपर एक अस्पृश्य की छाया पड़ने पर भी उसे भयानक दंड दिया जाता था। पेशवा के शासन का अंत होने पर इस विषय में शायद कुछ ढील हुई और जो कानूनन दंड दिया जाता था वह वापिस ले लिया गया। फुले ने गैर ब्राह्मण आंदोलन के बीज बोए थे वे बीसवीं सदी में फलीभूत हुए।

प्रारंभिक ब्रिटिश काल में कुछ व्यक्तियों ने जिनमें महाराष्ट्र के **गोपाल हरि देशमुख** और **विष्णु बुआ ब्रह्मचारी** प्रमुख थे उन्होंने अस्पृश्यों के प्रति सहानुभूति प्रकट की। महात्मा फुले ही प्रथम व्यक्ति थे जिन्होंने मौखिक सहानुभूति से परे काम किया। उन्होंने न सिर्फ ब्राह्मण वर्चस्व के मिथक को तोड़ा वरन् अस्पृश्यों के लिए विद्यालय प्रारंभ करके उनकी दशा सुधारने के लिए प्रयास किए।

उन्होंने सन् 1868 में अपने निजी जलाशय के उपयोग की अस्पृश्यों को अनुमति दी।

फुले के प्रमुख सामाजिक सुधार-कार्यों को शिवराम जनबा काम्बले ने जारी रखा। उन्होंने उनके विचारों की महत्ता का प्रचार करने के लिए एक पत्रिका निकाली और ब्रिटिश सरकार से अस्पृश्यों की हालत सुधारने के लिए माँग की। **विट्ठल रामजी शिन्दे ने 'डिप्रैस्ड मिशन सोसायटी'** की सन् 1906 में स्थापना की और अनेक शैक्षिक कार्यक्रम चलाए।

कोल्हापुर के शाहू छत्रपति महाराज ने अपने राज्य में सन् 1918 में 'महार वतन समाप्ति अधिनियम' पारित किया। इससे महार सीधे ही अपनी जमीन के मालिक बन गए और गाँव में सैकड़ों प्रकार के फालतू (बेगार) के कार्यों से मुक्त हो गए जो छोटी-सी कृषि भूमि के टुकड़े के लिए दासता थी जिसे वे परंपरागत रूप में जोतते-बोते थे। उन्होंने अपनी रियासत में अछूतों को क्लर्क की नौकरियाँ दीं और कई शिक्षित अछूतों को बैरिस्टर बनाया। सन् 1919 में उन्होंने कानूनन अछूत बच्चों के स्कूल में पढ़ने के लिए प्रतिबंध और भेदभाव को समाप्त कर दिया।

फुले और शाहू छत्रपति के अतिरिक्त 'सत्य शोधक समाज' के जेधे, भाऊराव पाटिल जैसे नेताओं ने अस्पृश्यता निवारण का कार्य हाथ में लिया। शाहू छत्रपति

की तरह, सयाजीराव गायकवाड़ (बड़ौदा महाराज) ने भी अछूतों के उत्थान के आंदोलन को मदद की। उन्होंने अम्बेडकर को अपने यहाँ नौकरी दी और अमेरिका में उनकी शिक्षा का सारा भार वहन किया।

यहाँ तक महाराजा बड़ौदा की हर बात काबिले तारीफ है; लेकिन जब डॉ. अम्बेडकर कोलंबिया विश्वविद्यालय से पी.एच.डी. उपाधि लेकर भारत लौटे और लंदन में अपनी शिक्षा बीच में ही छोड़ आए तथा रियासत बड़ौदा से करार के अनुरूप पुनः बड़ौदा राज्य में काम करने लगे। लेकिन महाराजा ने हर स्तर पर उनके प्रति अस्पृश्यता का बर्ताव होने पर शायद कोई भी मदद नहीं की। डॉ. अम्बेडकर ने अपना प्रारंभिक जीवन किस प्रकार कष्टों और चुनौतियों में बिताया यह अब पूरे विश्व को पता है। महाराजा की इस बेरुखी पर हम पहले चर्चा कर चुके हैं।

महाराष्ट्र में एक और अन्य प्रमुख व्यक्ति हुए हैं जो अछूतों के उत्थान से संबद्ध रहे हैं। वे थे एस.एम. माटे जिन्होंने सन् 1917 में पूना में अस्पृश्यता निवारण के लिए एक संस्था स्थापित की थी। उन्होंने अछूतों के लिए कई विद्यालय खोले। उन्होंने अछूतों को सफाई से रहने के लिए अभियान छेड़ा। वे अछूतों में स्वतंत्रतावूक इतने घुल-मिल कर रहने लगे कि ब्राह्मणों ने उनके विरुद्ध छींटाकसी की। अछूतों के लिए प्रारंभ में काम करने वाले बहुत से लोग ऊँची जातियों के सहृदय और दयालु लोग थे। अब तक अछूतों में यह परंपरागत विश्वास और धारणा थी कि वे इस दीन-हीन अवस्था को इसलिए प्राप्त हुए कि उन्होंने पूर्वजन्म में पाप किए हैं। ब्राह्मणों ने निहित स्वार्थ वश ऐसी अफवाहें फैला रखी थीं। सुधारकों के प्रयासों से धीरे-धीरे अछूतों में यह बात समझ में आ गई कि अब उन्हें भी अपने आपको उठाने के लिए प्रयत्नशील होना चाहिए। शिक्षा के नए अखबारों ने नए विचारों के प्रसार में मदद की। शिक्षित अछूत अपने अधिकारों के लिए जाग्रत हो गए।

इझवा समाज में सामाजिक जागरण

केरल में एक लंबे अरसे से डच, पुर्तगाली और अंग्रेज आदि यूरोपीय जातियों का आवागमन रहा है। उनके मिशनरीज (धर्म प्रचारकों) ने अस्पृश्य और समाज के दबे कुचले लोगों को धर्मांतरण के लिए तरह-तरह के प्रलोभन प्रदान किए, यह बात किसी से छिपी नहीं है। ऊँची जातियों से संत्रस्त अछूत और शूद्रों ने सदियों तक मुँह तक नहीं खोला। पर वे ईसाई धर्म प्रचारकों के झांसे में आ गए।

ईसाई धर्म प्रचारक उनका समय-समय पर धर्म परिवर्तन करते रहे और बीसवीं सदी के प्रारंभ तक यह क्रम चलता रहा। इझवा परिवार में सन् 1857 में जन्मे नारायण गुरु ने बड़े होने पर अपने समाज की शैक्षिक, आर्थिक और सामाजिक

स्थिति को देखा जो बड़ी दयनीय थी। समाज में उनका कोई मान नहीं था। मालाबार, कोचीन और ट्रावनकोर (वर्तमान केरल) में इझवा या इलवान (इलवाज) बहुसंख्यक अस्पृश्य जाति है। नारायण गुरु के प्रयत्नों से 19वीं शताब्दी के अंतिम वर्षों और बीसवीं सदी के प्रारंभ में वे सामाजिक और राजनीतिक दृष्टि से काफी सदृढ़ हुए। इसका मूल कारण था इझवा एक अच्छी आर्थिक स्थिति की किसान और ताड़ी-उद्योग में संलग्न जाति थी। उनके मध्य नारायण गुरु एक दार्शनिक, संत और समाज सुधारक के रूप में मौजूद थे। वे दलित वर्गों के एक प्रगतिशील विचारों के दूर-दृष्टा महापुरुष थे। उनके अनुरागियों ने 1902-03 में श्री नारायण धर्म परिपालन योगम्' (एस.एन.डी.पी.वाई.) नामक सुधार और शैक्षिक संगठन गठित किया। इस संगठन के माध्यम से इझवा या एझवा तथा अन्य दलित वर्गों में सामाजिक सुधारों, अस्पृश्यता और जाति प्रथा के निवारण का कार्य किया गया तथा दलितों के मंदिर-प्रवेश और पूजा-उपासना के अधिकारों की लड़ाई लड़ी गई।

नारायण गुरु ने उनको जीवन के हर क्षेत्र में प्रगति के लिए प्रोत्साहित किया। सामाजिक-आर्थिक दृष्टि से संपन्न और संगठित इझवा समाज ने सन् 1918 में ट्रावणकोर सरकार से अपील की कि राज्य में सभी धर्मस्थल सभी हिंदुओं वरन् दलित जातियों के लिए भी खोले जाने चाहिएँ क्योंकि सामाजिक-धार्मिक भेदभाव को प्रश्रय देना असामाजिक और अनैतिक कृत्य है। नारायण गुरु के प्रमुख अनुयायी डॉ. पल्पू और टी.के. माधवन इझवा समाज को गाँधीवाद के प्रभाव में लाने में सफल हुए। उन्हें धर्मांतरण के मोह से बचाया। देश की मुख्य राष्ट्रीय धारा में जोड़ा और सामाजिक-राजनीतिक उन्नयन का पथ प्रशस्त किया। यह वैसा ही कार्य था जो उत्तर भारत में आगे चलकर बाबू जगजीवनराम ने किया।

पूरे दक्षिण भारत के आदि-आंध्र (दलित) नारायण गुरु की शिक्षाओं से प्रभावित थे। यहाँ तक कि सन् 1921 में इझवा जाति ने सरकार और समाज को यह धमकी भी दी कि यदि उन्हें उच्च वर्गों के समान नहीं समझा गया तो वे ईसाई धर्म अपना लेंगे। इसका आशय और संदेश यही था कि वे समाज में प्रतिष्ठित स्थान प्राप्त करने के लिए विह्वल थे और देर तक अस्पृश्य और दलित जाति का पट्टा गले में लटकाना नहीं चाहते थे। वे तमाम सामाजिक विषमताओं के बंधन तोड़ देने के इच्छुक थे।

सन् 1924-25 में ट्रावणकोर में वायकम सत्याग्रह ने महात्मा गाँधी का ध्यान-आकृष्ट किया कि वे अपने प्रभाव का इस्तेमाल करते हुए केरल के गैर-ब्राह्मण और दलितों द्वारा वायकम मंदिर के परिपार्श्व से गुजरती सड़क पर चलने की पाबंदी को समाप्त कराएं। दलितों के लंबे संघर्ष के पश्चात् नम्बूद्री ब्राह्मण-पुरोहित, जो

अपनी हठधर्मिता और धार्मिक संकीर्णता के लिए सुप्रसिद्ध थे, तथा तत्कालीन राज्य सरकार के मध्य अंततः समझौता हेतु राजी हुए कि मंदिर को स्पर्श करता राजमार्ग दलित-अस्पृश्यों के लिए खोल दिया जाए। लेकिन सन् 1936 तक यह ज्ञात नहीं हो सका कि यथार्थ में क्या अस्पृश्य मंदिर में प्रवेश कर सकते थे या नहीं?

नारायण गुरु के सक्षम नेतृत्व में इझवा तथा अन्य अस्पृश्यों में आई चेतना, राष्ट्रीय भावना के व्यापक जोर, अम्बेडकर आंदोलन के प्रभाव, गाँधी द्वारा दलित (हरिजन) कष्ट मुक्ति के प्रयास, तथा इझवाओं द्वारा ईसाई धर्मांतरण की धमकी ने राज्य सरकार को मंदिर प्रवेश प्रतिबंध निवारण के लिए विवश कर डाला। इस प्रकार देश में ट्रावणकोर पहला राज्य था जिसने इस प्रकार का कानून बनाया। इससे दलित आंदोलन को बड़ा बल मिला। डॉ. अम्बेडकर वायकम तो नहीं जा सके, लेकिन सन् 1924 में उन्होंने महाराष्ट्र में एक दलित सम्मेलन को संबोधित करते हुए कहा था–

"वायकम सत्याग्रह देश के लाखों-करोड़ों अछूतों के लिए सामाजिक और राजनीतिक महत्त्व की घटना है।" अगले वर्ष डॉ. अम्बेडकर ने पुनः दुहराया कि "यह-सत्याग्रह दलितों की एक बड़ी उपलब्धि है। यह आश्चर्य का विषय है कि गाँधी के अतिरिक्त देश के किसी अन्य समाज सुधारक और नेता ने पूजा के अधिकार के विभेद को समाप्त करने के लिए एक शब्द भी नहीं बोला।"

ब्राह्मण–वर्चस्व का विरोध

सामाजिक जीवन में डॉ. अम्बेडकर के प्रवेश के डेढ़ दशक पूर्व ही तमिलनाडु में 1910 के आसपास गैर-ब्राह्मण आंदोलन जन्म ले चुका था। सच तो यह है कि सन् 1840 में सलेम के 32 पंचलारों ने यह आवाज उठाई कि समस्त महत्त्वपूर्ण सरकारी पद ब्राह्मणों को ही क्यों दिए जा रहे हैं? उन्होंने माँग की कि बिना किसी जातीय भेदभाव के सभी को सरकारी नौकरियाँ प्रदान की जानी चाहिएँ। 1896 में अनंतपुर के एक दर्जन से ऊपर लोगों ने एक ही ब्राह्मण प्रशिक्षक के परिवारी-जनों द्वारा सभी सरकारी पद हथियाने की निंदा की और इसे खतरनाक बताया।

एक शताब्दी पूर्व इसी प्रकार सन् 1897 में विश्व कुलोत्थर्मा संघ, मद्रास ने ब्राह्मण वर्चस्व के विरोध में आवाज उठाई। नेल्लौर में एक परिवार के 50 ब्राह्मण सदस्यों ने माल-गुजारी विभाग की नौकरियों पर कब्जा कर रखा था। जब 1853-1854 में यूरोपियन अधिकारियों को इस बात का पता चला तो वे बहुत दुखी हुए। मद्रास रेवेन्यू बोर्ड ने सन् 1853 में जिला कलेक्टरों को अपने स्थायी आदेश में यह चेतावनी दी कि सभी जातियों के उम्मीदवारों में से भर्ती होनी चाहिए। सन् 1871 में डब्ल्यू. आ. कोर्निश, जो मद्रास के जनगणना अधीक्षक थे उन्होंने यह चेतावनी जारी की

लेकिन 1880 तक इसके पालन में देरी हुई। लेकिन गैर-ब्राह्मण जागरूक थे और ब्राह्मणों पर नजर रखे हुए थे। 1890 के दशक में शैक्षिक सुधारों और शिक्षा प्रसार के कारण शिक्षित ब्राह्मण युवकों का प्रतिशत बहुत अधिक था, जबकि दो दशक तक गैर-ब्राह्मण शिक्षितों का प्रतिशत बहुत ही कम था। नतीजतन ब्राह्मणों को ब्रिटिश सरकार की नौकरी आसानी से मिलीं क्योंकि वे शिक्षित-संख्या में बहुत थे। सन् 1917 में 'साउथ इंडियन लिबरल फेडरेशन' (जस्टिस पार्टी) और गैर-ब्राह्मणों के घोषणा पत्र के प्रकाशन के बाद ब्राह्मण-वर्चस्व का विरोध पूर्णरूपेण स्पष्ट हो गया। इस प्रकार मद्रास में एक क्रांतिकारी, रचनात्मक एवं सुधारात्मक आंदोलन की शुरुआत गैर-ब्राह्मणों के अधिकारों की रक्षा के लिए हुई। यह शिक्षा, रोजगार, आर्थिक और राजनीतिक जीवन में ब्राह्मण और अन्य प्रमुख हिंदू जातियों के वर्चस्व के विरोध में सामाजिक-राजनीतिक संघर्ष था।

जैसा कि पहले बता चुके हैं सत्यता यह है कि गैर-ब्राह्मण आंदोलन का नेतृत्व धनी और शक्तिशाली पिछड़ी किसान जातियों—रेड्डी, कम्मा, वेल्लाल, वेलमा, नायर और उनके समर्थकों ने शुरू किया था। गैर-ब्राह्मणों ने स्वयं को द्राविड़ बताया और ब्राह्मणों को आर्य कहा। भारत सरकार अधिनियम, 1919 के अंतर्गत मद्रास विधान सभा की 98 चुनावी सीटों में से गैर-ब्राह्मणों को 28 सुरक्षित सीटें निर्धारित की गईं। 'जस्टिस पार्टी' के लिए यह एक बड़ी उपलब्धि थी। नवंबर 1927 में एक जातीय उदाहरण के सरकारी आदेश में सरकारी नौकरियों में जातीय अनुपात का निर्धारण कर दिया गया, जो इस प्रकार था—12 नियुक्तियों की एक यूनिट में 5 गैर-ब्राह्मण हिंदुओं के लिए (41.7%) दो प्रत्येक ब्राह्मण, ऐंग्लो-इंडियन और ईसाइयों तथा मुस्लिम के लिए (16.7%) और एक (8.3%) अन्यों हेतु निर्धारित की गई। यहाँ यह स्मरणीय है कि मद्रास प्रेसीडेंसी में ब्राह्मणों की कुल आबादी मात्र 3 या 3.25 प्रतिशत है, जबकि गैर-ब्राह्मण आंदोलन से पूर्व उनको ब्रिटिश सरकारी नौकरियों में ऊँची नौकरियों में शत-प्रतिशत और छोटी जगहों में काफी अच्छा प्रतिनिधित्व प्राप्त था। यह तर्क दिया जाता है कि गैर-ब्राह्मण आंदोलन से फायदा उठाने वालों में अगड़े गैर-ब्राह्मण जातियों के लोग थे और सबके लिए समान अवसर और किसी को अन्याय न होने की बात ही खत्म हो जाती है। सन् 1920-1950 के मध्य तीन दशकों में शक्तिशाली गैर-ब्राह्मणों ने सामाजिक-राजनीतिक प्रगति हासिल की। जबकि इस बीच दलित जातियों के लोग जो अछूत और शूद्र थे तथा शिल्पी-पिछड़ी जातियों के हिंदू बहुत ज्यादा फायदा नहीं उठा सके।

सन् 1923 में मद्रास के प्रमुख दलित नेता एम.सी. राजा ने राज्यपाल से एक प्रतिनिधिमंडल के साथ भेंट की जिसमें जस्टिस पार्टी पर आरोप लगाया गया कि

उसने विधानसभा, स्थानीय निकायों, सरकारी नौकरियों और शिक्षा में दलितों को सहूलियतें नहीं दी हैं। उन्होंने माँग की कि दलित जातियों के विद्यार्थियों को अधिकाधिक छात्रवृत्तियाँ प्रदान की जाएँ और प्रवेश नीति को उनके मामले में उदार बनाया जाए। 'आदि-द्रविड़ महाजन सभा' की ओर से राजा ने सन् 1924 में राज्यपाल से यह माँग की कि दलितों का एक सदस्य मंत्रिमंडल और कार्यसमिति में लिया जाए और दलित जाति कल्याण विभाग खोला जाए। सन् 1928 के दौरान जब साइमन आयोग भारत में आया तो कांग्रेस ने इनके देशव्यापी दौरे का विरोध किया। डॉ. अम्बेडकर की तरह 'आदि-द्रविड़ महाजन सभा' ने साइमन आयोग का स्वागत किया और दलितों के लिए 'पृथक् निर्वाचन मंडल' की माँग की। 'मद्रास दलित वर्ग महासंघ' के प्रांतीय अधिवेशन और अन्य अधिवेशनों में इन माँगों के प्रति निष्ठा प्रकट की गई और ब्रिटिश राज से आग्रह किया गया कि यदि सत्ता सौंपी गई तो हिंदू वर्चस्व वाले कांग्रेस राज में उन्हें कुचल दिया जाएगा राजा ने अम्बेडकर के साथ कंधे से कंधा मिलाकर कार्य किया और भारत अधिनियम, 1935 के अंतर्गत मद्रास के दलितों के लिए 215 सीटों में से विधानसभा की सदस्यता के लिए 30 सीटों के प्रावधान की लड़ाई जीती। राजा को हम दक्षिण का अम्बेडकर कह सकते हैं।

मद्रास की 'जस्टिस पार्टी' की सरकार के विरुद्ध 1923 में अविश्वास प्रस्ताव आया। यह प्रस्ताव पारित नहीं हो सका। 'शिल्पकार जाति संगठन' (विश्व ब्राह्मण समाज) ने जो सामाजिक दृष्टि से पिछड़े थे पी.जी. रामामूर्ति और मद्रास विधान परिषद के अन्य 27 सदस्यों की मदद से सन् 1932 में विश्व ब्राह्मणों को दलित वर्ग सूची में सम्मिलित किए जाने की माँग की। राजमुन्द्री के 'विश्वकर्मा युवजन सघ' और 'साहित्यिक संघ' ने इस माँग का समर्थन किया; लेकिन सरकार ने इस माँग को यह कहकर ठुकरा दिया कि इससे अन्य दलित जातियों और गैर-ब्राह्मणों के अधिकारों पर कुठाराघात होगा सन् 1934 में पुनः रामामूर्ति और अन्य लोगों ने विश्व ब्राह्मण, सेट्टी बालिजों, चकलियों, देवाङ्गों, नाडरों, यहाँ तक कि नम्बूद्री ब्राह्मणों और अन्य पिछड़ी जातियों के लिए दलित जाति सूची में जोड़े बिना प्राथमिकता के आधार पर सहूलियतों की माँग की और यह माँगे बाद के वर्षों में भी दुहराई गईं।

दलित जातियों के साथ-साथ इस प्रकार मद्रास में पिछड़ी और अन्य जातियों के लिए सहूलियतें प्राप्त करने का आंदोलन तेजी पकड़ता गया। ये वे दिन थे जब सारे भारत का सामाजिक-राजनैतिक परिदृश्य बदल रहा था। पूना पैक्ट (गाँधी अम्बेडकर समझौता) तथा सवर्ण हिंदुओं द्वारा हरिजनों के लिए कार्य करने के निर्णयों से गैर-ब्राह्मण जातियाँ भी उत्साहित थीं।

इस बीच दक्षिण की गैर-ब्राह्मण वन्नियार जाति भी अपने अधिकारों के लिए दावे पेश करने लगी।

सन् 1935 में वन्नियार ने अलग से प्रतिनिधित्व माँगा और उसके नेता नानजप्पा ने दावा किया कि वे पूरी जनसंख्या के 6.3 प्रतिशत के अनुपात में हैं और उनकी पूरी तरह उपेक्षा कर दी गई है। सन् 1938 में 'वन्नियकुल क्षत्रिय महासंगम' ने जिसकी मद्रास में सन् 1888 में स्थापना हुई थी यह माँग रखी कि शिक्षा और रोजगार में उन्हें प्रतिनिधित्व प्रदान किया जाए। सन् 1938 से 1940 तक वन्नियार यह कहकर ब्रिटिश राज पर दबाव बनाए रहे कि उन्होंने तो गरीब-पिछड़ी जातियों को सदा न्याय दिया है लेकिन 'जस्टिस पार्टी' और ब्राह्मणों ने उनकी जायज माँगों को पूर्णतः ठुकरा दिया है। केवल अगड़े किसान और धनी मानी गैर-ब्राह्मण ही सुविधाएँ प्राप्त करने में सफल हुए।

'मद्रास प्रांतीय दलित वर्ग संघ' जिसकी सन् 1932 में स्थापना हुई थी और जो सन् 1935 में एक सामाजिक, गैर-राजनीतिक संगठन के रूप में पंजीकृत हुआ उसने पिछड़ी हिंदू जातियों के सामाजिक-आर्थिक विकास के लिए बहुत बड़ा काम किया। एम.ए.एम. नायकर, एस.ए. नानजप्पा, पी.के. रामचंद्र पदायची एवं एच. ए. गाउडर इस आंदोलन के पीछे एक मार्गदर्शक शक्ति के रूप में थे।

नवंबर, 1933 में सी. वासुदेव ने दावा किया कि कुछ अगड़ी गैर-ब्राह्मण हिंदू जातियाँ फायदे उठा रही हैं और गरीब तथा हाशिए पर पटके पिछड़े लोगों की पूर्ण उपेक्षा हो रही है। वासुदेव ने एक प्रतिनिधिमंडल के साथ राज्यपाल की कार्यकारी समिति के रेवेन्यू सदस्य से भेंट की। सन् 1937 में चक्रवर्ती राजगोपालाचारी के संज्ञान में यह मामला लाया गया जो मद्रास के तत्कालीन मुख्यमंत्री थे। लेकिन वे कठोर ब्राह्मण थे और उनकी माँगों को रद्दी की टोकरी में फेंक दिया। यद्यपि राजाजी और रामास्वामी एक दूसरे के कटु आलोचक होते हुए भी व्यक्तिगत तौर पर मित्र थे।

'पिछड़ा वर्ग लीग' (बैकवर्ड क्लासेज लीग) ने अपना अखबार भी निकाला। कई सम्मेलन किए। उनके प्रतिनिधिमंडलों ने भेंट की और अपनी माँगें दुहराईं। अंततः 1947 में सरकारी आदेश को पुनरीक्षित करते हुए उन्हें नौकरियों, शिक्षा आदि में भागीदारी प्रदान की गई। आजादी के आंदोलन में इन लोगों की महती भूमिका थी।

सन् 1950 में स्वतंत्रता के पश्चात्, मद्रास हाई कोर्ट ने एक व्यवस्था देते हुए मद्रास सरकार के आदेश को संविधान विरोधी कहते हुए निरस्त कर दिया। ई.वी. रामास्वामी नायकर जिन्हें गैर-ब्राह्मण और दलित आंदोलन का शिखर नेता माना

जाता है उन्होंने इस व्यवस्था के खिलाफ मोर्चा संभाला, तथा राज्यभर में 'सरकारी आदेश बचाओ' के समर्थन में विरोध जुलूस और सभाएँ आयोजित कीं। सन् 1951 में प्रदेश व्यापी प्रदर्शन-हड़ताल और सामाजिक अशांति को देखते हुए मद्रास विधान सभा ने सरकार को ऐसे कार्य करने को अधिकृत किया जिससे सभी शोषित जातियों के कल्याण के लिए कार्य किए जा सकें। जैसे कि स्कूल-कालेजों में प्रवेश, सरकारी नौकरियों में सहूलियतें और अन्य सुविधाओं का प्रावधान सम्मिलित थे।

मद्रास सरकार ने अनुसूचित जातियों और अनुसूचित जनजातियों के लिए 15 प्रतिशत, सामाजिक शैक्षिक दृष्टि से पिछड़ों के लिए 25 प्रतिशत और शेष जनसंख्या के लिए खुली प्रतियोगिता के कोटे का निर्धारण कर दिया। यह एक क्रांतिकारी कदम था। जगजीवनराम ने उस कदम की तारीफ की। सन् 1969 के पिछड़ा वर्ग आयोग की अनुशंसा के आधार पर एम. करुणानिधि के नेतृत्व में द्रविड़ मुनेत्र कषगम (डी.एम.के.) मंत्रिमंडल ने आरक्षण कोटा 25 से 31 प्रतिशत बढ़ा दिया और अनुसूचित जाति एवं जनजातियों के मामले में 15 प्रतिशत से 18 प्रतिशत कर दिया। सन् 1979 में अखिल भारतीय अन्ना द्रविड़ मुनेत्र कषगम (आई.डी.एम.के.) ने जिसका नेतृत्व एम.जी. रामचन्द्र कर रहे थे यह प्रस्तावित किया कि आरक्षण का लाभ पिछड़ों में भी अति पिछड़ों को जिन्हें कुछ भी नहीं मिला है मिलना चाहिए और देखा जाना चाहिए कि प्रभावशाली ऊपरी तबके के लोग इसे मार न ले जाएँ, इसलिए पिछड़े वर्ग का आरक्षण 31 से 50 प्रतिशत बढ़ा दिया गया। इस आदेश की लोगों ने न्यायालय में विचारार्थ चुनौती दी। सन् 1982 में उच्चतम न्यायालय ने तमिलनाडु सरकार को आदेश दिया कि मौजूदा पिछड़ी जाति सूची का तथ्य पूर्ण वैज्ञानिक पुनरीक्षण किया जाए।

मद्रास में गैर-ब्राह्मण पिछड़ी जातियों में आरक्षण नीति का इस प्रकार राजनीतिकरण हो गया और कई तरह की खींचातानी हुई। इसलिए सरकार ने पिछड़ा वर्ग आयोग की रपट को सदन के पटल पर नहीं रखा जो सन् 1985 में पूरी हुई थी, वरन् कई सरकारी आदेश निकाले। शांति भंग होने और सांप्रदायिक-जातीय संघर्षों की संभावना को टालने के लिए इस रिपोर्ट के चुने हुए हिस्सों को ही आदेश के रूप में लागू किया गया। अपनी माँगें मनमाने के लिए सन् 1980-88 के मध्य वन्नियरों ने अपना भारी रोष प्रकट किया था और संघर्ष जारी रखा था। सन् 1987 में वन्नियर आंदोलन इतना हिंसक हो उठा था कि 20 लोगों की जानें गई थीं और पुलिस तथा अनुसूचित जाति के लोगों के साथ संघर्ष हुए थे। इस संघर्ष में 20,000 से अधिक लोगों ने भाग लिया था। यद्यपि यह आंदोलन सरकारी नीति के विरुद्ध था, लेकिन उन्होंने अनूसूचित जाति के लोगों के साथ भी संघर्ष किया, यद्यपि दोनों

में समानताएँ अधिक थीं भले ही वह राजनीतिक पिछड़ापन हो या गरीबी का प्रश्न हो। शुरू से ही उन आंदोलनों में जगजीवनराम ने अपनी सहमति और आशीर्वाद प्रदान किया था।

दक्षिण के अन्य गैर-ब्राह्मण आंदोलन

अन्य जातियों में नवजागरण की लहर से प्रभावित मद्रास में **सी.आर. रेड्डी** ने **'प्रजा मित्र मंडली'** नामक संगठन की स्थापना की जिसका उद्देश्य गैर-ब्राह्मणों की सामाजिक प्रगति और राजनीतिक अधिकारों की लड़ाई लड़ना था। इसे 'ब्राह्मण विरोधी मंच' के रूप में गठित किया गया था। तामिलनाडु (अब आंध्र प्रदेश) में रेड्डी एक किसान जाति है, जिसकी सामाजिक और राजनीतिक दृष्टि से उपेक्षा हुई और शिक्षा के क्षेत्र में पिछड़ गई थी। शुरू में इस संगठन में कर्नाटक में 'लिंगायत शिक्षा निधि' और 'वोक्कालिंग संघ' एक गैर-ब्राह्मण आंदोलन के रूप में प्रतिष्ठापित हो चुके थे। इन्होंने सामाजिक-राजनीतिक अधिकारों के साथ-साथ सरकारी नौकरियों में सहूलियतों की माँग की। इसी प्रकार कम्मा (कामा) ताड़ी उद्योग और कृषि कर्मी जाति थी इसने प्रो. एन.जी. रंगा, एन. टी. रामाराव, चंद्र बाबू नायडू जैसे राष्ट्रीय स्तर के नेता दिए।

धार्मिक मत के रूप में लिंगायतों का अपना बहुत गरिमापूर्ण इतिहास रहा है। तमिलनाडु और कर्नाटक में लिंगायत एक धार्मिक समुदाय है, जिन्हें 12वीं सदी में एक प्रमुख धार्मिक मत के रूप में मान्यता मिली। फर्कुहर के मतानुसार–

'ये लोग अधिकांशतः पहले जैन धर्म (दिगम्बर) अथवा शैव मत के अनुयायी थे। नया मत निश्चित तौर पर शैवों को एक विशेष धार्मिक आधार प्रदान करने के लिए अस्तित्व में आया।

नम्बूद्री-ब्राह्मण केरल समाज में बहुत धनी और प्रभावशाली रहे हैं। वे सरकार को लगान नहीं देते थे यद्यपि उनके पास बडे-बड़े कृषि फार्म थे। उन्होंने भूमिहीन मजदूरों का भारी शोषण किया जो कि अछूत-शूद्र थे। नम्बूद्री ब्राह्मण मंदिरों में पुरोहित थे जहाँ वे अछूतों को आने से रोकते थे। इस सामाजिक विषमता के विरुद्ध के. रामकृष्ण पिल्लई और मन्नथ पद्मनाभन के नेतृत्व में दलित नायरों ने भारी संघर्ष किया और ब्राह्मण वर्चस्व के खिलाफ आवाज उठाई। उन्होंने ट्रावणकोर दरबार से माँग की कि उन्हें सामाजिक और राजनीतिक अधिकार तथा उनके साथ समानता का व्यवहार किया जाए। नायर समाज ने सामाजिक सुधारों में भारी रुचि ली। शिक्षा प्रचार-प्रसार के लिए संकल्प किया। जाति की मान्यताओं को तोड़ते हुए चातुर्वर्ण्य व्यवस्था को नकार दिया और सर्वधर्म समभाव को प्रोत्साहित किया। ऐसा विश्वास

किया जाता है कि लिंगायत धर्म के अनुयायी समय-समय पर विभिन्न जातियों से धर्मांतर करके आए हैं। अपनी सामाजिक-जातीय और धार्मिक एकता के कारण दक्षिण भारत में लिंगायत एक शक्ति बनकर उभरे हैं।"

सुमित सरकार ने मैसूर और त्रावणकोर के आंदोलनों की समीक्षा करते हुए लिखा—"1918 में मैसूर रियासत के 65 प्रतिशत राजपत्रित पदों पर ब्राह्मण समुदाय के लोगों का अधिकार था। ये मुख्यतः शहरी और कुल जनसंख्या का 3.8 प्रतिशत थे, जबकि वोक्कालिंगा और लिंगायत समुदाय मुख्य ग्रामीण समूह थे। 1905-06 में एक लिंगायत एजुकेशन फंड एसोसिएशन एवं एक वोक्कालिंगा संघ की स्थापना हुई। 1917 में सी. आर. रेड्डी ने, जो मद्रास के एक गैर-ब्राह्मण राजनीतिज्ञ थे और मैसूर महाराजा कॉलेज के अध्यापक थे, ब्राह्मण-विरोधी मंच पर रियासत के सर्वप्रथम राजनीतिक संगठन-प्रजा-मित्रमंडली की स्थापना की। लेकिन ये संगठन मात्र शहरी व्यावसायिक गुट बनकर ही रह गए, जो केवल वैयक्तिक संपर्क के बल पर ही दरबार की राजनीति को प्रभावित करने के प्रयास करते थे।"

त्रावणकोर रियासत के नम्बूद्री ब्राहाणों का छोटा-सा वर्ग (कुल जनसंख्या में 1 प्रतिशत से भी कम) विशाल कर-मुक्त जजमानी जागीरों पर आश्रित था और शिक्षा एवं नौकरियों की स्पर्धा से प्रायः अलग रहता था। किंतु गैर-मलयाली (मराठी देशस्थ अथवा मितल मूल के) ब्राह्मणों को रियासत में विशेष सम्मानजनक स्थान प्राप्त था, और 1981 में उनके पास उतने ही प्रशासनिक पद थे जितने कि स्थानीय नायरों के पास, जो एक प्रमुख जाति थे और जिनकी संख्या मामूली गैर-मलयाली ब्राह्मणों की तुलना में पांच लाख थी। साक्षरता का प्रसार त्रावणकोर की एक मुख्य विशेषता थी। इस साक्षरता का कारण था—ईसाईयत के इस पुराने केंद्र में मिशनरियों द्वारा इझवा एवं अन्य निम्न जातियों के बीच, गहन मिशनरी गतिविशियों का चलाया जाना। साथ ही दीवान माधवराव (1860-72) ने उच्च जातियों में शिक्षा के प्रसार के प्रयत्न भी किए। 1901 में त्रावणकोर में शहरी साक्षरता 36 प्रतिशत थी, जो कलकत्ता की तुलना में कहीं बहुत अधिक थी। नायरों ने अनुभव किया कि गैर-मलयाली ब्राह्मण उनकी उपेक्षा कर रहे हैं। साथ ही उन्हें सीरियाई ईसाइयों से और इझवाओं की प्रगति से भी खतरा प्रतीत हुआ। (उत्तरी त्रावणकोर में अनेक भू-स्वामी और समृद्ध व्यापारी सीरियाई ईसाइयों के समुदाय के थे और आधुनिक पत्रकारिता के क्षेत्र में भी वे अग्रणी थे) साथ ही नायरों की अनेक आंतरिक समस्याएँ भी थीं : उनकी पारंपरिक मातृसत्तात्मक संयुक्त परिवार की प्रथा तरावाड के संबंध में अनुभव किया जाने लगा था कि यह आधुनिक समय की तरावाडों के पास अधिक भूमि भी नहीं थी और बढ़ती हुई कीमतों के कारण उन्हें बड़ी कठिनाइयों का सामना

करना पड़ रहा था। (यहाँ वैसी ही स्थिति बनती जा रही थी जैसी अन्य कई प्रदेशों में कुलीन वर्गों के बुद्धिजीवियों की हो रही थी)। पाश्चात्य शिक्षा के प्रसार के साथ नायर समाज के अनेक रीति-रिवाज लज्जाजनक प्रतीत होने लगे थे, विशेष रूप से नम्बूद्री अतिथियों के सामने नायर स्त्रियों के छाती खोले जाने ओर उनके साथ अस्थायी संबंध स्थापित करने की प्रथा।

इस सबके परिणामस्वरूप लगभग एक साथ ही अनेक प्रवृत्तियाँ उभरीं–समाज-सुधार, ब्राह्मण विरोधी भावनाएँ, राष्ट्रवाद और यहाँ तक कि आमूल परिवर्तनवाद के तत्त्व भी। इस प्रकार केरल के प्रथम आधुनिक उपन्यास, चंद्र मेनन कृत *'इंदुलेखा'* (1889) में नम्बूद्री ब्राह्मणों के सामाजिक प्रभुत्व एवं तरावाड प्रथा के कारण रूमानी प्रेम पर लगाई जाने वाली बंदिशों पर हमला किया गया है। सी.वी. रामन पिल्लई के ऐतिहासिक उपन्यास 'मार्तंड वर्मा' में नायक आनंद पद्मनाभन् के माध्यम से नायरों के खोए हुए सैन्य गौरव का आह्वान करने का प्रयास किया गया है। 1891 के 'मलयाली मेमोरियल' का संगठन करने में रामन पिल्लई अग्रणी थे, जिसने सरकारी नौकरियों में ब्राह्मणों के प्रभुत्व की आलोचना की थी। यद्यपि इसमें कुछेक ईसाई और इझवा भी थे, तथापि यह मुख्य रूप से नायरों का ही आयोजन था। 1890 के दशक के अंत तक रामन पिल्लई का समूह सरकारी अभिजन में पूरी तरह सम्मिलित हो चुका था। लेकिन 1900 के पश्चात् के. रामाकृष्ण पिल्लई और मन्मथ पद्मनाभ पिल्लई के रूप में एक अधिक सशक्त नायर नेतृत्व उभरकर सामने आया। पद्मनाभ पिल्लई ने 1914 में 'नायर सर्विस सोसायटी' की स्थापना की जो आज भी जीवित है। इसमें जातिगत आकांक्षाओं के साथ कुछ आंतरिक समाज-सुधार के प्रयासों को भी स्थान दिया गया था। रामकृष्ण पिल्लई ने 1906 से लेकर 1910 तक *'स्वदेशाभिमानी'* का संपादन किया। राजदरबार के प्रति इसके आक्रामक रवैये एवं राजनीतिक अधिकारों की माँग के फलस्वरूप रामकृष्ण पिल्लई को त्रावणकोर से निष्कासित कर दिया गया। टी.एम. नायर के 'जस्टिस आंदोलन' से भी रामकृष्ण पिल्लई के कुछ संबंध रहे थे, किंतु 1916 में अपनी असामयिक मृत्यु के दो वर्ष पूर्व वे मलयालम में कार्ल मार्क्स की पहली जीवनी भी प्रकाशित कर चुके थे।

इस प्रकार की बहुमुखी गतिविधियाँ केवल नायर समुदाय तक ही सीमित नहीं थीं। इझवा लोगों में भी जागृति आ रही थी। ये लोग पारंपरिक रूप से नीची जाति के माने जाते थे और नारियल की खेती करते थे। नारियल उत्पादों के बाजार में विस्तार के साथ इस जाति में एक अपेक्षाकृत समृद्ध वर्ग उभरने लगा था। इझवा जागरण आंदोलन, धार्मिक नेता श्री नारायण गुरु (लगभग 1855-1928) एवं उनके आरूविपुरम् मंदिर के इर्द-गिर्द केंद्रित था। 1902-03 में श्री नारायण गुरु, प्रथम

इझवा स्नातक डॉ. पल्पू, और महान मलयाली कवि एन. कुमारन आशान ने श्रीनारायण धर्म परिपालन योगम् की स्थापना की। इस संगठन में क्विलोन में (जनवरी 1905 में) एक सफल औद्योगिक प्रदर्शनी का आयोजन किया जिसके पश्चात् नायर-इझवा दंगों की बाढ़-सी आ गई। आगे चलकर 1920 में श्रीनारायण धर्म परिपालन योगम् ने गाँधीवादी राष्ट्रीय आंदोलन से महत्त्वपूर्ण संबंध स्थापित किया, जबकि उससे अगली इझवा पीढ़ी निश्चित रूप से कम्युनिस्टों की ओर झुकी। आरंभ में जातिगत समितियों के माध्यम से समाज-सुधार का प्रयास शीघ्र ही आमूल परिवर्तनवाद में परिणित हो गया, और यह बात केरल के जीवन में बार-बार दिखाई देने वाला लक्षण हो गई; ई. एम.एस. नम्बूद्रीपाद ने भी अपने राजनीतिक जीवन का आरंभ 1920 के दशक में नम्बूद्री वेलफेयर एसोसिएशन के कार्यकर्ता के रूप में ही किया था। वे राष्ट्रीय स्तर के कम्युनिस्ट नेता बने, केरल के मुख्यमंत्री बने और सही मायने में दलित-शोषित समाज की वाणी मुखरित की।

8

दलित चेतना में बुद्धिजीवियों का योगदान

भारत को तो स्वतंत्रता मिल गयी परंतु दलित समाज आज भी ऊषमान से परिपूर्ण जिंदगी जी रहे हैं। आज भी उसका स्थान समाज में निम्न दर्जे का है, आजादी से पूर्व से आजादी के बाद तक कितने ही दलित वर्ग के नेताओं ने भिन्न संगठन बनाकर आंदोलन करके इसमें परिवर्तन लाने का अथक प्रयास किया। कुछ हद तक तो उन्हें सफलता प्राप्त हुई पर पूर्ण रूप से इसका उद्धार वे न कर सके। उनमें से कुछ बुद्धिजीवियों के योगदान की चर्चा यहाँ की है।

दलित सुधारक स्वामी अछूतानंद

स्वामी अछूतानंद दलित समाज का सुधार करने वाले एक ऐसे नेता है जिन्होंने साइमन कमीशन के भारत आगमन पर भी अपने अथक प्रयास से इस समाज में अपना स्थान प्राप्त करने की चेतना जागृत की स्वामी अछूतानंद का जन्म छिबरामऊ तहसील, जिला फर्रुखाबाद, उ. प्र. में चमार जाति में हुआ था। उनका स्वाध्याय से कई भाषाओं पर अधिकार था। बीसवीं सदी के प्रारंभ में वे कांग्रेस की राष्ट्रीय विचारधारा से प्रभावित थे, फिर आर्य-समाज के धार्मिक समाज सुधार आंदोलन की ओर उन्मुख हुए। 1910 में वे दलितों में सामाजिक जागृति का मंत्र फूंकने के लिए नगर-नगर, गाँव-गाँव संगठन बनाने के लिए निकल पड़े। उनका बचपन का नाम हीरालाल था। बड़े हुए तो स्वामी हरिहरानंद हुए। लेकिन अछूतों के समग्र विकास के लिए उन्होंने अपना नाम बदलकर अछूतानंद कर लिया। जाटव दलित समाज

में वे आदर की दृष्टि से एक सुधारक के रूप में माने गए। कहा जाता है उन्होंने मोतीलाल नेहरू से पत्र व्यवहार किया और सामंत-जमींदारों द्वारा भूमिहीन और छोटी जाति के दलित किसानों की बेदखली और शोषण के खिलाफ आवाज उठाई। नेहरू ने उन्हें सलाह दी कि वे आजादी की लड़ाई में अपना अमूल्य सहयोग दें और स्वराज्य प्राप्ति पर जमींदारी उन्मूलन पर विचार किया जाएगा स्वामीजी का मानना था कि कांग्रेस में शोषक वर्ग, अस्पृश्यता के परिपोषक सवर्ण हिंदू अधिक हैं। दलितों को सताने वाले मुस्लिम नवाब और हिंदू जमींदार, राजा-महाराजा तथा ब्राह्मणों का आधिपत्य है। यहाँ तक कि गाँधी का अस्पृश्यता विरोधी आंदोलन दिखावा है क्योंकि वे वर्ण व्यवस्था के पक्षधर हैं। इसलिए स्वामी जी ने स्वतंत्र रूप से दलितों और अछूतों में सामाजिक, राजनैतिक चेतना के बीज बोए। आर्यसमाज, कांग्रेस, कम्युनिस्ट आंदोलन उन्हें अपनी ओर आकर्षित नहीं कर पाए। लेकिन गाँधी जी की दलित क्रांति ने उन्हें प्रभावित किया। उस समय डॉ. अम्बेडकर दलित समाज का नेतृत्व कर रहे थे।

तब स्वामी जी ने हिंदू समाज में फैली अछूत जाति एवं सामंतवाद इत्यादि को खत्म करने के लिए आदि हिंदू आंदोलन चलाया। उनका कहना था कि भावी कल के भारत में घर-घर में हमारा समाज सुधारक और नेता होगा भारत उनका होगा जो मेहनत करके खाएगा कहा जाता है उन्होंने सन् 1922 में दिल्ली में एक विशाल सम्मेलन आयोजित किया और बंबई से डॉ. अम्बेडकर और कोल्हापुर से शाहू महाराज को आमंत्रित किया लेकिन वे एक-दूसरे सम्मेलन में व्यस्त होने पर पधार नहीं सके।

डॉ. अम्बेडकर उत्तर भारत के दलितों से संपर्क बनाना चाहते थे। आंरभ में युवा अम्बेडकर माँग, चम्भार और महार समाज में चर्चित हुए थे। महार उनके आंदोलन के गेरुदंड रहे, गोलमेज सम्मेलन (1930-32) के बाद वे पूरे अछूत समाज के राष्ट्रीय स्तर के नेता बन गए। 1922 के अखिल भारतीय अछूत सम्मेलन, नई दिल्ली में स्वामी जी ने दलितों का आह्वान करते हुए कहा था—

"आदिधर्मी अछूत-दलित आज सवर्ण हिंदुओं, संपन्न मुसलमानों और शासनकर्त्ता अंग्रेज जाति के तिहरे गुलाम हैं। गाँव में वे अस्पृश्यता और दासता के शिकार हैं, शहर में उन पर बेरोजगारी की मार है। उनकी अलग गंदी बस्तियां, उनकी दयनीय सामाजिक-आर्थिक स्थिति का ज्ञान कराती हैं, साथ ही हिंदू समाज के अनवरत शोषण का पता भी देती हैं जिसकी ओर ब्रिटिश राज ने ध्यान ही नहीं दिया। दलित तो मेहनतकश लोग हैं, लेकिन जाति प्रथा के कलंक और अस्पृश्यता के विष ने उन्हें

डस रखा है। यह सब हिंदू समाज की मेहरबानी है, जिस पर अचरज है अभी तक सरकार का पूरी तरह ध्यान ही नहीं गया।'' उन्होंने गाँवों में प्रचलित बेगार और बंधुआ मजदूरी प्रथा का विरोध किया। समाज सुधार की शृंखला में उन्होंने मृत्युभोज, शादियों में नाच-तमाशों पर फिजूलखर्ची, मद्य-पान, देवी-देवताओं की पूजा को तिरस्कृत किया। उत्तर भारत में साइमन आयोग के आने पर अम्बेडकर-अछूतानंद का मिलन कई अर्थों में ऐतिहासिक था। अछूतानंद ने साइमन आयोग को बताया, ''हमें अंग्रेजों की हमदर्दी नहीं, सम्मान से जीने का हक चाहिए। केंद्र और राज्यों में पूर्ण उत्तरदायी शासन स्थापित हो जिसमें जनसंख्या के अनुपात से दलितों को प्रतिनिधित्व मिले और उन्हें अपने प्रतिनिधि चुनने का अधिकार मिले।''

परंतु कानपुर में सन् 1933 में उनका स्वर्गवास हो गया। दलित समाज के प्रति उनके अटूट संबंधों के कारण सम्पूर्ण दलित समाज उनके अंतिम संस्कार में सम्मिलित था।

लेकिन जैसा कि एक अन्य स्थल पर लिखा जा चुका है–

''अछूतानंद के प्रति ईसाइयों की भी सहानुभूति थी। यद्यपि वे आर्य समाज से प्रभावित थे लेकिन उनके क्रांतिकारी विचार आगरा के बड़े जाटव लोगों (धनी व्यक्तियों) को पसंद नहीं थे, जहाँ वे अध्यापकी कर चुके थे। लिंच ने लिखा कि उन्हें आगरा से खदेड़ दिया गया था।'' हो सकता है उनका कुछ निहित स्वार्थ वालों से पारस्परिक वैचारिक टकराव रहा हो जो सामाजिक क्षेत्र में एक मामूली बात है। उनके इस उद्देश्य को डॉ. मानिकचंद जाटववीर, बाबू नत्थीलाल, करनसिंह वर्मा आदि ने पूरा करने का प्रयास किया।

बलदेव सिंह आर्य

बलदेव जी का जन्म गढ़वाल की कोली जाति में हुआ था। वह एक मधुर स्वभाव तथा सुविचारों वाले व्यक्ति थे। उन्होंने समाज को सुधारने के साथ उसे शिक्षित होने के लिए भी प्रेरणा दी। वे 1930 के आसपास राष्ट्रीय आंदोलन से जुड़ गए थे और कांग्रेस कार्यकर्ता बने। हिमालय के गढ़वाल-कुमायूं क्षेत्र में अब उत्तराखण्ड में उन्होंने हरिजन सेवा का अनथक कार्य किया। गाँव-गाँव टोली बनाकर वे समाज सुधार, शिक्षा और संस्कारपूर्ण जीवन शैली की बात करते थे। उन्होंने लोगों को खादी अपनाने की बात कही। ग्रामीण दस्तकारी, गृह उद्योगों के जरिए आर्थिक स्थिति मजबूत करने का मंत्र दिया क्योंकि ज्यादातर दलितों के पास कृषि योग्य भूमि नहीं थी।

पहाड़ के दलितों को अलग-अलग जाति नाम से नहीं जाना जाता। आज उन्हें 'शिल्पकार' नाम से अनुसूचित जाति का दर्जा प्राप्त है। कुछ जातियाँ थारू, बोक्सा आदिम जातियों में हैं।

पहाड़ी क्षेत्र का दलित समाज अच्छा जीवनयापन नहीं कर सकता था। अपने त्यौहारों तथा उत्सवों को अपनी परम्परा तथा खुशी से नहीं मना सकता था। इसके कारण समाज में उनका स्थान नीचा था। नई दुल्हन की विदा के वक्त 'डोली-पालकी' में ले जाना सामाजिक निषेध था। सामाजिक कार्यकर्त्ता के नाते बलदेवसिंह आर्य और उनके उत्साही कार्यकर्त्ताओं की टोली ने इसके विरुद्ध आवाज उठाई। कई जगह संघर्ष हुए। उन्होंने जनमत तैयार किया। इस सामाजिक कुरीति के विरुद्ध आवाज उठाई क्योंकि पहाड़ों में यह भी अस्पृश्यता और जातिवाद का घिनौना रूप था।

गाँधीजी ने उनके अनोखे, अहिंसात्मक, असहयोग आंदोलन की प्रशंसा की तो लोगों ने उन्हें 'पहाड़ का गाँधी' कहा।

1950 में आर्य लोकसभा के लिए निर्वाचित हुए। फिर पहली बार सन् 1952 में उ.प्र. विधानसभा के लिए चुने गए। वे क्रमशः संसदीय सचिव, तत्पश्चात् उपमंत्री, मंत्री और कैबिनेट मंत्री बने और लगभग तीन दशक तक उत्तर प्रदेश के दलितों की सेवा करते रहे। मंत्रिमंडल में रहते हुए भी वे वर्षों तक 'उत्तर प्रदेश हरिजन सेवक संघ' के अध्यक्ष, 'अ.भा. हाथकरघा बुनकर कांग्रेस' एवं उ.प्र. हाथ करघा बुनकर कांग्रेस' के क्रमशः उपाध्यक्ष एवं अध्यक्ष तथा 'अखिल भारतीय हरिजन लीग' के कार्यकारी अध्यक्ष रहे। उनकी सोच रचनात्मक व एक दार्शनिक की थी।

उन्होंने दिल्ली और उत्तर प्रदेश में कन्हैयालाल चंचरीक और तुलसी प्रसाद सहयोगी जैसे अनेक सामाजिक कार्यकर्त्ताओं को आगे बढ़ाया। वे आजन्म समाज सेवा में लगे रहे तथा रचनात्मक दृष्टि के कारण विवादों से सर्वथा अलग रहे।

उन्होंने थारू आदिम जाति के शोषण को रोकने के लिए ठोस कदम उठाए। आश्रम पद्धति पर कई विद्यालय खोले। प्रदेश में करघा बुनकरों की सामाजिक-आर्थिक स्थिति सुधारने के लिए संघर्ष किया। सामाजिक न्याय और सामाजिक परिवर्तन के लिए शिक्षा और ज्ञान, संकल्प और संगठन की आवश्यकता पर बल दिया।

तत्कालीन प्रधानमंत्री श्रीमती इंदिरा गाँधी से मिलकर तुलसी प्रसाद सहयोगी आदि ने उत्तर प्रदेश के आगरा, मेरठ और रुहेलखंड डिवीजन में कोरी जाति पर क्षेत्रीय प्रतिबंध हटवाया। इससे लाखों कोरी जाति के लोगों को संवैधनिक आरक्षण मिला। इसके लिए दो दशक तक अनेक प्रदर्शन, सभाएँ, आंदोलन किए गए तब यहीं नहीं पूरे भारत में इस प्रकार जहाँ भी क्षेत्रीय प्रतिबंध थे हटाए गए। इस संबंध में

प्रधानमंत्री इंदिरा गाँधी ने लोकसभा से दो तिहाई बहुमत से संशोधन पारित कराया था।

ए. रामास्वामी मुदालियार

मुदालियार एक समाज सुधारक ही नहीं थे बल्कि उच्च शिक्षा के धनी व्यक्ति थे। वह मद्रास प्रांत की 'जस्टिस पार्टी' के नेता और अछूतोद्धार के जाने-माने सक्रिय-शीर्षस्थ कार्यकर्त्ता थे। उन्होंने गैर-ब्राह्मण आंदोलन को गतिशील बनाया। वे पेरियार के साथ बड़ी दृढ़ता के साथ खड़े रहे। उन्होंने दलितों को संगठित होकर अपने अधिकारों की लड़ाई लड़ने के लिए आगे आने की बात की। उन्होंने ब्राह्मण वर्ग पर प्रहार करते हुए कहा–

''गैर-ब्राह्मण वर्ग के हित के विरुद्ध ब्राह्मण वर्ग ने जो भूमिका अदा की है वह बेकार नहीं गई। ब्राह्मण संपादकों ने जो दैनिक पत्रों में प्रकाशित किया वह बहुत ही निम्न कोटि का प्रचार था। साधारण जनता पर इसका असर पड़ा। पेरियार की सेवाएँ जस्टिस पार्टी को अब प्राप्त हो रही हैं। इससे इस पार्टी को जीवन-दान मिला है।''

कुछ भी हो पर पेरियार और मुदालियार क्रांतिदर्शी नेता थे और अस्पृश्यता-जातिभेद मिटाने में उन्होंने महत्त्वपूर्ण योगदान दिया।

चन्द्रभान प्रसाद

चन्दभान प्रसाद ने दलितों के उत्थान के लिए दलित समाज की बहुमुखी उन्नति, उसकी समृद्धि तथा विकास के लिए दलित साहित्य के लिए सरल रूपरेखा प्रस्तुत की। इस दलित साहित्य में दलित बौद्धिक विमर्शों में संर्वाधिक महत्त्वपूर्ण यह है कि कौनसा ऐस विचार जो समकालीन विमर्श में सार्थक हस्तक्षेप कर रहा है? जो सर्वाधिक बहस की गुंजाइश पैदा कर रहा है? जो विभिन्न अनुशासनों में अपनी पैठ बना रहा है? जो सूत्र रूप में उत्पन्न होकर व्यापक विमर्श की संभावना पैदा कर रहा है? जो नवीन है और जो दूरगामी परिणाम साबित करने वाला है। कुछ अलग अर्थों में कहें कि-समकालीन विमर्श का सर्वाधिक विचारोत्पादक एवं-विवादस्पद विचार कौनसा है। आधुनिक युग में हम अपनी विचारधाराओं को समाज तक पहुँचाने के लिए मीडिया का प्रयोग कर रहे हैं।

चलिए! यदि मैं आपसे यह पूछूँ कि आज कौन-सा ऐसा व्यक्ति है जिनके विचार सर्वाधिक विचारोत्पादक हैं, नवीन हैं, अद्यतन हैं, अलग तरह के हैं और कुछ

लोगों की नजर में सर्वाधिक विवादास्पद भी हैं, तो आप किनका नाम लेंगे... हाँ! मेरा अभिप्राय चन्द्रभान प्रसाद जी से ही है। निःसंदेह आप सब उनके विचारों से प्रभावित हैं। और मेरी तरह ही आपकी भी चन्द्रभान प्रसाद के विचार विवादास्पद और विचारोत्पादक लगते होंगे, ऐसा मैं अनुमान कर रहा हूँ।

साहित्य के क्षेत्र में प्रवेश 'मैया का श्राप' नामक कहानी से हुआ। ग्रामीण क्षेत्र के एक उच्च वर्गीय परिवार की महिलाओं का चमार हलवाहों के साथ बने अवैध संबंधों पर आधारित है। जिसमें यह प्रश्न विद्यमान है कि क्यों जब उस सवर्ण परिवार में बहू आने वाली होती है तो किसी हष्ट-पुष्ट बलिष्ठ चमार हलवाहे को रख लिया जाता है। उस उच्च-घराने में जब स्त्री से कोई बच्चा पैदा हो जाता है। उस दलित हलवाह को घर से हटा दिया जाता है। प्रश्न अनुत्तरित है, लेकिन पाठक उत्तर समझ लेते हैं।

दलित साहित्य में चन्द्रभान जी ने साहित्य के विषय में लिखा है, साहित्य को दोहरी भूमिका निभानी पड़ती है प्रथम तो यह है कि उसे मुख्य धारा के साहित्य का डी-थियाराइजेशन करना पड़ता है तथा एक सार्वभौमिक (Universal) सिद्धांत को गढ़ना पड़ता है। अभी तक यह दूसरा कार्य एक स्वतंत्र ऐजेंडे के रूप में स्थापित नहीं हो पाया है। फलतः दलित साहित्य द्वारा प्रस्तुत थियराइजेशन (Theorization) के किसी सजग प्रयास का नतीजा नहीं होता बल्कि वर्णाश्रम समाज के द्वारा स्थापित थियाराइजेशन (Theorization) के डि-थियराइजेशन की प्रक्रिया से एक बाईप्रोडक्ट (By-Product) के रूप में विकसित होता है। दलित साहित्य की यह एक बड़ी चुनौती है जिसे स्वीकार करना होगा तथा वर्तमान सोशल डायनमिक्स के (Social Dynamics) थियराइजेशन का सजग प्रयास करना होगा, इसके बाद ही दलित चिंतन, दलित साहित्य का शुद्धतम स्वरूप यदि हम दलित साहित्य पर नजर डालें तो एक बात प्रमुख रूप से निकलकर आती है कि दलित साहित्य में वर्णाश्रम व्यवस्था द्वारा उत्पादित छुआछूत, भेदभाव, जातिगत उत्पीड़न का मर्मान्तक, हृदयस्पर्शी वर्णन रूप में मौजूद है यह कहीं न कहीं उस वर्णाश्रम की विचारधारा का (By-Product) ही है। वर्णाश्रम की विचारधारा के बरक्स एक सार्वभौमिक सिद्धांत गढ़ने का प्रयास दलित साहित्य में नगण्य है। वर्णाश्रम द्वारा यह स्थापित है, कि दलित महिलाएँ सवर्ण पुरुषों के हवस का शिकार बनती चली आयी हैं।

मनुस्मृति से ज्ञात है कि यदि शूद्र के पास अच्छी स्त्री है तो ब्राह्मण को अधिकार है कि उसे ग्रहण कर ले। इस विचार से प्रभावित होकर अधिकांशतः गैर दलित साहित्यकारों ने दलित स्त्री और सवर्ण पुरुष के बीच के अवैध संबंधों को लेकर

कविता, कहानी, उपन्यास रचे हैं। चन्द्रभान प्रसाद द्वारा लिखित 'चमरिया मैया का श्राप' इस स्थापित विचारधारा के बरक्स एक सार्वभौमिक सिद्धांत को गढ़ने की कोशिश करती है। दलित सहित्य में जो वर्णन किया गया है इसका मूल्यांकन हर व्यक्ति अपने परिवेश के आधार पर कर सकता है। आप इस बात से सहमत होंगे कि अधिकांश सवर्ण महिलाएँ अपने परिवार की सामंती परिवेश से त्रस्त होकर अपने हलवाहों, चरवाहों, नौकरों से श्रद्धा, स्नेह एवं प्रेम पाती रही हैं। दलित समाज भी अपनी वह निष्ठा, ईमानदारी, वफादारी अपने परिवार की महिलाओं को देने के बजाय गैर दलित समाज की महिलाओं को देने में अत्यधिक प्रयत्नशील रहा है। इसलिए यह अकारण नहीं है कि अपनी पत्नी को छोड़कर दूसरा विवाह करने वाले दलित व्यक्तियों की पत्नियाँ शत् प्रतिशत गैर दलित जातियों से ही रही हैं। यहीं पर स्त्रियों तथा पुरुषों के अपनी संबधों का प्राचीन समाज में क्या प्रभाव था उसका उल्लेख चन्द्रभान जी ने किया है।

प्रसिद्ध उपन्यासकार एवं टी. वी. ऐंकर सागरिका घोष के उपन्यास (The Gin Drinkers) के विमोचन समारोह में चन्द्रभान जी ने यह कहकर सनसनी फैला दी कि 'अंग्रेज देर से आए और पहले चले गए'। अपनी बात की पुष्टि करते हुए 26 जनवरी 2002 को प्रकाशित 'राष्ट्रीय सहारा' में अपने साक्षात्कर में वे कहते हैं कि 'कार्ल मार्क्स ने अमेरिकी अखबार 'न्यूयार्क डेली ट्रिब्यून' में दो महत्त्वपूर्ण लेख लिखे थे। पहला 'भारत में ब्रिटिश' राज जो 25 जून सन् 1853 को छपा था और दूसरा 'भविष्य में भारत में ब्रिटिश शासन के परिणाम जो दो माह बाद 8 अगस्त सन् 1853 को छपा था। दोनों लेखों के समय में बाबा साहेब डॉ. अम्बेडकर मौजूद नहीं थे। जब यही बात बाबा साहेब कहते हैं तो सवर्ण समाज के बुद्धिजीवी उन्हें अंग्रेजों का हमराही कहते हैं। सच यह है कि अंग्रेजों के साथ ही इस देश में आधुनिक संस्थान, विज्ञान, लोकतंत्र और कानून के समक्ष बराबरी का सिद्धांत व्यवहार में आए।

यदि ब्रिटिश शासन सन् 1600 में पूर्णतः स्थापित हो जाता और 2001 तक रहता तो दलित समाज आज उन्नति के सोपान पर होता। यह सच्चाई वर्णाश्रम समाज के बुद्धिजीवियों के गले नहीं उतरती। इस चर्चा में संघ परिवार व वामपंथी, दलितों के प्रबल विरोधी हैं। किसी भी सूरत में साम्राज्यवाद ब्राह्मणवाद से बेहतर बुराई है। जब हम अपने अतीत का आलोचनात्मक मूल्यांकन करते पूर्ववर्ती साहित्य की विभिन्न प्रवृत्तियों की आलोचनात्क पड़ताल करते हैं; तो साथ ही हमसे यह भी उम्मीद की जाती है कि पूर्व के उन तथ्यों की भी विवेचना की जाए जिनके

सकारात्मक परिणाम आज हमें मिल रहे हैं। यह सच है कि अंग्रेजी शासन की नीति दलित समाज के विकास में सहयोगी रही।

ब्रिटिश शासन काल में शिक्षा का लोकतन्त्रीकरण हुआ तथा उस समय सन् 1854 के मशहूर बुड्स डिस्पैच के बाद ही ब्रिटिश शासन ने भारत में माडर्न ऐजुकेशन की शरुआत की। जिसके बदले आज हम भारतीय तीसरी दुनिया की परिधि से निकलकर पहली दुनिया की जमात में बैठने का ख्वाब देख रहे हैं। इनके अतिरिक्त, इंडियन पैनल कोड की स्थापना, शिक्षा में दलितों की भागीदारी, उनके लिए अलग स्कूल खोलना, भारतीय रेल एवं डाक तार का विकास, भारतीय सेना का निर्माण एवं बिना किसी जातिगत भेदभाव के सैनिकों की भर्ती, महार रेजीमेंट की स्थापना, गोलमेज सम्मेलन, साईमन कमीशन का गठन इत्यादि कुछ ऐसे कार्य हैं जिनके कारण दलितों के जातिगत उत्पीड़न में कुछ कमी आई। उनके लिए सांस्कृतिक-आर्थिक उन्नति के द्वार खुले। ब्रिटिश शासन में शिक्षा के लिए जो मापदण्ड निधारित किये गये उसका प्रभाव आज का मिलता है।

चन्द्रभान प्रसाद लिखते हैं कि इस भारत देश की आधारिता उस खम्बे जैसे खड़ी है, जिन्हें अंग्रेजों ने खून-पसीना बहाकर गढ़ा यह स्तंभ है। पूरे भारत में रेलों का जाल, अंग्रेजी भाषा, पोस्ट एवं टेलीग्राफ, आईपीसी और इंडिया सर्विसेज रेलवे ने यह संभव बनाया कि लाखों लोग देश के एक कोने से दूसरे कोने तक व्यावहारिक रूप से एकीकृत भारत को महसूस कर सकें। अंग्रेजी भाषा ऐसा माध्यम बनी, जिसके कारण उच्च वर्ग भाषायी बंधन तोड़कर एक भारत का एहसास कर सका। एक तमिल, और एक पंजाबी के बीच वार्तालाप अंग्रेजी में ही संभव हो पाता है। पोस्ट एवं टेलीग्राफ ने पूरे भारत को जनसंचार के एक सूत्र में पिरो दिया। आईपीसी ने पूरे भारत में समान कानूनों के द्वारा राष्ट्रीय एकता पैदा की। ऑल इंडिया सर्विसेज ने पहली बार एक ऐसे भारत का मानचित्र गढ़ा जहाँ नागालैंड से लेकर कश्मीर तक भारत एक अविभाज्य इकाई था, जिसे बाँटा नहीं जा सकता है।

आज भी हमारा संविधान कुछ हद तक अंग्रेजी नीतियों पर आधारित है। न्यायपालिका, कार्यपालिका और विधायिका का निर्माण, यहाँ तक कि चुनाव प्रणाली भी अंग्रेजी हुकूमत की ही देन है। ब्रिटिश साम्राज्य को भारत के इतिहास से हटाकर कृपया भारत को देख लें। नेपाल और अफगानिस्तान के नागरिक गर्व से भले ही यह मान लें कि ब्रिटिश साम्राज्य उनका बाल बाँका न कर सका है? आज भारत, सिलिकॉन बेली के लिए लाखों आईटी प्रोफेशनल एक्सपोर्ट कर रहा है।

ब्रिटिश साम्राज्यवाद के असर को और भी करीब से देखना है, तो मध्य प्रदेश,

राजस्थान के पिछड़ेपन के कारणों को टटोल लें। इन दो राज्यों में सैकड़ों राजे-रजवाड़े थे, जिनका जनता पर प्रत्यक्ष शासन था। जब अंग्रेज जगह-जगह स्कूल, कॉलेज खोल रहे थें, नदियों पर बाँध बनाकर सिंचाई के साधन खड़े हो रहे थे, तब ये राजे-महाराजे जंगलों में शिकार करने के लिए दिन-प्रतिदिन नये-नये तरीके अपना रहे थे।

चन्द्रभान प्रसाद जी की एक विचारधारा उनको विवादों का कारण बनाती है। चन्द्रभान जी पूंजीवाद, बाजारवाद, साम्राज्यवाद, भूमंडलीकरण इत्यादि का खुलकर समर्थन करते हैं। उन्होंने अपने विभिन्न लेखों 'दलित और पूँजीवाद', 'पूँजीवाद के असली साथी तो दलित हैं', 'मुमकिन है दलितों का करोड़पति बनना', 'दलित कैपिटलिज्म', साम्राज्यवाद का नया नजरिया', 'बाजारवाद ही है असली समाजवाद', दलित पूँजीपति क्यों नहीं', इत्यादि में इसे व्याख्यायित किया है। वैसे तो इन शीर्षकों ने उनका मन्तव्य समझ में आ जाता है, फिर भी मोटे तौर पर कुछ बातें प्रस्तुत की जा सकती हैं। दलित और पूँजीवाद नामक अपने लेख में चन्द्रभान प्रसाद लिखते हैं कि पूँजीवाद एक साथ दो काम करता है। एक तो वह सामंतवाद को तोड़ता है और औद्योगिक शहरी सभ्यता का निर्माण करता है, दूसरा वह सचेत रूप में परंपराओं, पुरानी मूल्य पद्धतियों और समाज में व्याप्त बुराइयों को समाप्त करता है।

चन्द्रभान जी ने बताया है कि वर्ष 2001 की जनगणना के अनुसार 1 करोड़ 75 लाख दलित उद्योग और सर्विस सेक्टर में श्रमिकों के रूप में कार्यरत हैं। तीन दशक पहले वर्ष 1971 में इस श्रेणी में दलितों की संख्या 30 लाख से भी कम थी। औद्योगिक शहरी सभ्यता के निर्माण ने ही दलितों को भूमिहीन कृषि मजदूर की स्थिति में उबारकर औद्योगिक मजदूर बनने का रास्ता तैयार किया है। यह अकारण नहीं है कि आजकल गाँवों में खेत में काम करने वाले मजदूर नहीं मिल रहे हैं। ब्राह्मणवाद की जड़ भारतीय ग्रामीण व्यवस्था से निकलकर वे दलित मजदूर शहरों में, विषम परिस्थितियों में भी औद्योगिक मजदूर के रूप में काम कर रहे हैं। इनसे उनकी आर्थिक स्थिति में भी सुधार आया है, जमींदारों के अत्याचार से मुक्ति मिली है तथा थोड़ा-सा अच्छा खाने-पहनने का अवसर मिला है। आरक्षण के सहारे मध्यवर्ग विकसित हुआ और पठन-पाठन के क्षेत्र में प्रवेश किया।

वर्तमान समय में प्रत्येक व्यक्ति भूमंडलीकरण एवं बाजारवाद के विकास में एक उपभोक्ता बन गया है। आज सब जानते हैं कि बाजार की कोई नैतिकता नहीं होती। यहाँ सिर्फ वही चीजें टिकती हैं। बाजार के लिए हर व्यक्ति सिर्फ एक ग्राहक, एक क्रेता होता है, वहाँ उसका वर्ग पूछकर सामान नहीं बिकता। यदि दलित के पास पैसा है तो कोई विक्रेता उसे मनुस्मृति, वेद-पुराण या स्वर्ण-आभूषण या मर्सिडीज

खरीदने से नहीं रोक सकता। वह स्थिति बाजार ही उपलब्ध कराता है न कि वर्णाश्रम व्यवस्था। चन्द्रभान प्रसाद जी ने संभवतः पहली बार भारतीय बाजार के लिए दलितों के महत्त्व को चिन्हित किया है। उनके अनुसार दलितों द्वारा भारतीय बाजार में 300 करोड़ रुपए प्रतिवर्ष की खरीदारी की जाती है। अपने लेख 'दलित से बनता बाजार' में वे लिखते हैं भारत एक जाति आग्रह वाला समाज है, पर किस तरह जातीय पूर्वाग्र अर्थव्यवस्था को प्रभावित करता है, इसकी खबर कम ही लोगों को है।

भारतीय समाजशास्त्री जातीय अभिरुचियों को अर्थ में नहीं जोड़ पाते और न ही अर्थशास्त्री अर्थतंत्र को किसी भी रूप में समाज से जोड़ पाते हैं। नतीजतन हमारे पास कास्ट एंड कंजम्पशन पैटर्न जैसा कोई प्रामाणिक अध्ययन नहीं है।

दलितों की कार्यशक्ति के सांस्कृतिक निहितार्थ को स्पष्ट करते हुए वे लिखते हैं कि सामाजिक सम्मान की खातिर उपभोक्ता सामग्री को दलित हथियार के रूप में इस्तेमा ल कर सकते हैं। इस प्रक्रिया का लाभ भारत के प्राइवेट सेक्टर को प्रत्यक्ष रूप से मिलता है। जब एक दलित परिवार गाँव में पहली बार प्रेशर कूकर, कलर टी.वी. या टेबल ले लेता है तो यह बात दर्जनों गैर दलित परिवारों के लिए जातीय अहं का सवाल बन जाती है। दलित परिवार जब टूथब्रश या शैम्पू का इस्तेमाल करता है, तो गाँव या परंपरागत वैल्यू सिस्टम हिल उठता है। कई दलित परिवार ऐसे हैं जो इन चीजों को खरीदने में विश्वास रखते हैं जो अन्य दलितों के पास नहीं है। नतीजतन आरक्षण के सहारे नौकरी पाए दलित अनजाने में ही प्राइवेट सेक्टर द्वारा उत्पादित माल के विज्ञापनकर्त्ता बन जाते हैं"। दलित साहित्य में अस्मिता निर्माण एवं आत्मसम्मान की भावना का प्रस्फुटन प्रमुख रूप से विचारणीय मुद्दा रहा है। चन्द्रभान प्रसाद ने दलित मध्यवर्ग द्वारा आत्मसम्मान की तुष्टि के लिए भारतीय अर्थ-व्यवस्था में व्यापक योगदान को रेखांकित कर, मुख्यधारा के समाज को यह सोचने पर मजबूर कर दिया है कि दलितों की निजी क्षेत्र में भागीदारी कैसे सुनिश्चित की जाए? परिणामस्वरूप इस समय 'जे.जे. ईरानी कमेटी रिपोर्ट' तथा प्रमुख औद्योगिक परिसंघों द्वारा 'अफरमेटिव एक्सन' की बातें कहीं-न-कहीं सुनाई दे जाती हैं। जिस तरह दलित साहित्य अपनी व्यापक संवेदना में गैर दलित समाज को प्रायश्चित करने पर मजबूर कर रहा है, उसी तरह चन्द्रभान प्रसाद का वैचारिक लेखन प्राकृतिक एवं नैसर्गिक संशोधनों पर उच्चवर्गीय समाज के हृदय में दलितों के साथ परस्पर मधुर संबंधों को पैदा करता है।

25 अक्टूबर 2006 को मुख्य धारा के हिंदीभाषी बुद्धिजीवियों के बीच में हलचल मचा दी है। चन्द्रभान प्रसाद ने ही 25 अक्टूबर 2004 को लार्ड मैकाले की

204वीं जयंती के अवसर पर उनका जन्मदिन मनाया गया। इसमें उन्होंने लार्ड मैकाले को आधुनिक भारत का निर्माता बताते हुए उन पर नई बहस की शरुआत की। 'थैंक यू लार्ड मैकाले' नामक अपने लेख में उन्होंने यह लिखा है कि 'विश्व बाजार में भारत की जो पोजिटिव इमेज है, उसके केंद्र में हैं, इंगलिश एजेकेशन, जिससे चीन या ब्राजील जैसे देश वंचित रह गए थे। इस अंग्रेजी प्रधान विज्ञान केंद्रित एजूकेशन सिस्टम के लिए अगर कोई एक व्यक्ति जिम्मेदार था, तो वे थे लार्ड मैकाले। मैकाले ने भारत को अफगानिस्तान या नेपाल बनने से बचा लिया।'

भारतीय इतिहासकारों ने मैकाले के जिस कथन को अधूरे रूप में प्रस्तुत किया था, उसे चन्द्रभान जी पूर्ण रूप उद्धृत करते हैं। मैकाले के अनुसार, 'हमारे पास उपलब्ध संसाधनों के आधार पर यह मुमकिन नहीं है कि सभी भारतीयों को एक साथ शिक्षित किया जा सके। कोशिश करनी चाहिए कि ऐसा वर्ग तैयार किया जाए जो रक्त, रंग से तो भारतीय हो पर स्वाद, नजरिए, नैतिकता, बौद्धिकता में इंगलिश हो और जो हमारे तथा भारतीयों के बीच इंटरप्रेटर का काम कर सके। इस नए वर्ग के ऊपर यह छोड़ दिया जाए कि वह अपनी वर्नाकुलर भाषाओं को इस तरह परिष्कृत कर दे कि उनमें ब्रिटिश साइंस आदि की पढ़ाई हो सके, ताकि उन भाषाओं के जरिए नई शिक्षा सभी भारतीयों को हासिल हो सके।

मैकाले द्वारा माडर्न एजूकेशन लागू करने का उद्देश्य भारतीय समाज में शिक्षा का समान स्तर था एवं एक अभिजात्य भाव पैदा करना था। मैकाले इन अर्थों में आधुनिक भारत के भाग्यविधाता साबित हुए अन्यथा भारत की स्थिति नेपाल और अफगानिस्तान जैसी ही होती।

गैर दलित समाज कहता कुछ और है करता कुछ और है। वह एक तरह तो मैकाले के खिलाफ बोलता है, मॉर्डन एजुकेशन की आलोचना करता है, हिन्दी को मातृभाषा बताता है, लेकिन स्वयं अपने बेटी-बेटिगों को अंग्रेजी माध्यम के विद्यालयों में पढ़वाकर, बहुराष्ट्रीय कंपनियों में नौकरी करवाकर गौरवान्वित महसूस करता है। बेचारा दलित उनकी इन बातों पर भरोसा कर बदहाली में रहने को अभिशप्त है। यह एक कड़वी सच्चाई है कि दलितों में अंग्रेजी पढ़ने एवं कम्प्यूटर साक्षरता दर तो उससे भी कम है। धीरे-धीरे प्रगति तो हो रही है, लेकिन अनुपात अभी भी कम है। किसी छोटे-से-छोटे कस्बे में भी आप देखें, वहाँ अंग्रेजी पढ़ने, बोलने एवं कम्प्यूटर सीखने वाले छात्र-छात्राओं में दलित छात्रों की संख्या गैर-दलित छात्राओं से भी कम होती है।

हिन्दी के शिक्षण में अंग्रेजी का प्रयोग करने वाले अध्यापक को हिंदीद्रोही के

रूप में देखा जाता है। हिन्दी भाषा भी बदलते परिवेश के अनुसार अपने आपको ढालने में असमर्थ साबित हो रही है। किसी भाषा का शब्दकोश एवं प्रतिवर्ष उनमें बढ़ने वाले शब्दों की संख्या उसकी भाषिक समृद्धि के परिचायक होते हैं। आप अंग्रेजी एवं हिंदी दोनों भाषाओं के शब्दकोशों की तुलना करके अनुमान लगा सकते हैं कि किसमें कितनी बढ़ोत्तरी हो रही है।

इस समय जबकि भूमंडलीकरण चल रहा है, हमारे लाख विरोध के बावजूद उसका असर कम नहीं हुआ है। समझदारी इसी में है कि युगानुरूप जरूरतों के मद्देनजर अपने विचार, भाषा, संस्कृति की समीक्षा करें और विकासशील के तमगे को उतार विकसित मॉडल को ग्रहण करें।

डॉ. सुमनाक्षर

सुमनाक्षर जी ऐसे पत्रकार थे जिन्होंने देश की आर्थिक, सामाजिक तथा धार्मिक स्थिति को सुधारने के लिये भरपूर सहयोग दिया। पत्रकारिता एक ऐसा माध्यम है जो जनता तक अपने विचारों को पहुँचाने, उनमें क्रांति लाने का कार्य करती है। जैसे पराधीन देश में पत्रकारिता का उद्देश्य आजादी प्राप्त करना था परंतु आज आजादी के स्थान पर सामाजिक और आर्थिक आजादी प्राप्त करना प्रमुख ध्येय बन गया है। आज पत्रकारों का दायित्व है कि वे सामाजिक अन्याय और सदियों से दबे कुचलों को न्याय दिलाएँ। समाज में ऐसा जागरण करें जिससे लोग अच्छे साहित्य का पठन-पाठन तथा वैचारिक चिंतन करें। एक कुशल पत्रकार में चार गुणों का होना नितांत आवश्यक है– जानने की तीव्र इच्छा, खबर को सरल शब्दों में व्यक्त करना, दिमाग की गति कम्प्यूटर की भाँति होना तथा निर्भीकता। पत्रकार की समाज में भूमिका जोड़ने की ही होनी चाहिए तथा अलगाववादी तत्वों के खिलाफ खुलकर लिखना चाहिए। सीमाओं पर लड़ने वाले सैनिकों की भाँति पत्रकारों की भूमिका होती है। सीमा के जवान विदेशी शत्रुओं से लड़ते हैं तथा पत्रकार स्वदेशी भ्रष्टाचारियों से लड़ते है। दोनों को ही कुर्बानी देनी पड़ती है। समाज में अपनी विश्वसनीयता कायम करना पत्रकारिता का पहला कदम होता है। एक कुशल पत्रकार को अपने आत्म-सम्मान को, विवेक को, बुद्धि को और कलम की प्रखरता को सदैव उत्तरोत्तर बनाए रखना चाहिए तभी वे समाज तथा राष्ट्र के कल्याण में समुचित एवं सार्थक कर्तव्य का निर्वाहन कर सकते हैं।

डॉ. सोहनलाल सुमनाक्षर एक ऐसे ही पत्रकार हैं जिन्होंने पत्रकारिता के

माध्यम से सामाजिक, धार्मिक, आर्थिक तथा प्रशासनिक अनियमिताओं का भंडाफोड़ बहादुरी के साथ किया है। हिंदी की दलित पत्रकारिता के माध्यम से उपेक्षित व अधिकारों से वंचित दलित-शोषितों में जन-चेतना जागृत करने तथा स्वाभिमान से जिंदगी जीने के उद्देश्य को लेकर डॉ. सोहनलाल सुमनाक्षर जी ने महात्मा गाँधी के जन्म दिवस 2 अक्टूबर 1962 को 'हिमायती' हिन्दी पाक्षिक पत्र का शुभारंभ किया। डॉ. सुमनाक्षर जी ने सामाजिक और राष्ट्रीय हितों को साधते हुए सामाजिक और आर्थिक विषमता को समूल नष्ट करने का साहसिक प्रयास किया है। इनके अनुसार राष्ट्र के 15% सवर्ण हिंदू 85% सत्ता और सम्पदा को अपने अधीन में किये हुए हैं। नई जनगणना के माध्यम से ही दलितों को छला जाता है। दलितों की संख्या सवर्णों के साथ जोड़कर दिखायी जाती है ताकि वे बहुसंख्यकों के दायरे में आ जाएँ, जबकि उच्च सवर्णों की संख्या 15 प्रतिशत है। इनका कहना है कि अगर सवर्ण हिंदू दलितों को हिंदू मानता है तो जातीयता के आधार पर उनसे भेदभाव क्यों मानता है? उन पर अत्याचार क्यों करता है, उन्हें सार्वजनिक स्थलों पर जाने से क्यों रोकता है, इसका जवाब दे। और अगर दलितों को हिन्दू नहीं मानते हैं तो भारत की जनगणना में दलितों की संख्या घटाकर तब सवर्णों की संख्या दर्शाए। तब मालूम चल जाएग। कि हिन्दुस्तान में हिंदू बहुसंख्यक हैं या अल्पसंख्यक। ऐसा अधिक दिनों तक नहीं चल सकता कि दलितों को हिंदू भी मानें और सवर्ण हिंदू उनकी उपेक्षा करते हुए उन पर अत्याचार भी करें। डॉ. सुमनाक्षर जी चेताते हैं कि देश के सवर्ण हिंदुओं की किसी एक ही विकल्प को सोच-समझकर चुनना चाहिए। लेख इस पंचवर्षीय योजनाओं की सार्थकता पर प्रश्न चिन्ह लगाते हुए कहते हैं कि 26 जनवरी 2008 को लोकतांत्रिक भारतीय संविधान ने अपने 58 साल पूरे कर लिए हैं।

स्वतंत्रता के 60 वर्ष बीत गए और दस पंचवर्षीय योजनाओं पर बहुत ज्यादा रुपया व्यय किया गया, लेकिन फिर भी देश का कृषक आत्महत्या कर रहा है। अपने खून पसीने की मेहनत से खेत, कल-कारखानों में सोना पैदा करने वाला मजदूर वर्ग रोजगार और रोटी के अभाव में भूख से तड़प-तडप कर क्यों मर रहा है, राजपथ से केवल देश की संपन्नता की झांकी ही दिखायी जाती है। पिछले 65 सालों में बढ़ती गरीबी, निरक्षरता, बेरोजगारी, भूखमरी, लूट-खसोट, भ्रष्टाचार, अन्याय, शोषण, गुंडागर्दी से पनपती विषमता के दर्शन क्यों नहीं होते, जो भारत की यथार्थमय तस्वीर है। सरकार ने हाथ के दस्तकारों के परम्परागत व्यवसाय को समाप्त कर दिये हैं, जिसकी वजह से चर्मकार, कुम्हार, लौहार, जुलाहा, सुनार, बढ़ई आदि मशीनों की प्रगति के पीछे भूख की कगार पर जीवनयापन कर रहे हैं।

डॉ. सुमनाक्षर जी सरकार व शासक को सचेत करते हैं कि शिक्षा ही व्यक्ति और समाज का सशक्तिकरण करती है। जब तक भारत के सभी लोग शिक्षित नहीं होंगे तब तक आर्थिक महाशक्ति बनने में पिछड़ता ही रहेगा इसलिए देश के कर्णधारों के व योजनाकारों को शिक्षा के मौलिक अधिकार को प्राथमिकता देकर पंचवर्षीय योजनाओं को शिक्षा के मौलिक अधिकार को प्राथमिकता देकर पंचवर्षीय योजनाओं की सार्थकता सिद्ध करनी चाहिए। डॉ. सुमनाक्षर ही इस चेतावनी का सीधा प्रभाव सरकार पर पड़ा जिसकी वजह से हिन्दुस्तान में 3 जून 2008 को केंद्र सरकार ने दलित छात्रों को प्राथमिक स्तर से लेकर पी एच.डी. स्तर तक की शिक्षा मुफ्त देने का विचार किया।

डॉ. सोहनलाल ने दलित समाज को सम्मान तथा अधिकार हेतु पत्रकारिता को माध्यम बनाया। उनकी विचारधारा के अनुसार दलित समुदाय व वर्ग जब तक एकमत नहीं होंगे तब तक इन्हें अत्याचारों से स्वतंत्रता नहीं मिल सकती। 23वें राष्ट्रीय दलित साहित्यकार सम्मेलन में सरकार के सामने तथ्य प्रस्तुत किए कि स्कूलों के ड्राप आऊट हुए बच्चे किस वर्ग के हैं जिन बच्चों को श्रम एक्ट के माध्यम से काम करने से रोका गया है ये किस वर्ग के है? ये बच्चे काम न करेंगे तो खाएंगे क्या जबकि इनकी प्रतिदिन आमदनी बीस रुपये से भी कम है। वस्तुतः प्रशासन दलितों को रोजगार तथा शिक्षा प्रदान करे। भारतीय दलित साहित्य अकादमी जो विभिन्न माध्यमों से समाज में जन-जागरण कर रही है। अतः देश में व्याप्त विभिन्न अकादमियों की तरह इसको भी अनुदान दिया जाए ताकि समाज और राष्ट्रहित में अपनी योजनाओं को साकार कर सके। दलित उत्पीड़न संबंधी मामलों में न्यायालय में दलितों को निःशुल्क वकील मुहैया कराए जाएँ ताकि अभावग्रस्त समाज को निःशुल्क न्याय मिल सके। एक अक्टूबर 2003 को अखिल भारतीय रविदासी समाज, सामाजिक न्याय सम्मेलन के माध्यम से 1500 उपजातियों में बंटे रविदासी चर्मकारों को एकजुट करने का आह्वान किया, जिससे वे अपने सामाजिक आर्थिक एवम शैक्षणिक उन्नति के साथ देश की राजनीति में भी अपने संख्याबल के आधार पर राज सत्ता में अपना प्रतिनिधित्व पा सकें। इस सम्मेलन के द्वारा उन लोगों में जातीय स्वाभिमान की भावना जागृत की गई जो जाति छुपाकर अपराधियों की भाँति जीवनयापन करते थे। 2003 में मध्य प्रदेश दलित साहित्य अकादमी के तृतीय सम्मेलन में अकादमी के राष्ट्रीय अध्यक्ष डॉ. सोहनपाल सुमनाक्षर जी ने मनुवादी साप्रदायिक शक्तियों की आलोचना करते हुए कहा कि आज के दौर में सांप्रदायिक शक्तियाँ संविधान की जगह मनुस्मृति को लागू करके देश में जंगली राज कायम

करना चाहती हैं। उन्हें देश के प्रगति, कल्याण आदि से कोई सरोकार नहीं है। इन्होंने संविधान समीक्षा आयोग बैठाकर, संविधान बदलने का प्रयास किया। अरुण शौरी ने डॉ. अम्बेडकर के खिलाफ किताब लिखवाकर उनको 'वर्शिमिंग ऑफ फाल्स गॉड' पर पुरस्कारस्वरूप उसको राज्य सभा का सदस्य बनाया या फिर केंद्रीय सरकार में विनिवेश मंत्री बना दिया गया तथा उसने ही विदेशी कम्पनियों को कम मूल्यों पर विक्रय कर दिया ताकि छूट या आरक्षण कोटा अपने आप समाप्त हो जाए। डॉ. सुमनाक्षर जी ने ऐसी सांप्रदायिक ताकतों को ललकारते हुए कहा कि मनुवादी सांप्रदायिक ताकतों से हमारा छत्तीस का आँकड़ा है जो कभी नहीं मिलने वाला है। धर्मनिरपेक्ष कांग्रेस भी दलितों को जीरो ही समझती है परंतु दलितों के बल पर ही कांग्रेस ने 45 वर्षो तक एकछत्र राज किया और जैसे ही कांग्रेस ने दलितों को शून्य समझने की गलती की वैसे ही स्वतः शून्य में चली गई। तितर-बितर बिखरे रविदासी समाज को एकजुट करने हेतु सुमनाक्षर जी उन्हें समझाते हैं कि संख्या बल के साथ विवेक, तर्क शक्ति और तिकड़मबाजी राजनीति तथा राजनैतिक दबाव के लिए एकजुटता भी होनी चाहिए। हम छोटी-छोटी उपजातियों के खोल से निकलकर बाहर आएँ और एकजुट होकर रहें। इससे आपसी प्यार बढ़ेगा, रिश्तों में मजबूती और एकजुटता जाएगी और बिखता हुआ रविदासी समाज एक मजबूत कौम के रूप में उभरेगा, फिर न कोई इसके अधिकारों को दबाए रहेगा और न ही किसी तरह अन्याय और अत्याचार करेगा देश में बिखरा बारह करोड़ रविदासी समाज अग्रवालों की तरह अगर बेसहारों को एक रुपया भी दान देंगे तो वह भी सबल बन जाएगा एक मजबूर कौम बनाने के लिए हमें अपने व्यक्तिगत स्वार्थ और ईगो को छोड़कर अपने खून को कैसे संगठित करें इस पर चिंतन मनन करके अधिकार और सम्मान हेतु संघर्ष करना चाहिए। डॉ. सुमनाक्षर जी ने रविदासी और वाल्मीकी समाज को देश की सत्ता को हासिल करने के लिए एकजुटता को आवश्यक मानते हैं। इसमें आपसी प्यार, विश्वास और भाईचारे की भावना को संचरित करने की आवश्यकता है। आजाद भारत में आज अनेकों दलित जातियाँ अपने परिश्रम के बल पर अपनी स्थिति में आमूल-चूल बदलाव कर गई हैं परन्तु वाल्मीकि समाज में आशानुरूप बदलाव नहीं आया है।

डॉ. सुमनाक्षर जी के मतानुसार कि इनमें समय के अनुसार बदलने की तीव्र इच्छा का अभाव है। स्वामी अछूतानंद व बाबा साहेब डॉ. अम्बेडकर ने चमारों से मरे मवेशी उठाने के लिए मना किया। बच्चों को पढ़ाओ तभी तुम्हारा कल्याण होगा। चमारों ने तभी मरे मवेशी, खाल रंगना व जूती बनाना छोड़ दिया प्रतिक्रिया स्वरूप

सवर्णो ने उन्हें मारा-पीटा तथा प्रलोभन भी दिए परंतु वे झुके नहीं। और चमारों की जगह वे जाटव बन गए। इसी प्रकार अगर वाल्मीकि बच्चों के साथ झाड़ू की जगह कलम होती तो आज कुछ और ही तस्वीर होती। डॉ. सुमनाक्षर जी इसके लिए वाल्मीकि साहित्यकारों को भी दोषी मानते हैं। क्योंकि स्वर्ण साहित्यकारों ने इस रामाज को प्रगति तथा शिक्षा के अभाव के पूर्ण करने के लिए कोई प्रयास नहीं किया। इसे स्वयं आगे बढ़कर अपने सुधार हेतु आवाज उठानी चाहिए।

डॉ. सोहनपाल सुमनाक्षर जी ने विपश्यना को डॉ. अम्बेडकर के आंदोलन को मटियामेट करने हेतु धार्मिक हिन्दू नेताओं ने षड्यंत्र रचा कि दलितों को पुनः धर्म के मायाजाल में फँसाया जाय ताकि वे हिंदू धर्म का विरोध करना छोड़ दें और हिन्दू आर्यों को विदेशी नस्ल कहना भी भूल जाएँ। इसी को मूल में रखकर वर्मा निवासी एस. एन. गोयनका विपश्यना को बौद्धधर्म से जोड़ा तथा इसे मानसिक शांति और मन को स्थिरता प्रदान कराने वाला योग बताया। ये गोयनका की विपश्यना ध्यान पद्धति का उद्देश्य पुनः हिंदू धर्म से जुड़ी भावनाओं को दलितों के मन में जागृत करना था। परंतु हमें विपश्यना के मोह जाल में भटककर अम्बेडकर आंदोलन से विमुख नहीं होना चाहिए।

डॉ. सोहनपाल ने पत्रकारिता को सामाजिक और प्रशासनिक विसंगतियों के खिलाफ लड़ने के लिये मुख्य हथियार बनाया है उनके द्वारा हिमायती पाक्षिक पक्ष हर स्तर पर दलितों की वकालत करता है। इन्होंने यह कहा है कि वर्ष 2004 में एथेंस ओलंपिक में भारत एक भी सवर्ण क्यों नहीं जीत पाया जबकि भारत में सौ करोड़ लोग रहते हैं। स्वर्ण हिन्दू आरक्षण के दायरे में आने वाले लोगों को उपेक्षित दृष्टि से देखते हैं तथा उन्हें अकुशल भी मानते हैं तो फिर कुशल और साहसी, सवर्ण हिंदू युवा क्यों खाली हाथ स्वदेश लौटते हैं? क्या चोटी में गाठ बाँधकर रामायण पढ़ने वाले और तराजू, बट्टों के सहारे जीवन जीने वाले कुशल एकलव्यों की कमी नहीं है। इस समय खेलों की दुनिया में भी काफी पक्षपात हो गया। इस पर राजनीति का भी व्यापक प्रभाव है। आज हमें इन सबसे ऊपर उठकर खेलों में दलित आदिवासी खिलाड़ियों को अवसर देना चाहिए तब देखिए वे कैसे भारत माँ की झोली को स्वर्ण पदकों से भरते हैं या नहीं। यहाँ पर सुमनाक्षर जी ने खिलाड़ियों के चयन में हावी जातिवाद पर करारा प्रहार किया है। दलित युवक लिम्बाराम ने तीरंदाजी में एशिया खेलों में स्वर्ण पदक जीता था। वैसे ही खेलकूद, निशाना लगाना, कुश्ती करना आदि दलितों की ही तो कला है। परंतु इसके लिए उन्हें प्रशिक्षण की जरूरत है।

डॉ. सुमनाक्षर जी प्रो. वी. पी. मौर्य को अम्बेडकर युग का एक रहनुमा मानते हैं। दलितों के उत्थान हेतु किये गये उनके संघर्ष में डॉ. अम्बेडकर के विचारों का प्रभाव स्पष्ट दृष्टिगोचर होता है। श्री मौर्य जी ने दलितों में सामंतियों के खिलाफ आवाज उठाने के लिए जुझारूपन विकसित किया। जिला बुलंदशहर के थोरा गाँव में अम्बेडकर जन्म दिवस पर अम्बेडकर जयंती पर दलितों द्वारा धनाढ्य बाहुबलियों ताकत की अहसास करना एक अनुपम उदाहरण है। प्रो. वी. पी. मौर्य के समकालीन दलित नेता बाबू जगजीवन राम को दलित होने के कारण वह पद नहीं मिल सका जिसके वे हकदार थे। सुमनाक्षर जी हिंदुओं की दिखावेपन की क्षमता व दृष्टिकोण पर प्रहार करते हुए बताते हैं कि बाबू जगजीवन राम के जीवन में अनेकों बार राजनैतिक अवसर आए जब उन्हें प्रधानमंत्री बनाया जा सकता था। 1964 में प्रथम प्रधानमंत्री पंडित जवाहर लाल नेहरू के निधन के बाद कांग्रेस के वरिष्ठ नेता थे। उनको प्रधानमंत्री बनाया जा सकता था परंतु दलित होने के कारण इनके स्थान पर लाल बहादुर शास्त्री को प्रधानमंत्री बनाया। 1966 में शास्त्री जी के निधन के बाद बाबू जी को प्रधानमंत्री बनाया जा सकता था। परंतु उनकी उपेक्षा करके इंदिरा गाँधी को प्रधानमंत्री बनाया। 1971 में सांसदों का बहुमत बाबू जी के पक्ष में था परन्तु पुनः इंदिरा जी को प्रधानमंत्री बना दिया गया। 1977 में जनता पार्टी केंद्र में बहुमत में आयी बाबू जी प्रधानमंत्री पद के लिए सर्वोत्तम योग्य व्यक्ति थे परंतु जातिवाद के कारण इनको न बनाकर मोरार जी देसाई को प्रधानमंत्री बना दिया गया। जनता पार्टी के अधर में टूटने के बाद बाबू जी को प्रधानमंत्री बनाने के लिए 192 संसद सदस्य इनके पक्ष में तत्कालीन राष्ट्रपति नीलम संजीव रेड्डी से मिले। जातीय द्वेष और बहुमत की अनदेखी करके बाबू जी के बजाय चौधरी चरण सिंह को प्रधानमंत्री बना दिया गया। चौधरी चरण के द्वारा लोक सभा में बहुमत सिद्ध न होने पर जबकि बाबू जी के साथ पूर्ण बहुमत था उनको प्रधानमंत्री नहीं बनाया गया जबकि चन्द्रशेखर को 60 सांसदों के बल पर ही प्रधानमंत्री बना दिया गया। सुमनाक्षर जी बड़ी निर्भीकता के साथ की खोखली मानसिकता का पर्दाफाश करते हैं। उनका मानना है कि अम्बेडकरवादी बाबू जगजीवन राम को कांग्रेस का गुलाम कहते हैं तो जगजीवन राम के अनुयायी अम्बेडकरवादियों को उल्टा-सीधा कहते हैं जबकि दोनों युग पुरुषों के अनुयायी एक ही समाज, एक ही जाति व एक ही खून के होते हुए भी ब्राह्मणवादी सवर्ण चालों में फँस कर दो धड़ों में बँट गए है। दलित समाज अपनों के हाथों मजबूर होकर शोषण का पात्र बना।

सुमनाक्षर जी कहते हैं कि समूचे सामाजिक और राजनैतिक परिवेश पर

मनुवाद का व्यापक प्रभाव है। अयोध्या में राम मंदिर-मस्जिद विवाद पर न्यायालय के निर्णय की उपेक्षा करते हुए विश्व हिन्दू परिषद् के नेता प्रवीण तोगड़िया और अशोक सिंघल सरकार को ललकारते हुए मंदिर निर्माण का आह्वान करते हैं। ऐसा लगता है मानों वे सरकार और न्यायालय से भी ऊपर हैं। देश के राष्ट्रपति और प्रधानमंत्री उनके प्रति कानूनी कार्रवाई करने में असहाय से लगते हैं, जैसे वे बंधुआ मजदूर हों। राम के नाम पर सत्तासीन होने पर भाजपा सरकार के द्वारा सरकारी विभागों को प्राइवेट कंपनियों को बेचना, शिक्षा के क्षेत्र में आरक्षण को खत्म करने के लिए विद्यालय, विश्वविद्यालयों को निजीकरण करना, उनमें प्रवेश हेतु डोनेशन सीटों का सृजन करना आखिर क्यों? प्रवेश हेतु डोनेशन कोई भी गरीब माँ-बाप नहीं दे सकते। इसका उद्देश्य सिर्फ शिक्षा को पूँजीपतियों के अधीन रखना है। ये नीतियाँ दलित और गरीब विरोधी ही हैं। हिन्दू-मुस्लिमों को लूट कत्लेआम, ईसाइयों के चर्चों को जलाना, उनकी सिस्टर और ननों के साथ बलात्कार आदि घटनाओं के मूल में सर्वत्र मनुवाद हावी होता दिखायी देता है। इन सबको समाज के सामने लाने के लिए अपनी कलम का भरपूर प्रयोग किया तथा जमकर उसका विरोध भी किया। डॉ. सोहनपाल सुमनाक्षर जी 'हिमायती' पाक्षिक पत्र द्वारा पिछलग्गू लोगों पर कड़े प्रहार करते हैं ताकि उनमें व्याप्त गुलामी मानसिकता का विनाश हो सके। 'कब तक ढोओगे दूसरों की डोलियाँ' शीर्षक में ये बताते हैं कि दलित राजनीति के दो पाटों में पिस रहे हैं, नौकरी, शिक्षा, सुरक्षा, सामाजिक न्याय पाने के लिए अधिकार खत्म किए जा रहे हैं। निजीकरण की मार से दलितों का जीवन बेहाल हो गया है। फिर भी उनकी आँखे नहीं खुल रहीं हैं। इस समय चुनाव में जातिवाद ने अपना व्यापक प्रभाव जमा लिया है। जिस जाति ने एकजुट हो कर अपनी राजनैतिक ताकत दिखायी है उनके ही सांसद और विधायक अधिक संख्या में चुने गये हैं तथा वे ही सत्ता पर काबिज हो गए हैं। देश में 4 प्रतिशत ब्राह्मण, 5 प्रतिशत क्षत्रिय और 6 प्रतिशत वैश्य वर्ग हे जो देश की सत्ता और धन संपदा पर काबिज है 30 प्रतिशत दलित वर्ग आपस में ही बँटे होने के कारण सत्ता और संपदा से तो कोसों दूर है ही साथ ही साथ मानवीय अधिकारों से भी वंचित है। उसके सिर पर न छत है न तन ढकने को कपड़ा और ना भरपेट रोटी। जब चन्द प्रतिशत गुर्जर लोग एकजुट होकर, सड़कों पर उतरकर कई प्रांतों के जन-जीवन की भाँति अमानवीय अत्याचारों के खिलाफ एकजुट होकर संघर्ष करना होगा तभी अधिकार और सम्मान मिल सकता है। बाबा साहेब अम्बेडकर जी एवं कांशीराम जी के अनुसार भी हमें जाति भेद को भुलाकर एकता से अपनी सामाजिक स्थिति को सुधारना होगा

मुंशी प्रेमचन्द्र ने हिंदी साहित्य को शिखर तक पहुँचाया है। उन्हें कलम का सिपाही, उपन्यास सम्राट, आदि विशेषणों से विभूषित किया गया। लेकिन जब हम उनके साहित्य का गहन अध्ययन करते हैं तो उसमें दलितों के मनोबल को गर्त में धकेला गया है। दलित वर्ग सामाजिक जीवन में दुर्गम पथों का निर्माण कर विसंगतियों से जुझता रहा है परंतु मुंशी प्रेमचन्द्र ने बेचारा, असहाय, जुआरी, शराबी, अनाचारी आदि बुराइयों से इनको लाद दिया है। जिससे आज तक नहीं उभर पा रहा है। क्योंकि इनका साहित्य पीढ़ी दर पीढ़ी हीन भावनाओं को समर्पित करता आ रहा है।

मुंशी प्रेमचन्द की 125वीं जयन्ती पर नई दिल्ली में 31 जुलाई 2004 भारतीय दलित साहित्य अकादमी के तत्वावधान में कई दलित संगठनों ने उनके उपन्यास 'रंगभूमि' की होली जलायी। सवर्ण साहित्यकारों ने 'रंगभूमि' की होली जलाए जाने पर रोष व्यक्त करते हुए इसे राजनैतिक हथकंडा बताया। डॉ. सुमनाक्षर जी मुंशी प्रेमचन्द के प्रसंग पर अपनी राय प्रकट करते हैं कि 'हम न तो मुंशी प्रेमचन्द के विरोधी हैं और ना उनके रचित साहित्य के। हम सिर्फ उनके जातिवादी वर्णवादी दृष्टिकोण के विरोधी हैं। गरीब चमार भी हो सकता है और गरीब ब्राह्मण भी। पर अपनी रचनाओं में प्रेमचन्द का नजरिया यहाँ गरीब ब्राह्मण के प्रति आदर भाव से भरा है, वहीं गरीब चमार के प्रति निरादर भाव से भरा है। उनकी 'कफन' कहानी में चमारों के चरित्र को मटियामेट ही नहीं किया अपितु उसे बुद्धिहीन, संवेदनशील, बेदिल, बेदर्द कफन के लिए माँगे गए पैसों से शराब पीने वाला दिखाया है जो घोर आपत्तिजनक है। इसमें बार-बार 'चमार' शब्द को गाली के रूप में प्रयोग किया गया है। अनुसूचित जाति में इस समय 'चमार' शब्द को गलत माना जाता है। इस शब्द का प्रयोग करने वाला जनजाति अत्याचार निरोधक अधिनियम 1989 के अनुसार दण्ड का भागी होगा एक सजिश के तहत निर्मला उपन्यास के स्थान पर बारहवीं की एन. सी. आई. आर. टी. की टैस्ट बुक में 'रंगभूमि' उपन्यास लगाया गया ताकि दलित छात्रों का मनोबल हीन भावना से मुक्त न हो सके। दिल्ली सरकार का शिक्षा विभाग भी इस पर मौन साधे हुए है।

सुमनाक्षर जो प्रेमचन्द्र के साहित्य पर टिप्पणी देते हैं कि जो रचना समाज में विषमता पैदा करे वह रचना साहित्य नहीं हो सकती भले ही उसका लेखक कितना ही बड़ा आदमी क्यों न हो। जाति के नाम पर दलितों पर जो सिलसिलेवार अत्याचार किए गए उनका हवाला देते हुए सुमनाक्षर जी कहते हैं कि जिसने भी दलित समाज को अधिक क्रूरतम ढंग से कुचला, सवर्ण समाज ने उसे ही नायक बना दिया। जब

भगवान श्री राम ने तपस्वी शम्बूक का सिर काटा तो उन्हें मर्यादा पुरुषोत्तम की संज्ञा दी गयी। वीर धनुषधारी एकलव्य का द्रोणाचार्य ने अंगूठा कटवाया तो उसे 'सर्वोच्च गुरु' कहा गया। और सरकार ऐसे धोखेबाज जाति के अहंकार से लबालब भरा भारत के सर्वश्रेष्ठ खिलाड़ियों को 'गुरु द्रोणाचार्य अवार्ड' से विभूषित करती है। आज तक इस सरकारी नीति का विरोध कोई सवर्ण नहीं कर पाया आखिर क्यों? इसलिए कि दलितों का अपमान अन्य वर्गों को दिखायी नहीं देता है। कफन कहानी में बाप-बेटे पत्नी के मर जाने पर उसके 'कफन' के लिए पैसे माँग कर लाते है और उसकी दारू पी जाते हैं। आप देश के किसी भी कोने में रहने वाले दलित समुदाय में चले जाइये आपको ऐसा संवेदनशील दलित व्यक्ति नहीं मिल सकता जैसा मुंशी प्रेमचन्द ने 'कफन' कहानी में दलित चरित्र को दर्शाया है अतः मुंशी प्रेमचन्द के साहित्य से उन प्रसंगों को हटा देना चाहिए जो दलित समाज को नीचा दिखाते हैं।

डॉ. सोहनपाल सुमनाक्षर ने दलितों के मनोबल को व आत्मविश्वास को जागृत करने के लिए तथा अपनी स्थिति को स्वयं सुधारने हेतु दलित पत्रकारिता के जरिये व्यापक प्रयास किया है। सदियों से जमी गुलामी और हीन भावना से मुक्त कराके ससम्मान जिंदगी जीने के लिए उन्हें संघर्ष का रास्ता दिखाया है। दलित साहित्य, साहित्य के उन मानदंडों पर खरा उतरता है जो कसौटी विद्वानों ने उसके लिए तैयार की थी। साहित्य का अर्थ है हितकारी जो सत्यं शिवम एवम् सुन्दरम से परिपूर्ण हो। दलित साहित्य का मुख्य आधार मानवता ही है। इसलिए भारतीय दलित साहित्य अकादमी के द्वारा सुमनाक्षर जी सरकार से दलित साहित्य का पाठ्यक्रम में रखने की पुरजोर वकालत करते हैं। इन्होंने भारत सरकार को दलित साहित्य के विषय में निम्न माँगें की हैं–

1. सरकारी पुस्तकालयों में पुस्तक खरीद को प्राथमिकता दी जाए।
2. दलित सात्यिकारों का एक प्रतिनिधि राज्य सभा में मनोनीत किया जाय।
3. साहित्य अकादमी भी दलित साहित्य पर पुरस्कार देना शुरू करे।
4. दलित साहित्य प्रकाशन के लिए आर्थिक अनुदान दिए जाएँ।
5. दलित साहित्य को विश्वविद्यालय, कॉलेज, स्कूल के पाठ्यक्रमों में लगाया जाय।
6. सरकार दलित साहित्यकारों को भी राष्ट्रीय सम्मान से अलंकृत करे।
7. दलित साहित्य पर शोध को प्राथमिकता दी जाए।
8. पुस्तकालयों में दलित साहित्य प्रकोष्ठ स्थापित किया जाय।

9. प्राध्यापक, रीडर, शोध निदेशक के रूप में दलित साहित्यकारों को शिक्षण संस्थानों में नियुक्त किए जाए।
10. शिक्षण संस्थानों में दलित साहित्य विभाग की स्थापना करें।

इन माँगों पर ध्यान केन्द्रित करते हुए इस दिशा में कुछ महत्त्वपूर्ण कदम उठाये गये। देश के कई विश्वविद्यालयों में दलित साहित्य को पाठ्यक्रम में शामिल कर लिया गया है। कई माँगों को सरकार द्वारा मान लिया गया है।

डॉ. सुमानाक्षर जी ने पत्रकारिता के जरिये दलितों का समाज में एक सम्मान पूर्ण स्थान दिलाने की कोशिश की है। इन्होंने सामाजिक, राजनैतिक, आर्थिक और धार्मिक स्तर पर व्याप्त विसंगतियों पर बड़ी कुशलता से वार किया है। इन्होंने समाज को झकझोरा है ताकि वह सदियों की गुलामी से जागकर अपने आपको नए ढंग से आदर्श और उत्तरदायित्व से परिपूर्ण नागरिक के रूप में अपने आपको स्थापित कर सके। 'हिमायती' पाक्षिक पत्र के द्वारा ये दीर्घकाल से समाज व नव पीढ़ी का मार्ग दर्शन करते आ रहे हैं। ये सदैव शुद्ध व प्रभावी भाषाओं का प्रयोग करते हैं जो इनकी सफलता का एक कारण भी है। जनसमुदाय को प्रभावित करने के लिए इनको जिस भाषा के शब्द सही लगे उनका उचित इस्तेमाल किया है अतः इनकी पत्रकारिता में हिन्दी, अंग्रेजी, उर्दू, संस्कृत के अलावा अन्य भाषा के शब्दों का प्रचुर मात्रा में प्रयोग हुआ है। डॉ. सुमनाक्षर जी एक धीर-वीर साहसी पत्रकार रहे हैं। उन्होंने लाभ-हानि की चिंता किए बिन दलित और राष्ट्रीय मुद्दों पर लेखनी चलायी है। जिन विषयों को उन्होंने अपनी प्रत्रकारिता का आधार बनाया वह आज सुधार की ओर अग्रसर हैं।

मोहनदास नैमिशराय

मोहनदास जी ने दलितों को समाज में अपना विशेष स्थान दिलाने के लिये महत्त्वपूर्ण योगदान दिया जिसका आधार पत्रकारिता था। भारत के चेतना सम्पन्न नगर मेरठ में मोहनदास नैमिशराय का जन्म हुआ था। जहाँ पर प्रथम बार मामादीन भंगी से हिन्दू सैनिकों को दलितों के हाथों पानी से परहेज जबकि गाँव की चर्बी लगी कारतूसों को मुँह से खींचकर खोलने पर ललकारा था। मोहनदास नैमिशराय को उच्च शिक्षा प्राप्त हुई। उन्होंने सामाजिक बुराइयों में सुधार करने के उद्देश्य से ही लेखन के कठिन मार्ग का चयन किया तथा अनेकों बाधाओं के बाद भी दलित पत्रकारिता के मार्ग से विमुख नहीं हुए।

इसलिए मैं उन्हें एक जिद्दी दलित लेखक कहता हूँ। उनकी यह जिद्द जुनून

की हद तक चली जाती है। झूठ से उन्होंने कभी समझौता नहीं किया और सच कहने में उसने कभी लिहाज नहीं किया। चाहे वह कितना ही बड़ा आदमी क्यों न रहा हो, इस मामले में वह मित्रता और मुहब्बत का निर्वाह भी नहीं करते। वह भीतरी और बाहर से एक समान हैं। मोहनदास नैमिशराय के लेखन में खुलेपन और निर्भीकता की झलक मिलती है। यहाँ उनकी साहित्यिक उपलब्धियों का उल्लेख करना मेरा लक्ष्य नहीं है, क्योंकि यहाँ मैं उनकी पत्रकारिता पर ही कहूँगा लेकिन फिर भी हिंदी दलित साहित्य के क्षेत्र में मोहनदास नैमिशराय ने वर्तमान युग की पहली आत्मकथा अपने-अपने पिंजर दी, जिसका ऐतिहासिक महत्त्व है। दलित वेदना और दलित समाज के सच को अभिव्यक्ति देने में नैमिशराय के कहानी संग्रह 'अवाजें उपन्यास 'मुक्तिपर्व', आज बाजार बन्द हैं। यह उनकी प्रसिद्ध कृतियों में से हैं।

उन्होंने अपनी पत्रकारिता का श्रीगणेश मेरठ से शुरू किया, पर फिर दिल्ली जाकर अपने लेखों को सभी बड़े अखबारों में छपने का मौका उन्हें मिला। प्रारम्भ में मेरठ से पत्रकारिता प्रारम्भ करने, मोहनदास नैमिशराय के लेखों को दिल्ली जाने पर भारतवर्ष के लगभग सभी बड़े पत्रों में छपने का गौरव प्राप्त हुआ। ये उनकी कलम की धार की ही कमाल है कि उनके लेखों को एक ओर वामपंथी रूझान के अखबार जनसत्ता ने छापा, वहीं दूसरी ओर धुर दक्षिणपंथी साप्ताहिक पत्र 'पांचजन्य' ने भी छापा। दलित चिंतन के प्रखर प्रवक्ता नैमिशराय एक तरह से देखा जाए तो, प्रकाशन निरपेक्ष पत्रकार हैं। मोहनदास नैमिशराय दलित हित में अपनी बात को किसी भी पत्र के माध्यम से जनता तक पहुँचाते हैं, क्योंकि उनका मानना है कि मंच किसी का हो बात हमारी होगी'।

यह सच है कि आजादी के बाद भी दलितों की स्थिति में परिवर्तन नहीं हुआ है लेकिन दलित और गैर-दलित बुद्धिजीवी भी उस बात से चिंतित हैं कि परिवर्तन उतना नहीं हुआ है, जितना होना था। आज भी दलित उत्पीड़न की घटनाएँ बराबर घट रही हैं। इसका कारण भारतीय राजनीति के दोहरे चरित्र में निहित है।। क्योंकि जिन लोगों के हाथ में सत्ता के सूत्र हैं, उनकी मानसिक बनावट हिंदूवादी ही है। और वे दलितों को बराबर का हक, यथार्थ के धरातल पर देना ही नहीं चाहते। वे केवल अपनी राजनीतिक मजबूरियों के कारण इस मुद्दे पर केवल भाषण ही करते हैं। इस तथ्य को रेखांकित कर उन्होंने अपने लेख विकास प्रक्रिया में दलित' में किया है। इसमें स्वतंत्रता दिवस पर राष्ट्रीय नेताओं द्वारा किए गए भाषणों पर टिप्पणी करते हुए लिखा है कि—'वैसे तो यह सब राजनीति के सिकंदर दोहराते ही रहते हैं, लेकिन साल में दो दिन तो निश्चित हैं ही। इन दो दिनों के अलावा और भी बहुत सारे

अन-आफिसियली दिनों में भी सत्ता की लगाम थामे हुए लोग दलित, भूमिहीनों, मजदूर-किसानों, बंधुओं मजदूरों आदि के लिए कुछ न कुछ घोषणाएँ करते ही रहते हैं। विशेष रूप से जब कभी दलितों का कोई गाँव या कस्बा सामूहिक हत्याकांड का पर्यटन स्थल बन जाता है। लेकिन सच्चाई का उन घोषणाओं से कोई सरोकार नहीं है। आज भी देश के कई भागों में अधिकांश गाँव और कस्बों की गलियों में किसी भी दलित को जूता पहनकर चलने पर प्रतिबन्ध है। मंदिरों में अभी भी प्रवेश नहीं, कई होटलों में भी उसे चाय नहीं दी जाती। नाई उसके बाल भी नहीं काटता। गाँव के सार्वजनिक कुएँ में पानी नही भरने दिया जाता। दलित वर्ग का दूल्हा घोड़ी पर नहीं चढ़ सकता। रही-सही कमी सूदखोर महाजन पूरी कर देता है। भूख और कंगाली के कारण लाखों लोग महानगरों की तरफ भागते हैं। जहाँ स्लम और फुटपाथ उनकी प्रतीक्षा करते हैं। वे जहाँ-जहाँ महानगर के हाशिए पर पसर जाते हैं। उत्तर प्रदेश का पूर्वांचल हो या बिहार उत्तराखंड सभी स्थानों पर अधिकांश लोग भूख का भूगोल पढ़ने के लिए मजबूर है। अभी कई गाँव ऐसे हैं जहाँ पर सास और बहू एक ही साड़ी में गुजारा करती हैं। देश में अभी भी ऐसे करोड़ों बच्चे मिल जाएँगे, जो दूसरों की जूठन खाने को विवश हैं। वे कपड़ा पहनते हैं, तो दूसरों का उतरा हुआ। भूख कंगाली और गुलामों की भीड़ ही बढ़ाती है। (जनमोर्चा दैनिक, फैजाबाद, 9 अगस्त 1994) वैचारिक लेखन, जिसमें न आकर्षण है और न ही पैसा, अपने आप में सबसे कठिन काम है। उस काम को कोई भी पत्रकार अपनी वैचारिक प्रतिबद्धता के कारण ही करता है।

दलित लेखकों में मोहनदास नैमिशराय अपने दलित सरोकारों के कारण लिखे हुए अग्रलेखों की वजह से अग्रणी तथा सम्माननीय हो गए। लेखन में उनकी यह साधारण से असाधारणा होने की यात्रा सचमुच बड़ी त्रासदी और घटनापूर्ण रही है। उस यात्रा में चाहे जितनी भी त्रासदियाँ आयी हों, लेकिन नैमिशराय लड़खड़ाए नहीं और मजबूती से खड़े रहे। विषम परिस्थितियों में भी पत्रकारिता ने अपना कार्य जारी रखा जो एक जटिल कार्य था।

डॉ. साहब ने फुले के विचारों से प्रभावित होकर शिक्षा के क्षेत्र में कार्य प्रारंभ किया। डॉ. अम्बेडकर के बाद कुछ ऐसे दलित नेता हुए जो निजी स्वार्थ हेतु दलित शिक्षा के प्रसार की मुहिम से अलग हटकर सत्ता की मलाई चाटने लग गये। इस पर आक्रोश व्यक्त करते हुए मोहनदास नैमिशराय ने लिखा है कि 'दलित बुद्धिजीवी वर्ग में यह सवाल बार-बार उठता रहा है कि अधिकांश दलित नेताओं की शिक्षा के प्रति ऐसी उपेक्षापूर्ण स्थिति क्यों है? इस तरह के सवालों को लेकर देशभर में बहसें भी हुई हैं। कुछ साथियों का मानना है कि दलित नेताओं को शिक्षा मंत्रालय तथा

शिक्षा कमेटी आदि में नहीं रखा जाता है। इसलिए संबंधित क्षेत्रों में उनकी वैसी भागीदारी नहीं हो पाती। वे चाहकर भी कुछ करने में समर्थ नहीं थे। पर इस तरह के तर्कों में पूर्ण सच्चाई नहीं है। एक सीमा तक उसमें से कुछ बातें सही हो सकती हैं। स्वतंत्रता के बाद कुछ दलित शिक्षा की ओर अग्रसर हुए।

पत्रकारिता में केवल घटना को ही नहीं बल्कि उसके कारण को ढूँढ़ा जाता है। दृष्टि सम्पन्न पत्रकार केवल घटित घटना को ही नहीं देखते, बल्कि वह घटना क्यों घटी है और भविष्य में उसके क्या परिणाम निकलने की संभावना है या समाज के किसी मुखतलिफ हिस्से पर उसका क्या प्रभाव पड़ेगा। उसका भी विश्लेषण करता है। मोहनदान नैमिशराय ने भारतीय दलित राजनीति में घटने वाली लगभग सभी घटनाओं के प्रति यही दृष्टिकोण अपनाया है। इस दृष्टि से यहाँ पर मैं उनके कुछ लेखों जैसे—''दलित कहाँ होंगे, भाजपा के हिंदू राष्ट्र में' साभार (नवभारत टाइम्स, दिल्ली, 10 मार्च, 1990), दलित राजनीति के बदलते तेवर' साभार (जनसत्ता, दिल्ली, 27 दिसंबर, 1993)'' शक्ति-प्रदर्शन करना चाहता हूँ। अपने एक लेख 'दलित उत्पीड़न को राजनीति निरपेक्ष होकर देखिए' में मोहनदास नैमिशराय ने दलित उत्पीड़न की एक घटना को इस प्रकार दर्शाया है—''25 सितंबर, 1989 को भोपा गाँव (मुजफ्फरनगर) के दलितों पर एक जाति विशेष के सैकड़ों लोगों के द्वारा घातक हमला किए जाने के परिणाम स्वरूप ग्यारह दलितों को जान से हाथ धोना पड़ा था। यह हत्याकांड, तत्कालीन उत्तरप्रदेश के गृहमंत्री सईदुज्मा और महेंन्द्रसिंह टिकैत के बीच पनपी आपसी रंजिश और राजनीतिक प्रतिस्पर्धा का नतीजा था जिसमें मात्र एक दलित का ही प्रयोग जयपाल सिंह मिभरिया का इस्तेमाल किया गया था। उन्हें भारतीय मजदूर यूनियन का संयोजक भी बनाया गया था।' (दैनिक जागरण, मेरठ 4 सितंबर, 1991) इस घटना पर टिप्पणी करते हुए जाति आधारित राजनीति के उपज थी। बाद में 1989 के अंत में चुनाव भी हुए। लेकिन उन चुनावों के बाद सभी लोग भोपाल की घटना को भूल गये। दोषियों को सजा मिली या नहीं मिली इसका पता करने के लिये किसी के पास समय नहीं था। वहीं इस प्रकरण पर अपना दृष्टिकोण मोहनदास नैमिशराय ने इस प्रकार प्रस्तुत किया है 'ऐसी परंपरा क्यों घटना होती है, तो उस पार्टी के अधिकांश प्रतिनिधि चुप रहते हैं। जबकि उसी घटना के बारे में विपक्ष पूरी तरह से सत्तापक्ष पर हमला करने के लिए उठ खड़ा हो जाता है। लेकिन दलित उत्पीड़न की घटना को उठाने के पीछे का उद्देश्य राजनीतिक नफा-नुकसान तो नहीं होना चाहिए। इस एक उत्पीड़न के प्रति मानवीयता के नाते भी सजग होना चाहिए।' सम्पूर्ण घटनाक्रम का विश्लेषण करने के पश्चात् नैमिशराय

ने इस बात पर बल दिया कि निजी स्वार्थ को त्याग कर कुछ ऐसा कार्यक्रम बनाया जाय जो दलित उत्पीड़न को समाप्त करने में सहायक है। साथ ही दलितों को समता दिलाने को तो, लड़ाई अम्बेडकर और लोहिया के नेतृत्व में आरंभ हुई थी, उसे जारी रखने का प्रयास भी सभी को मिलकर करना है। यह लड़ाई जाति, प्रांत, भाषा तथा पार्टी को लेकर अलग-अलग टुकड़ों में नहीं बंटनी चाहिए। आज दलित उत्पीड़न को रोकने के लिए साझी लड़ाई की जरूरत है।' दैनिक जागरण मेरठ 4 दिसंबर, 1991।

मोहनदास नैमिशराय ने दलित उत्पीड़न के खिलाफ अपनी कलम के जेहादी तेवर को निरंतर प्रखर से प्रखरतर किया है, जिसकी चरम परिणति हम उनके द्वारा सम्पादित 'लोकायन' के दलित उत्पीड़न विशेषांक में देख सकते हैं। उनके इस प्रयास की दूरदर्शिता और लोकप्रियता का अंदाजा हम इस बात से लगा सकते हैं कि आगे चलकर लाल बहादुर शास्त्री राष्ट्रीय प्रशासन अकादमी, मसूरी के अंतर्गत डॉ. अंबेडकर पीठ ने अपनी अनियतकालीन पत्रिका का नाम, ही 'दलित उत्पीड़न' रख लिया। इस पत्रिका के तथ्य नैमिशराय के 'लोकनायक' में छपे तथ्य के समान थे।

नैमिशराय के अनुसार किसी भी दलित पत्रकार को सर्वप्रथम दलित समाज का परिचय उन राजनीतिक सच्चाइयों से कराना चाहिए जो उनसे काफी दूर हैं, यह उनका अहम् दायित्व है। क्योंकि मध्यकाल में जो भूमिका धर्म की थी, आज के समय में वही भूमिका राजनीति की है। उस समय धर्म तय करता था कि कौन क्या पेशा करेगा या किसे किस अपराध की सजा क्या मिलेगी। आज की यह चीज राजनीति तय करती है। जैसे पूर्व में धर्म ने दलित वर्ग को जातियों में बांट दिया था। स्वतंत्रता के पश्चात् डॉ. अम्बेडकर ने उन्हें 'अनुसूचित जाति' (जो एक सामूहिक संज्ञा थी) के रूप में जोड़ दिया था। इन पचास वर्षों में वे एक दूसरे से जुड़कर दलित के रूप में एक राजनीतिक शक्ति बन गई थी, जिसके कारण उत्तर प्रदेश और बिहार में दलित मुख्यमंत्री रहे और भारत के राष्ट्रपति दलित रहा है। आरक्षण के नाम पर अतिदलित और अतिपिछड़ों का विभाजन संयुक्त दलित शक्ति को तोड़ने का मनुवादी प्रयास नहीं, तो और क्या है? न्याय के धरातल पर हम देखें, तो पाते हैं कि एक ही अपराध करने के बावजूद नरसिम्हा राव और सुखराम मौज से रहे हैं। क्योंकि वे ब्राह्मण हैं। उसी अपराध के लिए लालूप्रसाद यादव और जयललिता को गैर ब्राह्मण होने के कारण दुस्वारियों का सामना करना पड़ा है। इसलिए मैं दलित पत्रकार के दायित्व को काफी महत्त्वपूर्ण इसलिए मानता हूँ कि वह यह बता सके कि किस राजनीतिक पार्टी की दलित संदर्भों में क्या स्थिति है। मेरे विचार से मोहनदास नैमिशराय ने पत्रकार के रूप में इस क्षेत्र के सुधार हेतु महती भूमिका।

दलितों द्वारा मन्दिर में प्रवेश करने के सन्दर्भ में पुरी के शंकराचार्य ने कुछ वर्ष पूर्व काफी कुछ कहा था। लेकिन भाजपा की ओर से पुरी के शंकराचार्य की खुली भर्त्सना नहीं की गई। पंजाब और कश्मीर में हुई हिंदुओं की हत्या को लेकर भाजपा ने बहुत कुछ कहा। पूरे देश में सवर्णों द्वारा दलितों की हत्याएँ लगातार हुई, पर भाजपा ने कुछ नहीं कहा। इसी लेख में भाजपा की कथनी और करनी पर अनेक प्रश्नचिंह लगाकर नैमिशराय ने उसे पूरी तरह दलित विरोधी प्रमाणित कर दिया हैं वे लिखते है कि सत्ता में आने से लेकर सत्ता का उपयोग करने के बीच क्या दलितों को न्याय मिल सकेगा? भाजपा के सामने दलितों की ओर से आज अनेक प्रश्न खड़े किए जा रहे हैं। मसलन कोई दलित शंकराचार्य क्यों नहीं बनता? मंदिरों में दलित पुजारी क्यों नहीं होता?

आर.एस.एस. से लेकर भाजपा के भीतरी संगठन में दलित का प्रवेश अभी भी वर्जित क्यों है? दलित इस देश का प्रधानमंत्री क्यों नहीं बन सकता? उस पर अभी भी अत्याचर क्यों होते हैं? आदि-आदि। ऐसे ही कुछ और भी सवाल हैं जो दलितों के मन को बींधतें कचोटते रहते हैं, पर उनका उत्तर उन्हें नहीं मिल पाता। क्या हिंदू राष्ट्र का सपना देखने वाले भाजपाई उन्हें इन सवालों के जवाब दे पाऐंगे या हिंदू राष्ट्र के बनने पर देश में शंबूक ऋषि का वध और एकलव्य के अंगूठा काटे जाने की परम्पराएँ पुनः लौट आएँगी? दलित उत्पीड़न और उससे मुक्ति तथा दलित राजनीति मोहनदास नैमिशराय की पत्रकारिता के मुख्य सरोकार रहे हैं।

दलित राजनीति जब शेष लोगों के प्रति असहिष्णु होने लगी और उसने सार्वजनिक रूप से कड़वाहट भरी भाषा का प्रयोग करना प्रारम्भ कर दिया, तो इस स्थिति में विश्लेषण में मोहनदास नैमिशराय का आक्रोश देखते ही बनता है, जो दलित राजनीतिज्ञों के लिए सलाह भी है। उन्होंने अपने लेख दलित राजनीति के बदलते तेवर के जरिये अपने आक्रोश को स्पष्ट कर दिया है। उसमें उन्होंने लिखा है कि—'लेकिन आजादी के बाद के दशक में जिस दलित राजनीति का उद्‌भव और विकास हुआ, उसमें राजनीतिक सत्ता पर कब्जा करने के सवाल को पहले स्थान पर रखा गया। ज्योतिबा फुले और डॉ. अम्बेडकर के विचार से बिलकुल उलट संस्कृति का विकास हुआ है। जो विचारधारा बाद के दिनों में और भी मजबूत होती हुई देखी और महसूस गई बिना किसी घोषणा पत्र के चुनाव लड़ी बसपा के अध्यक्ष का कहना था कि अब तक शोषण में लगे लोगों को राजनीतिक सत्ता में बेदखल करना ही उनका मकसद था। वैसे तो उन्हें उनके मकसद में सफलता भी मिल गई है अर्थात् उत्तर प्रदेश में बसपा को सत्ता मिल गई। भले ही सपा, जनता दल और कांग्रेस की मदद

से सरकार बनी। पर इसके बाद क्या? यह सवाल अधिक महत्त्वपूर्ण है क्योंकि उसी सवाल के धरातल से सामाजिक परिवर्तन की कोपलें फूटेंगी। पर यह याद रखना ही चाहिए कि सामाजिक क्रान्ति या सामाजिक परिवर्तन पानी की सतह पर वैसे बुलबुले कतई नहीं हैं जिन्हें किसी बर्तन में जरा सी आँच दिखलाकर उनके रूप और स्वरूप में परिवर्तन कर दिया जाए। सामाजिक परिवर्तन की प्रक्रिया की सृजन– कड़वाहट से मुक्ति के बाद भी होता है वह स्थिति दलित राजनीतिक के भीतर कमजोर होती जा रही है उसमें सृजन के बजाय ध्वंस के विचारों का जन्म हो रहा है। चन्द दलित राजनीतिज्ञों के अपने बनाए हुए प्रतिमान समूचे दलित समाज के मूल्यों पर हावी हुए हैं। जिससे दलित राजनीति स्वंय तो भ्रमित हुई ही, साथ ही भारतीय समाज के बीच झंझावत पैदा करने में भी उसने महत्त्वपूर्ण भूमिका निभाई है।'

नैमिशराय ने इस लेख में दलितों के अतीत व भविष्य दोनों पर प्रकाश डाला है, उससे उनके चिंतन की गहराई स्पष्ट होती है। यह गहराई उन्हें देश भ्रमण से प्राप्त हुई। कितने ही तरह के लोगों से बार-बार मिलना पड़ा। इसके सबूत के तौर पर मैं उनके दो लेखों का उल्लेख करना उपयुक्त समझता हूँ। ये हैं–'बोध गया आज' तथा 'बेटियों और देवदासियों के बीच एक दिन'। अपने पहले लेख में मोहनदास नैमिशराय बोधगया के आसपास घूमकर और वहाँ मंदिर के ट्रस्टियों आदि से मिलकर उसके आस-पास रह रहे दलित और आदिवासियों की स्थिति का जो सर्वेक्षण प्रस्तुत करते हैं, वह दिल दहला देने वाला है। जिस स्थान पर गौतम बुद्ध को ज्ञान प्राप्त हुआ था, वही अब ज्ञान का स्रोत रुकता जा रहा है। व्यावसायिक प्रवृति के कारण लोग शिक्षा के प्रति कम ध्यान दे रहे हैं। बिहार में स्थिति जैसी दयनीय है, उससे ही मिलती-जुलती यहाँ पर भी है। मंदिरों की चमक-दमक तथा विदेशी पर्यटकों के आगम से सभी का पेट भरता है। यह सब तो कुछ ही हाथों में सीमित हो गया है। ज्ञान साधना केंद्र से लेकर आध्यात्मिकता के अनेक पहलुओं तक। बोधगया में पिछली एक शताब्दी पुनर्जागरण की स्थिति में थी। इस समय बोधगया पर कई देशों की मिश्रित संस्कृतियों का प्रभाव है। निश्चित ही उसे हम संक्रांति काल भी कह सकते हैं। जैसे-जैसे प्राचीन सभ्यता धूमिल हो रही है वैसे-वैसे बोधगया की अपनी पहचान लुप्त होती जा रही हो। इसी संक्रांति काल से किसी भी हिन्दू से हमें गुम हुए उसी पुराने बोधगया की तलाश करनी होगी, जहाँ के नए सिरे से और नई दिशाओं में मानव-मानव के बीच आए फासले को कम किया जा सके। उसी स्थिति में बोधगया की सार्थकता भी सिद्ध होगी।' देवदासियों का धर्म के नाम पर यौन शोषण तथा उसके साथ की गई क्रूरता किसी से छिपी नहीं है। लेकिन अधिकांश लेखकों

के लिए यह किताबी सच्चाई ही है। जिसके पास जाकर देखने का साहस और उपक्रम कम ही लोग कर पाते हैं। यह एक सच्चाई है कि ये देवदासियाँ अधिकांश दलित परिवारों से ही आती हैं। इसलिए भी नैमिशराय की तड़प और बेकरारी उनसे मिलकर और उनकी वास्तविक पीड़ा को जानकर ही शांत हो सकती थी। देखिए यह युयुत्सु पत्रकार कितना कष्ट उठाकर आंध्रप्रदेश स्थित सोनदत्ती में यलम्मा देवी में मंदिर तक पहुँचता है। इस कष्टपूर्ण यात्रा का विवरण नैमिशराय कुछ इस प्रकार प्रस्तुत करते हैं। भरी दोपहरी, बेलगाम का बस अड्डा, चारों तरफ कोलाहल, अव्यवस्था, भागते-दौड़ते स्त्री-पुरुष, उने पीछे बच्चे! समूचे भारत में बस अड्डों की लगभग एक जैसी स्थिति होती है। अन्तर सिर्फ भाषा का ही देखा जाता है हमें भी सोनदत्ती स्थित यलम्मा देवी तक पहुँचना था। बरसों से मेरे भीतर देवदासियों की देवी यलम्मा के मंदिर को देखने की जिज्ञासा थी। यलम्मा तो एक बहाना था, असल में देवदासियों की व्यथा कथा को कई बार पढ़ा था। स्वयं मैंने भी लिखा था। पर अक्षरों के भीतर कहीं आंच महसूस की थी। उसी गाँव को करीब से देखना चाहता था। विराट् संस्कृति के पोषक ऐसा भी कर सकते हैं बिना देखे विश्वास न होता था। उनकी क्रूरता दूरदर्शन के स्क्रीन पर भी कई बार देखी थी। स्वयं देवदासियों के कातर स्वर कानों में पड़े थे। मन भीतर से उद्वेलित हुए बिना नहीं रह सका था। कई बार सोनदत्ती आने की योजना बनी, पर इतनी लंबी दूरी तय नहीं कर सकता। इस बार की योजना के पीछे दृढ़ निश्चय था, इसलिए यहाँ तक आ गया, बस अड्डे पर खड़े हमें लगभग एक घंटा हो गया था। लँबी प्रतीक्षा के बाद सोनदत्ती की बस आ गई थी। लगभग तीन घंटे बाद हम सोनदत्ती पहुँच गए। चार बजने को थे यहाँ से आगे यलम्मा देवी की पहाड़ियों पर जाना था।'

नैमिशराय ने दलितों के लिए ही नहीं वरन् राष्ट्र के लिए भी एक अवर्णित कार्य किया। जिसकी प्रतिभा का लाभ दलित साहित्य, संस्कृति और समाज के उत्थान को मिला। यह हम सबके लिए गौरव की बात है।

संतराम बी.ए.

संतराम जी हिन्दी पत्रकारिता में प्रवेश करने वाले प्रथम व्यक्ति थे जिन्होंने दलित दशा को सुधारने के लिए कलम तोड़ प्रयास किया। वे पंजाब प्रांत के होशियारपुर जिला स्थित पुरानी बस्ती गाँव के निवासी थे। ये कुम्हार जाति के थे, इनका जन्म 1887 ई. में हुआ था। ये अपने समय के जुझारू पत्रकार तथा एक उत्कृष्ट समाज सेवक तथा शिक्षाविद् थे।

सन् 1912 में हिन्दी भाषा और नागरी अक्षरों की उन्नति के उपाय निबंध पर काशी नागरी प्रचारिणी सभा में उन्हें चाँदी का राधा कृष्णदास स्मारक पदक प्रदान किया गया था। 1916 में इसी सभा ने स्कूलों को स्वास्थ रक्षा निबंध पर छन्नूलाल स्मारक स्वर्ण पदक दिया था। पुरस्कारों तक पहुँचने के कई वर्ष पहले ही वे जालंधर से छपने वाली 'सद्धर्म प्रचारक' तथा अन्य पत्र-पत्रिकाओं में लेख लिख रहे थे।

संतराम जी ने सन् 1919 में लाहौर में 'उषा' नामक एक मासिक पत्रिका का सम्पादन किया था। ठीक इसी दौरान पहला विश्व युद्ध छिड़ गया। उषा से 500 रुपये की जमानत माँगी गई। जमानत तो जमा करवा दी गई लेकिन ग्राहक संख्या कम होने से पन्द्रह अंक निकलने के बाद अप्रैल 1915 में पत्रिका बंद कर देनी पड़ी।

इस पत्रिका के संपादन से मुस्लिम पत्र भड़क उठे। उन्हें शांत करने के लिए सरकार ने उस लेख पर 50 रुपये जुर्माना कर दिया था। परिणामस्वरूप पत्रिका बंद हो गई। इसके बाद उन्होंने आर्य प्रतिनिधि सभा पंजाब के 'आर्य मुसाफिर' मासिक नामक उर्दू अखबार का संपादन कार्यभार संभाला। उसका संपादक बने अभी दो ही माह ही हुए थे कि एक मुस्लिम पत्र ने हिंदुओं की शुद्धि का मजाक उड़ाते उसे लिखा कि हिंदू धर्म में शुद्धीकरण के लिए पंच गव्य खिलाते हैं जिसमें गाय का गोबर और मूत्र जैसी गंदी चीजें पड़ती हैं।

जालंधर में रहकर उन्होंने सन् 1920 में भारती जैसी अनूठी पत्रिका का संपादन किया। इसके बाद जब 'जात पांत तोड़क मंडल' का काम धीरे-धीरे बढ़ने लगा तब तक मासिक पत्र 'जात पांत तोड़क' नाम से निकला। सन् 1922 से यह सितंबर 1924 ई. तक चलता रहा। पंजाब में हिंदी का प्रचार न होने से पत्र को सफलता नहीं मिली। यह रायल साईज के आठ पृष्ठों में छपता था। 1928 में इसका नाम बदल कर क्रांति कर दिया गया। यह मासिक पत्रिका थी। इसे बहुत लोकप्रियता मिली। इसके विशेषांकों की धूम मच गई थी। लेकिन क्रांति भी अगस्त 1947 के बाद बन्द हो गई क्योंकि मंडल की भारी सम्पत्ति पाकिस्तान में रह गई दिल्ली आकर क्रान्ति के दो-तीन अंक जरूर निकले लेकिन भारी घाटा उठाने के बाद प्रकाशन रोकना पड़ा। जनवरी 1932 में युगाँतर नामक एक मासिक पत्र लाहौर से निकाला गया था। परंतु चार साल की अल्पावधि में उसे बंद करना पड़ा।

क्रान्ति पत्रिका की लेखन शैली बहुत उच्चकोटि की थी जिसका एक उदाहरण निम्न है–

'मंडल की मासिक पत्रिका क्रान्ति के सन् 1930 के मार्च अंक में हस्ती बी. ए. की एक कविता छपी। इसका असली शीर्षक तो था–'जात-पांत के जालिम

हुक्मरान से खिताब' परन्तु सहायक संपादक ने बदल कर उसे बेहाल हो गये हैं, बेजान हो गये है कर दिया। इसे अंग्रेज सरकार ने अपनी ओर लगाकर आपत्तिजनक ठहरा दिया। मुझे गिरफ्तार कर लिया गया। मैं एक रात लाहौर की हवालात में रहा। मुझ पर राज्यद्रोह का अभियोग चलाया गया। उस दिन मैंने देखा कि कोई व्यक्ति निःस्वार्थ भाव से जनता की कितनी भी तुच्छ सेवा करे, जनता में उसका आदर करने वालों की कमी नहीं रहती।

नौजवान सोशल सुधार क्लब, तुण्डांला ने सन्तराम बी.ए. को सौंपे अभिनन्दन पत्र में लिखा– 'आप अपनी पत्रिका क्रान्ति के द्वारा पंजाब में सामाजिक क्रान्ति के लिए मैदान साफ कर रहे हैं।

अगले दिन मुझे न्यायालय में उपस्थित किया गया और जमानत के लिए कहा गया। वहाँ पर अनेकों लोगों ने जमानत लेने के लिए वहाँ पर पहुँचे। पर मेरे मित्र अर्जुनदेव ने जमानत दे दी। मेरी ओर से लाहौर के प्रसिद्ध बैरिस्टर डॉ. गोकुल चंद्र नारंग अभियोग की पैरवी, बिना कोई फीस लिए करने लगे। उन्होंने प्रमाणित कर दिया कि वह कविता ब्रिटिश शासन के विरुद्ध नहीं, क्योंकि इसके सारे पद्य अंग्रेजी सरकार पर लागू नहीं हो सकते। इस पर सरकार को अभियोग वापस ले लेना पड़ा। पीछे सरकारी वकील राय साहिब ज्वाला प्रसाद शिङ्गलू ने मुझे बताया कि हृदय से वे भी मेरे साथ पूरी-पूरी सहानुभूति रखते थे। और उन्होंने मुझे बचाने में पूरा प्रयत्न किया था।

उनके लेख बराबर माधुरी, चांद, विश्वमित्र,, आजकल, अमृत, बालसखा, बालभारती, जागृति, नया समाज, जनजीवन आदि मासिक पत्रिकाओं और योजना, आज, हिंदुस्तान, जैसे साप्ताहिक पत्रों में छपे।

इस क्रान्तिकारी विचारों के क्रान्ति में छापने के लिए वे बहुत बार अकेले भी पड़े। एक समय की बात है निजाम हैदराबाद के राज्य में बहुत से अछूतों ने हिंदू धर्म का परित्याग कर इस्लाम धर्म ग्रहण कर लिया। इस पर हिन्दू समाचार-पत्र और नेता बहुत तिलमिलाये। उन्होंने जीभर कर निजाम और अछूतों को जली कटी सुनाई परंतु मैंने क्रान्ति में इस पर टिप्पणी करते हुए लिखा कि इसमें न तो निजाम दोषी और न अछूत। दोषी यदि कोई है तो वह स्वयं हिन्दू हैं। हिन्दू अस्पृश्यता बनाये रखने के साथ उन्हें गुलाम भी बनायें रखना चाहते हैं।

पर वे कब मानने वाले थे कि उन दिनों रामेश्वरी नेहरू हमारे मंडल की प्रधान थीं। वे मेरे विरुद्ध उसके पास शिकायत ले गये। उन्होंने क्रान्ति में मेरी टिप्पणी ध्यान से पढ़ी और व्यवस्था दी कि ये शब्द किसी ऐसी व्यक्ति के हृदयोद्गार हैं जिसका हृदय हिंदुओं की दुर्दशा को देख तड़प रहा है।

इस पर हमारे मंडल के ही कोई सदस्य बिगड़ गए। उन्होंने मुझ पर आरोप लगाये कि मुझे हैदराबाद के निजाम से रुपया मिलता है और कि मैंने कृष्णनगर में जो अपना मकान बनाया है वह निजाम के रुपये से बनवाया है। मैंने उनसे कहा कि मुझे निजाम से रुपया मिला तो नहीं, किन्तु यदि मिल जाए तो मैं छोड़ूँगा नहीं, मैं उसे जात-पांत को मिटाने के आंदोलन में लगा दूँगा

वे सच्चाई को तोड़ गई थी। उनकी बात सच्ची थी। इसलिए सब विरोधी हो बैठ गये।

लाला लाजपतराय भी इस लेखन से भ्रम में पड़ गये और अपने उर्दू दैनिक वंदेमातरम् में लेख लिखा कि मैं अछूतों को उकसाता हूँ। उनका उत्तर मैंने 'वंदेमातरम्' में लिखा। इससे वे चुप हो गये।

उन पर कई आरोप सन् 1943-44 में लगाये गये थे। उनके आईने में उन्हें अपने समय के एक निर्भीक दलित पत्रकार की संज्ञा दी जा सकती है। लीक से अलग उनके विचार थे–

"जिन्ना कोई भावुक पुरुष नहीं कि भावुकता में बहकर अपनी जाति का गला कटवा लें। जब वे साफ देखते हैं कि इस आंदोलन का परिणाम द्विज हिन्दुओं का शासन होगा तो किस तरह किसी मिन्नत समाज से इसमें शामिल होने की गलती कर सकते हैं।" साभार (क्रान्ति सितंबर, 1942, पृष्ठ 52-53)।

"कुछ लोगों का मत है कि इस्लाम निसर्ग के नियमानुसार भारत के अछूतों और शूद्रों के लिए ईश्वरीय वरदान रूप में आया है। पृष्ठ 55, दिसंबर 1942।"

"यदि आपका मत जिन्ना के विषय में ऐसा है तो वे मौलाना आजाद को कांग्रेस का शो बॉय समझते हैं। पृष्ठ 45 अक्टूबर सन् 1942।"

"शहरी कांग्रेसियों को छोड़ दीजिए। सर्वसाधारण जनता अंग्रेजों के राज को वरदान समझती है।" (पृष्ठ साभार 54, अक्टूबर 1942)

उन्होंने अंग्रेजी राज्य को अछूतों एवं शूद्रों के लिए काफी लाभदायक बताया। परंतु यह एक सच्चाई है कि अंग्रेजी राज्य में शूद्रों को उन्नति के जितने सुयोग और सुविधाएँ उपलब्ध हैं उनकी न हिन्दुओं के राज्य में कभी थी और न हो सकती है। पृष्ठ 54 दिसम्बर 42...बताओ, इस समय तुम्हें दासता का कौन दुख है जो अंग्रेजों के चले जाने पर नहीं रहेगा अंग्रेजी शासन से पहले लोगों के पास सोना देखने को न मिलता था। कोई सोशलिस्ट है, कोई कम्युनिस्ट और कोई घोर गाँधीवादी ।"

उन्होंने हिन्दू कांग्रेसी राज्य की भी निन्दा की। अब रहे अछूत। वे बड़े मूर्ख होंगे यदि वे अंग्रेजी राज के बजाय हिन्दू बहुसंख्या का राज्य पसंद करेंगे। साभार (पृष्ठ 52 सितंबर 1942) फिर शूद्र बड़ा ही मूर्ख होगा यदि वह अंग्रेजों को निकाल

कर अपने लिए स्थायी दासता पसंद करेगा (पृष्ठ 54 दिसम्बर 1942)। अब ब्राह्मण देश भक्ति को रोग अलाप कर वही शासन फिर अंग्रेजों से लेना चाहते है। हमें इनको शासन दिलाने के लिए अपना गला काटने की क्या आवश्यकता है। (क्रान्ति पृष्ठ 53, सितंबर 1942) साभार।

शूद्रों को हिन्दुओं से अलग—'यदि अंग्रेज भी शूद्रों की भलाई नहीं करते, तोड़ने लिए अंग्रेज और ब्राह्मण बराबर हो सकते हैं। ब्राह्मण को अंग्रेजों पर अधिमान देकर अंग्रेजों को देश से निकालने में सहायता क्यों दें। पृष्ठ 24 दिसम्बर 1942। अंग्रेजी राज रहेगा तो शूद्र और ब्राह्मण दोनों गुलाम होंगे हमारा दोजख, हमारा बहिश्त। अर्थात् नरक और स्वर्ग दोनों के लिए बराबर तो होगा (पृष्ठ 56 दिसम्बर 1942) साभार।

"ब्राह्मण की स्वाधीनता शूद्र और मुसलमान की पराधीनता है जो एक के लिए अमृत है वही दूसरे के लिए विष हो रही है।" (पृष्ठ 56 दिसम्बर 1942) साभार।

वे अछूत शूद्र एवं मुसलमानों के सामंजस्य के काफी पक्षपाती थे। तो जनमत में कतिपय ऊँची जाति के हिन्दू भी नहीं जिनके हाथ में समाचार पत्र हैं या जो भाषण दे सकते हैं और शोर मचा सकते हैं क्योंकि उनका अपना स्वार्थ है। इसलिए ये अछूतों, शूद्रों और मुसलमानों का दृष्टिकोण आगे जाने ही नहीं देना चाहते। पृष्ठ 1942 अक्टूबर 1942।

"...उन्होंने अपना उल्लू सीधा करने और उनके प्रयत्नों को निष्फल बना देने के लिए अछूत सभाएँ स्थापित की है, जो वास्तव में इन्हीं की फोनोग्राफ हैं।" पृष्ठ 57 सितंबर 1942।

"ब्राह्मणों के पूर्वजों का जो अपमान किया था, उनको जो क्षति पहुँचाई थी, कई पीढ़ियाँ बीत जाने पर भी शूद्र आज तक उसे भूल नहीं सकते। बदले की आग आज भी उनके भीतर धधक रही है।" पृष्ठ 84, जनवरी 1944 साभार।

"जब से सरकार की कृपादृष्टि मुसलमानों पर हुई है, बड़े हिन्दु मुसलमानों की जूतियाँ उठाने को तैयार हैं। समझदार अछूत इस सारे इतिहास को जानते हैं।" पृष्ठ 57, सितंबर 1942 साभार।

संतराग जी ने कांग्रेस और गाँधीजी के बारे में भी लिखा था। 'कांग्रेसी हिन्दू इस शेर और शरारत से अंग्रेजों का तो कुछ बिगाड़ न सकेंगे, हाँ, देश में गृहकलह का डर अवश्य हो जाएगा' पृष्ठ 42, सितंबर 1942।

उन्होंने कहा कि गाँधी जी हिन्दुओं में स्वतंत्रता एवं समानता की स्थापना नहीं करना चाहते, वरन् नीची जातियों पर ऊँची जातियों का प्रभुत्व सदा बनाए रखने के

लिए ही एक ठोस हिन्दू मंडली बनाई है (पृष्ठ 16, अक्टूबर सन् 1942) साभार।

इस तरह सरकार में इनकी पदस्थिति के कारण (म. गाँधी को) हो जाने से जनता में भी इनकी प्रतिष्ठा बढ़ाने में बड़ी सहायता मिली है।

पंजाब में जब तक भी उन्हीं कांग्रेस नेताओं की अधिक आदत है जिनकी पहुँच सर सिकंदर हयात के यहाँ है।' पृष्ठ 42 अक्टूबर 1942 साभार।

उनके विरोधी आर्यसमाजियों ने यहाँ तक लिखा कि–'संतराम जी ने कुम्हार के घर जन्म लिया है।'

सम्पादकों की दृष्टि में पत्रकार संतराम

रतन लाल जोशी, सम्पादक सारिका (भू.पू. सम्पादक नवनीत) ने उनके विषय में कहा था–मैं तो बरसों से कहता और मानता आया हूँ कि हिन्दी में सच्चे अर्थों में कोई जीवित पत्रकार है तो है वे आदरणीय संतराम जी, जिन्होंने अपने स्वाध्याय का मधु देकर हिंदी पत्रकारिता को विविधांगी नवीनता की ओर प्रेरित किया है। काफी बरसों से इस कृतित्व को मैं देखता हूँ और बड़ी ट्रेनिंग हम सबको मिली है। इस जीवंत उदाहरण से।

'हिन्दी का स्वरूप' शीर्षक लेख मिल गया। लेख बहुत सुन्दर है। परंतु आपके विचारों को कांग्रेस युग में प्रकाश में लाना जोखिम का काम है। सरस्वती 16 सितंबर 1939।

ये हिन्दी के प्रमुख लेखक होने के साथ सेवक भी थे जिन्होंने हिन्दी भाषा पर अपना प्रभुत्व जमाया। संतराम जी हिन्दी के गौरव बढ़ाने के लिए अथक प्रयास किए।

आपने अविचल साधना से हिन्दी में एक स्थान बना लिया है। न जाने क्यों मुझे आपकी लेखनी की शक्ति तर्क एवं प्राणप्रद रसधारा पसंद आती है। सोहनलाल द्विवेदी, संपादक अधिकार लखनऊँ

डॉ. अम्बेडकर के बाद जाति व्यवस्था पर लिखने वाले संतराम जी दूसरे पत्रकार थे। उन्होंने जात-पांत के विरोध में कई लेख लिखे उनमें से कुछ पुस्तिकाओं के रूप में भी छपे जिनके नाम निम्न प्रकार हैं–

1. जात-पांत तोड़ दो, क्यों?,
2. युग धर्म (सन् 1953),
3. हिंदुओं, संभालो (सन् 1953),
4. हमारा निराकार शत्रु (सन् 1954),

5. हमारी यह जात-पांत (सन् 1956),
6. वास्तविक व्याधि क्या है? (सन् 1956)
7. कौन जात? (सन् 1957),
8. जात-पांत की समस्या और उसका समाधान (सन् 1957),
9. भारत का भविष्य (सन् 1958),
10. जात-पांत के संबंध में कुछ कड़वे-कसैले अनुभव (सन् 1958),
11. अंतर्जातीय विवाद ही क्यों (सन् 1959),
12. भक्ति लीलामृत (सन् 1960),
13. फ्यूचर आफ इंडिया (सन् 1960),
14. हिंदुत्व हिंदुओं को ही ले डूबा (सन् 1962), और
15. राष्ट्रीय एकता और जाति-भेद (सन् 1963)।

उन्होंने 'हमारा समाज' जैसे पुस्तक की रचना कर जाति क्षेत्र पर करारा प्रहार किया। यहं उनकी सबसे बड़ी उपलब्धि थी सन् 1949 में इसका प्रथम संस्करण छपा था।

संतराम भयहीन प्रवृत्ति के व्यक्ति थे, इसकी मिशाल महात्मा गाँधी के साथ उनका विवाद है।

इस दिलचस्प विवाद को उन्हीं के शब्दों में देखा जा सकता है—

स्रन् 1933 या 34 की बात है। महात्मा गाँधी लाहौर आए और लाजपतराय भवन में ठहरे। हमारे जात-पांत तोड़क मंडल का एक डेयूटेशन उनसे मिलने गया। उसके सचिव मंडल के प्रतिनिधियों को महात्माजी से मिलने के लिए केवल 15 मिनट का समय दिया। महात्मा जी भवन में ऊपर के चौबारे में ठहरे थे। जिस समय हम उनके पास पहुँचे उस समय उनकी धर्म-पत्नी कस्तूरबा और सेठ जमुना लाल बजाज उनके निकट ही बैठे थे। उन दिनों महात्मा गाँधी जात-पांत में विश्वास रखते थे। उन्होंने गुजराती में धर्म मंथन नामक पुस्तक में इसका समर्थन भी किया था। मेरे प्रश्न करने से यह बोले कि जात-पांत में एक बड़ा लाभ यह अध्यापक बनूँ, पटवारी बनूँ, क्लर्क बनूँ, वकील बनूँ, इंजिनियर बनूँ या मिलिटरी में जाऊँ। सब कहीं उसे कठोर प्रतियोगिता का सामना करना पड़ता है। लेकिन जाति-पांति की व्यवस्था इस समस्या से कोसों दूर है। जो व्यवसाय पिता करता है पुत्र चुपचाप वही काम करने लगता है। बढ़ई का बेटा बढ़ई बन जाता है और सुनार का बेटा सुनार का काम करने लगता है। व्यवसाय चुनने में कोई कठिनाई नहीं होती।

गाँधी जी की यह बात कुछ अच्छी नहीं लगी और मैंने आपत्ति करते हुए कहा—'यह ठीक है इस व्यवस्था में ब्राह्मण के लड़के को, अयोग्य होने पर भी,

पठन-पाठन या मंदिर में पूजा-पाठ का काम मिल जाएगा क्षत्रिय का लड़का कायर होने पर भी सेना में सिपाही या मेजर बन जाएगा बनिए का लड़का भी दुकान या व्यापार धन कमा लेगा परंतु एक भंगी, जिसके दादा-परदादा आठ आना मासिक पर टट्टी उठाते हैं विद्वान बनने की योग्यता रहते भी, स्वयं टट्टी उठा रहा है, और उसके पोते-पड़पोते भी टट्टी उठाते रहेंगे। यह कहाँ का न्याय है?'

मैंने पुनः बोला—'महात्मा जी, आप जात से बनिया हैं। बनिए का काम नमक-तेल बेचना है। फिर आप हमें उपदेश क्यों देते हैं? जाइए, कहीं जाकर दाल आटे की दुकान खोल लीजिए।'

महात्मा जी में वाणी का संयम पराकाष्ठा को पहुँचा हुआ था। बड़ी से बड़ी उकसाहट होने पर भी वे आपे से बाहर नहीं होते थे। मेरी बात सुनकर वे खिलखिला कर हँस दिए, और बोले—'मैं आपका ही काम कर रहा हूँ, परंतु प्रत्यक्ष रूप से मैं यह काम नहीं कर सकता।'

मैंने पूछा, 'आप प्रत्यक्ष रूप से क्यों नहीं कर सकते?' वे बोले—'आप ही बताइए, मैं क्यों नहीं कर सकता?'

मैंने कहा—'आप बुरा तो नहीं मानेंगे? देखिए महात्मा जी इस समय आप अंग्रेजों के विरुद्ध प्रचार कर रहे हैं, तो न केवल हिंदू वरन् मुसलमान और ईसाई भी आप के साथ हैं। जब आप जात-पांत के विरुद्ध मोर्चा लगाने लगेंगे तो मारवाड़ी सेठ आज आपको लाखों रुपये दान दे रहे हैं वे आप को एक फूटी कौड़ी भी नहीं देंगे। बात इसी प्रकार चलती रही। भेंट करने के लिए हमें केवल पन्द्रह मिनट मिले थें। अब आधा घंटा हो चुका था। महात्मा जी ने कहा—'जिस स्पष्टवादिता से आपने काम लिया है उससे आप लोगों के साथ बातचीत करने में मुझे बहुत आनंद आया है।

इस प्रकार हम देखते हैं कि संतराम बी.ए. पहले दलित पत्रकार थे, जिन्होंने निर्भय एवं निष्पक्ष होकर अपनी कलम से समाज को सुधारने में योगदान दिया। हिन्दू की समूची आरंभिक पत्रकारिता में ऐसा जुझारू पत्रकार शायद ही कोई रहा हो लेकिन इस बात का सदा अफसोस रहेगा कि उनको लोग इस रूप में प्रमुख कारण उनका अछूत जाति से सम्बन्धित होना है।

कांशीराम

कांशीराम राजनेता होने के साथ-साथ कुशल संपादक थे। वह विचारों के धनी व्यक्ति थे। राजनीति में उन्होंने बहुजन समाज पार्टी की स्थापना की, वहीं साहित्य में बहुजन नायक प्रेस की स्थापना की थी। अपने जीवन में अनटचेबिल इंडिया,

बामसेफ बुलेटिन, आप्रेस्ड इंडियन, बहुजन संगठक, बहुजन नायक, श्रमिक साहित्य शोषित साहित्य, दलित आर्थिक उत्थान, इकोनोमिक अपसर्ज, बहुजन एकता, दैनिक बहुजन टाइम्स आदि समाचार पत्रों के संपादन करते रहे।

भारत में पत्रकारिता की नींव अंग्रेजी सरकार ने रखी थी। दलितों-पिछड़ों में शिक्षा का प्रसार भी अंग्रेजों ने ही किया है। अपने समाज को जागरूक करने के लिए ज्योतिराव फुले की पत्रकारिता 'दीनबंधु' समाचार पत्र से प्रारंभ हुई। बाबा साहेब डॉ. अम्बेडकर ने फुले से प्रेरणा लेकर 31 जनवरी, 1920 को मराठी भाषा में मूकनायक समाचार को निकाला उक्त दोनों ही महापुरुष मान्यवर के प्रेरणा स्रोत रहे। इसलिए उन्होंने अपने विचार जनता तक पहुँचाने के लिये पत्रकारिता को चुना।

भारतीय पत्रकारिता द्वारा दलित समाज का तिरस्कार करने के बाद भी दलित समाज के महापुरुष भी अपने लक्ष्य में सदैव आगे बढ़ते रहे। अपने बल पर घूम-फिर कर पीढ़ी दर पीढ़ी अपने महापुरुषों के विचार को आगे बढ़ाते रहे। अगस्त, 1984 से 14 अगस्त, 1984 तक दिल्ली के एक क्लब पर जेल भरो आंदोलन किया। 18 अगस्त, 1984 से 31 दिसंबर, 1984 तक आरक्षण भागेदारी के प्रश्न को लेकर बहुजन समाज पार्टी के बैनर तले लगभग पाँच सौ संगोष्ठियाँ पाँच बड़े सेमीनार देश भर में किए। 15 अगस्त, 1987 से 15 अगस्त, 1988 तक मान्यवर ने समूचे देश में अस्पृश्यता, अमानवीयता, अन्याय, असमानता आदि के विरोध में आंदोलन दिल्ली के वोट क्लब मैदान में किया। 6 दिसंबर, 1993 को जाति तोड़ो समाज जोड़ो आंदोलन किया। 15 अगस्त, 1997 को स्वतंत्र भारत में बहुजन समाज आश्रित क्यों? इस पर एक सभा 15 सितंबर, 1997 को दिल्ली के लाल किला मैदान में किया। इनके विचारों को सुनने के लिये दलितों की व्यापक भीड़ (10 लाख से ज्यादा) जमा हुई। मंडल आयोग की रिपोर्ट को लागू करवाने के लिए जगह-जगह धरना-प्रदर्शन किए। इसके माध्यम से पिछड़ों को अपनी हैसियत का ज्ञान करवाया। इनके लिए शैक्षिक स्तर पर आरक्षण की वकालत की। मनुवादी मीडिया ने मान्यवर की बात को महत्त्व नहीं दिया। पिछड़ी जाति के जो लोग मीडिया में थे वे भी मानसिक गुलामी के कारण इनकी बात को नजरअंदाज करते रहे। कांशीराम को मरणोपरान्त काफी सम्मान दिया गया। जितना महत्त्व भारतीय मीडिया ने मृत्यु के बाद मान्यवर को दिया उतना जीते-जी कभी नहीं दिया। हाँ, अनेक विचारों को तोड़-मरोड़ कर छापा गया ताकि बहुजन समाज जागरूक होने की जगह अपने पथ से भटक जाए। दलित महिलाएँ खबरें बनती रहीं पर दलितों के विकास की खबरें कभी नहीं बनीं। इसलिए मान्यवर कांशीराम कहते हैं कि इस प्रेस में बनियाओं का पैसा तथा ब्राह्मणों का

दिमाग चलता है। भारतीय मीडिया का जातिवादी चरित्र देखकर मान्यवर ने इसे मनुवादी मीडिया कहा।

स्वतंत्रता के बाद भी पत्रों पर उच्चवर्गीय लोगों ने अपना प्रभाव जमा रखा है जिनका कार्य निम्न वर्ग को पछाड़ना व साम्य की स्थिति बनाये रखना है। पिछले समय में हम प्रत्यक्षदर्शी रहे हैं। यह मनुवादी प्रेम दलित भारतीयों के किसी भी प्रकार के स्वतंत्र संघर्ष की खबरों को विलोपित करने के लिए कुख्यात रहा है। इतना ही नहीं यह संघर्ष जब बड़ा रूप धारण करता है तो यह मनुवादी प्रेम हमारे भयादोहन में आनंद लेता हैं अत एवं हमारी खबरों को उछालकर उन्हें व्यापक स्तर पर प्रसारित करने के लिए तथा संवाद विलोपन एवं दुश्मन के प्रति भयादोहन का सामना करने के लिए दलित भारतीयों का उन्हें स्वयं की प्रेस एवं प्रकाशन शक्ति को निर्मित आवश्यक हो जाता है और प्रेम एवं प्रकाशन की योजना इसी उद्देश्य से तैयार की गई है। जिसमें उन्होंने काफी हद तक सफलता प्राप्त की एवं इसके विकास की द्वीप सम्पूर्ण दलित समाज के दृश्य में जलाया।

30 मार्च, 1984 को दैनिक बहुजन टाइम्स का विमोचन करते समय मान्यवर कांशीराम ने कहा था कि हमें मनुवादी मीडिया पर निर्भर नहीं रहना चाहिए। हमें अपना मीडिया बनाना चाहिए। अपनी बात आप लोगों तक पहुँचाने का यह प्रयास किया है। निश्चित ही आपका सहयोग मिलेगा उन्होंने अपना वक्तव्य आगे बढ़ाते हुये कहा कि हम अपने समाज को चलता-फिरता पत्र बना देंगे। हम उन्हें इतना जागरूक बना देंगे कि वे मनुवादी प्रेस पर विश्वास करना बंद कर देंगे। काफी हद तक इसमें सफल भी हुए हैं। भारतीय मीडिया की विश्वसनीयता या चरित्र किसी दलित के द्वारा नहीं बल्कि खुद की कार्यशैली से दुनिया के सामने गिरा है। इसलिए मान्यवर कहते हैं कि जिन पेपरों में गलत खबरें छपती हैं वे पढ़ने लायक नहीं बल्कि जलाने लायक हैं। इसके बाद उन्होंने आगे कहा कि मनुवादी मीडिया के माध्यम से मेरी यह बात आगे नहीं पहुँचेगी मगर अपनी बात आगे पहुँचाने की हमें जरूरत है। हमारे पास अपना साप्ताहिक पेपर 'बहुजन संगठक' है। उस पेपर के माध्यम से हम अपनी बात को आप तक पहुँचाने की कोशिश करेंगे। जिस पेपर के आज हम मात्र 10-11 हजार पर्चे निकालते हैं, उनको एक लाख तक पहुँचाने की आवश्यकता है।

आपेस्ड इंडियन दिसंबर, 1980 के अंक में मान्यवर लिखते हैं कि आपेस्ड इंडियन के नौ भाई और होंगे जो कि बहुजन समाज की सेवा करेंगे। इसमें दो दैनिक समाचार-पत्र होंगे जिनका प्रकाशन दिल्ली में होगा, तीन साप्ताहिक पत्रिकाएँ होंगी जिनका प्रकाशन तीन महत्त्वपूर्ण केंद्रों से होगा तथा चार मासिक पत्रिकाओं का

प्रकाशन भारत की चार विभिन्न भाषाओं में किया जाएगा यदि मान्यवर होते तो आज बहुजनों का अपना दैनिक अखबार होता मगर वे समय से पहले चले गए। अब बहुजन मीडिया को आगे बढ़ाने का दायित्व मायावती पर है।

कांशीराम ने पंजाब से 'बुलेटिन' नामक समाचार पत्र निकाला। इस अवसर पर मान्यवर कहते हैं कि मंगूराम मुगोवालिया ने 70 साल पहले मनुवादी प्रेस का मुकाबला करने के लिए आदि डंका साप्ताहिक अखबार का प्रकाशन शुरू किया, हम भी अपना डंका बजाने के लिए पंजाब से अपना आदि डंका (बहुजन समाज बुलेटिन) साप्ताहिक पंजाबी का अखबार शुरू कर रहे हैं। बहुजन नायक के 22वें स्थापना समारोह में मान्यवर ने कहा था कि हमारा समाज तो ज्यादा इंगलिश नहीं जानता है बहुत बड़े हिस्से में हिन्दी जानता है। इनकी भाषा में समाचार पत्र की जरूरत महसूस की। जब मेरे पास कम साधन थे तब मैंने बुलेटिन निकालने नाम था सपोक्समैन ऑफ दा ऑप्रेस्ड एण्ड एक्लॉयटेड, शोषित समाज का मुख्य पत्र है। मैं काफी अरसे से खुद संपादन करता रहा। मैंने अपना मूवमेंट आगे बढ़ाया।

दलित मीडिया ने कांशीराम के विचारों को ज्यों का त्यों निकाला परंतु अन्य समाज के प्रकाशकों ने उन विचारों का अर्थ ही बदल दिया। दलित मीडिया मान्यवर के विचारों को प्रस्तुत करते हुए कहता है कि मैंने जैसा पहले भी कहा था कि मेरे खिलाफ अखबार वाले तोड़-मरोड़कर खबरें दे रहे हैं ताकि लोग गलतफहमी के शिकार हो जाएँ जब लोग मुझसे पूछते हैं कि मंदिर के बारे में आपका क्या ख्याल है? मस्जिद और गुरुद्वारे के बारे में क्या ख्याल है मैं यही कहता हूँ कि मेरे दस करोड़ लोग गाँव छोड़कर शहरों में आ रहे हैं वे गंदे नालों और रेल की पटरियों के किनारे रहते हैं, उनके पास लैट्रिंन का कोई प्रबंध नहीं है। मैं तो यही कहता हूँ कि मेरी सरकार बनेगी तो मैं उनके लिए अगर मकान नहीं बनवा सकता तो कम से कम लैट्रिन जरूर बनवा दूँगा उक्त विचार को दैनिक जागरण ने इस प्रकार प्रस्तुत किया। कांशीराम कहते हैं कि अगर हमारी सरकार उत्तर प्रदेश में बनी तो अयोध्या में बाबरी मस्जिद की जगह लैट्रिन बनाया जाएगा इस उदाहरण से दलित मीडिया व भारतीय मीडिया को अच्छी तरह से समझा जा सकता हैं। हमारा दल सबसे बड़े कैडर पर आधारित है। अखबार हमारे बारे में नहीं छापते हमें इसकी परवाह नहीं क्योंकि हमारे 8 भाषाओं में 14 प्रकाशन हैं। हम आपकी बात अपने लोगों तक बड़ी आसानी से पहुँचा सकते हैं।

मीडिया अपनी शक्ति से विवादों की शुरुआत और अंत दोनों कर सकती है। इसी बात को मद्‌देनजर रखते हुये कांशीराम ने कहा है–कि हमारे संघर्ष में हमारी

बड़ी कठिनाई पूँजी, माफिया और मीडिया है। हमारे खिलाफ पूँजी का बड़े पैमाने पर प्रयोग होता है जिससे हम प्रभावित होते हैं और माफिया का प्रयोग करके बड़े पैमाने पर वोटों को लूटा जाता है। इसके अलावा हमारे खिलाफ मीडिया का बड़े पैमाने पर दुरुपयोग किया जाता है। हमारे पास पूँजी माफिया और मीडिया नहीं। इसके आगे मान्यवर कहते हैं– भारती मीडिया पैसा कमाने, सनसनी फैलाने, अंधविश्वास और पाखदवाद को युग करने में ही सिद्धहस्त है, वह न केवल सभा स्थितिवादी है बल्कि घोर वर्णवादी भी है। इसे पत्रकारिता कहना उचित नहीं है क्योंकि यह चाटुकारिता है। सामाजिक मूल्यों की स्थापना में उनकी कोई रुचि नहीं है।

वैसे तो कांशीराम ने कई प्रेस कांफ्रेंस किये परन्तु उन्होंने सन् 1988 में पहली बार प्रेस क्लब ऑफ इंडिया दिल्ली में प्रेस कांफ्रेंस की थी उसमें उन्होंने कहा था कि हमारे समाज की हालत मेरे हाथ में इस कलम की तरह है। इसका जो यह ऊपर मोटा हिस्सा है वह इस बात का प्रतीक है कि कैसे कुछ मुट्ठी भर लोग इस पूरी कलम से छोटे हिस्से पर काबिज होकर पूरे समाज यानी कलम के शेष हिस्से का सदियों से शोषण व दोहन कर उस पर शासन कर रहे हैं। मेरा लड़ाई का मकसद इस कलम को ठीक उल्टा कर देना है। मतलब ऊपर का हिस्सा नीचे और नीचे का हिस्सा ऊपर। मीडिया राजीव के सौंदर्य सौम्यता, स्टाल और सपनों में डूबा हुआ था। तर्क-वितर्क विद्या के धनी थे। वह महत्त्वपूर्ण ढ़ंग से विचारों को प्रस्तुत करते थे। उनका कहना था– मनुवादी राजनीतिक पार्टियाँ मनुवादी प्रेस के साथ कमलकर बहुजन समाज की लहर को कमजोर करना चाहती है, परन्तु बहुजन समाज को चाहिए कि वह अपने 85 प्रतिशत वोटों को बहुजन समाज पार्टी को देकर मनुवादी राजनीतिक पार्टियों को गद्दी से उतार दें। फिर मनुवादी प्रेस भी अपने आप ही खत्म हो जाएगी।

आप्रेस्ड इंडियन मासिक पत्रिका के अंक अप्रैल, 1979 में मान्यवर लिखते हैं कि बहुजन समाज के लोग अपने ऊपर हो रहे अन्याय से लड़ने का प्रयास पूरे देश में कर रहे हैं लेकिन यह भी प्रयास हिंदू प्रेस द्वारा ब्लाक आऊट कर दिया जाता है। दिल्ली में किये जाने वाले प्रयत्न जब आगरा और अम्बाला जैसे पास शहरों में भी नहीं पहुँच पाता है देश के दूर-दराज के शहरों की बात ही मत की जाए। मान्यवर प्रसार भारती पर भी टिप्पणी करते हुए कहा कि आप लोग प्रसार भारती जिसको ब्राडकास्टिंग ऑफ इंडिया कहा जाता है जो कि हमारे भारत के लिए भारत की जो खबरें उनको सही ढंग से, निष्पक्ष तरीके से देशवासियों के सामने पेश किए जाए इस मकसद के लिए प्रसार भारती बनाया गया था। यूनाइटेड फ्रंट की सरकार में जयपाल रेड्डी सूचना एवं प्रसारण मंत्री थे लेकिन प्रसारण हेतु सूचना

पहुँचाने में मंत्री की भी कुछ ज्यादा चलती नहीं। उनकी शक्ति भी प्रभावहीन हो जाती थी। ब्राडकास्टिंग सिस्टम जो रेडियो और टेलीविजन के माध्यम से जो देशवासियों की खबरें पहुँचाता है उसका बड़े पैमाने पर जो प्रशासनिक ढांचा है उसमें भारतीय जनता पार्टी छायी हुई है। मंत्री की उसमें नहीं चलती है। यह हाल तो तब था जब भाजपा की सरकार नहीं थी लेकिन अब भाजपा की सरकार बन गई है, आज जब मंत्री भारतीय जनता पार्टी का है तो तब यह प्रसार भारतीय देशवासियों की खबर देने वाला इंस्टीट्यूशनल क्या करेगा जैसा कि प्रसार भारती एक्ट में उल्लिखित है कि कमजोर वर्ग की खबरों को जरूर देना चाहिए। मगर खबरों को देने की अपेक्षा खबरों को गायब करना शुरू कर दिया। छोटे से लेकर बड़े मीडिया कर्मी मनुवाद के पोषक हैं। वे नहीं चाहते कि कमजोर वर्ग जागरूक हो। मान्यवर तो यहाँ तक कहते हैं कि देश का सारा मीडिया चाहे डी. डी. वन हो या डी. डी. टू या कोई सभी पर भाजपा का पूर्ण नियन्त्रण है।

पत्रकार सारे नियम कानून का उल्लंघन करके पत्रकारिता कर रहे हैं। उस रोज पत्रकारों की अनुशासनहीनता अपनी रही सही मर्यादा भी भूल गए थे। जिस कारण मान्यवर ने आशुतोष नामक पत्रकार को चांटा तक जड़ दिया था। मीडिया को तब एक अच्छा बहाना मिल गया था। इस घटना को लेकर तो तब खूब हो हल्ला हुआ था। धरने-प्रदर्शन हुए थे। मीडिया द्वारा बसपा के बहिष्कार की बातें भी उठी थीं। लेकिन पत्रकारों की अनुशासनहीनता का मुद्दा बिल्कुल भी नहीं उठा। मीडिया कानून न जाने क्या-क्या कहता है पर मीडिया कर्मी अपने तरीके से काम करते हैं वैसे भी इस देश के मनुवादी कानून की मान-मर्यादा को सोनिया गाँधी भी इस बहुजन समाज पार्टी के नाम भारतीय मीडिया की बात को स्वीकार कर चुकी है।

एक ओर स्वदेशी मीडिया उन्हें नजरअंदाज कर रही थी तो दूसरी ओर अन्तर्राष्ट्रीय मीडिया में उनका प्रभाव बढ़ रहा था। फ्रांस के प्रसिद्ध अखबार ले मांडों के प्रतिनिधि मान्यवर के विषय में लिखते हैं कि मैं पिछले चार साल से भारत में हूँ, लेकिन इतना सुलझा हुआ और अपनी बात को समझा-समझाकर कहने वाला नेता नहीं देखा। कांशीराम का नाम सुनते ही एक चीखने और दहाड़ने वाले लीडर की ध्वनि उभरती है लेकिन उनसे मिलने और बात करने पर हैरानी होती है। बर्फ की तरह ठंडे खामोश और अक्ल की बात करने वाले एक ऐसे टीचर की तरह दिखाई देता है जो बात करते हुए अक्सर अपने हाथ में कमल लिए होता है। जिसका ऊपरी हिस्सा ऊँची जाति और निचला हिस्सा पिछड़ी जाती बताते हुए कम कलम को लिटा देता है कि इस तरह हमें भारतीय समाज में बराबरी लाना है। वे भारत में एक खामोश

सामाजिक क्रांति कर रहे हैं। अपनी इसी वैज्ञानिक विचारधारा के नाते कांशीराम 1993 में एक बड़ी राजनीतिक शक्ति बन कर उभरे जिन्हें न उत्तर प्रदेश में सत्ता भागीदारी का अवसर प्राप्त हुआ बल्कि पूरे देश में उनका सामाजिक प्रभाव उभर कर सामने आया है। जिसमें एक नए सामाजिक और राजनीतिक समीकरण तैयार होने लगे हैं। इन विचारों से ज्ञात होता है कि कांशीराम अन्तर्राष्ट्रीय मीडिया में कितने लोकप्रिय थे।

मान्यवर ने अपने जीवन में ऐसा कोई काम नहीं किया जिससे देश व समाज की भावनाओं के विरुद्ध हो। लेकिन भारतीय मीडिया मनुवाद से जकड़ा पूँजीपतियों का वर्चस्व था। बहुजन समाज को मनुवाद ने शारीरिक व मानसिक रूप से गुलाम बना रखा था। मान्यवर का उद्देश्य मनुवाद से मुक्ति दिलाना था। दलित-पिछड़े व मुस्लिमों को एक झंडे तले खड़ा करना था। इस कार्य को बहुजन मीडिया के माध्यम से आगे बढ़ाया। बहुजन संगठक के प्रथम पृष्ठ पर कांशीराम का भाषण छपता था। संपादकीय पृष्ठ पर नए-पुराने लोगों के विचारों में बहुजन समाज के महापुरुषों की जीवन गाथा को रेखांकित किया जाता था। इसके बाद दूसरे-तीसरे पृष्ठ पर मायावती के विचारों का उल्लेख होता था। संपादकीय पृष्ठ पर ही कवियों की कविताएँ भी होती थीं। आठवें पृष्ठ पर पार्टी का विज्ञापन होता था। विज्ञापन में अक्सर आगामी कार्यक्रमों का तिथिवार ब्यौरा होता था। मान्यवर के संपूर्ण पत्रों का अवलोकन किया जाए तो एक कुशल संपादक की झलक समाचार पत्रों में देखी जा सकती है। बसपा के अधिकांश कार्यकर्ता हिन्दी में बहुजन संगठक मराठी व बंगला में बहुजन नायक को बड़े चाव से पढ़ता था। तात्पर्य यह है कि कांशीराम जी का संपूर्ण आंदोलन पत्र में प्रस्तुत होता था।

जो लोग उनके विचारों को सुनने में असमर्थ थे। पत्रों के माध्यम से विचारों को जान लेते थे। मान्यवर के पत्रों में सदियों से चली आ रही सड़ी-गली मान्यताओं को खत्म करने के लिए बहुजन समाज को जागृत किया। ये सभी समाचार पत्र बहुजन आंदोलन की फोटोकॉपी थे। जिस किसी को मान्यवर को समझने की जरूरत है उनके लिए इनके द्वारा संपादित समाचार पत्र ही काफी है। जैसे जीने के लिए भोजन की आवश्यकता होती है कांशीराम को समाचार पत्रों की जरूरत थी।

9

डॉ. अम्बेडकर का मूल्यांकन

डॉ. अम्बेडकर ने दलित समाज के सुधार हेतु तथा समाज में उन्हें सम्मान दिलाने हेतु बहुत संघर्ष किया। परंतु फिर भी उन्होंने हार नहीं मानी। उन्होंने प्रत्येक तथ्य का अध्ययन किया तब उन्हें स्पष्ट हुआ कि किसी भी वर्ग के विकास के लिए उसका शिक्षित होना अत्यंत आवश्यक है। इसलिए उन्होंने समाज सुधार के साथ-साथ समाज को शिक्षित बनाने के क्षेत्र में भी कार्य किया।

"डॉ. अम्बेडकर के नेतृत्व में महाराष्ट्र का महार समुदाय दलित जागृति और राजनीतिक सक्रियता में अनेक दलित समुदायों के लिए हरावल दस्ते की तरह रहा है परंतु महार राजनीतिक आंदोलन के परिणामस्वरूप भी दो परस्पर विरोधी प्रवृतियाँ उभरी हैं। एक तो दलितों का एक भाग विभिन्न प्रकार की सरकारी 'सहूलियतों' का लाभ उठाकर बुर्जुआ वर्ग में शामिल हो रहा है। उसका गाँवों और गरीबों से विशेष संपर्क नहीं रह गया है। दूसरे गुणवत्ता और सुरक्षा की दृष्टि से अधिकतर दलितों की जीवन-परिस्थितियों में गिरावट आ रही है।"

महाराष्ट्र के महारों को शिक्षा, राजनीतिक चेतना, सरकारी सेवाओं में भर्ती मिलने से उनकी आर्थिक तथा सामाजिक स्थिति प्रबल होने लगी। लेकिन जाति भेद भावना के कारण वह आज भी ब्राह्मणों के समान स्तर हासिल कर सके।

यहाँ हम भारत में दलित-आंदोलन के संदर्भ में डॉ. अम्बेडकर की भूमिका के प्रथम चरण में हम उनके कई रूप देखते हैं। इन्हीं के आधार पर उनकी नेतृत्व क्षमता, गहन शोध-परक अध्ययन वृत्ति और सामाजिक सक्रियता का अध्ययन किया जा सकता है। इस संबंध में निम्न तथ्यों का स्पष्टीकरण जरूरी है—

जाति प्रथा के उद्‌गम और विकास के गंभीर अध्येता

डॉ. अम्बेडकर सन् 1916 में जब वे 'कोलंबिया विश्वविद्यालय', न्यूयॉर्क के शोध छात्र थे तभी से वह भारतीय जाति प्रथा के विषय में अध्ययनरत थे। 9 मई, 1916 को डॉ. गोल्डन वाइज़र ने कोलंबिया विश्वविद्यालय में नृविज्ञान पर गोष्ठी आयोजित की और अम्बेडकर को भारत में 'जाति प्रथा की संरचना, उत्पत्ति और विकास' पर शोध प्रबंध पढ़ने के लिए आमंत्रित किया। इस प्रबंध में डॉ. अम्बेडकर ने जाति प्रथा के आधार पर जाति तंत्र की प्रकृति पर प्रकाश डाला और नृविज्ञान के विद्वानों के विचारों का उदाहरण देते हुए 'जाति' को परिभाषित किया। जाति प्रथा के प्रचलन की मान्यताओं की व्याख्या की।

एक स्थल पर डॉ. अम्बेडकर ने लिखा : ...''शुरू में मैं एक बात याद दिलाऊँ कि अन्य समाजों के समान भारतीय समाज भी चार वर्णों में विभाजित था, ये हैं : (1) ब्राह्मण या पुरोहित वर्ग (2) क्षत्रिय या सैनिक वर्ग (3) वैश्य अथवा व्यापारिक वर्ग (4) शुद्र अथवा शिल्पकार वर्ग या श्रमिक वर्ग। इस बात पर उन्होंने इसमें बताया कि आरंभ में यह अनिवार्य रूप से वर्ग विभाजन या श्रम विभाजन का आदिम स्वरूप था। इसके अंतर्गत व्यक्ति दक्षता के आधार पर अपना वर्ण बदल सकता था और इसीलिए वर्णों में व्यक्तियों के कार्यों की परिवर्तनशीलता स्वीकारी थी। हिंदू इतिहास में किसी समय पुरोहित वर्ग ने अपना विशिष्ट स्थान बना लिया और इस तरह स्वयं सीमित प्रथा से जातियों का सूत्रपात हुआ। दूसरे वर्ण भी समाज विभाजन के सिद्धांतानुसार अलग-अलग खेमों में बंट गए। कुछ का संख्या बल अधिक था तथा कुछ का नगण्य। वैश्य और शूद्र वर्ण मौलिक रूप से वे तत्त्व हैं, जिनकी जातियों की अनगिनत शाखा, प्रशाखाएँ कालांतर में उभरी हैं। जिन्हें विभिन्न वर्गों में विभाजित नहीं किया जा सकता इसलिए यह वर्ग उनके लिए सही है।

समाज का यह उप-वर्गीकरण स्वाभाविक है। किंतु उपरोक्त विभाजन में अप्राकृतिक तत्त्व यह है कि इससे वर्णों में परिवर्तनशीलता के मार्ग अवरुद्ध हो गए और वे संकुचित बनते चले गए, जिन्होंने जातियों का रूप ले लिया।''

उनका यह प्रबंध एक वर्ष उपरांत 'रॉयल एशियाटिक सोसाइटी', बंबई की शोधपत्रिका 'इंडियन एंटीक्वेरी' के मई, 1917 के अंक में प्रकाशित हुआ और बाद में पुस्तकाकार छपा और बहुप्रचारित हुआ।

अस्पृश्यता और सामाजिक विषमता : विषपायी अम्बेडकर

कोलंबिया विश्वविद्यालय में डॉ. अम्बेडकर ने जून 1916 में 'नेशनल डिवीडेंड

फार इंडिया : ए हिस्टॉरिक एंड एनेलीटिक स्टडी'[3] विषय पर डाक्टरेट के लिए शोध प्रबंध प्रस्तुत किया, जो बाद में 'ब्रिटिश भारत में प्रांतीय वित्त व्यवस्था का विकास' शीर्षक से प्रकाशित हुआ। इस प्रबंध के अंत में उन्होंने सामाजिक उत्पीड़न और सामाजिक अन्याय पर प्रकाश डाला और जोर डाला कि राजनीतिक ताकत के बिना कोई देश कैसे तरक्की कर सकता है? अमेरिका में उच्च शिक्षा समाप्त कर अर्थशास्त्र आदि की पढ़ाई हेतु जून, 1916 में वे 'लंदन स्कूल ऑफ इकनॉमिक्स एंड पॉलिटिकल साइंस' तथा बैरिस्टरी हेतु 'ग्रेज़ इन' में प्रवेश ले चुके थे। लेकिन लंदन में शिक्षा के एक वर्ष के पश्चात् उन्हें नए संकट से गुजरना पड़ा। अनुबंध के अनुसार बड़ौदा के महाराज सयाजीराव ने न तो उनको छात्रवृत्ति में वृद्धि की न ही ब्रिटेन में शिक्षा प्राप्ति हेतु भेजा। इन संकटों के बाद भी यह इंसान दलितों का भगवान बन गया।

बीच में पढ़ाई छोड़कर उन्हें जुलाई, 1917 में मजबूरन भारत लौटना पड़ा। वे महाराजा बड़ौदा के सैनिक सचिव बने ताकि भविष्य में उन्हें राज्य का वित्त सचिव जैसा पद दिया जा सके। लेकिन अमेरिका और ब्रिटेन में उच्च शिक्षा प्राप्त बड़ौदा राज्य के सर्वोच्च अधिकारियों में से कोई युवा डॉ. अम्बेडकर को अछूत जाति का होने के कारण न लेने आया, न मिलने आया। उन्हें इस नाते बड़ौदा में किसी होटल अथवा होस्टल में रहने की जगह तक नहीं मिली। बड़ी मुश्किल से अम्बेडकर जाति बदलकर एक पारसी होटल में रुके लेकिन वहां भी उन्हें अछूत जाति का होने के कारण निकाल बाहर किया गया। राज्य के चपरासी सरकारी फाइलों को उनकी मेज पर दूर से फेंककर जाते थे। वे इस व्यवहार से व्यथित हो उठे। उन्होंने महाराजा को इस विषय में एक टिप्पणी भेजी। लेकिन राज्य के दीवान ने (जो राज्य में प्रधानमंत्री स्तर का होता था) इस विषय में (महाराजा की ओर से) कुछ भी मदद करने से मना कर दिया। उच्च वर्ग की रूढ़िवादी व घृणापूर्ण व्यवहारिकता को अपने कुशल विचारों से भी वह परिवर्तित नहीं कर सके। भूखे-प्यासे और अपमानित अम्बेडकर को मजबूरन नवम्बर 1917 में बड़ौदा छोड़कर बंबई आना पड़ा। इसी समय उन्होंने अपना शोध प्रबंध 'भारत में छोटी जोत और उनका हल' (स्माल होल्डिंग्स इन इंडिया एंड देयर रेमेडीज़) प्रकाशित किया।

अम्बेडकर की अग्नि परीक्षा

अस्पृश्यता के विष से दंशित डॉ. अम्बेडकर बड़ौदा से बंबई आ गए। बंबई में उनके जीवन के ये अत्यंत संघर्षपूर्ण क्षण थे। उन्होंने समाज को बदलने का स्वप्न

देखा। दैनिक जीवन में हिंदुओं के पक्षपातपूर्ण व्यवहार से वे क्षुब्ध हो गए थे। लेकिन उन्होंने हार नहीं मानी। अगर उनके साथ बड़ौदा में सब कुछ ठीक ठाक चलता तो शायद भारत के करोड़ों अछूत मानवता का त्राण करने वाले इस मसीहा को खो देते। निस्संदेह वह उनके मुक्ति संग्राम का योद्धा बनने के लिए ऊँची शिक्षा प्राप्त करके विदेश से लौटे थे जहाँ मानवता और वैयक्तिक गुणों तथा नागरिक स्वतंत्रता का बोलबाला था। एक पारसी सज्जन की मदद से जीविका के लिए अम्बेडकर ने दो छात्रों को ट्यूशन तक पढ़ाया। उन्होंने स्टॉक और शेयर के क्षेत्र में उद्यमियों और व्यापारियों को सलाह देने का केंद्र भी चलाया। लेकिन अस्पृश्य होने के कारण उनके पास कोई नहीं आया। वे परिवार के पालन हेतु आर्थिक समस्या को हल करने और सामाजिक अस्तित्त्व के लिए किसी भी संघर्ष के लिए उद्यत थे। यह उनकी अग्नि परीक्षा का समय था।

दलित सम्मेलन में अंबेडकर का योगदान

"नवंबर 1917 में बंबई में दलित जातियों के दो अधिवेशन हुए। एक सम्मेलन में एक प्रस्ताव के जरिए यह माँग की गई कि सरकार अछूतों के हितों की रक्षा करे और इसके लिए उनकी जनसंख्या के अनुपात के अनुसार विधानसभाओं में दलित जातियों को अपने प्रतिनिधि-निर्वाचित करने का अधिकार प्रदान करे। एक अन्य प्रस्ताव में सम्मेलन ने कांग्रेस-लीग के समझौते का समर्थन किया। ताकि रीति-रिवाज और धर्म के नाम पर दलित जातियों पर जो अयोग्यताएँ लगाई गई थीं उन्हें हटाया जा सके और इसके लिए उच्च जाति के हिंदुओं को प्रभावित किया जा सके।

दूसरे दलित सम्मेलन में सवर्ण-हिंदुओं के हाथों में सत्ता-हस्तांतरण का विरोध करते हुए यह भी माँग की गई कि उन्हें अपने प्रतिनिधि चुनने का अधिकार मिलना चाहिए। अम्बेडकर का विचार था कि कांग्रेस-लीग समझौता दलितों के हित में ठीक नहीं। इससे कार्यपालिका और विधायिका की शक्तियाँ उनके हाथ में केंद्रित होने का भय था।"

"मार्च 23 और 24, 1918 को बड़ौदा के महाराजा सयाजीराव गायकवाड़ की अध्यक्षता में अखिल भारतीय दलित वर्ग सम्मेलन का बंबई में आयोजन किया गया जिसमें प्रमुख नेताओं ने भाग लिया। इस सम्मेलन का मुख्य उद्देश्य देश में फैली अस्पृश्यता को मिटाने का आह्वान करना था। तिलक ने तो यहाँ तक कह डाला कि वे ईश्वर की सत्ता नहीं मानेंगे यदि अस्पृश्यता का कलंक नहीं मिटाया जाता। लेकिन

उच्च जाति के हिंदुओं द्वारा चलाया गया इस प्रकार का अस्पश्यता विरोधी अभियान डॉ. अम्बेडकर की दृष्टि में एक मृग मरीचिका सदृश था।

अम्बेडकर की सोच में यथार्थ की झलक थी क्योंकि जिस महाराजा बड़ौदा ने उन्हें विदेश में छात्रवृत्ति देकर उच्च अध्ययन के लिए भेजा था, वह उन्हें अपने राज्य में अस्पृश्यता के पक्षधर रूढ़िवादी सवर्ण हिंदुओं से बिलकुल भी नहीं बचा पाए और उन्हें न सिर्फ उनकी रियासत में एक महत्त्वपूर्ण पद से हाथ धोना पड़ा, वरन् एक वर्ष पूर्व लंदन में अधूरी पढ़ाई छोड़कर भारत लौटना पड़ा और संकीर्ण-रूढ़िवादियों का दुर्व्यवहार झेलना पड़ा।'' वे बड़ौदा के सवर्ण चपरासियों तक से अपमानित हुए। उसी समय उनके मन में सामाजिक एवं कानूनी तरीकों से जातिवाद को जड़ से समाप्त करने की भावना जागृत हुई क्योंकि बचपन के युवावस्था तक इन्होंने हीन व्यवहार का सामना किया था।

नवम्बर, 1918 में उन्हें बंबई के सिडेनहम कालिज में राजनीतिक अर्थतंत्र के प्रोफेसर की जगह मिल गई। उनकी इतनी ख्याति बढ़ी कि दूसरे कालेजों के छात्र उनकी कक्षा में उनका लैक्चर सुनने आते थे। लेकिन लोगों के सामाजिक व्यवहार में कोई परिवर्तन नहीं आया था। धनंजय कीर के अनुसार, ''प्राध्यापकों के लिए जिस बर्तन में पीने का पानी रखा जाता था उसमें से डॉ. अम्बेडकर पानी नहीं पी सकते थे। सवर्ण जाति के प्रोफसेरों को एतराज था।'' वे इस पद पर 11 नवम्बर, 1918 से मार्च 11, 1920 तक रहे और लंदन में उच्च अध्ययन की ज्ञान पिपासा को शांत करने के कारण उन्होंने स्वतः त्यागपत्र दे दिया।

गैर-ब्राह्मण आंदोलन के जनक शाहू महाराज के साथ

''1890 में ज्योतिबा फुले की मृत्यु के बाद दलितों और शूद्रों के सामाजिक विकास और शैक्षिक प्रगति के कार्य में व्यवधान आ गया था। गैर-ब्राह्मण आंदोलन के समर्थक दो भागों में बंट गए थे। एक पक्ष में मध्यम दर्जे की मराठी जाति के शहरी बुद्धिवादी लोग थे तो दूसरी ओर वे क्रांतिधर्मी लोग थे जिनका मराठा किसानों में प्रभाव था। पहले पक्ष के लोग शूद्र की बजाय मराठा क्षत्रिय कहलाना श्रेयस्कर समझते थे। सन् 1900 में कोल्हापुर के महाराज शाहू महाराज ने इनका नेतृत्व किया और खुले आम ब्रिटिश सरकार का समर्थन किया और इस राजभक्ति का प्रयोग बाल गंगाधर तिलक जैसे धुरंधर कांग्रेसी नेता से लड़ने में किया।'' भारतीय इतिहास के अनुसार शाहू महाराज शिवाजी के वंशज थे इसलिए उनकी यह अंग्रेज भक्ति गले नहीं उतरती।

"सन् 1919 में इस पक्ष ने एक गैर-ब्राह्मण दल बनाया। यहाँ तक कि ब्राह्मण विरोध की आड़ में उन्होंने आर्थिक, सामाजिक और राजनीतिक जीवन में अपना वर्चस्व स्थापित कर लिया। इस पक्ष के लोग बीसवीं सदी के दूसरे दशक के मध्य में कांग्रेस की नीतियों के आलोचक बने। इन्हीं दिनों बंबई के मजदूरों में कम्युनिस्ट प्रभाव पड़ने लगा था। इस पक्ष ने महारों के संगठनों के नेताओं को प्रभावित किया। इस गैर-ब्राह्मण आंदोलन ने जो वास्तव में ब्राह्मण विरोधी आंदोलन था अछूतों को अपने संगठन से पृथक् रखा। इसे शेठजी-भट जी (महाजन-साहूकार एवं ब्राह्मण) विरोधी 'बहुजन आंदोलन' की संज्ञा प्रदान की गई। महाराष्ट्र के सतारा जिले के 30 गाँवों में सन् 1919-1921 के मध्य इस गैर-ब्राह्मण पक्ष से प्रभावित किसान जातियों ने जमींदारों की फसलें उजाड़ दीं। मंदिर तोड़-फोड़ डाले और ब्राह्मणों पर हमले किए।"

यह समय फुले के विचारों से प्रभावित सामाजिक परिवर्तन और शैक्षिक आंदोलन, छत्रपति शाहू महाराज के ब्राह्मण-विरोधी या गैर-ब्राह्मण आंदोलन तथा महारों में सामाजिक-राजनीतिक चेतना का था। ऐसे में डॉ. अम्बेडकर का सामाजिक क्षेत्र में व्यापक स्वागत हुआ। शाहू महाराज ने तो इतना तक कह डाला कि युवा अम्बेडकर के रूप में दलित-अस्पृश्यों को उनका मसीहा मिल गया है।

दलित-अस्पृश्यों की समस्याओं के विषय में पूरे महाराष्ट्र में छोटे-बड़े सम्मेलन आयोजित किये जाने लगे थे। ऐसा ही एक दलित जातियों का सम्मेलन 1918 में नागपुर में हुआ जिसकी अध्यक्षता शाहू महाराज ने की। डॉ. अम्बेडकर आदि दलित नेता इसमें सम्मिलित हुए। मार्च 21, 1920 में दूसरा विशाल सम्मेलन कोल्हापुर में आयोजित किया गया। इन दलित सम्मेलनों में डॉ. अम्बेडकर के साथ अन्य प्रमुख नेता सम्मिलित हुए।

इन दोनों सम्मेलनों में कोल्हापुर के शाहू महाराज ने बढ़-चढ़कर हिस्सा लिया। ब्राह्मणवादी विषमता की संस्कृति पर प्रहार किए, दलितों को एकजुट होने का आह्वान किया गया।

इसी सम्मेलन में महाराज ने कहा "डॉ. अम्बेडकर में वह सामर्थ्य और क्षमता है कि वह अस्पृश्यों के अखिल भारतीय स्तर के नेता बनेंगे।"

मई 1920 के नागपुर सम्मेलन में दलितों को संबोधित करते हुए डॉ. अम्बेडकर ने 'दलित वर्ग मिशन, (डिप्रैस्ड क्लासेज मिशन) की जमकर आलोचना की जो जस्टिस सर नारायण चंदावरकर और विठ्ठल रामजी शिंदे के द्वारा गठित किया गया था। डॉ. अम्बेडकर ने स्पष्टतः कहा कि ऐसे संगठन और व्यक्ति दलित

अधिकारों की वकालत करने के पात्र ही नहीं, न उन्हें ऐसा कहने का कोई अधिकार है जो अछूतों द्वारा संचालित नहीं हैं।

दूसरे शब्दों में केवल अस्पृश्य ही दलितों के संगठन चलाने के हकदार हैं और अस्पृश्य ही दलितों की भलाई की बात सोच सकते हैं। यह एक ऐसी स्पष्ट घोषणा थी जिसने डॉ. अम्बेडकर को भावी रणनीति निश्चित करने में मदद की। बड़ौदा-बंबई के अपमान को कभी भुला नहीं पाये।

करवीर के शंकराचार्य की उदासीनता

डॉ. अम्बेडकर के अनुसार धार्मिक नेता और सार्वजनिक कार्यकर्त्ता अस्पृश्यों की किस प्रकार उपेक्षा करते हैं। और आगे इन्होंने यह भी लिखा है कि : "...लोग यह समझते हैं कि उनके पूर्वजों को अनंत भविष्यकाल तक देखने की दिव्य दृष्टि और अतिमानवीय क्षमता प्राप्त थी जिसके बल पर उन्होंने आने वाले युग-युगों तक के लिए सारी व्यवस्था पहले से ही तय कर दी है। जनमानस में यह गहरी बैठी धारणा हिंदू समाज के पुनर्निर्माण में बाधक हुई है और जनहित में निहित स्वार्थों पर अंकुश लगाने के मार्ग में आड़े आई है। मार्च 1, 1918 में बम्बई में **अस्पृश्यता निवारण सम्मेलन** एक स्वांग जैसा हुआ। करवीर के ख्यातिप्राप्त शंकराचार्य डॉ. कुर्तकोटि सम्मेलन में आने का वायदा करके भी नहीं आए और एक या दो दिन पहले किसी जरूरी काम के बहाने उत्तर भारत चले गए। वे जाति व्यवस्था के समर्थ जो थे।

बाल गंगाधर तिलक ने सम्मेलन में एक छोटा-सा भाषण दिया जो सौभाग्य से अभी तक छपा नहीं है। लेकिन यह सब अछूतों को मौखिक सद्भावना दिखाने की बात मात्र थी क्योंकि जब अस्पृश्यता निवारण की घोषणा का मामला तिलक के सामने रखा गया तो उन्होंने उस प्रस्ताव पर हस्ताक्षर तक नहीं किए।

साउथबरो समिति के समक्ष साक्ष्य

डॉ. अम्बेडकर पर शंकराचार्य तथा तिलक की प्रतिक्रिया का कोई प्रभाव नहीं पड़ा। बल्कि वह अपने कार्यों के लिए और सजग हो गए। इस नाटकीय घटना के मात्र एक वर्ष पश्चात् सन् 1919 में 'साउथबरो समिति' के समक्ष मताधिकार के प्रश्न पर उन्हें साक्ष्य प्रस्तुत करने का मौका मिल गया। उन्होंने बंबई प्रेसीडेंसी के अछूत वर्ग के प्रतिनिधित्व पर ठोस जनसंख्या और जातिवार आंकड़े प्रस्तुत करके राजनीतिक प्रतिनिधित्व की माँग की और 46 बिंदुओं वाला साक्ष्य तथा 10 बिंदुओं वाला संपूरक वक्तव्य समिति के समक्ष प्रस्तुत किया। इसमें हिंदू समाज में अछूत

वर्ग के शोषण, सामाजिक-राजनीतिक उपेक्षा का वर्णन है। उनकी अधोगति का तथ्यपूर्ण विशद् आलेख निःसंदेह अंग्रेजों के सामने कभी प्रस्तुत नहीं किया गया था।

उनके अनुसार **'दलित वर्ग मिशन' (डिप्रैस्ड क्लास मिशन)** द्वारा प्रस्तुत योजना अव्यावहारिक थी। यद्यपि मिशन को गठन दलित वर्ग को सामाजिक अत्याचारों से निजात दिलाना था। लेकिन उसकी **'साउथबरो समिति'** के समक्ष कार्य योजना अछूत वर्ग के हित में कतई नहीं थी क्योंकि यह दलित विरोधी ज्यादा थी। सन् 1919 में 28 वर्षीय अम्बेडकर सिडेनहम कालेज, मुंबई में प्राध्यापक थे। उन्होंने साउथबरो समिति के समक्ष 27 जनवरी, 1919 को अपना साक्ष्य दिया जिसमें लार्ड साउथबरो, अध्यक्ष के अतिरिक्त, सर फ्रैंक जी स्लाई, बाबू सुरेन्द्रनाथ बनर्जी, हैली, श्रीनिवास शास्त्री जैसे ख्यातिनामा लोग सदस्य थे। अपने लिखित बयान में उन्होंने लार्ड डफरिन का उद्धरण प्रस्तुत किया जिसमें वास्तविक भारत का चित्रण दिया गया है कि 'वह एक ऐसा जनसमूह है... जिसमें अलग-अलग प्रकार की अन्य जातियाँ हैं। उनमें से अनेक के बीच और भी गहरा अलगाव है। उनके पूर्वाग्रह, आचार-व्यवहार के स्रोत और यहाँ तक कि भौतिक नृजातीय अथवा राजनीतिक आधार पर भारी अलगाव है।... बहुसंख्यक जातियों के मध्य हमें एक साथ सभ्यता की उन सभी विभिन्न अवस्थाओं के दर्शन हो सकते हैं जिनसे होकर मानव जाति प्रागैतिहासिक युग से लेकर आज तक गुजरी है।" अम्बेडकर ने 'जातीय, धार्मिक गुटों में बंटे भारत का सामंजस्यपूर्ण राजनीतिक जीवन और वैचारिक समानता के उपाय सुझाते हुए ब्राह्मणेतर वर्ग में शिक्षा के पिछड़ेपन तथा हिंदुओं में नवचेतना जहाँ अस्पृश्यों के अलग हितों की बात मौजूद है' पहली बार स्पष्ट की।

1919 में **'साउथबरो समिति'** को प्रस्तुत साक्ष्य में डॉ. अम्बेडकर ने इस तथ्य का भी उद्घाटन किया कि : अछूतों के साथ जुड़ी हुई अस्पृश्यता ही उनके भौतिक एवं नैतिक उत्थान में बाधक होती है। धन-संपदा प्राप्ति के मुख्य स्रोत अथवा जरिए होते हैं – व्यापार, उद्योग और राजकीय अथवा अन्य क्षेत्रों में नौकरी। अछूत वर्ग के लोग अपनी अस्पृश्यता के कारण इनमें किसी क्षेत्र में भी काम का अवसर नहीं पा सकते। कोई भी हिंदू किसी अछूत हिंदू दुकानदार से सौदा नहीं खरीदेगा एक अछूत कोई लाभकर पेशा नहीं अपना सकता। ईस्ट इंडिया कंपनी के शासन काल के दौरान महार अछूतों का सैनिक सेवा पर पूर्ण अधिकार था। वे सेना में बहुत बडी संख्या में भर्ती हुए थे।

इसी पर तो मार्क्विस द्वीडलडेल ने सन् 1859 के 'इंडियन आर्मी कमीशन'

को प्रस्तुत अपनी टिप्पणी में लिखा था कि सिपाही विद्रोह (1857) के बाद जब अंग्रेजी हुकूमत को मराठों में से सिपाही मिलने लगे तो अस्पृश्य और निम्न जातियों की स्थिति, जो बंबई सेना के प्रमुख आधार थे, इस संबंध में अनिश्चित सी और कमजोर पड़ गई। इसका कारण यह नहीं कि मराठा बेहतर सिपाही थे बल्कि इसकी वजह यह थी कि मराठे अपने धर्मशास्त्र के आधार पर बने पूर्वाग्रहों से बंधे होने के कारण नीची जातियों के अफसरों के मातहत काम करने को तैयार नहीं थे। यह पूर्वाग्रह इतना प्रबल था कि अंग्रेजों की जिनमें जाति प्रथा नहीं है, अछूतों की सेना में भरती बंद कर देनी पड़ी। इसी तरह पुलिस बलों में भी अछूतों की भरती नहीं हुई। कई सरकारी दफ्तरों में भी अछूतों को नौकरी मिलना असंभव हो गया।"

अछूत के प्रति दया का व्यवहार

साक्ष्य में डॉ. अम्बेडकर ने लिखा, 'आमतौर पर अस्पृश्य लोग दया के पात्र समझे जाते हैं, लेकिन किसी राजनीतिक योजना में उनकी इस आधार पर उपेक्षा कर दी जाती है कि उनका ऐसा कोई हित नहीं है जिसकी रक्षा की जाए। लेकिन फिर भी उनके हित सबसे महान हैं। ऐसा नहीं है कि उनकी कोई बहुत बड़ी संपत्ति है, जिसे जब्त होने से बचाया जाए। उनका तो व्यक्तित्व ही जब्त कर लिया गया है। सामाजिक-धार्मिक अशक्तताओं ने अस्पृश्यों को मानव के स्तर से गिरा दिया है। अतः दांव पर लगे उनके हित मानव मात्र के हित हैं। ऐसे महत्त्वपूर्ण हितों की तुलना में संपत्ति संबंधी हित तो तुच्छ हैं।'

दास की परिभाषा

दास को परिभाषित करते हुए अम्बेडकर ने साक्ष्य में लिखा :- "...दास की परिभाषा करते हुए प्लेटो ने कहा है कि दास वह है, जो दूसरों के कार्य करता है तथा दास का आचरण दूसरों द्वारा नियंत्रित होता है। यदि हम इस परिभाषा को मान लें तो अस्पृश्य सचमुच ही दास हैं। अस्पृश्यों को ऐसे सामाजिक ढाँचे में ढाला गया है कि वे अपनी दयनीय दशा पर उफ तक न करें। इससे भी घटिया बात यह है कि वे सपने में भी कभी नहीं सोचते कि वे अपनी दशा सुधारें और अन्य वर्गों को उस सामान्य सम्मानजनक व्यवहार के लिए विवश करें, जिसकी एक व्यक्ति दूसरे से अपेक्षा करता है। उनका जन्म तो उनके भाग्य के अनुसार हुआ है, यह धारणा उनके मन में इतना घर कर गई है कि वे कभी यह विचार करते ही नहीं हैं कि भाग्य ही सब कुछ नहीं है। कोई भी कभी भी उन्हें यह बात नहीं समझा सकेगा

कि सभी मानव एक ही मिट्टी के बने हुए हैं अथवा उनके साथ जो बर्ताव किया जा रहा है, वे उससे बढ़िया बर्ताव के हकदार हैं।"

अस्पृश्यता : विकास मार्ग में बाधक

''अस्पृश्य'' शब्द में उनकी विपत्तियों और कष्टों का निचोड़ आ जाता है। अस्पृश्यता ने न केवल उनके व्यक्तित्व के विकास को अवरुद्ध कर दिया है, बल्कि उनकी आर्थिक उन्नति के रास्ते में भी काँटे बोए हैं। उसने उनके कतिपय नागरिक अधिकारों को भी हड़प लिया है। कोंकण में अस्पृश्य आम रास्ते पर नहीं चल सकते। यदि कोई सवर्ण जाति का व्यक्ति उनके सामने आ जाता है तो उसे मार्ग से हटना पड़ता है और इतनी दूरी पर खड़ा होना पड़ता है कि उसकी परछाईं सवर्ण व्यक्ति पर न पड़े। अस्पृश्य नागरिक भी नहीं है। नागरिकता तो अधिकारों का पुंज है, उदाहरण के लिए व्यक्तिगत स्वतंत्रता, व्यक्तिगत सुरक्षा, निजी संपत्ति रखने के अधिकार, विधि के समक्ष समता, अंतःकरण की स्वतंत्रता, वाक्-स्वातंत्र्य और अभिव्यक्ति-स्वातंत्र्य, सम्मेलन का अधिकार, देश की सरकार में प्रतिनिधित्व का अधिकार, और राज्य के अधीन पद धारण करने का अधिकार।

अतः स्पष्ट है कि ब्रिटिश सरकार ने धीरे-धीरे ये अधिकार सिद्धांत रूप में अपने भारतीय प्रजाजनों को दे दिए हैं। नागरिकता की सार्थकता के लिए दो सर्वाधिक महत्त्वपूर्ण अधिकार हैं—प्रतिनिधित्व का अधिकार और राज्य के अधीन पद धारण करने के अधिकार। लेकिन अस्पृश्यों की अस्पृश्यता उन्हें इन अधिकारों की पहुँच से कोसों दूर रखती है। कुछ स्थानों पर तो उन्हें व्यक्तिगत स्वतंत्रता तथा व्यक्तिगत सुरक्षा जैसे मामूली अधिकार भी प्राप्त नहीं हैं। विधि के समक्ष समता का भी उन्हें सदा आश्वासन नहीं मिलता। ये सब अस्पृश्यों के हित हैं। जैसा कि स्वतः स्पष्ट है, उनका प्रतिनिधित्व केवल अस्पृश्य ही कर सकते हैं। वे उनके वास्तविक हित हैं और वास्तव में कोई अन्य उनके लिए आवाज नहीं उठा सकता। मुक्त व्यापार हित की आवाज एक ब्राह्मण, एक मुसलमान अथवा मराठा समान रूप से उठा सकता है। लेकिन उनमें से कोई भी अस्पृश्यों के हितों की आवाज नहीं उठा सकता, क्योंकि वे अस्पृश्य नहीं हैं। अस्पृश्यता के अधीन एक निश्चित हित समूह आता है और उसके लिए केवल अस्पृश्य ही आवाज उठा सकते हैं। अतः यह स्पष्ट है कि हमें ऐसे अस्पृश्यों को खोजना ही होगा, जो अपनी शिकायतों और हितों को प्रस्तुत कर सकें। दूसरे, हमें उन्हें इतनी संख्या में खोजना होगा कि वे ऐसी शक्ति बन सकें कि अपने दुख-दर्द के बारे में माँग प्रस्तुत कर सकें।"

मतदान का अधिकार

डॉ. अम्बेडकर ने लोकतंत्र के एक प्रमुख बिंदु मताधिकार के विषय में लिखा : "...मताधिकार क्या है, यह एक अत्यंत महत्त्वपूर्ण प्रश्न है। एक तर्क के अनुसार यह आग्रह किया जाता है कि मताधिकार केवल उन्हीं लोगों को दिया जाना चाहिए, जिनसे आशा की जा सके कि वे उसका विवेकपूर्ण उपयोग करेंगे। इसके विपरीत प्रो. एल. टी. हाबहाउस ने कहा है, 'यह सब है कि लोकतंत्र की सफलता इस बात पर निर्भर करती है कि मतदाताओं को दिए गए अवसर पर उनकी प्रतिक्रिया जानने के लिए उनको अवसर प्रदान किए जाने चाहिएँ। लोकप्रिय सरकार का प्रयोग कहा जा सकता है जो रुचि पैदा करने के लिए आवश्यक होता है। मात्र मतदान का अधिकार एक शांतिप्रिय नागरिक को नारेबाजों तथा कुचक्रियों के अत्याचारों से मुक्त करता है। वर्तमान निष्क्रियता की धारणा इस बात का पर्याप्त कारण नहीं है कि उसे उत्तरदायी सरकार से वंचित किया जाए अथवा मतदान के क्षेत्र को सीमित किया जाए।' इस बात को ध्यान में रखते हुए कि मताधिकार एक प्रकार की शिक्षा है और ऐसे समूह हैं जिनके बीच धन और शिक्षा का समान वितरण नहीं है तथा इन समूहों के विचार भी एक जैसे नहीं हैं, रिपोर्ट तैयार करने वालों ने ठीक ही कहा है कि मताधिकार की एकरूपता को कायम नहीं रखा जा सकता।"

निर्वाचक मंडल की आवश्यकता

"लेकिन अस्पृश्यों के मामले में जहाँ उनके प्रतिनिधियों की संख्या कम करने के संबंध में कुछ कारण हैं, वहीं उनके निर्वाचक-मंडलों का विस्तार करने के लिए भी अनेक कारण हैं। यदि वर्तमान मताधिकार की छाया में अस्पृश्य बड़ी संख्या में निर्वाचक नहीं बन सकते, तो यह उनका दोष नहीं है। अस्पृश्यों में पर्याप्त मतदान शक्ति पैदा करने के लिए कैसा मताधिकार और क्या योग्यता-स्तर अपेक्षित है? आँकड़ों के अभाव में इसका निर्णय मैं समिति पर छोड़ता हूँ। बेहतर होगा कि मताधिकार के योग्यता-स्तर को कम किया जाए, ताकि राजनीतिक जीवन में यथासंभव अधिक-से-अधिक अस्पृश्य प्रवेश कर सकें। उनका दर्जा इतना घटा दिया गया है कि वे आत्मबोध ही खो बैठे हैं। मैं इस बात पर जोर देना चाहता हूँ कि अस्पृश्यों के प्रतिनिधित्व के बारे में निर्णय करते समय समिति अस्पृश्यों के हितों का ध्यान रखेगी।"

डॉ. अम्बेडकर ने लार्ड मार्ले समिति के तथ्यों को स्पष्ट करते हुए कहा कि

उसके अनुसार सरकार का उद्देश्य विधान परिषदों में संबंधित समुदायों की वास्तविक सामाजिक शक्तियों, आस्थाओं तथा आकांक्षाओं का संतुलित, यथार्थ तथा प्रभावशाली प्रतिनिधित्व देना था।

उन्होंने कहा कि कांग्रेस मुसलमानों को सांप्रदायिक प्रतिनिधित्व देना स्वीकार करती है, लेकिन अस्पृश्यों की उपेक्षा कर रही है। शास्त्रों के जरिए अस्पृश्यों को स्पृश्य समर्थक बनने और स्पृश्यों को अस्पृश्य विरोधी बनने की शिक्षा दी जाती है। यह मतिभ्रम और चालबाजी है। जिनका मुखौटा तो राजनीतिक परिवर्तनवादियों का है, पर हैं वे सामाजिक रूढ़िवादी। उन्हें शंका थी कि उच्च जाति के लोग अस्पृश्यता मिटने, अंतर्जातीय विवाहों की अनुमति देने, सार्वजनिक मंदिरों, स्कूलों तथा सड़कों के इस्तेमाल पर लगी रोक को दूर करने के लिए कानून बनाने में दिलचस्पी नहीं लेंगे।

अस्पृश्यों के प्रति सहानुभूति का अभाव

डॉ. अम्बेडकर ने बिना किसी भय के स्पष्ट किया कि “काउंसिल में उच्च जाति के लोग नहीं चाहते कि विधान-मंडल के सामने कोई सामाजिक समस्या लाई जाए। इंपीरियल विधान परिषद में 1916 में माननीय श्री दादाभाई नौरोजी ने जो संकल्प प्रस्तुत किया था, उससे यह बात स्पष्ट हो जाती है। यह सबको पता है और उसे दुहराने की जरूरत नहीं है कि जो अनेक लोग अस्पृश्यों के प्रति कुछ सहानुभूति रखते हैं, उन्होंने इसकी कटु आलोचना की। लेकिन इस बात का किसी को पता नहीं है कि यद्यपि संकल्प पास नहीं हुआ था, प्रस्तावक को माफ नहीं किया गया, क्योंकि ऐसे अप्रिय संकल्प को लाना ही पाप माना गया। बाद के चुनाव में प्रस्तावक को हटना पड़ा और उनके स्थान पर माननीय श्री खापर्डे आए, जिन्होंने एक बार एक लेख में कहा था : ‘जो अस्पृश्यों के उत्थान के लिए कार्य करते हैं, स्वयं निम्न कोटि के हैं।”

क्या उच्च जाति के सवर्णों की इस सहानुभूति से अस्पृश्यों को घात नहीं लगता?

“जो यह फरमाते हैं कि अस्पृश्यों के लिए एक या दो सदस्य काफी होंगे, वे राजनीतिक हक के सही आशय को नहीं समझते। भले ही सारांश रूप में तकनीकी दृष्टि से यह कहा जाता है कि राजनीतिक हक का मुख्य आशय वोट देने का अधिकार है। न तो वह किसी बिल के पक्ष या विपक्ष में बोलने का अधिकार है और न ही नाम पुकारे जाने पर हाँ अथवा ना कहने की योग्यता है। अनेक लिखित नामों

वाले कागज के टुकड़े को मतदान पेटी में डालने की योग्यता ऐसा कार्य है जो उक्त कार्यों की भाँति स्वयं कोई महत्त्व नहीं रखता, भले ही उस पर दिनचर्या के अनेक सर्वाधिक सामान्य कार्यों से स्वतः बेहतर होने का ठप्पा लगा दिया जाए। वे किसी अन्य कार्य की भांति शिक्षाप्रद हैं। मताधिकार अथवा राजनीतिक अधिकार का महत्त्व यह है कि उन शर्तों के विनियमन में सक्रिय तथा सीधी भागीदारी का अवसर दिया जाए, जिन पर सामाजिक जीवन आधारित होगा जिन शर्तों पर आज स्पृश्यों तथा अस्पृश्यों का सामाजिक जीवन निर्भर है, वे स्पृश्यों के लिए अति अपयशकारी तथा अस्पृश्यों के लिए अति घातक है। यदि लोगों की क्षमताओं को कारगर बनाना है तो उनके प्रयोग की सामाजिक शर्तों को निश्चित करने की शक्ति होनी ही चाहिए। यदि शर्तें अत्यंत कठोर हों तो यह स्पृश्यों तथा अस्पृश्यों, दोनों के हित में होगा कि शर्तों में संशोधन किया जाए। अस्पृश्यों की ऐसी स्थिति होनी ही चाहिए कि वे संशोधन को अपने अनुकूल करा सकें। उनके हितों के महत्त्व को देखते हुए यथा प्रस्तावित उन्हें उनका प्रतिनिधित्व उनकी जनसंख्या के अनुपात में मिलना चाहिए। एक या दो प्रतिनिधि का होना यह प्रदर्शित करता है कि उन्हें अनुकंपा के आधार पर लिया गया है। यह न तो न्यायोचित है और न ही पर्याप्त। जैसा कि लार्ड मार्ले के पिछले उद्धरण में कहा गया है, प्रतिनिधित्व जरूरतों के अनुसार होना चाहिए, न कि संख्या के अनुसार।”

शिंदे के दलित वर्ग मिशन का विरोध

अपने साक्ष्य आलेख (डाक्युमेंट) के अंत में डॉ. अम्बेडकर ने विट्ठल आर. शिंदे के ‘दलित वर्ग मिशन’ का विरोध करते हुए उसे संदेहजनक बताया। उन्होंने लिखाः

“हाल ही में ‘दलित वर्ग मिशन’ द्वारा अस्पृश्यों के प्रतिनिधित्व के बारे में एक विरोधी योजना कार्यान्वित की गई है। उसे सहयोजन की योजना कहा जाता है। योजना में प्रस्ताव रखा गया है कि अस्पृश्यों के प्रतिनिधियों को काउंसिल के निर्वाचित सदस्यों के सहयोजन से नामित किया जाए। यह निर्णय करना बड़ा कठिन है कि अस्पृश्यों के लिए मिशन के प्रयोजन को हास्यास्पद माना जाए या उस पर खेद प्रकट किया जाए। खेद इस बात का है कि इस प्रकार की बेतुकी योजना प्रायः स्वीकार की जाएगी। अतः उपहास करना ही ठीक है। इस योजना से आसानी से पता लगाया जा सकता है कि जिसे कभी-कभी परोपकारी हित कहा जाता है, उसका दूसरा रूप भी हो सकता है, जिसके अनुसार अस्पृश्यों को यह बताया जाता है कि उनका भला किस बात में होगा इस संबंध में अस्पृश्यों के विचारों से सहमत

होने का प्रयास नहीं किया जाता, ताकि वे अपनी भलाई की खोज कर सकें तथा उसे प्राप्त कर सकें। यह कहना होगा कि मिशन की स्थापना इस उद्देश्य से ही की गई थी कि दलितों की दशा सुधारी जाए और उन्हें उच्च जाति के लोगों के सामाजिक अत्याचारों से मुक्त कराया जाए। यह मिशन इतना असफल सिद्ध हुआ कि उसे ऐसी योजना का समर्थन करना पड़ा, जिससे उसके आश्रित या उसके प्रतिनिधियों को अपने विगत आकाओं का दास बनना पड़ेगा इस प्रकार आकाओं तथा मिशन ने मिलकर एक योजना तैयार की है, जिसके अधीन दलित वर्ग सदैव पद-दलित रहेंगे और उनकी मुक्ति की कोई आशा नहीं रहेगी। ऐसे हथकंडे अस्पृश्यों को धोखा नहीं देते, जबकि वे अनभिज्ञ हैं, मताधिकार समिति को तो वे क्या धोखा दे सकेंगे। एक अन्य दृष्टि से भी मिशन की योजना स्वीकार नहीं की जा सकती। यह देखकर खेद होता है कि मिशन एक ओर तो अस्पृश्यों के प्रतिनिधित्व की योजना प्रस्तुत कर रहा है, और दूसरी ओर अपनी प्रशासनिक परिषद में अस्पृश्य को लेने से बराबर मना कर रहा है। चूंकि यह मिशन निहित स्वार्थों वाला एवं अनौपचारिक है, अतः उसकी योजना को अस्वीकार कर दिया जाना चाहिए।"

डॉ. भीमराव अम्बेडकर के विचार तथा भावना

इतिहास और सामाजिक स्थिति का चित्रण करने वाले प्राचीन साहित्य के अध्ययन से पता चलता है कि तप-त्याग की जिस संस्कृति को आर्यों ने द्रविड़ों तथा नागों, जो एक ही मत के लोग थे, ने जन्म दिया था, वह अवान्तर काल में स्वार्थ मूलक वणिक संस्कृति में परिवर्तित हो गयी; यानी वणिक संस्कृति बन गयी, जिसका मुख्य उद्देश्य लाभ ही होता था तथा नुकसान के लिये उसमें कोई जगह नहीं होती। अगर किसी वजह से नुकसान होता भी है, उसे खुद सहन न करके दूसरों से सहन करवाकर अपना लाभ बरकरार रखा गया।

इस तरह वणिक संस्कृति शोषण पर आधारित होकर दूसरों के शोषण से अपने को पुष्ट करती रही और आज भी यही क्रम जारी है। एक तरफ मजदूर वर्ग चाहे वह खेतिहर हो या उद्योग-श्रमिक या फिर किसी दूसरी तरह का, जिसके अन्तर्गत काष्ठा, पत्थर तथा मिट्टी, धातु के काम करने वाले हर मजदूर शामिल हैं। उनको उसकी मेहनत का पूरा परिश्रमिक न देकर, रोटी, कपड़ा और शिक्षा, स्वास्थ्य आदि के बारे में अनिश्चय की स्थिति उत्पन्न की जाती है तो दूसरी तरफ भव्य मन्दिरों का निर्माण दान देकर प्रतिष्ठा, सम्मान अर्जित किया जाता है। उनकी उदारता के ढोल बजवाने के लिये धर्मशालाएँ, कुएँ बनवाये जाते हैं। अपनी

जय-जयकार के लिये सड़कों पर वृक्ष लगवाये जा रहे हैं, ठण्डे पानी का प्रबन्ध किया जा रहा है।

जिस वक्त से इस वणिक संस्कृति का जन्म हुआ, तभी से यह क्रम तीव्र गति से आगे बढ़ा है और बढ़ रहा है। लोग लगातार इस कार्य को पूरा करने में लगे हुए हैं।

अगर ये लोग इतने ही सभ्य हैं तो उन्हें (मजदूरों को) उनकी पूरी कीमत ही उनकी मजदूरी की देनी चाहिये, क्योंकि मेहनत को बेचना व खरीदना भी एक व्यापार है, या वणिक वृत्ति ही है, लेकिन जो वणिक संस्कृति को समझते हैं, वे नुकसान होने वाले हालात ही पैदा नहीं करते, बल्कि लाभ वाले पलड़े को भारी रखते हैं। जिसमें सामग्री तो ली जानी चाहिये।

इसी संस्कृति ने मनु द्वारा प्रतिपादित वर्ण-व्यवस्था के प्रथम वर्ण-ब्राह्मण को पठन-पाठन, अध्ययन, अध्यापन और तप-त्याग के दो वर्णों क्षत्रिय-वैश्य परिवारों में रसोईया और उन्हीं द्वारा अपनी दानशीलता के लिये निर्मित धर्मशालाओं, कुओं पर मुंशी और पानी पिलाने की संरचना की, यद्यपि भोजन बनाने वाले मुंशी और पानी पिलाने वाले ब्राह्मण को 'महाराज' से सम्बोधित किया जाता है और पहले भी इसी प्रकार किया जाता रहा है। लेकिन वे राज्यसत्ता तथा मुकुटहीन महाराज थे; यानी उन्हें मूर्ख बनाने की कुटिलताभरी चाल मात्र। फिर भी वे अस्पृश्य नहीं थे।

लेकिन इस वणिक संस्कृति ने ब्राह्मण वर्ण से भी ज्यादा घिनौना व्यवहार उस तथाकथित शूद्र वर्ण से किया गया, जो कल्पित वर्ण-व्यवस्था का चौथा था अथवा आज भी है। खेतों में हल जोतना, बैलों के लिये घास-चारे का इन्तजार करना, कपड़े सीना, मकान बनाना, बुनाना, लकड़ी का काम करना, तेल पेरना और कपड़े धोना, उन्हें रंगना, रथ हाँकना, बोझा ढोना, यहाँ तक कि पैरों में पहनने के लिये जूते भी बनाना तथा मल-मूत्र उठाना, उन्हें साफ करना भी, इनका स्वाभाविक कार्य बन चुका था। सबसे छोटे काम उन लोगों को दिये गये और उन्होंने यह कार्य सहर्ष किये फिर भी फिर भी उन्हें अपमानित किया जाता है। उन्हें अछूत भी बना डाला। इस प्रकार वर्ण व्यवस्था ने मानव के गुणों तथा भावनाओं का अपमान किया।

जिस ब्राह्मण वर्ण से वणिक संस्कृति के जाल को काटे जाने की प्रार्थना की जा सकती थी, वह पहले ही पाठशाला में याचक, धर्मशाला में मुंशी और प्याऊ पर पानी पिलाने वाला बनाकर बिठा दिया गया था, अतः अछूतपन का विरोध करता ही कौन?

वणिक संस्कृति का ही विकसित रूप सत्ता संस्कृति है। वणिक संस्कृति शीत-शोषण है, जबकि सत्ता संस्कृति उष्ण-शोषण। वणिक संस्कृति आदेश और दण्डात्मक नहीं, परन्तु सत्ता-संस्कृति आदेशात्मक एवं दण्डात्मक है।

अगर शिल्पी और चर्म-कला के ज्ञाता असवर्ण होते हैं, असवर्ण समझे जाते हैं तो फिर ऋषि सुधन्वा के बेटे ऋभु विश्वन और बाण की गिनती सवर्ण, असवर्ण में से किसमें करें, छूत और अछूत एक में से उन्हें किस वर्ण में माना जाये? ऋग्वेद के प्रथम मण्डल के बीसवें सूक्त का छठा पद्य बताता है कि ऋषि सुधन्वा के तीन पुत्रों ने अपने पिता से शिल्पकला की शिक्षा लेने की आज्ञा माँगी थी। सुधन्वा ने सरलता से ही उन्हें शिल्पकला की इजाजत दे दी। शिल्पकला में निष्णात होने पर उन्होंने लकड़ी की गाय, घोड़े और कप आदि वस्तुओं की प्रदर्शनी तिब्बत के राजा की राजधानी इन्द्र में आयोजित की थी और अपने युग के महान् शिल्पी कहलाये, फिर भी ऋषि अंगिरा के गोत्र में उत्पन्न ऋभु विश्वन और बाण बढ़ई बनकर न तो तिरस्कृत हुए और न अपमानित। न ही असवर्ण बने ना ही अछूत।

जैसा कि कहा गया है कि वैदिक आर्यों के समय स्पृश्य-अस्पृश्य की दीवार न थी, बल्कि व्यवसाय आधार वाली तथाकथित जातियाँ भी नहीं थीं, लेकिन स्मृतिकाल तक आते-आते मनुष्य समाज के व्यवसायपरक वर्ग अस्तित्व में आ गये।

यह बात स्मरण रहे कि उत्तर वैदिक ने वर्ण-व्यवस्था की कल्पना अभूतपूर्व ढंग से की और कहा कि विराट् पुरुष के मुख से ब्राह्मण, वक्षस्थल से क्षत्रिय तथा उदर से वैश्य, चरणों से शूद्र की उत्पत्ति हुई। विशाल समाज का विभाजन हेतु इससे उत्तम कल्पना की भी नहीं जा सकती थी; यानि वर्ण-व्यवस्था, सर्वशक्तिमान, व्यापक एवं अनन्त सत्तात्मक विराट् पुरुष द्वारा उत्पन्न की गयी या बनायी गयी है।

अगर वाकई मनुष्य मनु का पुत्र है और जीव पंक के जरिये व्याप्त जीवाणु के विकसित है, तो मनुस्मृति का निर्माता मनु कोई और है और मनुष्य का जनक, प्रथम पिता कोई और, क्योंकि कोई भी अपनी संतानों में भेद उत्पन्न कर, युद्ध करवाकर, उनको विनाश की तरफ ले जाकर अपनी आँखों से नहीं देख सकता।

लेकिन मनुस्मृति में स्पष्ट रूप से मनुष्य के एक वर्ग को शूद्र घोषित किया गया। नारद स्मृति, पाराशर स्मृति तथा याज्ञवल्क्य स्मृति में शूद्रोल्लेख हो, जो उन्होंने की है, तो आश्चर्य की बात नहीं, लेकिन मनुष्य का आदि जनक पिता ऐसा करे, तो आश्चर्य ही नहीं क्षोभ भी उत्पन्न करता है।

वस्तुतः वह मनु और था और सत्तासीन भी थी। उसी से सत्ता-संस्कृति के संरक्षण के लिये स्मृति का निर्माण किया। बाद में अनेक मुनियों ने भी वणिक सत्ता

संस्कृति के खूँटे से बाँधकर मनुस्मृति में प्रतिपादित वर्ण-व्यवस्था की पुष्टि की। वह मनु सम्राट था, यह बात पहले भी बता दी गयी है। वैसे भी मनुओं की संख्या चौदह बतायी गयी है, प्रथम मनु के पुत्र हैं मनुष्य। बाकी तेरह तो शासक बनकर अपने अग्रज के पुत्रों को पशुओं की तरह हाँकते रहे हैं। अपनी सत्ता वाली संस्कृति को उनके शोषण से भरते रहे हैं।

यह लोग यह नहीं समझते कि समय तथा युग धर्म...यहाँ धर्म का आशय मत, मजहब तथा दर्शन से नहीं बल्कि स्वभाव से है। दिन, रात, सप्ताह, महीना तथा वर्ष युग की अवधि का बनना काल स्वभाव की क्रीड़ा है, बसन्त, ग्रीष्म एवं वर्षा, शरद और हेमन्त, शिशिर ऋतुओं को वही स्वभाव जन्म देता है, नष्ट करता है।

सूर्य-चाँद का उदय होना तथा अस्त होना कालगति का ही चमत्कार है। हम और हमारा ब्रह्माण्ड परिवर्तनशील है, तब किसी भी मनु तथा मुनि द्वारा निर्मित समाज-व्यवस्था कैसे हो सकती है? जबकि मनीशी अम्बेडकर द्वारा निर्मित विधान सम्राट मनु द्वारा निर्मित विधान से सर्वथा भिन्न है।

यहाँ वर्ण-व्यवस्था व जाति-व्यवस्था के उन्मूलन करने की बात है। समाज के हर पुरुष व महिला को शिक्षित बनाने पर अधिक बल दिया गया है। वणिक संस्कृति के स्थान पर समता संस्कृति की नींव रखी गयी है।

अम्बेडकर का मूल्यांकन

अम्बेडकर को कुछ लोगों ने गलत ठहराया और यह भी कहा कि वे देशभक्ति की भावना नहीं रखने पर यह सही नहीं है। वे देशभक्त थे। वे अपने देश को आजाद देखना चाहते थे। उन्होंने एक बार कहा था—"उच्च वर्ण के हिन्दुओं के साथ कुछ बातों से मेरा मतभेद है, लेकिन अपने देश की रक्षा के लिये मैं अपनी जान भी दे दूँगा देश मुझे अपने प्राणों से भी प्यारा है।"

डॉ. अम्बेडकर की इच्छा थी कि स्वाधीन भारत में दलितों को सब अधिकार, सम्मान मिले जो पराधीन भारत में नहीं मिला। नागरिक सुविधाएँ मिलीं। गर्मी, सर्दी, वर्षा से उनकी जाति की भी हिफाजत हो सके। उनको भी मान-सम्मान प्राप्त हो, उनका बात-बात पर अपमान न हो और उसको सरकारी नौकरियों पर नियुक्त किया जाये।

डॉ. अम्बेडकर का विचार था कि दलितों के साथ मानवतापूर्ण व्यवहार हो। वे अपने मार्ग पर सही थे। उन्होंने जो कुछ भी किया दलित व मजदूरों की भलाई के लिये किया।

अम्बेडकर गाँधीजी के हमेशा विरोधी रहे। दोनों नेताओं के विचारों में मेल नहीं खाता था। फिर भी गाँधी जी ने इस बात को मान लिया था कि–"अम्बेडकर में त्याग करने की शक्ति थी। उन्होंने समाज में अपना एक अद्वितीय स्थान बन लिया था।"

अम्बेडकर हमेशा अपने कर्त्तव्य-पालन में लीन रहते थे। विकास की पूजा करते थे, परलोक की उन्हें कोई चिन्ता नहीं थी। वे सांसारिक जीवन में ही सुख-सुविधाओं को चाहते थे। उन्होंने इन्हीं सुख-सुविधाओं को प्राप्त करने के लिये काफी परिश्रम भी किया।

डॉक्टर भीमराव अम्बेडकर एक महापुरुष थे। वे एक असाधारण मानव थे। वे एक अछूत, उपेक्षित, अशिक्षित और गरीब परिवार में पैदा हुए थे। लेकिन उन्होंने अपनी जाति में क्रान्तिकारी परिवर्तन ला दिया था। जिसकी प्रेरणा उन्हें हर क्षण अपने अपमान से मिली जो उनकी नीची जाति के कारण उन्हें सहना पड़ता था। उनके जीवन का प्रमुख उदेश्य था अछूतों तथा दलितों का उद्धार करना। उनके जीवन काल में ही अछूत की बीमारी अपनी जड़ छोड़ने लगी थी। वे अछूतों के रक्षक कहे जाने लगे थे।

अम्बेडकर जीवन भर उच्च विचार वाले व्यक्ति थे। उच्चपद ग्रहण करने पर पर भी अहम् की भावना उनमें नहीं थी। पद का लालच नहीं था। उन्होंने अपने सिद्धान्त की रक्षा के लिये मंत्री पद को भी ठुकरा दिया था। स्वतंत्र भारत के संविधान पर अम्बेडकर की गहरी छाप पड़ी थी। उसका नाम स्वर्णिम अक्षरों में अंकित हो गया है, जब तक संविधान रहेगा तब तक लोग अम्बेडकर को याद करेंगे।

उनकी इच्छाशक्ति प्रबल थी। वे अपनी धुन के, इरादे के पक्के थे। फ्रांस के नेपोलियन ने एक बार कहा था–"जो मूर्ख होते हैं, वे ही 'असम्भव' में विश्वास करते हैं।

अम्बेडकर भी नेपोलियन के इस विचार से सहमत थे। वे भी किसी काम को असम्भव नहीं समझते थे। वे धीर थे, गम्भीर थे। अपने मार्ग पर अटल रहे, चट्टान की तरह अटल रहे, मार्ग में परेशानियाँ और बाधाएँ भी आयीं लेकिन वे कभी नहीं घबराये। उन्होंने कभी भी हिम्मत नहीं हारी।

उन्होंने कभी पीछे मुड़कर नहीं देखा। सदा अपने उद्देश्य की प्राप्ति के लिए रुकावटों का सामना करते हुए अपने पथ पर अग्रसर रहे।

अम्बेडकर कर्मठ थे। उनका ऐसा मत था मनुष्य अपने भाग्य का स्वयं निर्माता होता है। वे हरि नाम को याद करते थे या नहीं, निश्चित रूप से नहीं कहा जा सकता। उन्हें देवी-देवताओं में, स्वर्ग-नरक में कम विश्वास था। वे इन बातों में

ज्यादा यकीन नहीं रखते थे। उन्हें साधु-सन्तों के प्रति कोई विशेष भक्ति नहीं थी। वे इस लौकिक जीवन को सुखी देखना चाहते थे।

जीवन में अनेक बड़ी से बड़ी बाधा आने पर भी अस्थिरता नहीं आयी। वे हमेशाा तने रहे। कभी भी झुके नहीं, लड़खड़ाये, मगर गिरे नहीं। वे खड़े रहे। उनमें स्वाभिमान था, वे कोशिश करते रहे। वे अपने अपने रास्ते पर चलते रहे। कभी धीरे, कभी तेज, लेकिन चलते ही रहे। परेशानियों एवं विरोधों से जूझते रहे। उन्हें इन सब में कामयाबी भी मिली और वह जीते भी। जो लोग उनका विरोध करते थे बाद में उन्होंने उनके कार्य को सराहा भी।

उनके जीवनकाल में उन्हें सभी अम्बेडकर साहब कहने लगे। धीरे-धीरे समाज में उनकी इज्जत भी होने लगी। उन्हें बहुत ज्यादा सम्मान भी प्राप्त होने लगा था। उन्हें मान-पत्र भी दिये जाने लगे थे। उनके सम्मान में बहुत-सी सभाएँ भी आयोजित की जाने लगीं। उन्हें सभा में माला पहनाई जातीं, फूल दिये जाते। चारों ओर उनकी जय-जयकार होने लगी। हर कोई उनका गुणगान करता। कितने ही होगों ने बाबा साहेब कहकर पुकारना शुरू कर दिया। हर कोई उन्हें सम्मान की दृष्टि से देखते थे। जहाँ भी जाते लोग उनका भव्य स्वागत करते।

मृत्यु उपरान्त भारत सरकार ने उन्हें 'भारत रत्न' से सम्मानित किया। वे भारत रत्न ही नहीं विश्व भूषण' थे। उन्होंने एक जाति या वर्ण के उत्थान के लिये ही सिर्फ कार्य नहीं किया, विश्व भर के पिछड़े लोगों का सामाजिक और राजनैतिक स्तर ऊँचा उठाने की उन्होंने प्रेरणा दी।

वे ऐसे महामानव थे, जिन्होंने सहस्त्राब्दियों से दलितों और पिछड़ों को अत्याचार और असमानता की बेड़ियों से मुक्त कराकर उन्हें समानता और सम्मानजनक जीवन-स्तर का अधिकारी बनाया। जीवन के आखिरी पलों तक वह लड़ते रहे। जिस सम्मान के वे वास्तविक अधिकारी थे, यद्यपि वह उन्हें जीते-जी न मिला, मगर उनके महानिर्वाण के पश्चात्, देश की आजादी के 65 वर्ष बीत जाने के पश्चात्, उनके प्रति सम्मान लोगो के हृदय में वास करता है।

उत्प्रेरक विचारधारा

डॉ. अम्बेडकर उच्च विचारों वाले व्यक्ति थे वह समाज के प्रत्येक वर्ग को समानाधिकार देना चाहते थे परंतु नीची जाति का होने के कारण उन्हें स्वयं अपमान का सामना करना पड़ा।

मानवीय जन्मसिद्ध अधिकार

"वे धन्य हैं जो अनुभव करते हैं कि जिन लोगों में हमारा जन्म हुआ है, उनका उद्धार करना हमारा कर्तव्य है, वे धन्य हैं जो गुलामी का खात्मा करने के लिए सब कुछ न्यौछावर करते हैं और धन्य हैं वे लोग जो सुख और दुःख मान और सम्मान, कष्ट और कठिनाइयों, आँधी और तूफानों की परवाह किए बिना तब तक सत्ता संघर्ष करते रहेंगे जब तक कि अस्पृश्यों को उनके मानवीय जन्मसिद्ध अधिकार नहीं मिल जाये।"

अंतिम संदेश

अम्बेडकर ने अंतिम संदेश के रूप में जो शब्द कहे वो अग्रलिखित हैं, "जो कुछ मैं कर पाया हूँ, वो जीवनभर मुसीबतें सहन करके, अपने विरोधियों से टक्कर लेने के बाद ही कर पाया हूँ, जिस कारवाँ को आप यहाँ देख रहे हैं उसे मैं अनेक कठिनाइयों से यहाँ तक ला पाया हूँ। अनेक अवरोधों के बावजूद इस कारवाँ को बढ़ाते रहना है। अगर मेरे अनुयायी इसे आगे ले जाने में असमर्थ हैं तो उसे यहीं पर छोड़ देना जहाँ पर यह अभी है, पर किन्हीं परिस्थितियों में इससे पीछे नहीं हटने देना है। मेरी जनता के लिए यही संदेश है।"

रूढ़िवादिता

उन्होंने अंधविश्वास को नकारते हुए कहा कि अंधविश्वास के घेरे में प्रत्येक भारतवासी ऐसे घिरा हुआ है कि सुख-दुख, जीवन-मरण, हानि-लाभ सबका स्रोत पारलौकक शाक्ति को मानता है। अंधविश्वास मानव को विचारहीन कर देता है। अंधविश्वास के त्याग हेतु डॉ. साहब ने सुझाव दिया कि "तुम्हारे जन्म के पूर्व से ही निर्धारित है, इस मूर्खतापूर्ण विश्वास को तुम जितना जल्दी तो अच्छा है। तुम्हारी गरीबी दूर होने वाली नहीं है, जन्मजात है, दूर होने योग्य नहीं है, यह चिन्तन बिलकुल गलत है। अपने आपको दास समझने के विचार को त्याग दो सब दुःख दूर हो जाएगा"

"अंधविश्वास तुम्हारे प्रगति में बाधक है। अंधविश्वास के कारण ही तुम समाज में अपने को नीच और दूसरों को उच्च समझते हो। अंधविश्वास के कारण ही तुम हिन्दू धर्म में रहकर गुलामी का जीवन जी रहे हो। तुम्हारे लिये मेरे स्पष्ट विचार हैं कि तुम अपने भीतर पल रहे अंधविश्वास को शत-प्रतिशत त्याग दो।

जीवन मार्ग सुख-सुविधा, मान-सम्मान तथा अंधविश्वास में रहकर नहीं बन सकता है। अंधविश्वास से मुक्त होकर ही प्राप्त हो सकेगा तुम्हें अधिक से अधिक शिक्षा प्राप्त करनी चाहिए। शिक्षा प्राप्त कर ही तुम समाज में प्रतिष्ठा प्राप्त कर सकोगे।''

बाबा साहब डॉ अम्बेडकर ने अंधविश्वास से दूर रहने की स्पष्ट सलाह दी, है। लेकिन यह तब संभव है जब समाज शिक्षित हो।

अस्पृश्यता

अस्पृश्यता ने हिन्दू धर्म का ही नहीं समूचे देश का अपमान किया है। अस्पृश्यता के कारण हिन्दू धर्म में अछूतों की हुई वेदना को अनुभव कर अपने विचारों को स्पष्ट किया—''अछूतपन के कारण तुम्हारी योग्यता की अनदेखी कर दी गयी। तुम्हारी मानसिक तथा शारीरिक अच्छाइयों के लिए तुम्हें कभी कोई प्रशंसा नहीं मिली। अछूतपन के कारण तुम्हारा प्रवेश सेना और न्यायिक सेवा में रोक दिया गया। अस्पृश्यता ही वह शत्रु है जिसने तुम्हारे सम्मान को, अस्तित्व को बर्बाद करके रख दिया।''

बाबा साहब डॉ. अम्बेडकर को हिन्दू धर्म में सबसे अधिक अपमानजनक बात अस्पृश्यता ही लगी है। उनका कहना था कि हिन्दू धर्म में अस्पृश्यता वह दोष है जिसने समाज में करोड़ों को नीचे, संस्कारहीन, अशिक्षित और मर्यादाहीन बनाकर रख दिया है। डॉ. अम्बेडकर ने अस्पृश्यता की तुलना जहर के उस एक बूँद से की है जिससे घड़ा भर दूध विषमय बन जाता है। अस्पृश्यता सामाजिक अपराध है ऐसा डॉ. अम्बेडकर का मानना है। उनकी स्पष्ट मान्यता है कि हिन्दू धर्म से पृथक् अस्पृश्यता की और अस्पृश्यता से पृथक् हिन्दू धर्म की कोई जगह नहीं है।

आत्मसम्मान

समाज में रहने वाले प्रत्येक व्यक्ति का अपना सम्मान होता है जिसे चोट पहुँचाने पर व्यक्ति व्याकुल हो जाता है। डॉ. भीमराव कहते हैं कि ''इस संसार में आत्मसम्मान के साथ जीना सीखो। इस संसार में तुम्हें भी कुछ करने की महत्वाकांक्षा अपने मन में रखनी चाहिए। जो संघर्ष करता है वह अकेले उन्नति कर लेता है। तुम लोगों में से कुछ के मन में यह गलत धारणा बन गयी है कि इस संसार में तुम उठ नहीं सकते। किन्तु याद रखो, असहाय रखने का युग समाप्त हो गया। एक नया अध्याय आरम्भ हुआ है। इस देश की राजनीति तथा विधान में भाग लेने की क्षमता तुम में आ गयी है। इसलिए तुम्हारे लिये सब कुछ सम्भव है।''

"ऐसे देश में जन्म लेना भी पाप है जहाँ के लोग इतने पूर्वाग्रहपूर्ण हों। चारों ओर से गालियों की बौछार और अपमानजनक व्यंग्य सुनने के बावजूद मैंने देश के लिए बहुत कुछ किया है और मरते दम तक करता रहूँगा

"हम लोग गुलाम नहीं है। हम लोग बहादुर वंश के हैं। एक बहादुर व्यक्ति के लिय आत्मसम्मान और राष्ट्रप्रेम खोकर जीने से बढ़कर अपमानजनक कुछ नहीं है।"

अछूत और गाँधी

डॉ, अम्बेडकर ने गाँधी जी के अस्पृश्यता के प्रति विचारों को स्पष्ट करते हुए कहा कि "गाँधीजी अछूतों से छू जाने पर स्नान करने के विरुद्ध कुछ नहीं कहते। ऐसी स्थिति रहते हुए यह विश्वास कैसे किया जा सकता है कि छुआछूत कभी समाप्त हो जायेगी उसके अलावा गाँधीजी ने स्पष्ट कहा कि छुआछूत निवारण का अर्थ यह नहीं है कि अछूतों के साथ विवाह सम्बन्ध किये जायें अथवा उनके साथ बैठकर भोजन किया जाये। उनका अभिप्राय केवल इतना है कि अछूत शूद्र-वर्ग के अंग मान लिये जायें और अति शूद्र वर्ग समाप्त कर दिये जायें। इससे आगे वे कुछ नहीं चाहते। अछूतों को शूद्रवर्ग में सम्मिलित करने की बात कहते हुए गाँधीजी ने इस बात का ध्यान नहीं रखा कि शेष शूद्र लोग अछूतों को अपने में शामिल करेंगे या नहीं? यदि शूद्र अछूतों को फिर अलग-अलग रखते हैं तो ऐसे छुआछूत निवारण से क्या लाभ? सम्भवतः गाँधीजी को इसका स्वयं भी आभास था, इसलिए उन्होंने अछूतों को एक नया नाम 'हरिजन' दे डाला और इस प्रकार गाँधीजी ने एक ही तीर से दो शिकार किया। हरिजन नाम देकर एक ओर यह सिद्ध कर दिया कि शूद्र लोग अछूतों को अपने में मिलाने को तैयार नहीं हैं। दूसरी ओर इस नामकरण के द्वारा उन्हें अलग समाज घोषित करके उनका मिलना असम्भव बना दिया।"

जाति और वर्ण

बाबा साहब डॉ. अम्बेडकर जाति और वर्ण व्यवहार के कट्टर विरोधी थे। उनके मतानुसार जाति एवं वर्ण व्यर्थ की बातें हैं। जाति के सम्बन्ध में डॉ. अम्बेडकर ने स्पष्ट रूप से अपना मत दिया है कि "जाति की नींव पर तुम किसी भी चीज का निर्माण नहीं कर सकते। जाति की नींव पर न तो तुम राष्ट्र का निर्माण कर सकते हो और न ही नैतिकता का। जाति की नींव पर तुम जिस चीज का भी निर्माण करोगे उसमें दरारें पड़ेंगी, वह गिर जायेगी और वह कभी भी पूर्ण नहीं होगी।"

जीवन संघर्ष और अधिकार

बाबा साहब ने जीवन-पर्यन्त जातिवाद को लेकर अपने अधिकारों के प्रति संघर्ष किया। उनके अनुसार, ''डॉ. अम्बेडकर देश की आम जनता को शिक्षित और संगठित होते देखना चाहते थे। वे देश को प्रगति के पथ पर अग्रसर होते देखना चाहते थे। देशवासियों का आह्वान करते हुए उन्होंने कहा है—''हमारा आपको एक ही संदेश है पढ़ो, संगठित बनो, प्रचारक बनो, आत्मविश्वासी बनो और आशावादी बनो'' ''भाग्यवादी नहीं कर्मवादी बनो''।

सदियों से देश की गरीब जनता नागरिक अधिकारों से वंचित की गयी है। जनता के पिछड़ेपन के पीछे यह तथ्य इस देश में हमेशा काम करता रहा है। बाबा साहब अम्बेडकर देश की तमाम जनता के समान अधिकारों के प्रबल समर्थक थे। अहमदाबाद के दरियागंज मोहल्ले में मजदूरों की एक विशाल जनसभा को बाबा साहब ने संबोधित करते हुए कहा कि ''हम मनुष्य हैं और मनुष्य होने के नाते मनुष्य की समस्या नागरिक अधिकारों के अधिकारी होने का है। जब तक ये अधिकार हम प्राप्त नहीं कर लेते हमें चैन से नहीं बैठना चाहिए। अपने उचित मानवीय अधिकारों को हम प्राप्त करेंगे। यही हमारा ध्येय होना चाहिए।''

बाबा साहब आगे कहते हैं कि—''तुम्हें अध्यात्मवादी की बजाय भौतिकवादी बनने में ज्यादा ध्यान देना चाहिए। तुम्हें खाने को अन्न नहीं मिलता, पहनने को वस्त्र नहीं मिलता, पहनने को वस्त्र नहीं मिलता, बच्चों को पढ़ाने का अवसर नहीं मिलता तथा अर्थ के अभाव में समुचित चिकित्सा नहीं मिलती। इसलिए राजनीतिक लाभ के लिए तुम्हें अत्यधिक चौकस होना चाहिए। जीवन में भौतिक लाभ के लिए तुम्हें अपनी शक्ति तथा संघर्ष को निरन्तर बढ़ाना होगा''

दासता

डॉ. साहब के अनुसार संसार में प्रत्येक व्यक्ति की अपनी पहचान होनी चाहिए। वे कहते हैं कि ''तुम अपनी दासता स्वयं समाप्त करो। दूसरे के भरोसे जीवित रहना अत्यन्त अपमानजनक है। जीवन में आत्मसम्मान अत्यन्त महत्त्वपूर्ण चीज है। इसके बिना मनुष्य का जीवन शून्य है। आत्मसम्मान के साथ जीकर मनुष्य विपदाओं को पार कर सकता है। कठिन और अथक परिश्रम करके मनुष्य शक्ति और आत्मविश्वास प्राप्त कर सकता है तथा अपनी पहचान बना सकता है।''

''तुम अपनी दासता को स्वयं मिटाओ। अपनी दासता को मिटाने के लिए

किसी ईश्वर का सर्वोच्च शक्ति पर विश्वास मत करो। तुम्हारी मुक्ति तीर्थयात्रा तथा व्रत, उपवास में नहीं बल्कि शिक्षा और राजनीतिक शक्ति में है।''

धर्म

धर्म समाज में भेदभाव की भावना को जागृत करता है उनका कहना था कि ''जो धर्म अपने अनुयायियों के बीच भेदभाव करता हो वह पक्षपाती धर्म है। जो धर्म अप ने करोड़ों अनुयायियों से कुत्ते और कुकर्मी की तरह व्यवहार करता है तथा उन पर असहनीय तकलीफें देता है उसे किसी भी कीमत पर धर्म नहीं कहा जा सकता। इसीलिए बाबासाहब डॉ. अम्बेडकर ने निर्भीक होकर कहा है–''ऐसे धर्म को निश्चयपूर्वक समाप्त कर देना चाहिए। ऐसे धर्म को नष्ट करने में किसी प्रकार का अधर्म नहीं है।''

''यदि हिन्दू धर्म अछूतों का भी धर्म है तो इस धर्म को सामाजिक समानता का धर्म बनाना होगा हिन्दू अछूतों को बाहरी व्यक्ति नहीं समझना होगा, उन्हें राष्ट्रवादी समझना होगा यदि हिन्दूधर्म को सामाजिक समानता का धर्म बनाना है, तो इसके नियमों में मात्र मन्दिर प्रवेश में संशोधन करना ही पर्याप्त नहीं होगा, जो सबसे आवश्यक है वह है चार वर्ण के सिद्धान्त, जो उच्चवर्ग को सुविधाएँ और निम्नवर्ग को गरीबी देता है, उसे अवश्य समाप्त होना चाहिए।''

डॉ. अम्बेडकर आगे कहते हैं कि ''असमानता और विषमता वाले हिन्दू देवी-देवताओं, मन्दिरों और रथ की शोभायात्रा आदि से हमारा कोई सम्बन्ध न होने के कारण किसी प्रकार की सभा, जुलूस या शोभायात्रा में हम लोग भाग न लें। अखिल बम्बई दलित वर्ग परिषद् ने एकमत से एक प्रस्ताव को पास किया है। सभी से प्रार्थना है कि इस प्रस्ताव को आचरण में लायें। यह हमारे सम्मान और आत्मगौरव की कसौटी है। मूझे पूर्ण विश्वास है कि इस परीक्षा में हम सफल होंगे। इसी से हमारे समाज का नाम आने वाले इतिहास में उज्ज्वल होगा''

धर्म-परिवर्तन

हम अपने धर्म के प्रति निष्ठा का भाव रखते हैं। हमें अपने धर्म की सुरक्षा के लिये जो यातनाऐं सहनी पड़ें उन्हें सहकर धर्म-परिवर्तन का विरोध करें। ''इस तथ्य से हम लोग पूरे सावधान हैं कि हम चाहे क्रिश्चियन हों, मुसलमान हों या सिख हों, हमें अपने कल्याण के लिए सर्वत्र संघर्ष करना होगा यह सोचना मूर्खतापूर्ण है

कि मुसलमान हो जाने पर हम लोगों में से सभी नवाब हो जायेंगे और ईसाई होने पर पोप हो जायेंगे। चाहे हम लोग किसी भी धर्म में जायें संघर्ष सर्वत्र करना होगा''

शिक्षा

शिक्षा का मार्ग सस्ता तथा सरल होना चाहिए ताकि सम्पूर्ण समाज शिक्षित हो सके। बाबा साहब ने शिक्षा के प्रति मत दिया है कि ''शिक्षा प्रत्येक व्यक्ति की क्षमता के करीब होनी चाहिए। उच्च शिक्षा को अभी अधिक से अधिक सहज और सस्ता बनाना चाहिए। ताकि गरीब परिवार के बच्चे भी इसे प्राप्त कर सकें।''

समाज सुधारक

''मैं राजनीतिक सुधार की अपेक्षा सामाजिक सुधार को अधिक मौलिक मानता हूँ।''

''सामाजिक न्याय की दृष्टि से वर्ण, वर्ग तथा आय के आधार पर समाज में भेद मानना समाजा के लिए अत्यन्त हानिकारक है।''

''हिन्दू समाज सुधारकों को इस बात का पता नहीं है कि वह अपनी ही जाति में बने रहते हैं, अपनी ही जाति में विवाह करते हैं और अपनी ही जाति में मर जाते हैं।''

बाबा साहब ने कहा–''स्वतन्त्रता, समता और बन्धुता के आधार पर स्थापित सामाजिक जीवन ही लोकतन्त्र कहलाता है। भारत में समता का पूर्ण अभाव है। राजनीति में हमें समानता मिली है परन्तु सामाजिक तथा आर्थिक जीवन में विषमता का ही बोलबाला है। हमें इस विषमता को फौरन नष्ट करना होगा''

राजनीति

राजनीतिक अधिकारों के विषय में विचार प्रस्तुत करते हुए डॉ. साहब कहते हैं कि ''नये युग ने जो राजनीतिक अधिकार तुम्हें दिया है, उसकी अवहेलना मत करो। तुम्हारा सम्पूर्ण वर्ग ग्रहित अवस्था में है क्योंकि तुम स्वयं असहाय विचार में पड़े हो। मैं यहाँ कहना चाहता हूँ कि नेता-पूजा, देवता-पूजा तथा कर्तव्य के प्रति अवहेलना ने हिन्दू समाज को नष्ट किया तथा अपने देश के पतन का कारण बना है। दूसरे देशों में राष्ट्रीय संकट के समय, राष्ट्रीय संकट को दूर करने के लिए तथा देश में शान्ति और समृद्धि के लिए एकताबद्ध होकर संघर्ष करते हैं। लेकिन हमारे धर्म ने हमें सिखाया है कि आदमी कुछ भी नहीं कर सकता है। यह एक असहाय वस्तु है। राष्ट्रीय संकट के समय ईश्वर अवतार लेगा और हमें संकट से उबार लेगा

परिणाम यह होता है कि शत्रु के विरुद्ध एकजुट होकर लड़ने के बजाय यहाँ के लोग यह प्रतिज्ञा करते हैं कि कोई ईश्वर अवतार लेगा और उन्हें संकट से उबार देगा''

डॉ. अम्बेडकर ने कहा–''इस देश में जितनी भक्ति, जितना गुरुडम, जितनी वीरपूजा और जितना अन्धविश्वास है, उतना किसी अन्य देश में नहीं। धर्म में भक्ति तथा वीरपूजा मुक्ति का साधन भले ही हो सकती है, परन्तु राजनीति में भक्ति तथा वीरपूजा अधोगति में ले जाने वाली अधिनायकवाद हो जाती है।''

''हमें किसी ऐसे आदर्श की स्थापना नहीं करनी चाहिए जो काल्पनिक हो। आदर्श ऐसा होना चाहिए जिसमें व्यावहारिक रूप लेने की क्षमता हो।''

ब्राह्मणवाद

बाबा साहब ब्राह्मणवाद का विरोध करते हुए कहते हैं कि ''बाबा साहब डॉ. अम्बेडकर इस देश में व्याप्त ब्राह्मणवाद के कट्टर विरोधी थे। इतिहास के अध्ययन से यह प्रमाणित होता है कि चार्वाक और बुद्ध की तरह आधुनिक युग में ब्राह्मणवाद का किसी ने व्यावहारिक और सैद्धान्तिक विरोध किया तो वे डॉ. अम्बेडकर थे। ब्राह्मणवाद के बारे में डॉ. अम्बेडकर ने कहा–

''ब्राह्मणवाद से मेरा मतलब ब्राह्मण जाति की शक्ति, विशेषाधिकारों या लाभों से नहीं है। मैं इस अर्थ में ब्राह्मणवाद शब्द का प्रयोग नहीं कर रहा हूँ। ब्राह्मणवाद से मेरे मुताबिक अर्थ है–स्वतन्त्रता, समता और भ्रातृत्व को नकारने वाला। इस अर्थ में ब्राह्मणवाद सब तरह के लोगों में मौजूद है, और यह केवल ब्राह्मण जाति के लोगों तक ही सीमित नहीं है, जिन्होंने इस वाद को जन्म दिया है।''

बाबा साहब डॉ. अम्बेडकर के अनुसार ब्राह्मणवाद और पूँजीवाद दोनों समान रूप से आम आदमी का शोषण और दमन करते हैं। दोनों श्रमिक समाज के दुश्मन तथा देश में अमन-चैन में बाधक हैं। यही कारण है कि जहाँ ब्राह्मणवाद रहता है वहीं पूँजीवाद और जहाँ पूँजीवाद रहता है वहीं ब्राह्मणवाद। बाबा साहब ने इस तथ्य को स्पष्ट करते हुए कहा है–''ब्राह्मणवाद और और पूँजीवाद ये दोनों मेहनतकश लोगों के दुश्मन हैं, क्योंकि ये दोनों समता, स्वतन्त्रता तथा बन्धुता के विरुद्ध हैं।''

उनका आगे कहना था कि ''ब्राह्मण धर्म ने मानव समाज में भेद उत्पन्न किया। इस धर्म ने स्त्रियों और शूद्रों के साथ बहुत ही तुच्छता का व्यवहार करना सिखाया है।''

डॉ. अम्बेडकर कहते हैं कि ''ब्राह्मणवाद में जाति प्रधान होता है, गुण नहीं। ब्राह्मणवाद गुण और गरिमा को नकारने वाला वाद है।''

मैक्डोनेल्ड द्वारा अनुशासित साम्प्रदायिक घोषणा से अछूतों को पृथक् निर्वाचन का अधिकार दिया गया था। पृथक् निर्वाचन में यह व्यवस्था की गयी थी कि निर्वाचन में अछूतों की ओर से अछूतों के उम्मीदवार खड़े होंगे और मात्र अछूतों के मत से उनका चुनाव होगा पृथक् निर्वाचन से अछूतों का अत्यन्त शक्तिशाली राजनीतिक अधिकार प्राप्त हुआ था। इस अधिकार के विरुद्ध गाँधीजी ने यरवदा जेल में आमरण अनशन कर दिया। गाँधीजी की प्राणरक्षा करने के लिए अत्यधिक दबाव और परेशानी में डॉ. अम्बेडकर को गाँधीजी के साथ अछूतों की ओर से समझौता करना पड़ा। यह समझौता गांधीजी के साथ अछूतों की ओर से पूना में 24 सितम्बर, 1932 के दिन शनिवार संध्या 5 बजे हुआ। पूना समझौता के बाद डॉ. अम्बेडकर ने अफसोसपूर्वक कहा–

"साम्प्रदायिक घोषणा में प्रदत्त द्वितीय मत का अधिकार अछूतों को अमूल्य सुविधा थी। इस अधिकार से कोई भी हिन्दू अपने निर्वाचन श्रेत्र में अछूतों को न नकारने की हिम्मत करता और न अपने स्वार्थ के प्रति वह व्यग्र होता, क्योंकि उसे अछूतों के मतों पर निर्भर रहना पड़ता।"

मैक्डोनेल्ड द्वारा की गयी साम्प्रदायिक घोषणा एवं गाँधी की राजनीति मुँह के बल गिरी तथा बाबा सहाब की राजनीति की मनचाही जीत थी। ठीक इसी तरह पूना समझौता बाबा साहब की राजनीति दूसरे शब्दों में अछूतों की राजनीति का दुखद पतन तथा गाँधी की राजनीति की सुखद जीत साबित हुई। पूना समझौता पर बाबा साहब ने अपनी प्रतिक्रिया निम्न तरह से व्यक्त की–

"पूना समझौता अवश्य समाप्त होना चाहिए क्योंकि इससे 6 करोड़ अछूतों के मताधिकार पर आघात पहुंचा है। अन्तर्राष्ट्रीय कानून के अनुसार कोई समझौता न अन्तिम होता है न अमर।"

23 सितम्बर, 1953 को राज्यसभा में बाबा साहब ने पूना समझौते के संबंध में कहा–"पूना समझौता ने दलित वर्गों के आत्मनिर्भर आन्दोलन पर नष्टकारक आघात पहुँचाया है।"

ज्ञान

ज्ञान मनुष्य जीवन की अनमोल पूँजी है। उनकी भावना थी कि "ज्ञान मनुष्य के जीवन की नींव है और विद्यार्थी को अपने विवेक शक्ति को बनाये रखने तथा अपने विवेक की वृद्धि का निरन्तर प्रयास अवश्य करना चाहिए।"

शिक्षा अत्यन्त सहज होनी चाहिए ताकि आम आदमी अपने बच्चों को

शिक्षित कर सके। शिक्षा न महँगी होनी चाहिए, न अव्यावहारिक। बाबा साहब डॉ. अम्बेडकर ने शिक्षा के बारे में स्पष्ट शब्दों में कहा है–

"शिक्षा ऐसी वस्तु है, जिसे प्रत्येक व्यक्ति तक पहुँचनी चाहिए। शिक्षा सस्ती से सस्ती हो ताकि निर्धन से निर्धन व्यक्ति भी शिक्षा प्राप्त कर सके।

शिक्षा के क्षेत्र में कार्यरत लोग मजदूर के बच्चों, गरीब बच्चों को शिक्षा देने के प्रति ईमानदार नहीं हैं। फलतः गरीब बच्चे पर्याप्त शिक्षा प्राप्त करने से वंचित हो रहे हैं। इस स्थिति के विषय में डॉ. अम्बेडकर ने कहा–

"जो अध्यापक यह प्रचार करते हैं कि अछूत तो केवल सेवा के लिए उत्पन्न हुए हैं तथा शिक्षाप्राप्ति का अधिकार तो एक विशेष श्रेणी को ही है, उसे शिक्षा विभग में भत्री नहीं किया जाना चाहिए। चूँकि अध्यापक ही राष्ट्र के सारथी हैं।"

हिन्दू धर्म

हिंदू धर्म मानवता की शिक्षा देता है अभद्र व्यवहार की नहीं। उनके अनुसार "मैं आपसे कहता हूँ, धर्म मनुष्य के लिए है, न कि मनुष्य धर्म के लिए है। यदि तुम इस संसार में संगठित तथा सफल होना चाहते हो तो इस धर्म (हिन्दू धर्म) का त्याग करो। जो धर्म तुम्हें मनुष्य के रूप में पहचाने नहीं, तुम्हें पीने के लिए पानी नहीं दे, तुम्हें मन्दिरों में प्रवेश करने की अनुमति नहीं दे, उसे धर्म कहलाने का कोई अधिकार नहीं है। जो धर्म तुम्हें शिक्षा प्राप्त करने से वंचित करे, तुम्हें दुनिया में भौतिक सुख-सुविधा प्राप्त करने से रोके उसे धर्म कहलाने का कोई अधिकार नहीं है। जो धर्म अपने अनुयायियों को अपने धर्म-बन्धुओं के साथ मानवीय ढंग से पेश आने की शिक्षा नहीं दे वह धर्म नहीं बल्कि शक्ति-प्रदर्शन है। जो धर्म अपने अनुयायियों को, पशुओं को छूने किन्तु इन्सानों को नहीं छूने की शिक्षा दे वह धर्म नहीं मजाक है। जो धर्म कुछ वर्गों को शिक्षा प्राप्त करने से वंचित करे, कुछ को सम्पत्ति रखने से तथा कुछ को शस्त्र धारण करने से रोके वह धर्म नहीं मजाक है। जो धर्म अज्ञानी को अज्ञानी बने रहने के लिए विवश करे, गरीब को गरीब बने रहने के लिए बाध्य करे, वह धर्म नहीं बल्कि "अधर्म है, इसे कभी नहीं स्वीकारो।" वह मानवधर्म को मान्यता देते थे हिंदू धर्म के वह कट्टर विरोधी रहे।

10

घटनाक्रम

अम्बेडकर का जीवन संघर्ष से भरा होने के बाद भी उन्होंने इसे पूर्ण रूप से समाज के सुधार हेतु समर्पित कर दिया। उन्होंने अछूतों को न केवल समाज में स्थान प्राप्त करने हेतु वरन् शिक्षा प्राप्ति के लिए भी प्रेरित किया।

14 अप्रैल, 1891—सूबेदार रामजी तथा श्रीमती भीमाबाई अम्बेडकर की चौदहवीं तथा अन्तिम सन्तान के रूप में मध्य प्रदेश, महू छावनी में जन्म।

1896—बाबा साहब की माता भीमाबाई की मृत्यु।

नवम्बर 1900—गवर्नमेंट वर्नाकुलर हाई स्कूल, सतरा में प्रवेश।

अप्रैल 1906—श्री भीखू वालंगकर की पुत्री रमाबाई से विवाह।

जनवरी 1908—मुम्बई युनिवर्सिटी से मैट्रिक पास किया।

जनवरी 1908—एलफिस्टन कॉलेज, मुम्बई में प्रवेश लिया।

दिसम्बर 1912—पुत्र यशवन्तराम का जन्म।

जनवरी 1913—फारसी और अंग्रेजी विषय लेकर बी.ए. की परीक्षा पास की।

फरवरी 1913—पिता सूबेदार रामजी अम्बेडकर की मृत्यु।

जुलाई 1913—पॉलिटिकल साइंस के संकाय (फैकल्टी) में शिक्षा प्राप्त करने के लिए न्यूयार्क विश्वविद्यालय, कोलम्बिया में गायकवाड़ छात्रवृत्ति ली।

1915—मुख्य रूप से अर्थशास्त्र (इकॉनोमिक्स) में तथा समाजशास्त्र, इतिहास, दर्शनशस्त्र, मानवशास्त्र, राजनीति के अन्य विषय लेकर एम.ए. पास किया।

मई 1916—प्रोफेसर गोल्डनवीजर की मानव शास्त्रीय (एंथ्रोपोलॉजी) गोष्ठी के सामने भारत में जातियों पर लेख पढ़ा। यही लेख मई 1917 में इंडियन एंटिकारी में प्रकाशित हुआ। यही लेख डॉ. अम्बेडकर की कृतियों में सबसे प्रथम पुस्तक के रूप में भी प्रकाशित हुआ था।

1916—पी.एच.डी. की डिग्री प्राप्त करने के लिए नेशनल डिविडेंट ऑफ इंडिया (एक ऐतिहासिक और विश्लेषणात्मक स्वाध्याय) शीर्षक से एक थीसिस लिखी।

जून 1916—लंदन स्कूल ऑफ इकॉनोमिक्स एंड पॉलिटिकल साइंस, लंदन में पी-एच, डी. का काम सम्पूर्ण करके कोलम्बिया युनिवर्सिटी को छोड़ने के पश्चात् ग्रेजुएट विद्यार्थी के तौर पर दाखिला लिया।

1917—कोलम्बिया युनिवर्सिटी ने पी.एच.डी. की डिग्री प्रदान की।

जून 1917—एम.एस.सी. (इकॉनोमिक्स की थीसिस की तैयारी के लिए लंदन में एक वर्ष व्यतीत करने के पश्चात् वह भारत में लौट आये। उनकी पढ़ाई का काम पूरा होने से पहले ही यह वापसी महाराजा बड़ौदा द्वारा दी गयी छात्रवृत्ति की समाप्ति के कारण जरूरी हो गयी थी।)

1917—महाराजा बड़ौदा (गायकवाड़) द्वारा उन्हें मिलिट्री सेक्रेटरी के पद पर इस इरादे से नियुक्त किया गया था कि कुछ समय के अनुभव ग्रहण करने के पश्चात् उन्हें बड़ौदा राज्य का वित्तमन्त्री बनाया जायेगा, किन्तु इसके थोड़े दिनों के पश्चात् नीची जाति का होने के कारण लोगों के अभद्र व्यवहार से उन्हें पद त्यागना पड़ा।

1917—भारत में स्मॉल होल्डिंग (अल्पक्षेत्र) और उनके उपायों पर पुस्तक प्रकाशित हुई।

1918—फ्रांचाइज पर साउथबारो कमीशन के समक्ष गवाही दी।

नवम्बर 1918—सिडनहॅम कॉलेज ऑफ कॉमर्श एंड इकॉनोमिक्स मुम्बई में पॉलिटिकल इकॉनोमी (राजनीतिक बचत) के प्राध्यापक (प्रोफेसर) हुए।

जनवरी 1920—भारतवासी दलित वर्गों के हितैषी 'मूकनायक' साप्ताहिक पत्र (मराठी) को प्रकाशन प्रारम्भ किया।

सितम्बर 1920—लंदन स्कूल ऑफ इकॉनोमिक्स एंड पॉलिटिकल साइंस और इसके साथ-साथ वकालत पढ़ने के लिए ग्रेज-इन लंदन में भी दाखिला लिया।

जून 1921—युनिवर्सिटी, लंदन द्वारा एम.एस.सी. (इको) की डिग्री हासिल करने के लिए प्राविंशियल डिसंट्रलाइजेशन ऑफ इम्पीरियल फाइनेंस इन ब्रिटिश इंडिया पर लिखा गया थीसिस स्वीकार कर लिया गया।

1922-23—जर्मनी की ओपन युनिवर्सिटी में अर्थशास्त्र की पढ़ाई करने के लिए कुछ महीने व्यतीत किए।

मार्च 1923—डी.एस.सी. इकॉनामिक्स की डिग्री प्राप्ति के लिए 'प्रॉब्लम ऑफ दि रूपी इनका मूल स्रोत एवं इसका समाधान' नामक थीसिस स्वीकार किया गया, यह थीसिस लंदन की पी.एस.किंग एंड कम्पनी ने दिसम्बर 1923 में प्रकाशित

किया था। यही थीसिस थेकर एंड कम्पनी, मुम्बई द्वारा 'हिस्ट्री ऑफ इंडियन करेंसी एंड बैंकिंग, वोल्यूम-1, के शीर्षक से मई 1947 में दोबारा प्रकाशित हुआ।

1923—वकील बने।

अप्रैल 1923—भारत वापसी।

जून 1923—हाईकोर्ट ऑफ ज्यूडिकेचर कोर्ट, मुम्बई में वकालत का व्यवसाय प्रारम्भ किया।

जूलाई 1924—दलित वर्गों के उत्थान के लिए बहिष्कृत हितकारिणी सभा की स्थापना की।

1925—भारत में इम्पीरियल फाइनेंस के प्रान्तीय विकेन्द्रीकरण पर एक विवेचनात्मक पुस्तक 'ब्रिटिश भारत में प्रान्तीय अर्थव्यस्था का विकास' प्रकाशित हुई।

1926—भारतीय करेंसी (सिक्के) पर रॉयल कमीशन (हिल्टन यंग कमीशन) के समक्ष गवाही दी।

1926—मुम्बई प्रेसीडेंसी की लेजिस्लेटिव काउंसिल के मेम्बर नामजद (मनोनीत) हुए।

मार्च 1927—चोवदार तालाब से पानी लेने में अछूतों के अधिकार की उपलब्धि के लिय महाड (रत्नागिरी जिला) पर सत्याग्रह किया।

अप्रैल 1927—'बहिष्कृत भारत' नामक एक पाक्षिक पत्र निकालना आरम्भ किया।

मई 1928—इंडियन स्टेच्युटरी कमीशन (साइमन कमीशन) के समक्ष गवाही दी।

जून 1928—गवर्नमेंट लॉ कॉलेज, मुम्बई में प्राध्यापक (प्रोफेसर) बने।

1928-29—साइमन कमीशन की मुम्बई प्रेसीडेंसी कमेटी के सदस्य बने।

मार्च 1930—अछूतों के मन्दिर-प्रवेश अधिकार की प्राप्ति के लिए कालाराम मन्दिर (नासिक) पर सत्याग्रह किया।

दिसम्बर 1930—साप्ताहिक 'जनता' पत्र जारी किया।

1932—गोलमेज कॉफ्रेंस, लंदन में डेलीगेट बने।

सितम्बर 1932—राम्जे मेकडोनेल्ड द्वारा कम्युनल अवार्ड में अछूतों के पृथक् निर्वाचन प्रतिनिधित्व के अधिकारों को गाधीजी की जीवन-रक्षा के लिय छोड़कर, गाँधी के साथ किए गए पूना पैक्ट पर हस्ताक्षर किया और संयुक्त निर्वाचन को मंजूर किया।

1932-34—इंडियन कांस्टीट्यूशनल रिफार्म सम्बन्धी ज्वाएंट पार्लियामेंट्री कमेटी के मेम्बर बने।

मई 1935—श्रीमती रमाबाई अम्बेडकर (पत्नी) की मृत्यु।

जून 1935—गवर्नमेंट लॉ कॉलेज, मुम्बई के प्रिंसिपल और तभी ज्यूरिस प्रूडेंसी के पेरी प्रोफेसर बने।

सितम्बर 1935—येवाला (नासिक जिला) की कॉफ्रेंस में हिन्दू धर्म छोड़ने के निर्णय की घोषणा की।

दिसम्बर 1935—ईस्टर की छुट्टियों के दिनों में जात-पाँत तोड़क मंडल, लाहौर (पंजाब) की ओर से की जाने वाली वार्षिक कॉफ्रेंस में अध्यक्षता करने के लिए आमन्त्रित हुए।

1936—इस अवसर पर तैयार किए गए प्रधान पदीय अभिभाषण को स्वागतकारिणी कमेटी द्वारा आग्रह किए जाने पर भी नहीं दिया जा सका। यही अभिभाषण 'जातिवाद का उच्छेद' (Anhilation of Caste) नामक शीर्षक से 1936 में पुस्तक रूप में प्रकाशित हुआ। इस पुस्तक का दूसरा संस्करण 1937 में छपा और उस संस्करण में अभिभाषण के मूल विचारों के साथ गाँधीजी के हरिजन में दो लेख, जिनमें गाँधीजी ने डॉ. अम्बेडकर के अभिभाषण की आलोचना की थी और उस आलोचना पर डॉ. अम्बेडकर ने अपना उत्तर दिया था, प्रकाशित हुए थे।

अगस्त 1936—इनडिपेंडेंट लेबर पार्टी की स्थापना की।

जनवरी 1937—मुम्बई लेजिस्लेटिव असेम्बली के सदस्य निर्वाचित हुए।

जनवरी 1939—गोखले स्कूल ऑफ पॉलिटिक्स एंड इकॉनोमिक्स, पूना के काले मिमोरियल व्याख्यान पर गवर्नमेंट ऑफ इंडिया एक्स एक्ट-1935 में सुझाई गई ऑल इंडिया फेडरेशन स्कीम की प्रखर आलोचना की। यह व्याख्यान मार्च 1939 में फेडरेशन बनाम फ्रीडम शीर्षक के अधीन एक ट्रैक्ट के रूप में प्रकाशित हुआ।

अप्रैल 1942—ऑल इंडिया शेड्यूल्ड कास्ट फेडरेशन की स्थापना की।

जुलाई 1942—गवर्नर जनरल ऑफ इंडिया की कार्यकारिणी परिषद् (एक्जीक्यूटिव काउंसिल) में लेबर मेम्बर बने।

दिसम्बर 1942—पैसीफिक रिलेशन इंस्टीट्यूट के तत्त्वावधान में केनेडा में आयोजित कॉफ्रेंस के अवसर पर इसके भारतीय सेक्शन को भारत में अछूतों की समस्याओं के सम्बन्ध में एक लेख प्रस्तुत किया। यह लेख कॉफ्रेंस की कार्यवाही में मुद्रित हुआ और दिसम्बर 1943 में मिस्टर गाँधी और अछूतों की मुक्ति (Mr. Gandhi and Emancipation of the untouchables) नामक और जिन्ना के शीर्षक से पुस्तक रूप में प्रकाशित हुआ।

जनवरी 1943—महादेव गोविंद रानाडे के एक सौ एकवें जन्मदिवस के अवसर पर एक लिखित अभिभाषण पढ़ा। यही अभिभाषण रानाडे, गाँधी और जिन्ना के शीर्षक से पुस्तक रूप में अप्रैल 1943 में प्रकाशित हुआ।

जनवरी 1943—थॉट्स ऑन पाकिस्तान (पकिस्तान पर विचार) और इसका दूसरा संस्कारण 'पाकिस्तान या भारत का बँटवारा' नामक शीर्षक से फरवरी 1945 में प्रकाशित हुआ। इसी रचना का तीसरा संस्करण भारत का पॉलिटिकल किसका, क्यों और कैसे शीर्षक से 1946 में पाकिस्तान या भारत का विभाजन प्रकाशित हुआ।

अप्रैल 1945—पीपुल्स एजुकेशन सोसाइटी की स्थापना की।

जून 1945—'गाँधी और कांग्रेस ने अछूतों के लिए क्या किया?' पुस्तक प्रकाशित हुई।

अप्रैल 1946—सिद्धार्थ कॉलेज, बुम्बई का उद्घाटन किया।

जुलाई 1946—गवर्नर जनरल (वाइसराय) की एग्जीक्यूटिव काउंसिल की सदस्यता को छोड़ दिया।

सितम्बर 1946—ब्रिटिश गवर्नमेंट के हिन्दुस्तान को आजादी देने के निर्णयनुसार इंडिया में नयी सरदारी (प्रभुत्व) की उत्पत्ति होने पर अछूतों के लिए राजनीतिक हितरक्षण देने के लिए, हिज मैजिस्टी की सरकार और विपक्षी दल के समक्ष प्रयास करने के लिए और कांस्टीच्यूट असेम्बली और अन्तरिम सरकार में अनुसूचित जातियों के पृथक्, प्रतिनिधित्व के लिए, केबिनेट मिशन द्वारा की गई गलती का सुधार करने के लिए लंदन में मिशन ले गए।

अक्टूबर 1946—इंडो-आर्यन सोसाइटी में शूद्र कैसे और क्यों चौथे वर्ण में गिने गए, इस खोज या अनुसंधान पर 'शूद्र कौन थे' नामक पुस्तक का प्रकाशन किया।

दिसम्बर 1946—'एक संयुक्त भारत का आह्वान' संविधान सभा में दिया गया पहला व्याख्यान।

मार्च 1947—मूलभूत अधिकार, अनुसूचित जातियों के सरंक्षण पर और भारतीय राज्यों की समस्याओं पर एक स्मरण-पत्र जो 'राज्य तथा अल्प संख्याएँ' शीर्षक से प्रकाशित हुआ।

अगस्त 1947—संविधान असेम्बली द्वारा मसौदा (ड्राफ्टिंग) कमेटी के लिए नियुक्त हुए।

अगस्त 1947—लॉ मिनिस्टर बनकर नेहरू मन्त्रिमण्डल में शामिल हुए।

अप्रैल 1948—कृष्ण राव बी. कबीर की पुत्री शारदा कबीर से (दूसरा) विवाह किया।

अक्टूबर 1948—अछूतों के उद्‌गम पर एक थीसिस लिखी, जो 'अछूत कौन कैसे?' शीर्षक से पुस्तक के रूप में प्रकाशित हुई।

अक्टूबर 1948—'महाराष्ट्र एक भाषायी प्रान्त के रूप में' को भाषायी प्रान्तीय कमीशन (घर कमीशन) को प्रस्तुत किया।

नवम्बर 1948—ड्राफ्टिंग कमेटी के अध्यक्ष के रूप में संविधान असेम्बली में मसौदा प्रस्तुत किया।

जून 1950—औरंगाबाद में मिलिन्द महाविद्यालय की स्थापना की।

दिसम्बर 1950—वर्ल्ड बुद्धिस्ट कॉफ्रेंस, कोलम्बो में डेलिगेट बने।

जुलाई 1951—भारतीय बौद्ध जनसंघ की स्थापना की।

सितम्बर 1951—'बुद्ध उपासना पाठ' नामक एक बौद्ध विनय पुस्तिका का संकलन किया।

सितम्बर 1951—प्रधानमन्त्री द्वारा पार्लियामेंट में यह स्पष्ट घोषणा करने के बावजूद उनकी सरकार (मन्त्रिमंडल) हिन्दू कोड बिल का पूरा साथ देगी, चाहे उसका पतन ही क्यों न हो जाए मन्त्रिमंडल का हिन्दू कोड बिल पास करने के प्रयत्नों से पीछे हट जाने के कारण और ऐसे ही कई अन्य कारणों से नेहरू मन्त्रिमंडल से त्यागपत्र दिया।

मई 1952—मुम्बई के प्रतिनिधि के रूप में राज्यसभा के सदस्य बने।

मई 1952—कोलम्बिया युनिवर्सिटी के द्वितीय शताब्दी महोत्सव पर स्पेशल कान्वोकेशन पर उन्हें एल.एल.डी. की डिग्री प्रदान की गई।

मई 1953—सिद्धार्थ कॉलेज, मुम्बई के कॉमर्स और इकॉनोमिक्स विभाग का उद्‌घाटन किया।

दिसम्बर 1954—वर्ल्ड बुद्धिस्ट कॉफ्रेंस, रंगून (बर्मा) में डेलिगेट बनाकर गए।

मई 1955—भारतीय बैद्ध महासभा की स्थापना की।

दिसम्बर 1955—'भाषायी राज्यों पर विचार।'

जून 1956—सिद्धार्थ कॉलेज, मुम्बई के लॉ (कानून) विभाग का उद्‌घाटन।

14 अक्टूबर, 1956—नागपुर में एक ऐतिहासिक सम्मेलनोत्सव पर बौद्ध धर्म में दीक्षा ली।

नवम्बर 1956—काठमांडू (नेपाल) में वर्ल्ड बुद्धिस्ट कॉफ्रेंस में नवबौद्ध के रूप में डेलिगेट।

6 दिसम्बर, 1956—26, अलीपुर रोड, दिल्ली अपने निवास-स्थान पर परिनिर्वाण प्राप्त किया।